SCHÄFFER
POESCHEL

Norbert Häring

Markt und Macht

Was Sie schon immer über die Wirtschaft wissen wollten, aber bisher nicht erfahren sollten

2010
Schäffer-Poeschel Verlag Stuttgart

Für Clio, Jeremy, Marianne und meine liebe Mutter

Bibliografische Information der Deutschen Nationalbibliothek
Die Deutsche Nationalbibliothek verzeichnet diese Publikation in der Deutschen Nationalbibliografie; detaillierte bibliografische Daten sind im Internet über http://dnb.d-nb.de abrufbar.

Gedruckt auf chlorfrei gebleichtem, säurefreiem und alterungsbeständigem Papier

ISBN 978-3-7910-2986-3

www.schaeffer-poeschel.de
info@schaeffer-poeschel.de

Einbandgestaltung: Melanie Frasch
Satz: pws Print und Werbeservice Stuttgart GmbH
Druck und Bindung: CPI, Ebner & Spiegel, Ulm

Printed in Germany
September 2010

Schäffer-Poeschel Verlag Stuttgart
Ein Tochterunternehmen der Verlagsgruppe Handelsblatt

Inhalt

Der Autor

über sich …

»Die schärfsten Kritiker der Elche waren früher selber welche«, von Fritz W. Bernstein ist mein Lieblingszitat, weil es mich trefflich beschreibt. Und den Spruch von Martin Luther »Was hülfe es dem Menschen, wenn er die ganze Welt gewönne, und nähme doch Schaden an seiner Seele« liebe ich, weil er mich mit seinen schönen Konjunktiven über die Ungerechtigkeit der Welt im Allgemeinen und mir gegenüber im Besonderen hinwegtröstet. Mein Lieblingsökonom ist Amartya Sen, der deutlich gemacht hat, dass die Wirtschaft für den Menschen da ist und nicht umgekehrt, dass Marktwirtschaft gut ist, weil sie den Menschen Freiheit bringt, dass aber für ein hohes Maß an Freiheit auch ein funktionierendes Gemeinwesen und Schutz vor Ausbeutung nötig sind.

An der Uni Saarbrücken übte ich in den 1980er-Jahren den unbedingten Glauben an angebotsorientierte Wirtschaftspolitik und die neoklassische Theorie ein und lernte sogar, mich für libertäre Ökonomen wie James Buchanan zu begeistern. Dennoch hätte ich den Elch-Test fast nicht bestanden, weil ich in meiner Dissertation unbedachterweise ein politökonomisches Modell verwendete, das einen Glaubenssatz aus den 1930er-Jahren verletzte, dass nämlich ernsthafte Ökonomen niemals die Intensität von Präferenzen verschiedener Menschen vergleichen dürfen. Als zertifizierter Elch mühte ich mich zunächst redlich als Volkswirt und als Redenschreiber des Vorstands der Commerzbank, um mich dann doch für den Journalismus zu entscheiden. Seit 13 Jahren schreibe ich, erst für die Börsen-Zeitung, dann für die Financial Times Deutschland und seit 2002 für das Handelsblatt, über Zentralbanken, Konjunktur, Finanzmärkte und nicht zuletzt über die Erkenntnisse der Volkswirtschaftslehre. Von außerhalb des Tierparks betrachtet, erschienen mir die Grundsätze und Gepflogenheiten des Elchtums zunehmend sonderbar, sodass ich mich immer mehr zu einem Kritiker von deren Herrschaft entwickelte.

Gerne hätte ich den Humor eines Harald Martenstein und die Fähigkeit einer Zeruya Shalev, wunderschöne Endlossätze auf das Papier fließen zu lassen, um meine Erkenntnisse noch gefälliger verbreiten zu können. Doch zum Glück habe ich andere feine Qualitäten.

Wozu dieses Buch?

> *»Ob man etwas beobachten kann, hängt von der Theorie ab, die man benutzt. Es ist die Theorie, die entscheidet, was man sieht.«*
>
> Albert Einstein 1926

Das Buch: »Was Sie schon immer über Sex wissen wollten, aber bisher nicht zu fragen wagten«, des amerikanischen Psychiaters David Reuben war eines der ersten populären Handbücher über Sexualität. Es trug viel dazu bei, die Haltung gegenüber der Sexualität im gesellschaftlichen Mainstream zu lockern. 1972 wurde es von Woody Allen zu einer erfolgreichen Filmkomödie adaptiert. Die Bezugnahme im Untertitel dieses Buches auf das Buch von Reuben und den Film von Allen ist programmatisch zu verstehen. Was die beiden für die Sexualität erreichten, will ich mit diesem Buch für die Macht in der Wirtschaft erreichen: Ein Tabu brechen und es möglich machen, das Wort Macht in höflicher Konversation über Wirtschaftsthemen zu benutzen, ohne sich des Marxismus verdächtig zu machen.

Die Weltfinanzkrise hat nur zu deutlich gemacht, dass in den ökonomischen Lehrbüchern etwas Wichtiges fehlt. Kaum jemand ist noch bereit zu glauben, dass alles, was in der Wirtschaft und auf den Finanzmärkten passiert, mit Marktkräften zu tun hat und nichts mit Macht und Machtmissbrauch. Dieses fehlende Element, nämlich die Macht, hat es den etablierten Ökonomen unmöglich gemacht, die Subprime-Krise, die Internet-Aktienblase oder die Asienkrise kommen zu sehen. Es ist die Macht, Informationsvorsprünge zu missbrauchen, die Macht privater Banken, Geld zu schöpfen, die Macht wichtiger Spieler, die Spielregeln zu verändern. Es fehlt in den Lehrbüchern auch die Macht der Wirtschaftselite, die Grundsätze für die eigene Bezahlung festzulegen, die Bilanzen zu manipulieren und riskante Geschäfte einzugehen, um die eigene Bezahlung zu maximieren. Es fehlt ebenso die Macht der Ratingagenturen, sich selbst erfüllende Prognosen abzugeben. All diese Arten von Macht, die jeweils ihre Rolle bei der Entstehung der Großen Finanzkrise hatten, werden von verbreiteten Annahmen des ökonomischen Mainstreams ausgeschlossen. In dessen Modellen dominieren der vollkommene Wettbewerb, effiziente Finanzmärkte, vollständige Information, repräsentative Wirtschaftssubjekte und das ewige Gleichgewicht von Angebot und Nachfrage.

Was im Laufe der Jahrzehnte mit der Ökonomie als Wissenschaft und als Berufsstand geschehen ist, lässt sich vergleichen mit dem, was bei einem jungen Menschen passiert, der schielt – ich weiß, wovon ich rede. Wenn ein Auge den Fokus nicht gut halten kann, liefern die beiden Augen verschiedene Bilder an das Gehirn, die dieses nicht zu einem einzigen, konsistenten Bild zusammenfügen kann. Das Gehirn konzentriert sich auf das leistungsfähigere Auge und ignoriert die Bilder, die das andere liefert. Das schlechtere Auge wird nicht mehr gefordert und wird immer schwächer. Die betroffene Person lernt nicht, dreidimensional zu sehen. Auch um zu sehen, wie die Wirtschaft funktioniert, braucht man im übertragenen Sinne zwei Augen: eines für Wettbewerb und dessen Wirkungen, und eines für die Abwesenheit von Wettbewerb, also für Macht. Die meisten normalen Menschen schauen mit zwei Augen auf die Wirtschaft und sehen beides. Sie wissen, dass sie eher zu dem Bäcker gehen, der besseres Brot oder billigeres anbietet als die Konkurrenten. Sie wissen aber auch aus Erfahrung, dass ihre Bank oder ihr Chef mächtiger sind als sie, und dass das wichtige wirtschaftliche Konsequenzen hat.

Leider haben sehr viele, die sich beruflich mit der Wirtschaft beschäftigen, das Sehen mit zwei Augen verlernt. In ihren Modellen ist kein Platz für Macht und deshalb ignorieren sie die Existenz von Machtbeziehungen. Für den ökonomischen Mainstream ist die Essenz der Marktwirtschaft der freiwillige Austausch, also die Abwesenheit von Zwang und Macht. Märkte und Macht werden als sich gegenseitig ausschließend betrachtet. Regierungen dagegen nutzen im Kern keine freiwilligen Austauschbeziehungen und üben stattdessen Macht aus. Markt ist gleichbedeutend mit Freiheit, Regierung mit Zwang, so lautet der Gegensatz. Wenn solche Ökonomen Macht im Marktgeschehen sehen, sind sie gezwungen, diese zu ignorieren. Denn sie können ihre Beobachtung nicht mit dem idealisierten Bild des vollkommenen Wettbewerbs in Übereinstimmung bringen, das ihre Theorie bestimmt.

In der Folge haben die weitaus meisten ökonomischen Lehrbücher in ihrem Index keinen Eintrag für *Macht*, sieht man einmal von dem einen zusammengesetzten Begriff *Marktmacht* ab, und selbst diese wird in aller Regel nur als Spezialfall erwähnt und dann wieder ignoriert. Die Ökonomen überlassen die Macht einfach anderen, weniger geradlinigen Sozialwissenschaften, wie der Soziologie oder der Politikwissenschaft. Das Problem dabei ist nur, dass dadurch ihre eigene Theorie nicht einfach nur ein unvollständiges Abbild der Wirklichkeit liefert, sondern ein falsches, irreführendes.

Von dem Poeten und Satiriker F.W. Bernstein stammt der berühmte Zweizeiler:

> *»Die schärfsten Kritiker der Elche*
> *waren früher selber welche.«*

Ich bekenne, ein Elch gewesen zu sein, ein orthodoxer Ökonom. Ich akzeptierte als ökonomische Vernunft, was mir an der Universität beigebracht worden war. Als Bankökonom und später als Wirtschaftsjournalist noch mehr, begegneten mir Dinge, die es in der machtlosen Welt des ökonomischen Mainstreams eigentlich nicht geben sollte. Eine Zeit lang bewältigte ich den Widerspruch, indem ich dem Brauch folgte, die idealisierte Welt der Ökonomie mental von der schnöden, machtverseuchten wirklichen Welt getrennt zu halten.

Dann schrieb ich zusammen mit meinem Kollegen Olaf Storbeck ein Buch über ökonomische Studien abseits der ausgetretenen Pfade. Dabei fanden wir jede Menge überzeugender Arbeiten von Ökonomen, die den Grundannahmen des neoklassischen Mainstreams eklatant widersprechen. Jedoch fehlte der rote Faden. Erst als ich über einige der noch seltenen Fachaufsätze stolperte, die das Tabu missachten und sich explizit mit Macht beschäftigen, ging mir die Verbindung allmählich auf.

Ich brauchte eine Weile, um meinen Blick für das so lange ausgeblendete Phänomen der Macht in der Wirtschaft zu schärfen. Dieses Buch ist das Resultat dieser Übung. Es soll ein großformatiges, aber natürlich nicht vollständiges Bild davon entwerfen, wie Macht und Wettbewerb in einer Marktwirtschaft zusammenwirken. Das Bild ist vielleicht nicht so schön anzusehen, wie das idealisierte Bild, das der ökonomische Mainstream zeichnet. Aber es ist realistischer und wesentlich interessanter. Für sich betrachtet, ist das Programm dieses Buches allerdings nicht ausgewogen. Es konzentriert sich auf einen oft unappetitlichen Teil des ökonomischen Lebens, der in den Lehrbüchern und der öffentlichen Wahrnehmung von Ökonomie als Wissenschaft nicht vorkommt. Es gewichtet damit notwendiger Weise die problematischen Aspekte der Marktwirtschaft über und ihre sattsam bekannten positiven Effekte unter. Es ist aber keinesfalls als ein Plädoyer gegen die Marktwirtschaft zu lesen, erst recht nicht gegen Marktwirtschaft in Verbindung mit einem funktionierenden demokratischen Parteienwettbewerb. Beides mag Machtkonzentrationen viel weniger verhindern als die dominierende Ökonomenlehre dies glauben machen will, aber in alternativen Wirtschaftssystemen ist das Problem in der Regel noch deutlich größer.

Ich will versuchen, die Elche nicht allzu hart anzugehen. Wenn ich in diesem Buch vom ökonomischen Mainstream, neoklassischer Ökonomie oder orthodoxer Ökonomie spreche, meine ich vor allem die Lehrbuchversion dieser Ökonomie. Die meisten praktizierenden Ökonomen gehen in ihrer Arbeit über diese simplifizierte Version hinaus. Wenn sie dies nicht täten, wäre dieses Buch nicht möglich gewesen, denn wenig von der präsentierten Analyse ist originär von mir. Vielmehr entwickelt dieses Buch das Machtthema aus Forschungsergebnissen von herausragenden Ökonomen, von denen viele an den führenden Universitäten lehren und die meisten dem neoklassischen Mainstream angehören. Ein Angriff auf den ökonomischen Mainstream wäre ohnehin ein fruchtloses Unterfangen. Ebenso leicht kann man einen Pudding an die Wand nageln. Wie Rod Hill und Tony Myatt in ihrem jüngst erschienen »Economics Anti-Textbook« so treffend bemerken, sind die Grenzen der neoklassischen Ökonomie sehr verschwommen und der neoklassische Mainstream sehr aufnahmefähig und biegsam. So ist zum Beispiel nicht klar, ob das boomende Feld der Behavioral Economics, das die übliche Annahme vom egoistischen Homo Oeconomicus massiv in Zweifel zieht, ein Angriff auf die Neoklassik ist oder letztlich dazu dienen wird, diese realistischer zu machen. Das Gleiche gilt für die Arbeiten zu unvollkommener und asymmetrischer Information, die das Dogma von der generellen Optimalität der Marktergebnisse gestürzt haben. Es ist nicht klar, ob diese Arbeiten einen Sieg über die Neoklassik oder deren Erweiterung und Verbesserung bedeuten.

Klar ist jedoch, dass die längst widerlegten Schlussfolgerungen der einfachen Neoklassik in vielen Lehrbüchern und im wirtschaftspolitischen Rat von Ökonomen weiterleben. Erst wenn Macht standardmäßig im Index der ökonomischen Lehrbücher vorkommt, kann man sagen, dass die Ökonomie in der Wirklichkeit angekommen ist.

Das Wesen der Macht

Was ist es genau, was in der Botschaft der Lehrbücher fehlt? Nach einer Definition, die vor allem in der Politikwissenschaft gebräuchlich ist, ist Macht die Drohung mit und Nutzung von negativen Sanktionen. Diese können etwa darin bestehen, einen Beschäftigten zu entlassen, Kredit zu verweigern oder als Käufer einen Anbieter zu boykottieren. Wenn man dies tun kann, und damit der anderen Seite einen Schaden zufügt, der deutlich größer ist als der Schaden für einen selbst, dann hat man eine Machtposition gegenüber dem Anderen. Diese Macht kann es nur geben, wenn die andere Seite keine ähnlich gute Alternative hat. In einem marktwirtschaftlichen Austausch ist dafür eingeschränkte Konkurrenz die Voraussetzung.

In Anlehnung an den populären Ausdruck *Wissen ist Macht*, betrachte ich auch das Weitergeben oder Zurückhalten von Information mit der Absicht, das Verhalten einer anderen Person zu beeinflussen, als Machtausübung. Die Anbieter von Finanzdienstleistungen haben diese Macht häufig und nutzen sie weidlich. Sie beraten Kunden, wie sie ihr Geld anlegen sollen. Wenn die Kunden dem Wissen und der Integrität der Berater vertrauen, haben diese Macht über die Kunden, die sie zum eigenen Vorteil nutzen können. Insider-Macht ist eine andere Variante der Macht aus größerem Wissen. Wenn eine Partei in einem Finanzmarktgeschäft einen unlauteren Wissensvorsprung hat, gibt ihr das die Macht, sich auf Kosten der Gegenpartei zu bereichern.

Macht ist auch die Kontrolle, darüber, womit sich das politische System befasst, und zu beeinflussen, was dabei herauskommt.

Auf einer noch höheren Ebene gibt es auch die Macht, die Vorlieben und Ziele anderer Menschen zu beeinflussen, und deren Wahrnehmung dessen, was richtig oder angesagt ist. Kommerzielle Werbung und politische Werbung können diese Wirkung haben, ebenso wie die Medien und die Wissenschaften. Gerade die Wirtschaftswissenschaft ist in dieser Hinsicht eine sehr mächtige Wissenschaft.

Wie der Sexualität hat die Tabuisierung dem Wort Macht in allen Zusammenhängen einen negativen Beiklang gegeben. Doch ist Macht nicht per se gut oder schlecht. Unternehmen würden ohne Preissetzungsmacht und ohne Direktionsmacht über die Arbeitnehmer nicht funktionieren, womit auch die Basis für die oft recht hohen Löhne entfiele, die diese Unternehmen bezahlen. Es gibt Macht in der Ökonomie, und deshalb sollte sie berücksichtigt werden – ist die Botschaft dieses Buches. Das ist viel wichtiger, als sie zu werten. Wertungen werden Sie zwar auch finden, aber Sie müssen diese nicht teilen, um einen Gewinn aus der Lektüre zu ziehen.

Warum es in der neoklassischen Wirtschaft keine Macht gibt

Bevor wir in medias res gehen können, ist zu klären, was den machtlosen Status quo in der Ökonomie ausmacht, genannt neoklassische Ökonomie, orthodoxe Ökonomie oder auch Mainstream-Ökonomie, deren fast karikaturhaft simplifizierte Version die Lehrbücher bevölkert und die Ratschläge vieler Ökonomen inspiriert.

Die davon sehr stark inspirierte britische Premierministerin Margaret Thatcher brachte das Credo mit dem berühmten Satz auf den Punkt: »So etwas wie die Gesellschaft gibt es nicht.« Das war unter den Klassikern der Ökonomie, mit Adam Smith als wichtigstem Repräsentanten, noch anders. Smith und seine Zeitgenossen schrieben regelmäßig über die Interessen verschiedenerer Gruppen oder Klassen. Es waren erst die Neoklassiker, die diese Art ökonomischer Analyse mit ihrer pseudo-naturwissenschaftlichen Obsession mit den *Atomen der Gesellschaft* beiseite schoben.

Das *Journal of Economic Perspectives* hatte eine regelmäßige Rubrik mit dem Titel »Anomalien«. Sie beschäftigte sich mit Phänomenen, die es gemäß der Theorien des ökonomischen Mainstream nicht geben sollte. Im Vorwort der ersten Ausgabe beschrieb Richard Thaler den Mainstream, ja die ganze Ökonomie, wie folgt: »Die Ökonomie kann von anderen Sozialwissenschaften durch den Glauben unterschieden werden, dass das meiste oder alles Verhalten durch die Annahme erklärt werden kann, dass rationale Wirtschaftssubjekte mit stabilen, wohl definierten Präferenzen auf Märkten interagieren, die Angebot und Nachfrage zum Ausgleich bringen.« Das ist eine abgekürzte Liste der Annahmen, die gegeben sein müssen, damit der Wettbewerb vollkommen ist und Macht verschwindet. Der berühmte Chicago-Ökonom und Gewinner des Alfred-Nobelgedächtnispreises der schwedischen Notenbank (oft irreführend Ökonomie-Nobelpreis genannt), Gary Becker, wurde berühmt, weil er diese Annahmen auf jeden Aspekt des Lebens anwendet – und er ist stolz darauf. Sein Credo lautet: »Die kombinierte Annahme von maximierendem Verhalten, Marktgleichgewicht und stabilen Präferenzen, gnadenlos und unbeirrt angewendet, bilden das Herz des ökonomischen Ansatzes, so wie ich ihn sehe.« Das boomende Feld der Behavioral Economics hat allerdings gezeigt, dass diese Annahmen bezüglich der Natur des Menschen sehr oft nicht zutreffen. Das wird in diesem Buch immer wieder eine wichtige Rolle spielen.

Ferner richtet sich die Aufmerksamkeit des neoklassischen Mainstreams auf einen kleinen Satz von wirtschaftlichen Problemen, die mit der effizienten Nutzung von Ressourcen zu tun haben. Verteilungsaspekte werden weitgehend ignoriert. Fairness ist kein Thema, weil die Menschen sich ja angeblich nur für die Maximierung ihrer eigenen Konsummöglichkeiten interessieren. Weil das Vergleichen der Intensität des ungedeckten Bedarfs oder der Wünsche verschiedener Menschen in der Mainstream-Ökonomie streng verboten ist, behilft sie sich oft mit der Annahme, dass alle gleich sind. Sie nennt diesen Trick »das repräsentative Wirtschaftsubjekt«. Natürlich verschwinden Macht- und Verteilungsaspekte, wenn jeder gleichzeitig auch jeder andere ist. Das ist offenkundig eine Schummelei. Daher wird den Menschen in diesem Buch erlaubt, Individuen zu sein, die sich voneinander unterscheiden. Sie dürfen reich oder arm, gebildet oder ungebildet sein. Sie dürfen darüber hinaus nicht nur Interessen als Konsumenten haben, sondern auch als Arbeitnehmer, Manager oder Wirtschaftswissenschaftler.

Eine andere wichtige methodische Wahl des ökonomischen Mainstream ist die gewohnheitsmäßige Gleichgewichtsannahme. Märkte, die im Gleichgewicht sind oder schnell dorthin streben, lassen keinen Raum für Geschichte. Der historische Pfad einer Ökonomie wird irrelevant. Die anfängliche Ressourcenausstattung und die aktuellen Präferenzen bestimmen das Ergebnis. Es gibt keine alternativen Gleichgewichte, von denen vielleicht eines (für eine bestimmte Gruppe) besser ist als das andere. Ließe man verschiedene Gleichgewichte zu, gäbe das denen, die beeinflussen können, welches davon erreicht wird, große Macht. Stattdessen bekommt jedes Modell genau ein Gleichgewicht verpasst, und alle Annahmen, die dafür nötig sind, damit dieses Gleichgewicht existiert, stabil und einzigartig ist, werden gewohnheitsmäßig getroffen und nicht weiter hinterfragt. In diesem Buch gibt es diese Annahmen nicht. Angebot und Nachfrage gleichen sich nicht per Annahme immer und überall aus. Historische Entwicklungen und Rückkopplungseffekte werden zugelassen. Solche Rückkopplungen erlauben den jeweils Mächtigen, eine Wirtschaft weit weg von der Struktur zu steuern, die sie ohne ihr Zutun erreichen würde.

Eine lange Zeit unausgesprochene Annahme der ökonomischen Orthodoxie war vollständige Information. Diese Annahme und das Versäumnis, sie zu erwähnen, stellten sich als sehr wichtig heraus. Natürlich wusste jeder, dass die Information nicht vollkommen war, Aber man tat so, als könne man kleine Abweichungen im Interesse einfacher Modelle ohne Schaden ignorieren. Joseph Stiglitz, der für seine Arbeiten zur Informationsökonomik den Nobel-Gedächtnispreis erhielt, deutete in seiner Dankesrede an, dass diese für die sonst so rigorosen Ökonomen ungewöhnlich schludrige Vorgehensweise dazu gedient haben könnte, unangenehme Fragen und Schlussfolgerungen über die Effizienz der Märkte zu vermeiden. Unvollkommene Information, insbesondere Information, die manche Leute haben und andere nicht, ist nämlich eine sehr wichtige Quelle für Marktunvollkommenheiten und für Macht. Informationsasymmetrien wegzudefinieren, trägt viel dazu bei, Macht unbemerkt aus der Ökonomie herausfallen zu lassen. Zusammen mit den anderen Hilfsannahmen erlaubt erst vollkommene Information, vollkommenen Wettbewerb anzunehmen. Und bei vollkommenem Wettbewerb hat niemand Macht, weil jeder immer eine annähernd gleich gute Alternative für alles hat, was auf Märkten gehandelt werden kann. In diesem Buch wissen die Menschen dagegen nicht alles. Manche wissen aufgrund ihrer Rolle in der Wirtschaft mehr als andere. Weil die Information sehr unvollkommen ist – etwa über offene Stellen und Produkte, Preise und Löhne, oder die Qualität von Arbeitnehmern und Kreditnehmern – ist auch der Wettbewerb sehr unvollkommen.

Eine kurze Vorschau

An der Spitze der Machthierarchie steht die Finanzbranche. Deren Macht ist Thema des ersten und – nicht ganz zufällig – längsten Kapitels. Finanzinstitutionen verfügen über etwas, was immer knapp ist, nämlich Geld, und sie können nicht nur den Fluss des eigenen Geldes kontrollieren, sondern daneben auch noch den einer viel größeren Menge fremden Geldes. Die von Ökonomen propagierte Vorstellung, dass Finanzmärkte effizient sind, half dem Finanzsektor lange, seine Macht zu verbergen und der Regulierung immer mehr zu entkommen. Eine eindrucksvolle Liste überzeugender ökonomischer Studien hat jedoch inzwischen nachgewiesen, dass Betrug und Desinformation in der Branche endemisch sind und dass die Idee von den effizienten Märkten mit rationalen, wohl informierten Kunden völlig verfehlt ist. Weil die Banken und Finanziers seit Jahrhunderten in enger Symbiose mit den Regierungen zusammenarbeiten, haben sie wichtige, zum Teil heute kaum noch als solche wahrgenommene Privilegien erhalten. Dazu gehört das Recht, einen großen Teil der Geldschöpfung zu übernehmen und dafür auch noch eine kostenlose Liquiditätsversicherung von der Zentralbank zu erhalten.

Auf der nächsten Ebene steht die kleine Welt der sonstigen Wirtschaftseliten: die Manager der großen Unternehmen. Ihre Macht ist das Thema von Kapitel 2 dieses Buches. Sie werden dafür bezahlt, die Unternehmen im Sinne der Eigentümer zu lenken. Es fehlt jedoch nicht an Fallbeispielen und systematischen Untersuchungen, die zeigen, dass die Manager reichlich Spielraum haben, ihre Macht für eigene Zwecke zu nutzen. Wir werden sehen, dass vor allem Ökonomen die fehlgeleiteten Ideen entwickelt haben, auf deren Basis die Manager ihre Gehälter vervielfachen konnten, ohne im Geringsten auf die Verfolgung eigener Interessen verzichten zu müssen.

Kapitel 3 befasst sich mit der Marktmacht von Unternehmen. In den Lehrbüchern herrscht als Normalfall vollkommener Wettbewerb. Die Produzenten nehmen dann den Verkaufspreis für ihre Waren und den Einkaufspreis für Arbeit als gegeben an. Dagegen ist die Realität eher von einer Konkurrenz unvollkommener Monopole geprägt, in der jeder Anbieter eine gewisse Preissetzungsmacht hat. Ineffiziente Unternehmen können in einer von Marktmacht geprägten Wirtschaft oft lange überleben. Die Monopolgewinne, die der beschränkte

Wettbewerb zulässt, werden nach Maßgabe der relativen Verhandlungsmacht auf Arbeit, Management und Kapital aufgeteilt. Steuern und Lohnerhöhungen wirken daher oft ganz anders als im unrealistischen Lehrbuchmodell, das davon ausgeht, dass jeder genau das erhält, was er zum Produktionswert beiträgt.

Auch wenn sie keine Macht haben, erfahren Konsumenten im ökonomischen Mainstream doch eine Vorzugsbehandlung. Alles was in der Wirtschaft geschieht, wird anhand seiner Auswirkungen auf die Konsummöglichkeiten bewertet. Dagegen kommen Arbeiter in den neoklassischen Modellen des Arbeitsmarktes oft nicht einmal vor (Kapitel 4). Es gibt nur Arbeit, ein Gut, das als Produktionsfaktor einsetzbar ist und das die Konsumenten verkaufen, wenn der Preis stimmt. In der Realität werden dagegen von Unternehmen *Arbeitnehmer* eingestellt, nicht *Arbeit*. Die Firma ist in der Realität eine hierarchische Institution, eine Kommandowirtschaft, kein Markt, auf dem standardisierte Arbeitsleistungen gehandelt werden.

Die Marktmacht der Arbeitgeber, um die es in Kapitel 4 geht, bedeutet, dass das Gesetz des einheitlichen Preises für Arbeit nicht gilt, dass es eine Aufteilung in gute Jobs und schlechte Jobs für vergleichbare Arbeitnehmer gibt. Daraus folgt unter anderem, dass schieres Glück sehr wichtig für Karriere und Einkommen der einzelnen Arbeitnehmer ist. Gesetzliche Eingriffe in die Vertragsfreiheit haben auf einem wirklichen Arbeitsmarkt ganz andere Wirkungen als im Kartoffelmarktmodell des Arbeitsmarktes, das die Lehrbücher beherrscht.

Kapitel 5 zeigt, wie die Definition von Ökonomie, ihre Methoden und ihre Annahmen in mehreren Schritten reformiert wurden, und auf diese Weise Macht eliminiert wurde. Man kann den sich wandelnden ökonomischen Mainstream nicht verstehen, ohne auch seine jeweilige gesellschaftliche Funktion in den Blick zu nehmen, etwa zur Abwehr einer sozialistischen Bedrohung von innen oder als Waffe im Kalten Krieg der Ideologien. Die Weltmacht USA konnte nicht nur die Entwicklung der ökonomischen Theorie nach ihrer eigenen Agenda wesentlich bestimmen, sie hatte auch großen Einfluss darauf, wie heute von der offiziellen Statistik der Erfolg eines Wirtschaftssystems gemessen wird. Das lässt die USA viel erfolgreicher erscheinen, als sie sind, und liefert scheinbar objektive Daten, um alternative Konzepte von guter Wirtschaftspolitik als wachstumsfeindlich abzuqualifizieren.

Mit dem dornigsten Thema setze ich mich im letzten Kapitel auseinander. Welche Empfehlungen kann man geben, wenn die Machtsphären von wirtschaftlichen Eliten und Politik eng verbunden sind und sich überlappen? Wirtschaftseliten können die Macht des Staates teilweise für sich nutzen. Mächtige Politiker können ihren Einfluss einsetzen, um sich wirtschaftliche Macht zu sichern. Ist es unter solchen Umständen nicht naiv, staatliche Eingriffe anzuregen, etwa um eine ungesunde Machtkonzentration in der Privatwirtschaft anzugehen? Ein Teil dieses Skeptizismus rührt allerdings von den zynischen und unrealistischen Modellen des politischen Prozesses her, den die Mainstream-Ökonomie propagiert hat. Mit realistischen Annahmen über das, was die Menschen bewegt, kann man durchaus Raum dafür sehen, dass wohl informierte Wähler einen fairen Kompromiss zwischen den unterschiedlichen Interessen herbeiführen. Der Sinn dieses Buches liegt daher vor allem in der besseren Information der Wähler über die tatsächliche Wirkungsweise von Wettbewerb und Machtstrukturen, damit sie ihre Interessen besser durchsetzen können.

Was in diesem Buch fehlt

Es gibt eine Reihe von Themengebieten, in denen ökonomische Machtaspekte eine wichtige Rolle spielen, und die trotzdem in diesem Buch nur am Rande erwähnt werden. Dazu gehören die subtilen und weniger subtilen Mechanismen, die dazu führen, dass die dominierenden ethnischen Gruppen und die Männer ihren Machtvorsprung vor Minderheiten und Frauen dauerhaft bewahren können. In diesem Buch gibt es dazu ein kurzes Kapitel, das der Wichtigkeit und Komplexität des Themas und der großen Literatur darüber nicht annähernd gerecht werden kann. Gerade weil schon so viel darüber geschrieben worden ist, schien es mir vertretbar, diesen Aspekt hier kurz zu halten (auch wenn es der Mainstream-Literatur gut anstünde, die Dinge stärker beim Namen zu nennen).

Andere große Themenfelder fehlen, obwohl die Machtfrage darin wichtig ist, aber seit Jahrzehnten in der Ökonomie praktisch nicht mehr beleuchtet wird: die Geld- und Konjunkturpolitik, der internationale Handel und die Wechselkurspolitik. Doch leider sind diese Felder so weitläufig und die einzelnen Aspekte so eng miteinander verwoben, dass sich selbst der Versuch verbot, sie im Rahmen dieses Buches mit anzugehen.

Die Beeinflussung der Konsumbedürfnisse durch Werbung und ähnliche Instrumente wirft sehr grundsätzliche Fragen darüber auf, was als Zweck des Wirtschaftens gelten soll, und wie man die Erreichung dieses Zwecks misst. Die Wirtschaftswissenschaft hat sich weit gehend auf die Maximierung der Konsummöglichkeiten als letztes Ziel festgelegt. Aber es ist nicht wirklich klar, wie viel ein erfüllter Konsumwunsch zählen soll, wenn dieser von den Anbietern erst erzeugt wurde. Trotz der grundlegenden Bedeutung solcher Fragen, bleiben sie in diesem Buch unterbelichtet. Als Rechtfertigung muss reichen, dass Zeit und Platz eines Buchautors begrenzt sind und dass es neben den manipulierten Bedürfnissen auch genug Bedürfnisse gibt, deren Befriedigung unproblematischer Weise als Ziel des Wirtschaftens betrachtet werden kann.

Eine Bemerkung zu den Literaturverweisen

Ich habe versucht, einen unhandlichen Fußnotenapparat zu vermeiden, ohne darauf zu verzichten, die Wissenschaftler zu nennen und zu würdigen, deren Ergebnisse ich nutze. Die Literaturstellen für jedes Kapitel sind alphabetisch sortiert und nummeriert. Die hochgestellten Nummern im Text verweisen direkt auf diese nummerierten Literaturstellen. Sie stehen meist am Ende eines Absatzes, was bedeutet, dass die Sachaussagen und Schlussfolgerungen des ganzen Absatzes auf das entsprechende Werk zurückgehen. Am Ende des Textes geben »Leseempfehlungen« Hinweise auf besonders gut zugängliche und wichtige Werke zu den Themen der einzelnen Kapitel.

Mein Dank

für vielfältige Unterstützung bei diesem Projekt gilt meiner Frau, konstruktiven Kritikerin und *Language-Person*, Marianne Giuffra, Christian Molitor, der mir als selbsternannter *Orthodoxer vom Dienst* ungemein half, unfaire Angriffe auf die Neoklassik zu entschärfen oder zu beseitigen, Edward Fullbrook, Steve Keen und Jack Reardon für wertvolle Tipps und moralischen Beistand, Ruth Delp, Helge Peukert und zwei anonymen Gutachtern des International Journal of Pluralism & Economics Education für wertvolle Hinweise zu Teilen des Manuskripts, sowie meinem Lektor Frank Katzenmayer für seinen kompetenten, engagierten und nachsichtigen Umgang mit mir und meinem Manuskript.

Norbert Häring
Frankfurt, im Juli 2010

Kapitel 1: Geld ist Macht

»Ein offener, wettbewerblicher und liberalisierter Finanzmarkt kann knappe Ressourcen effektiv auf eine Weise zuordnen, die Stabilität und Wohlstand fördert, viel besser als staatliche Eingriffe.«

Hank Paulson, 2007

»Marktfundamentalismus hat den Interessen der Eigentümer und Verwalter von Finanzkapital gut gedient. Auch Deregulierung hat den Vermögensverwaltern gute Dienste geleistet. Die Finanzbranche wuchs so sehr, dass sie schließlich 25 Prozent der Marktkapitalisierung der Vereinigten Staaten ausmachte.«

George Soros, 2008

Geld ist Macht

Kurz bevor die Subprime-Krise offen ausbrach, behauptete US-Finanzminister Hank Paulson, dass die Finanzbranche am besten arbeite, wenn sie von staatlichen Eingriffen verschont wird. Das ist keine besonders überraschende Forderung von einem früheren Chef der Investmentbank Goldman Sachs. Man kann annehmen, dass ihm die Interessen seiner ehemaligen Branche am Herzen liegen. Doch sein Credo gibt auch ziemlich gut die Botschaft der meisten ökonomischen Lehrbücher und Berater wieder. Nach der These von den effizienten Finanzmärkten sorgt die Konkurrenz zwischen Anbietern von Finanzdienstleistungen, von Wertpapieren und Investoren dafür, dass die Preise an den Finanzmärkten jederzeit ihrem wahren Wert entsprechen und dass finanzielle Ressourcen zu ihren besten Verwendungsformen gelenkt werden. Die Märkte tendieren beständig in Richtung auf ein Gleichgewicht und reflektieren alle vorhandene Information über die Zukunft. Der langjährige Vorsitzende der Notenbank Federal Reserve, Alan Greenspan, war ein prominenter Verfechter dieser These.

Die Einstellung, dass der Wettbewerb die Macht der Finanzriesen begrenzen oder gar beseitigen werde, steht im Gegensatz zur Volksweisheit, die da sagt *Geld ist Macht*. Und mehr Geld bedeutet nach dieser Weisheit auch mehr Macht. Niemand hat mehr Geld zu seiner Verfügung als große Finanzinstitute. Selbst das Vermögen der Superreichen verblasst im Vergleich zu den Geldmengen anderer Leute, die diese Institute kontrollieren können. Das Geld anderer Leute ist eine wichtige Quelle von Macht, zum einen, weil die Summen enorm sein können, zum anderen, weil man mit dem Geld anderer Leute größere Risiken eingehen kann als mit eigenem. Man kann auch auf Rendite verzichten, wenn man dafür sonstige, eigene Vorteile erhält.

Fremdes Geld ist allerdings nur der Hebel für die Macht von Banken und anderen Finanzinstituten. Die Quelle ihrer Macht liegt darin, dass sie über etwas sehr Begehrtes verfügen. Geld ist immer knapp und Finanzierungsmittel wie Kredit oder Fremdkapital sind für sehr viele schwer zu bekommen. Nach der Theorie der effizienten Märkte, die von vollkommener Information ausgeht, bekommt jeder, der Finanzierungsmittel braucht und sich einen Kredit leisten kann, diesen auch. Dabei richtet sich der Zins nach der Knappheit von Finanzkapital und dem objektiven Ausfallrisiko. In der Realität ist der Kreditmarkt einer der am wenigsten vollkommenen Märkte. Kreditrationierung ist die Norm und wer eigenes Geld zu verleihen oder die Lenkungsgewalt über fremdes Geld innehat, der hat eine entsprechend große Macht.

Jeder mit einem Sinn für Geschichte – etwas, was die ökonomische Lehre nicht mehr vermittelt – weiß, dass Geldflüsse und die Kontrolle derselben schon immer maßgeblichen Einfluss auf die Entwicklung von Volkswirtschaften und Gesellschaften hatten. Doch für ökonomische Lehrbücher gibt es den Finanzsektor kaum. Er schmiert nur ganz bescheiden im Hintergrund die Räder der produzierenden Wirtschaft und lenkt uneigennützig Geld zu den produktivsten Nutzungsmöglichkeiten. So sonderbar diese Behandlung des Finanzsektors ist, so zielführend ist sie. Wer Macht aus den ökonomischen Lehrbüchern fernhalten will, der tut gut daran, auch den Finanzsektor draußen zu halten.

In diesem Kapitel geht es zunächst um die Frage, warum Finanzinstitute mächtiger sind als die meisten anderen Unternehmen. Danach erfahren Sie etwas über die vielen Arten, wie die Finanzbranche diese Macht nutzt, um ihre Gewinne auf Kosten der Kunden und anderer Investoren zu steigern. Der zweite Teil des Kapitels befasst sich mit der Geschichte der Finanzbranche und zeigt, wie schon seit frühesten Tagen private Finanziers und Regierungen in einer Beziehung gegenseitiger Abhängigkeit zusammengearbeitet haben. Die Finanziers helfen den Regierungen bei der Machtausübung und die Regierungen geben diesen dafür Privilegien, die deren Macht ausbauen und festigen helfen. Ein wichtiges Privileg, das bei der jüngsten Finanzkrise und den vorangegangenen eine zentrale Rolle gespielt hat, wird dabei besonders beleuchtet: das Recht zur Geldschaffung aus dem Nichts. Am Ende stehen Vorschläge, wie man die Macht der Finanzbranche beschränken kann, Kunden und Investoren zu übervorteilen und Finanzkrisen herbeizuführen, ohne gleichzeitig diejenigen, die auf Kredit angewiesen sind, zu schädigen.

Die Macht, ein knappes Gut zu verteilen

> *»Menschen kann es ohne Gefahr gestattet werden, aus ihren eigenen Mitteln Kredit zu gewähren oder abzulehnen, wie sie das möchten. Aber Bankressourcen sind im Wesentlichen nicht Eigentum des Aktionärs oder der Bankdirektoren, sondern repräsentieren Kundeneinlagen. Die Bank hat kein Recht, ihre Macht zu nutzen, um manche Unternehmen aufzubauen und andere zu zerstören.«*
>
> Louis Brandeis, 1913

Es gäbe keinen Raum für eine größere Bedeutung von Macht im Finanzsektor, wenn ein freier Finanzmarkt Angebot und Nachfrage nach Kredit und anderen Arten der Finanzierung jederzeit zum Ausgleich bringen würde. Versuche der Machtausübung würden einfach nur den Verlust von Geschäft an Wettbewerber verursachen. Wie jedoch Joseph Stiglitz und andere gezeigt haben, bedeutet unvollständige und ungleiche Information, dass manche Märkte den Ausgleich von Angebot und Nachfrage nicht bewerkstelligen können. Nicht alle Nachfrage wird befriedigt. Der Kreditmarkt ist ein Musterbeispiel für solche Märkte. Auf dem Kreditmarkt gibt es immer unbefriedigte Nachfrage. Das verschafft den Anbietern eine starke Position. Sie können Kreditnachfrager normalerweise ablehnen, ohne dass sie dies mehr als triviale Summen kostet. Der Kreditsuchende dagegen kann großen Schaden erleiden. Oft findet er nicht so leicht einen alternativen Anbieter, der zu ähnlichen Konditionen Kredit gibt, manchmal sogar keinen.

Nachfrage und Angebot kommen deshalb nicht zum Ausgleich, weil es die Möglichkeit sogenannter *adverser Selektion* gibt. Man denke etwa an einen Markt, auf dem Unternehmer ihre Projekte finanzieren. Es gibt solche mit niedrigem Risiko und solche mit hohem Risiko. Idealerweise verlangen die Banken einen relativ niedrigen Zins für das Finanzieren der weniger riskanten Projekte und einen höheren für die riskanten, passend zum höheren Ausfallrisiko. Die Banker können jedoch nur erahnen, wie riskant die Projekte sind und auch wie zuverlässig die Kreditnehmer. Diese wissen selber besser, wie riskant ihre Projekte sind und ob sie selbst ehrlich und risikoscheu oder eher unzuverlässige Hasardeure sind. Betrachtet die Bank ein Projekt oder einen Kreditnehmer als hochriskant und würde zum Beispiel einen Zins von 25 Prozent plus Inflationsrate verlangen, dann wäre die Wahrscheinlichkeit gering, dass ein ehrlicher Kreditnehmer dieses Angebot annehmen würde. Wer solche Bedingungen akzeptiert, ist mit hoher Wahrscheinlichkeit entweder ein Draufgänger, der entweder reich werden oder bankrott gehen will, oder einer, der den Kredit von vornherein nicht zurückzahlen will. Deshalb ist für Banken die Ausreichung von Krediten zu sehr hohen Zinsen oft nicht lohnend. Stattdessen fordern sie, dass der Kreditnehmer einen hohen Anteil eigenen Geldes in das Projekt investiert oder ihnen viele Sicherheiten überschreibt. Wer nicht genug Eigenkapital oder zu wenig Sicherheiten hat, bekommt keinen Kredit.

Selbst für Kredite mit moderatem Risiko werden die Banken weniger Kredit geben, als sie dies täten, wenn sie das Risiko so gut einschätzen könnten wie der Kreditnehmer. Sie werden eine Risikoprämie verlangen beziehungsweise die Kreditsumme im Verhältnis zu den Sicherheiten begrenzen, um einen Ausgleich für den Wissensvorsprung ihrer Kunden haben. Aus all diesen Gründen gibt es fast immer viele kreditbeschränkte Kunden auf dem Markt, während die Banken am langen Hebel sitzen. Den Kunden ist das Geschäft fast immer wichtiger als der Bank.

Die Kreditrationierung hat abseits der Machtfrage sehr weit gehende Auswirkungen auf die ökonomische Theorie, die hier aber nur angerissen werden können. Wie Thomas Piketty von der Paris School of Economics gezeigt hat, hängt das gut kalkulierbare Verhalten der ökonomischen Standardmodelle davon ab, dass Kredit nicht rationiert ist. Nur dann ist die Vermögensverteilung unter Individuen und Firmen irrelevant. Lässt man Kreditrationierung zu, so schafft das die Möglichkeit unterschiedlicher Kombinationen von Zinsen und Vermögensverteilung. Wenn die Zinsen hoch sind, wie es in vielen unterentwickelten Volkswirtschaften der Fall ist, kann das zu mehr Kreditrationierung und höherer Vermögenskonzentration führen, was wiederum hohe Zinsen verursacht. Sind die Zinsen in der Ausgangslage niedrig, dann wird der Zugang zu Kredit verbessert. Dies zieht eine Kapitalverteilung in breitere Bevölkerungsschichten nach sich. Dadurch werden wiederum die Kreditrationierung weiter vermindert und die Zinsen gesenkt. Die schöne, stabile Gleichgewichtstendenz in den Standardmodellen der Volkswirtschaft verschwindet, wenn es Kreditrationierung gibt.[54]

Die Macht, über fremdes Geld zu verfügen

Die Macht, die den Banken daraus erwächst, dass sie ihren kreditbeschränkten Kunden Kredit geben können, wird noch beträchtlich durch die Kontrolle über große Summen fremden Geldes vergrößert. Sie kontrollieren den Geldfluss für ihre Kunden entweder als Geld- und Vermögensverwahrer oder durch Anlageempfehlungen.

Die Kunden der Finanzinstitute gehen davon aus, dass allein ihre Anlageziele bestimmen, was mit ihrem Geld geschieht, so wie es die ökonomische Lehrbuchtheorie vorsieht. Doch leider fehlen ihnen das Wissen und die Zeit, um sicherzustellen, dass dies auch der Fall ist. Eine ganze Reihe von aktuellen Studien hat festgestellt, dass Kleinanleger von allen möglichen Arten von Finanzinstituten als leichte Beute angesehen und behandelt werden. Sie werden auf jeder Stufe des Anlageprozesses um einen Teil ihrer Rendite gebracht. Analysten, Vermittler und Fondsmanager wiegen die Kunden in dem Glauben, dass sie ihnen Expertenrat für ihre Investitionsentscheidungen geben. Dieser Glaube gibt ihnen die Macht, die Investitionen der Kunden in ihrem Sinne zu lenken. Wenn nötig und einträglich, arbeiten sie mit Unternehmensführungen zusammen, die sie indirekt dafür vergüten, dass sie Investoren dazu verleiten, ihre Wertpapiere zu kaufen.

Der berühmte Star-Analyst Henry Blodget, der nachweislich Aktien empfahl, die er in internen E-Mails als Schrott bezeichnete, ist nur die Spitze eines riesigen Eisbergs. Das *Sprechen mit gespaltener Zunge* ist die Regel und nicht die Ausnahme. Dies zeigt eine Studie, die vergleicht, was Analysten ihren (gutgläubigen) Kleinanlegern und ihren (anspruchsvolleren) institutionellen Kunden über die gleichen Aktien sagen. Kurz gefasst lautet das Ergebnis: Die Kleinanleger bekommen geschönte Informationen, die institutionellen Anleger die Wahrheit.[46] Ein Vergleich der Empfehlungen von sogenannten Sell-Side-Analysten, also denen, die für Finanzinstitute arbeiten, die Wertpapiere verkaufen oder vermitteln, und unabhängigen Analysten bestätigt das. Unabhängige Analysten schnitten mit ihren Empfehlungen im Durchschnitt deutlich besser ab. Insbesondere, weil sie keine grob unangemessenen Kaufempfehlungen für Verliereraktien aussprachen.[3]

Sprechen Aktienanalysten mit gespaltener Zunge (2007),
von Ulrike Malmendier (Berkeley) und Devin Shantikumar (Harvard)

Zum Nachweis der gezielten Manipulation von Aktienempfehlungen durch Analysten nutzten Malmendier und Shantikumar die Tatsache, dass die Analysten mit zwei verschiedenen Kundengruppen zu tun haben: mit Kleinanlegern und mit institutionellen Kunden, die sich in finanziellen Dingen gut auskennen. Die Analysten nutzen zwei verschiedene Kanäle für die Kommunikation mit den jeweiligen Gruppen. Einfache Empfehlungen wie *Kaufen, Halten, Verkaufen* richten sich an Kleinanleger. Institutionelle

Anleger bekommen aufwändigere Prognosen, die in ausführliche Berichte eingebettet sind. Ein Vergleich der Aussagen fördert zu Tage, dass die Analysten die Aussichten des jeweiligen Unternehmens viel weniger übertrieben optimistisch darstellen, wenn sie sich an professionelle Investoren richten. Wenn es zwischen den Arbeitgebern der Analysten und dem Unternehmen, dessen Aktien sie analysieren, eine Geschäftsbeziehung gibt, äußern sich die Analysten gegenüber den Kleinanlegern sehr viel optimistischer zu dieser Aktie als andere Analysten. Gegenüber institutionellen Investoren unterlassen sie das. Zudem stellen die Wirtschaftsforscher fest, dass die Analysten mit potenziellen Interessenkonflikten in den Studien für institutionelle Anleger, kurz bevor die Unternehmen ihre Geschäftszahlen vorlegen, die Gewinnaussichten systematisch leicht untertreiben. Das hilft den Unternehmen, diese Schätzungen zu übertreffen, was für die Aktienmarktreaktion wichtig ist.

Ein Vergleich der Aktienempfehlungen von Investmentbanken und von unabhängigen Analysehäusern (2007),
von Brad M. Barber (Univ. of California, Davis), Reuven Lehavy (Univ. Michigan) und Brett Trueman (Univ. of California, Los Angeles)

Die drei Ökonomen untersuchten, wie es Investoren erging, die zwischen 1996 und 2003 auf die Kaufempfehlungen von Analysten der Investmentbanken und von unabhängigen Analysehäusern hörten. Es stellte sich heraus, dass die Kaufempfehlungen der Unabhängigen im Durchschnitt eine Rendite von 8 Prozentpunkten über der von Investmentbanken erzielten. Die Empfehlungen der Bankanalysten schnitten nur in etwa so gut ab wie der Gesamtmarkt. Insbesondere ab dem Ende der Internet-Aktienblase im Jahr 2000 verschlechterten sich die Empfehlungen der Investmentbanken. Ab diesem Zeitpunkt lagen sie 17 Prozentpunkte hinter den Unabhängigen. Wenn die Empfehlungsliste der Bankanalysten auch Aktien von Unternehmen enthielt, die ihr Arbeitgeber an die Börse gebracht hatte, war die Rendite der empfohlenen Aktien sogar um 22 Prozent schlechter als bei den Unabhängigen. Das deutet sehr darauf hin, dass die Unternehmen für die hohen Gebühren zum Börsengang nötigenfalls freundliche Aktienempfehlungen erwarten und auch bekommen.

Die Analysten setzen ihre persönliche und berufliche Ehre nicht umsonst aufs Spiel. Denn für ihre Vergütung und ihre Karriereaussichten sind vor allem ihr Wille und ihre Fähigkeit wichtig, den Kleinanlegern eine Geschichte zu verkaufen, die die Einnahmen ihrer Arbeitgeber maximiert. Nicht von ungefähr heißen sie *Sell-Side-Analysten,* also Analysten der Verkäuferseite. Die Belohnung für den Willen zum unbegründeten Optimismus ist vor allem in heißen Marktphasen groß. Das lässt den Schluss zu, dass die Banken systematisch Aktienblasen vergrößern, indem sie ihre Analysten für die Anfeuerung der Kleinanleger belohnen.[42]

Die Anreize der Analysten und ihrer Arbeitgeber sind für die Manager der betroffenen Unternehmen kein Geheimnis, und diese versäumen es nicht, ihr Wissen zu nutzen. Sie behandeln Analysten gut, die ihr Unternehmen gut behandeln und umgekehrt. Analysten gut behandeln, bedeutet vor allem, ihnen privilegierten Zugang zu Informationen zu gewähren. Die Gefälligkeiten bestehen etwa darin, freundliche Analysten mit einem Top-Manager eines anderen Unternehmens in Kontakt zu bringen, ihnen Informationen über die Branche zu geben, bereit zu sein, die Kunden der Analysten zu treffen, ihnen mit Ratschlägen und Empfehlungsschreiben bei der Karriere behilflich zu sein oder ihnen Zugang zu exklusiven Clubs zu verschaffen. Bis die Börsenaufsicht das verbot, war zudem gang und gäbe, dass freundliche Analysten kurssensible Informationen vorab erhielten. Dieser Austausch von Gefälligkeiten führt zu einem eng geknüpften Netz symbiotischer Beziehungen zwischen Unternehmen und Analysten, zum Nachteil der Investoren, die systematisch dazu verlockt werden, Aktien zu teuer zu kaufen.[60]

Eine Analyse der Analysten: Karrierestreben und manipulierte Gewinnschätzungen (2003),
von Jeffrey Kubik (Syracuse Univ.) und Harrison Hong (Princeton)

Kubik und Hong bringen die Gewinnschätzungen der Analysten in Verbindung mit ihren Karrieren und stellen fest, dass diejenigen mit genaueren Prognosen eher zu einem hoch angesehenen Brokerhaus wechseln oder andere positive Karriereschritte machen können. Bei gegebenem Genauigkeitsniveau haben die optimistischeren Analysten die besseren Karrieren. Bei Analysten, deren Arbeitgeber Aktien an die Börse gebracht haben, die sie bewerten, hängt die Karrierewirkung sogar stärker von Optimismus als von Genauigkeit ab. Offenbar belohnen die Broker Analysten für die Hilfe bei der Bewerbung von strategisch wichtigen Aktien. Besonders während der Internetblase war Optimismus wichtig. Genauigkeit wurde während dieser Zeit kaum belohnt.

Soziopolitische Dynamik in den Beziehungen zwischen Spitzenmanagern und Wertpapieranalysten: Gefälligkeiten auf Gegenseitigkeit und Aktienempfehlungen der Analysten (2008),
von James Westphal (Univ. Michigan) und Michael Clement (Univ. Texas)

Diese Umfrage bei Tausenden von Analysten und Spitzenmanagern, durchgeführt von 2001 bis 2003, förderte zu Tage, dass zwei Drittel der Analysten von den Unternehmen, über die sie berichteten, Gefälligkeiten erhielten. Analysten, die mindestens zwei Gefälligkeiten erhalten hatten, stuften die Aktien nur mit halb so hoher Wahrscheinlichkeit nach schlechten Geschäftsergebnissen herab wie Analysten, die keine Gefälligkeiten erhalten hatten. Je mehr das Management Herabstufungen der Empfehlungen fürchtete, desto mehr Gefälligkeiten verteilte es. Das war etwa der Fall, wenn es seine Ertragsziele verfehlte oder wenn es ein Unternehmen kaufte, das nichts mit seinem Kerngeschäft zu tun hatte. Die Unternehmensmanager nutzen aber nicht nur das Zuckerbrot, sondern auch die Peitsche. Den Analysten droht Liebesentzug, etwa in Form der Verweigerung von persönlichen Kontakten, wenn sie die Aktie eines Unternehmens herunterstufen. Der Gefälligkeitentausch scheint sehr verbreitet zu sein und sich nicht nur auf die renommiertesten Analysten und Firmen zu beschränken.

Nach den Skandalen um Enron und Worldcom war die amerikanische Regulierungsbehörde gezwungen zu handeln. Einige Banken und einige Analysten wurden dafür bestraft, dass sie bewusst die Anleger getäuscht hatten. Nun ist es den Banken und Brokern nicht mehr erlaubt, Analysten explizit mit Boni für die Generierung von Investmentbankgeschäft zu belohnen. Seitenlange Hinweise auf mögliche Interessenkonflikte zieren den Abspann von Analystenberichten. Was diese Hinweise wert sind, zeigt eine Laborstudie von einer Gruppe von Psychologen und Ökonomen. Diese demonstriert die Gutgläubigkeit der Anleger. Selbst wenn die Berater Interessenkonflikte offenlegen, glauben die Anleger an die Objektivität ihrer Berater. Auf der anderen Seite führt die Offenlegung dazu, dass die Berater ihren Rat noch mehr in Richtung ihres Eigeninteresses verzerren. Denn sie denken, ihr Kunde werde ohnehin wegen der offengelegten Interessenkonflikte mentale Korrekturen vornehmen. Da dies in Wirklichkeit nicht stattfindet, sind die Kunden mit Offenlegung sogar noch schlechter dran als ohne. Daraus lässt sich schließen: Um den Investoren zu helfen, müssen Interessenkonflikte nicht nur (summarisch) offengelegt, sondern beseitigt werden. Wo das nicht möglich ist, müssen Falschberatungen und der Bruch von treuhänderischen Pflichten ernsthaft verfolgt und bestraft werden. Die bisherigen Maßnahmen scheinen eher Augenwischerei zu sein.

Die dunkle Seite der Offenlegung: Kontraproduktive Effekte der Offenlegung von Interessenkonflikten (2005),
von Daylian M. Cain, George Loewenstein und Don A. Moore (Carnegie Mellon Univ.)

Das Team aus Ökonomen und Psychologen führte ausgeklügelte Laborexperimente durch, um zweckwidrige Effekte der Offenlegung von Interessenkonflikten zu demonstrieren. Sie zeigten den Probanden aus der Ferne mit Münzen gefüllte Gläser und ließen diese den Wert des Inhalts schätzen. Ihre Entlohnung richtete sich nach der Güte ihrer Schätzung. Jeder Schätzer bekam einen Berater zugeteilt, der das Glas eine Weile aus der Nähe begutachten durfte. Die Entlohnung der Berater war umso höher, je höher die Schätzung des Beratenen ausfiel. Die Hälfte der Beratenen wurde im Beisein der Berater über den Interessenkonflikt der Berater informiert. Wie zu erwarten, übertrieben die meisten Berater den Wert der Münzen im Glas. Diejenigen, die wussten, dass der oder die Beratene den Interessenkonflikt kannte, übertrieben sogar noch mehr als die anderen. Die Beratenen, die den Interessenkonflikt kannten, vertrauten aber ihren Beratern fast ebenso stark wie die Uninformierten. Im Endeffekt stellt sich die informierte Gruppe schlechter als die uninformierte und deren Berater besser.

Die Macht der Insider

Banken haben nicht nur aufgrund ihrer Expertise einen Informationsvorsprung bezüglich lohnender Investitionsmöglichkeiten. Im Prozess des Einsammelns und Verteilens großer Geldsummen erhalten sie reichlich exklusive Insiderinformationen, die sie für einträgliche Eigengeschäfte nutzen können. Broker sehen, wenn große Kauf- oder Verkaufsaufträge hereinkommen, die absehbar die Kurse bewegen werden. Banken sehen die Bücher ihrer Kreditkunden. Finanzinstitute und ihre Angestellten sind zwar nicht die einzigen, die Insiderinformationen bekommen. Das Topmanagement von nichtfinanziellen Unternehmen hat ebenfalls regelmäßig exklusive Informationen über den Geschäftsverlauf, die den Aktienkurs des eigenen Unternehmens absehbar beeinflussen werden und nutzt diese zum eigenen Vorteil.

Das Besondere an Finanzinstituten und ihren Managern ist ihr privilegierter Zugang zu Insiderinformationen nicht nur über das eigene Unternehmen, sondern über eine Vielzahl von Unternehmen, zu denen das Institut Geschäftsbeziehungen unterhält. Während ein Unternehmensinsider gelegentlich oder regelmäßig die Möglichkeit hat, andere Investoren zu übervorteilen, die in mit diesem Unternehmen verbundene Wertpapiere investieren, haben Banken und deren Angestellte regelmäßig diese Möglichkeit in Bezug auf eine Vielzahl von Unternehmen, und sie können das oft in viel größerem Maßstab tun. Zudem wird ein Banker, der in der Mitte eines Netzwerks von miteinander im Wettbewerb stehenden Unternehmen sitzt und über jedes wertvolle Insiderinformationen hat, sehr mächtig. Niemand wird diesen Banker verärgern wollen, weil er durch die Art der Nutzung dieser Informationen auf vielfältige Weise schaden oder nutzen kann.

In ähnlicher Weise gewinnen Vermögensverwalter, Wertpapiervermittler (Broker) und Manager von Hedge-Fonds in ihrem täglichen Geschäft Informationen über das Marktgeschehen und große Marktteilnehmer. Dies ermöglicht ihnen die Übervorteilung von schlechter informierten Marktteilnehmern. Die nach vielen Jahren der Untätigkeit im Jahr 2009 begonnene Untersuchung der US-Börsenaufsicht SEC gegen den Hedge-Fonds-Manager Raj Rajaratnam (inklusive Telefonüberwachung und heimlich aufgezeichneter Unterredungen) bietet einen seltenen Einblick in das Geschäftsmodell vieler der zumeist wenig durchsichtigen und geheimniskrämerischen Hedge-Fonds. Rajaratnams Geschäftsmodell beruhte auf der Gewinnung von Insiderinformationen von Informanten. Diese nutzte er nicht nur für eigene Geschäfte, sondern gab sie auch im Tausch gegen neue Insiderinformationen an andere Informanten weiter. Selbst den Einstieg von George Soros bei Goldman Sachs soll ein Mitglied des Verwaltungsrats der Investmentbank Rajaratnam vorher verraten haben.

Rajaratnams Hedge-Fonds Galleon bezahlte im Jahr 2009 250 Millionen Dollar in Form von Gebühren, Kommissionen und Ähnlichem an seine Banken. Der Fonds war bekannt dafür, diese Banken über Marktentwicklungen wie zum Beispiel große Kauf- und Verkaufsorders auszufragen. Eine nicht namentlich zitierte Führungskraft einer solchen Bank sagte der *Financial Times*, dass dieses Begehren oft erfolgreich war. Der Fonds würde in Andeutungen Informationen erhalten, die er zusammenfügen und für eigene Geschäfte nutzen konnte, bevor die entsprechenden großen Orders ausgeführt wurden und die Preise in eine vorhersehbare Richtung beeinflussten *(»Galleon paid Wall Street banks lavish fees for secret market data«, 29.10.2009).*

Wenn Individuen oder Institutionen auf Basis von Insiderinformationen handeln, vermindern sie die Renditen aller anderen Investoren. In der Regel ist der Schaden aus einem solitären Insidergeschäft für den einzelnen Investor gering. Aber wie wir noch sehen werden, sind Insidergeschäfte so verbreitet, dass man von einem beträchtlichen Schaden für jeden einzelnen Normalanleger ausgehen kann.

Marktmacht im Finanzgewerbe

Damit ein Anbieter die oben beschriebenen Machtelemente zur Erzielung hoher Gewinne nutzen kann, muss der Marktzugang beschränkt sein. Zusätzlich muss der Anbieter eine gewisse Preissetzungsmacht haben. Orthodoxe Ökonomen neigen zu der Annahme, dass der Wettbewerb den Machtmissbrauch durch den Anbieter verhindert. Wenn ein Kunde schlecht oder zu teuer bedient wird, wird er sich nach dieser Vorstellung einem Konkurrenten zuwenden. Die vielen Beispiele, die noch kommen und die außergewöhnlich hohen Gewinne, an die sich die Bankbranche gewöhnt hat, sprechen eine andere Sprache. Die allgemeinen Gründe für Marktmacht werden im dritten Kapitel eingehender behandelt, doch seien sie konkret für die Bankbranche wenigstens kurz genannt. Der Markteintritt ist nicht frei. Man braucht eine Lizenz für die Gründung einer Bank, und der Aufwand für die Erfüllung der Vorgaben der Regulierer ist beträchtlich. Wichtiger noch: Es gibt, was die Ökonomen *Economies of Scale* nennen. Eine große Bank kann ihre Dienstleistungen zu geringeren Kosten erstellen als eine kleine, neu gegründete Bank. Das liegt vor allem daran, dass Verwaltungskosten in dieser Branche so wichtig sind. Je mehr Umsatz gemacht wird, desto weniger schlagen die fixen Kosten für den administrativen Überbau zu Buche. Hinzu kommt, dass Banking ein Vertrauensgeschäft ist. Wer schon lange im Geschäft ist, dem glauben Einleger eher, dass es ihn übermorgen noch geben wird als einem Newcomer.

Außerdem spielen Netzwerkeffekte eine große Rolle, insbesondere im Investmentbanking, dem lukrativsten Zweig des Bankgeschäfts. Hier dreht sich alles um Kontakte und Informationen. Wer größer, vielseitiger und länger im Geschäft ist, verfügt über viel mehr davon als ein Newcomer. Deshalb gibt es nur einige wenige große Investmentbanken und daneben einige Nischenanbieter. Wie das dritte Kapitel zur Marktmacht noch ausführlicher zeigen wird, haben die Anbieter in einem solchen Markt eine gewisse Preissetzungsmacht. Diese nutzen sie als Kollektiv in der Form eines monopolistischen Anbieters, obwohl sie miteinander in Konkurrenz stehen. Der frühere Investmentbanker Philip Augar kommt dann auch in seiner Untersuchung der Branche zu dem Ergebnis, dass es zwar kein illegales Kartell der Investmentbanken gibt. Trotzdem schaffen es die Investmentbanken dauerhaft, ihre Leistungen weit über Kosten anzubieten.[2]

Ihr Geld auf der Bank, Ihre Bank im Geld

»Die Wall Street nimmt die Main Street aus. Seit der Einführung von Geld vor Tausenden Jahren haben Finanzintermediäre mit einem Informationsvorsprung diejenigen mit weniger Information übervorteilt.«

Frank Partnoy, 2009[52]

Die Trennung in Macht, die von der ungedeckten Nachfrage nach Kredit herrührt, Macht aus der Verfügungsgewalt über fremdes Geld und Insider-Macht ist in der Realität selten sauber möglich. Die verschiedenen Quellen der Macht wirken meist zusammen. Eine verstärkt die andere. Oft gibt es daneben noch ein Element der Kooperation zu Lasten Dritter, wenn etwa Manager von Unternehmen sich implizit oder explizit mit Finanzinstituten verbünden, um das eigene Unternehmen oder Anleger zu schädigen.

Eine Armee von Bankanalysten, Brokern und »Beratern« der Finanzbranche ist damit beschäftigt, Kleinanleger dazu zu bringen, ihnen ihr Geld anzuvertrauen oder es gemäß ihren Empfehlungen anzulegen. Die Anleger werden angestachelt, den bewährten Rat *kaufen und halten* zu ignorieren und viel mehr zu kaufen und zu verkaufen als sinnvoll ist. Dadurch verdienen sie am Aktienmarkt viel weniger Geld, als sie sollten. Denn Kleinanleger kaufen tendenziell bei bereits hohen Preisen und verkaufen bei besonders niedrigen Preisen. Das bedeutet, dass die Anleger dann wenig Geld an der Börse haben, wenn diese vor einem Aufschwung steht, und relativ viel Geld investiert haben, wenn eine Baisse bevorsteht. Dadurch leiden sie deutlich stärker unter den Abwärtsbewegungen, als sie von den Aufwärtsbewegungen profitieren. Die hohen langfristigen Renditen der wichtigen Aktienindizes wie der Dax oder in den USA der Dow Jones und der Nasdaq, die die Verkäufer den Kunden immer wieder unter die Nase reiben, kalkulieren dies nicht mit ein. Berechnungen eines US-Ökonomen haben ergeben, dass das schlechte Timing der Investoren in US-Aktien zu einer tatsächlichen jährlichen Rendite seit 1973 führte, die nur halb so hoch war wie die durchschnittliche jährliche Steigerung des breiten Nasdaq- Aktienindex.[22]

Privatinvestoren haben weniger Informationen und weniger Fachkenntnis als institutionelle Investoren. Sie sind daher an den Wertpapiermärkten, auf denen beide handeln, im Nachteil. Deshalb ist die Standardempfehlung neutraler Berater, nicht zu viel zu kaufen und zu verkaufen. Sie sollten ein ausgewogenes Portfolio zusammenstellen und nur so viel zukaufen und verkaufen, wie für die jeweilige Neujustierung der unter Risikoaspekten angestrebten Gewichtung notwendig ist. Dies tun aber Privatinvestoren meistens nicht. Sie handeln aktiv, versuchen Gewinneraktien zu identifizieren und verkaufen vermeintliche Verlierer. Man kann den Schaden daraus kaum überbetonen – und den Nutzen, den die Gegenpartei der institutionellen Investoren daraus zieht. Eine umfassende Untersuchung der Käufe und Verkäufe von Aktien aller taiwanesischen individuellen Investoren ergab in fünf Jahren Renditeverluste durch das Kaufen und Verkaufen von knapp vier Prozentpunkten pro Jahr. Die zugehörigen Gewinne machten institutionelle Investoren. Zusammengefasst lässt sich sagen: Die Handelsgewinne, Gebühren und Kommissionen entlohnen die Finanzbranche sehr gut für die Verführung der Kleinanleger zu intensivem Handeln. Die Kleinanleger verlieren dadurch beträchtliche Summen.[3]

Wie viel verlieren private Investoren durch Handeln? (2009),
von Brad M. Barber und Terrance Odean (Univ. of California at Davis), Yi-Tsung Lee und Yu-Jane Liu (National Chengchi Univ.),

Die Wirtschaftsforscher verschafften sich die Daten über alle Aktienkäufe und -verkäufe von Investoren am taiwanesischen Aktienmarkt zwischen 1995 und 1999. Das zusammengerechnete Portfolio der privaten Investoren hatte Handelsverluste von 3,8 Prozentpunkten pro Jahr, was 2,2 Prozent der Wirtschaftsleistung eines Jahres entsprach. Dagegen machten die institutionellen Investoren, zu denen die Autoren Unternehmen, Aktienhändler, ausländische Investoren und Fonds rechnen, durch ihre Handelsgeschäfte Zusatzgewinne von 1,5 Prozentpunkten pro Jahr, sogar nach gezahlten Kommissionen und Steuern, aber ohne Einrechnung der Gebühren, die die Finanzinstitute von den individuellen Investoren erhielten. Ein Drittel der Handelsverluste der privaten Investoren resultierte aus Börsenumsatzsteuern, ein weiteres Drittel aus Kommissionen, ein Viertel aus schlechter Aktienauswahl und weitere 7 Prozent von Käufen zum falschen Zeitpunkt. Fast alle Verluste (abgesehen von Steuern und Kommissionen) waren eine Folge der Art, wie die Anleger ihre Orders aufgeben. Fast zwei Drittel der Orders waren, was die Autoren *aggressive Orders* nennen. Das sind Orders, die sehr wahrscheinlich ausgeführt werden, weil der Auftraggeber bei Kauflimits viel Luft nach oben und bei Verkaufslimits viel Luft nach unten gelassen hat. Ein großer Teil der Gewinne der institutionellen Investoren rührte von passiven Geschäften, bei denen sie als Gegenpartei für die uninformierten Anleger mit aggressiven Orders auftraten.

Für Deutschland hat das private Forschungsinstitut CapQM alle verfügbaren Informationen über Fonds, Transaktionshäufigkeit und Gebühren der deutschen Vermögensverwalter zusammengetragen. Auf dieser Basis schätzt das Institut, dass die deutschen Kleinanleger 2007 spektakuläre 28 Mrd. Euro an Banken, Fondsmanager und Versicherer bezahlten, um ihre Anlagegelder zu verwalten. Bei einem monetären Vermögen von 1,9 Billionen Euro, das direkt oder indirekt in Aktien und Anleihen investiert war und einer angenommenen Durchschnittsrendite von 4 bis 6 Prozent würde dies bedeuten, dass die Finanzintermediäre ein Viertel bis ein Drittel der Rendite für sich reklamierten. CapQM schätzt, dass zehn dieser 28 Mrd. Euro leicht eingespart werden könnten, wobei weniger oft zu kaufen und zu verkaufen, die größten Kostenersparnisse brächte.[16]

Im Juli 2009 wurde Sergey Aleynikov wegen eines Diebstahlvorwurfs verhaftet, kurz nachdem er seinen Job als Programmierer für die Investmentbank Goldman Sachs verlassen hatte. Er wurde beschuldigt, das Handelsprogramm der Firma kopiert und auf einen Server in Deutschland geladen zu haben. Das Interessante daran ist die Warnung, die Staatsanwalt Joseph Faccioponte aussprach, basierend auf Informationen von Goldman Sachs. Er sagte, dass diese Software, wegen der Art, wie sie mit den verschiedenen Märkten und Börsen interagierte, benutzt werden könnte, »um Märkte auf unfaire Weise zu manipulieren«. Jeder mag sich selbst vorstellen, was Goldman Sachs mit diesem Programm geplant hatte (*Code Theft Could Cost Goldman millions, U.S. Says,* Reuters, 7 July, 2009).

Der Standard-Ratschlag für die Vermeidung der Fallstricke des Investierens und zur Erreichung einer guten Risikostreuung ist die Investition in einen Fond mit guter langfristiger Rendite, geringem Aufgabenaufschlag und niedrigen Gebühren. Denn, dass die Gebühren für aktiv verwaltete Fonds im Durchschnitt viel höher sind, als ihre oft magere Rendite rechtfertigt, ist lange bekannt und nachgewiesen. So wurde unter anderem gezeigt, dass Fondsmanager Bestechungsgelder erhalten, damit sie Brokern die Inrechnungstellung überhöhter Gebühren erlauben, dass sie zu viel kaufen und verkaufen und damit die Gebühren weiter nach oben treiben und dass sie ihre historischen Renditen oft schönrechnen.[53]

Manchmal reicht es aber nicht, sich einen Fond mit geringen Gebühren zu suchen, um der Übervorteilung durch die Fondsbranche zu entgehen. Eine ebenso verbreitete wie skandalöse Praxis entwickelte sich 2003 zu einem Riesenskandal, als sie bekannt wurde. Hedge-Fonds hatten die Erlaubnis der Fondsmanager bekommen, ihre Anteile in den Fonds nach dem normalen Geschäftsschluss zu kaufen oder zu verkaufen. Normale Investoren konnten zu diesem Zeitpunkt nicht mehr handeln. Dadurch konnten die Hedge-Fonds auf der Basis von topaktuellen Informationen handeln, jedoch zu alten Preisen, die diese Informationen noch nicht berücksichtigten: eine sichere Art Geld zu machen. Manchmal waren es auch die Leitenden der Fondgesellschaften selbst, die nach Geschäftsschluss handelten. Die Rechnung zahlten die Fondsanleger, deren Fondanteile im Ausmaß der Gewinne der privilegiert Handelnden an Wert verloren. Die Regulierer ignorierten das Problem lange Zeit, bis die Presse es aufdeckte. Was die Regulierer versäumt hatten, holten die Richter mit harten Strafen nach.[56]

Ökonomen haben nachgewiesen, dass die Fondsbranche auch ohne kriminelle Praktiken Möglichkeiten zur Übervorteilung ihrer Kunden findet. Auch wenn diese dem Rat folgen, Fonds mit niedrigen Aufgabeaufschläge und Gebühren zu wählen. Dabei nutzen die Fondsanbieter, dass sie in aller Regel nicht nur einen Fonds anbieten, sondern große Fondsfamilien. Die Fondsmanager der einzelnen Fonds haben zwar eine treuhänderische Verpflichtung gegenüber den Anlegern in ihren Fonds. Aber gleichzeitig haben sie das Interesse des Arbeitgebers im Sinn, der ihr Gehalt bezahlt. Eine ökonomische Studie hat offengelegt, dass in diesem Interessenkonflikt oft das *Wer zahlt, schafft* an zu dominieren scheint. Offenbar manipulieren die Fondsmanager häufig die Erträge der individuellen Fonds in einer Weise, dass die meisten Erträge dort anfallen, wo es für den

Fondsanbieter am günstigsten ist. Das ist entweder beim Fonds mit den höchsten Gebühren der Fall oder bei dem für die Akquisition von Neukunden am besten geeigneten Fonds. Wer in die Fonds investiert hat, von denen die Erträge weggeleitet werden, hat Pech gehabt.[31]

Vetternwirtschaft in Fondsfamilien? Evidenz für strategische Quersubventionen zwischen Fonds (2006),
von José-Miguel Gaspar (ESSEC, Cergy-Pontoise), Massimo Massa (INSEAD, Fontainebleau) und Pedro Matos (Univ. Southern California)

Zur Aufdeckung der Praxis, bei der innerhalb von Fondsfamilien strategisch die Renditen zwischen verschiedenen Fonds verschoben werden, unterteilen die Wirtschaftsforscher aus Frankreich zunächst die Fondspalette großer international operierender Fondsfamilien in Fonds mit *hohem Familienwert* und solche mit *niedrigem Familienwert*. In die erste Gruppe gehören Fonds, die entweder hohe Gebühren für die Fondsgesellschaft abwerfen oder die sich besonders eignen, um sie zur Gewinnung neuer Kunden für die Fondsfamilie zu bewerben. Damit sind Fonds mit hohem Ausgabeaufschlag und hohen Gebühren sowie solche mit guter Renditeentwicklung in der Vergangenheit von hohem Wert für die Fondsfamilie. Geringen Wert haben aus der Perspektive des Fondsanbieters Fonds mit geringem Ausgabeaufschlag, geringen Gebühren und ältere Fonds mit mittelmäßiger oder schlechter Rendite in der Vergangenheit. Es stellte sich heraus, dass sich die Fonds mit hohem Familienwert deutlich besser entwickeln als die Fonds mit niedrigem Familienwert. Ein Vergleich von Fonds verschiedener Fondsfamilien mit gleichen Eigenschaften brachte dieses auffällige Muster nicht hervor. Der Renditetransfer wird der Untersuchung zufolge zum einen dadurch bewerkstelligt, dass die Fonds mit hohem Familienwert vom Fondsanbieter bei der Zuteilung von unterbewerteten Aktien aus Börsengängen bevorzugt werden, zum anderen durch strategische Preise bei Geschäften zwischen den Fonds.

Wenn die profitierenden Fonds höhere Gebühren verlangen, liegt der Vorteil auf der Hand. Diese Fonds können dann eine bessere Rendite vorzeigen und dadurch mehr Kunden akquirieren. Auch abseits davon kann die Verschiebung noch Vorteile bringen. Das liegt daran, dass potenzielle Kunden in aller Regel zuerst den Fondsanbieter aussuchen und dann einen oder mehrere Einzelfonds dieses Anbieters wählen. Daher ist es vor allem wichtig, einige gute Vorzeigefonds zu haben, mit denen man die Kunden in die eigene Fondsfamilie locken kann. Wenn dafür einige nicht beworbene Fonds besonders schlecht abschneiden, ist das weniger schlimm.[31]

Die Aufsichtsbehörden erlauben in der Regel Wertpapiertransaktionen zwischen Fonds einer Familie. Das ist der einfachste Weg, um Renditen zwischen Fonds zu verschieben. Dabei sind die legitimen Vorteile solcher Transaktionen umstritten und selbst wenn es sie gibt, sind sie im Verhältnis zum Missbrauchspotenzial gering. Ein Verbot der Praxis drängt sich auf.[63] Auch in Deutschland sind nach Auskunft der Finanzaufsichtsbehörde Bafin Geschäfte zwischen verschiedenen Fonds eines Anbieters erlaubt. Sie müssen lediglich darauf achten, den Preis innerhalb der Spanne zwischen Tageshöchstkurs und Tagestiefstkurs zu halten. Das erlaubt erhebliche Verschiebungen von Rendite, wenn es innerhalb eines Tages zu größeren Preisschwankungen kommt. Zwar gibt es nach meinem Wissen keine Studie, die die Praxis speziell für Deutschland untersucht. Es gibt aber wenig Grund sich darauf zu verlassen, dass sie hierzulande nicht verbreitet ist.

Ein Banker im Aufsichtsrat stiehlt mehr als die Show

> *»Obwohl sie eigentlich nur Vermittler sind, führen sich diese Banker als Herren der amerikanischen Geschäftswelt auf, so dass praktisch keine größere Unternehmung ohne ihre Teilnahme oder Zustimmung getätigt werden kann, Sobald ein Banker in einen Aufsichtsrat eingetreten ist, bleibt er beharrlich darin und nimmt alle Fäden in die Hand, denn er kontrolliert den Fluss neuen Geldes.«*
>
> Louis Brandeis, 1913

Die traditionelle Sichtweise der Ökonomen sieht die Präsenz von Bankern im Aufsichtsrat von produzierenden Unternehmen als vorteilhaft an. Ihr zufolge kann dieses Arrangement das Informationsproblem der Kreditgewährung lösen. Denn die Kredit gebende Bank weiß nicht, wie kreditwürdig ein Unternehmen ist und ob es sich später so verhält, dass die Rückzahlung von Krediten möglichst wenig gefährdet wird. Beide Probleme werden deutlich entschärft, wenn die Bank einen Vertreter in den Aufsichtsrat entsendet. Diese Sichtweise impliziert, dass der Banker außer der Sicherstellung der Kreditrückzahlung keine eigenen Interessen verfolgt. Die Gegenmeinung geht davon aus, dass Vertreter von Finanzinstituten mächtig sind und der Versuchung unterliegen, diese Macht zum Vorteil des eigenen Instituts zu nutzen. Wenn dieser Sichtweise zufolge ein Unternehmen Geld braucht, besonders, wenn es in Schwierigkeiten ist und nicht wählerisch sein kann, dann schlägt die große Stunde der Banker. Sie können ihre machtvolle Position nutzen und die Kreditvergabe mit Bedingungen verknüpfen, die ihnen dauerhaften Einfluss auf das Unternehmen sichern. Viele Firmen geben einer Bank diesen Einfluss sogar vorsorglich, um sich deren Beziehungen und Finanzkraft schon in guten Zeiten zu sichern.

Die erste, positive Sichtweise hat sicherlich ihren wahren Kern. Allerdings stellt eine wachsende Zahl empirischer Studien fest, dass auch die zweite Sichtweise wichtige Aspekte der Realität abbildet, vielleicht sogar die dominierenden. Nach diesen Studien bezahlen Unternehmen teuer für die Präsenz von Bankenvertretern im Aufsichtsrat. Es scheint, als ob meist die Bank profitiert, während das Unternehmen oft sogar Nachteile erleidet. Louis Brandeis, ein Jura-Professor mit Neigung zu Finanzthemen, der später an das US-Verfassungsgericht berufen wurde, behauptete das schon vor fast 100 Jahren, gestützt auf Fallstudien.[10] Das frühe 20. Jahrhundert war die letzte Hochphase des Einflusses der Finanzbranche vor der gegenwärtigen. Damals hielten J. P. Morgan und die Rockefellers mit ihrem weit verzweigten Netzwerk von Trusts die meisten Fäden in der Hand. Brandeis beschreibt, wie vor allem J.P. Morgan die Aufsichtsräte von zahllosen Eisenbahn- und Minengesellschaften kontrollierte. Er profitierte davon, diese für teure Unternehmenszukäufe zum Vorteil der Banken mit Schulden zu beladen, gelegentlich bis zum Ruin des Unternehmens.[10] Jüngere empirische Studien zeigen ähnliche, wenn auch weniger ausgeprägte Muster für Deutschland und Japan.

Die Studie zu Deutschland machte deutlich, dass Banken Sitze im Aufsichtsrat für die Gewinnung von Informationen über das Unternehmen und dessen Branche nutzen. Sie steigern ihre Ausleihungen an das Unternehmen und die Branche. In der Folge haben sie eine erhöhte Chance, die lukrativen Mandate zu bekommen, wenn diese Unternehmen eine Übernahme oder andere große Finanztransaktionen planen. Im Gegenzug helfen sie dem Unternehmen in schwierigen Zeiten bei der Geldbeschaffung. Dafür bezahlt das Unternehmen allerdings teuer. Denn Unternehmen, die einen Banker im Aufsichtsrat haben, haben schlechtere Ertragskennzahlen und niedrigere Börsenwerte. Die Verschlechterungen der Kennzahlen und der Wertverlust treten erst ein, nachdem die Banker im Aufsichtsrat Platz nehmen. Dies lässt sich als starkes Indiz dafür werten, dass die Banker-Aufsichtsräte die Verschlechterung tatsächlich verursachen.[23]

Eine ähnliche Studie zu den Beziehungen von Banken und Produktionsunternehmen in Japan Mitte der 1990er-Jahre liefert einen Hinweis darauf, warum die Unternehmen per Saldo nicht von Bankvertretern in ihren Aufsichtsräten zu profitieren scheinen. Der Autor vergleicht Unternehmen, die enge Verbindungen zu einer Hausbank hatten, entweder indem die Bank einen Anteil des Unternehmens besaß oder indem sie regelmäßig dem Unternehmen Kredite vergab, mit anderen Unternehmen ohne feste Hausbank. Die Unternehmen mit Hausbank zahlten höhere Zinsen und waren weniger profitabel als andere. Der negative Effekt war am stärksten für profitable Unternehmen, die in der Vergangenheit gute Möglichkeiten zur Finanzierung über den Kapitalmarkt gehabt hatten. In Übereinstimmung mit älteren Studien zu Verbindungen zwischen Banken und Unternehmen in Japan schließt der Autor aus seinen Ergebnissen dass die Vorteile von Hausbankbeziehungen vor allem den Hausbanken zukommen. Offenbar nehmen die Kreditverantwortlichen der Hausbank zu Recht an, dass ihr Angebot nicht deshalb ausgeschlagen werden wird, weil die Bedingungen ein bisschen schlechter sind, als sie von konkurrierenden Banken zu haben wären. Welcher Unternehmenschef würde wegen so etwas schon ein Aufsichtsratsmitglied oder einen wichtigen Aktionär vor den Kopf stoßen wollen?[48]

Die Vorwürfe von Louis Brandeis aus dem Jahr 1913 scheinen nicht nur damals und nicht nur in den USA ihre Berechtigung gehabt zu haben. Die weniger bankenfreundliche Sicht wird zusätzlich bestätigt durch jüngere Forschungen zum Markt für syndizierte Kredite. Das sind Großkredite, die gemeinsam von einer Gruppe von Banken unter der Leitung eines Konsortialführers vergeben werden. Dieser wird für seine Mühen besonders vergütet. Wie vor 100 Jahren gilt immer noch: Wenn ein Bankenvertreter in einem Unternehmen etwas zu sagen hat, dann wird dessen Bank wahrscheinlich zum Konsortialführer erwählt und bekommt dafür höhere Gebühren bei geringerem Insolvenzrisiko als sonst üblich.[29]

Es gibt keine einfache Möglichkeit, Banken davon abzuhalten, ihren Einfluss in dieser Form zu nutzen. Eine strikte Begrenzung der Aufsichtsratsmandate für Banker ist sicherlich hilfreich. Doch sollte man solchen Machtmissbrauch eher als Symptom von zu viel Macht der Finanzbranche betrachten, denn als das originäre Problem. Eine Möglichkeit zur Linderung des Problems besteht darin, durch Regulierung und Förderung des Wettbewerbs dafür zu sorgen, dass die Macht der Branche begrenzt bleibt.[30]

Warum Banken nicht gerne googeln

Wenn es um das einträgliche Geschäft geht, Unternehmen an die Börse zu bringen, spielen die Banken ihre Machtposition voll aus. Im Prinzip gibt es dafür zwei Verfahren. Das eine ist die gute alte Versteigerung der Aktien, das andere nennt sich *Bookbuilding*. Der Aufwand und die Gebühren sind bei der Versteigerung geringer, was sie für die Banken weniger attraktiv macht. Der Hauptvorteil des Bookbuilding für die Banken – und gleichzeitig der Nachteil für die Unternehmen – ist aber, dass die Aktien billiger vergeben werden. Wenn eine Auktion richtig durchgeführt wird, holt sie das Maximum an Zahlungsbereitschaft der Anleger zugunsten des Unternehmens heraus. Beim Bookbuilding läuft das anders. Der Prozess beginnt mit Gesprächen zwischen den Banken, wichtigen Fondsmanagern und anderen institutionellen Investoren. Hier werden die Preisvorstellungen der Investoren eruiert. Dann legen die Banken eine Preisspanne fest und nehmen während eines festgelegten Bookbuilding-Zeitraums Kaufanträge herein. In diesen Kaufanträgen können die Investoren angeben, wie viele Aktien sie zu verschiedenen Preisen innerhalb dieser Spanne kaufen möchten. Die Preisspanne wird normalerweise so niedrig angesetzt, dass die Nachfrage das Angebot deutlich, in heißen Marktphasen oft um ein Vielfaches übersteigt. Die Glücklichen, die Aktien zugeteilt bekommen, können diese zumeist bereits am ersten Handelstag mit gutem Gewinn verkaufen. Die Banken können die Zuteilungsmacht zur Förderung ihres eigenen Geschäfts nutzen. Wer bereit ist, den Banken attraktives neues Geschäft anzutragen, kann mit besseren Chancen auf die Zuteilung einer netten Anzahl heißer Aktien rechnen.

Dagegen gibt es bei einer Auktion normalerweise keine stark unterbewerteten Aktien zu verteilen, mit denen die Banken neues Geschäft einwerben könnten. Trotz des Vorteils für die Unternehmen, die an die Börse gehen, ist das Versteigerungsverfahren praktisch ausgestorben. Eine seltene Ausnahme war Google. Das Internet-Unternehmen versteigerte 2004 – sehr zum Missfallen der Investmentbanken – seine Aktien über das Internet. Vielleicht nicht überraschend wurde der Börsengang von Google von den meisten Bankanalysten mit abfälligen Kommentaren begrüßt. Dennoch stieg die Aktie bald sehr kräftig. Sie war wohl viel mehr wert, als die negativen Analystenkommentare glauben machen wollten.

Analysten-Hype bei Börsengängen: Was erklärt die Popularität des Bookbuilding? (2007),
von Francois Degeorge (Univ. Lugano), Francois Derrien (Univ. Toronto) und Kent Womack (Dartmouth College)

Das internationale Forscherteam präsentiert eine Auswertung aller französischen Börsengänge in den 1990er-Jahren. In dieser Zeit wurde in Frankreich die Versteigerungsmethode noch ähnlich oft angewendet wie das Bookbuilding-Verfahren. Die Forscher stellten fest, dass die Banken deutlich mehr Analystenberichte und Aktienempfehlungen veröffentlichten, wenn die Aktien im Wege des Bookbuilding an die Börse gebracht wurden. Selbst Banken, die nicht Teil des den Börsengang durchführenden Konsortiums waren, folgten diesem Muster – insbesondere dann, wenn der Konsortialführer regelmäßig Unternehmen an die Börse brachte und daher Gefälligkeiten verteilen konnte. Die wichtigste dieser Gefälligkeiten war die Zuteilung von stark unterbewerteten neuen Aktien, mit denen die Empfängerbanken wiederum die eigenen Kunden glücklich machen konnten. Aktien, die über Bookbuilding an die Börse gebracht wurden, erhielten deutlich mehr *Booster Shots*. Das ist Händlerjargon für Kaufempfehlungen von Analysten für eine neue Aktie, die kurz nach dem Börsengang schwächelt. Selbst die Medien scheinen für dieses Spiel eingespannt zu werden. Sie berichteten deutlich öfter und ausführlicher über Aktien, die per Bookbuilding an die Börse gebracht wurden, als über solche, die versteigert wurden. Die Unterschiede in der Berichterstattung traten erst ab dem Zeitpunkt auf, ab dem klar war, welches Verfahren genutzt werden würde. Vorher wurde über alle Börsengänge gleich ausführlich berichtet.

Es bleibt die Frage, warum die Unternehmen dieses Spiel mitspielen. Wenn der Wettbewerb funktionieren würde und die Banken keine Macht hätten, würde man massive Unterbewertungen neuer Aktien, wie sie in der Praxis oft vorkommen, nicht erwarten. Die Unternehmen würden das Geschäft einer Investmentbank geben, die ihnen eine geringere Unterbewertung und damit einen höheren Erlös zusichert. Das scheint nicht der Fall zu sein. Wie die ökonomische Forschung gezeigt hat, erwidern die Banken den Gefallen, Aktien unterbewerten zu dürfen, mit vielen und positiven Analystenempfehlungen und Medienaufmerksamkeit. Letztendlich verkaufen die Banken die gutgläubigen Anleger, die ihren Empfehlungen trauen, an die Unternehmen, von denen sie im Gegenzug hohe Gebühren und das Recht zur Verteilung von unterbewerteten Aktien bekommen.[20]

Die Investmentbanken haben ein paar Argumente, die sie zur Rechtfertigung ihrer bevorzugten Methode der Preisfindung anführen. Diese sind allerdings nicht sehr überzeugend und zum Teil widersprüchlich. So werben sie einerseits damit, dass ihnen Bookbuilding die Möglichkeit gibt, die Aktien so zu verteilen, dass eine stabile Aktionärsbasis entsteht. Ein anderes gern benutztes Argument lautet, dass die Banken dadurch die Liquidität der Aktien sicherstellen. Die Aktien sollen stets in ausreichenden Volumina handelbar sein, um ein attraktives Investment darzustellen. Diese beiden Argumente widersprechen sich. Eine stabile Investorenbasis ist schlecht für das Handelsvolumen und umgekehrt. Es fehlt auch die Evidenz, dass die Banken ihre Freiräume bei der Zuteilung tatsächlich in systematischer Weise nutzen, um eine erwünschte Aktionärsstruktur herzustellen, wie auch immer die aussehen mag.[20]

Eine bestimmte Masche, die Banken genutzt haben, um das Unternehmensmanagement dazu zu bringen, einer Unterbewertung der Aktien zuzustimmen, hat nicht nur die Ökonomen, sondern auch die Gerichte beschäftigt. Die Bank verbündet sich dabei mit den Managern gegen das Unternehmen, um dessen Ressourcen zu plündern. Ein bekanntes Beispiel ist Bernie Ebbers von Worldcom. Zwischen 1996 und 2000 bekam er Aktienzuteilungen von 21 Börsengängen allein von der Citigroup. Deren Kursgewinne am ersten Handelstag summierten sich auf 5 Mio. Dollar. Während dieser Zeit bezahlte Worldcom 100 Mio. Dollar an Bankgebühren, überwiegend an Citigroup. Studien von Ökonomen zufolge war die Praxis während des Börsenbooms weit verbreitet.[45]

Die wirtschaftlichen Folgen von Mauscheleien mit neuen Aktien (2008),
von Xiaoding Liu und Jay Ritter (Univ. Florida)

Liu und Ritter analysierten 56 Börsengänge zwischen 1996 und 2000, bei denen das Top-Management der Unternehmen vom Konsortialführer Aktien von Börsengängen zugeteilt bekam. Die Konsortialführer der untersuchten Börsengänge waren Deutsche Morgan Grenfell, Credit Suisse First Boston und Salomon Smith Barney. (Die Autoren erwähnen, dass davon ausgegangen wird, dass Goldman Sachs und andere Investmentbanken ähnlich agierten, doch hatten sie bei diesen nicht die notwendigen Daten, um sie einzubeziehen.) Die neuen Aktien von Unternehmen, deren Management so bedacht wurde, wiesen am ersten Handelstag durchschnittliche Wertsteigerungen gegenüber dem Zuteilungspreis von 42 Prozent auf. Das Ausmaß der Unterbewertung war damit bei diesen Börsengängen mehr als doppelt so groß wie bei Börsengängen, in denen das Top-Management nicht mit heißen Aktien bedacht wurde. Das bedeutet, die betroffenen Unternehmen bekamen für ihre Aktien ein Fünftel weniger Geld als ähnliche Börsengänge und zwei Fünftel weniger als sie theoretisch hätten erzielen können. Die Topmanager der Unternehmen strichen dagegen in Form von Bestechungsaktien eine hübsche Prämie ein. Im Durchschnitt erzielten sie Kursgewinne von 1,3 Mio. Dollar mit den zugeteilten Aktien. Diese Bestechungsgelder waren allerdings nur ein Bruchteil dessen, was ihre Unternehmen verloren, nämlich durchschnittlich 17 Mio. Dollar gegenüber vergleichbaren Börsengängen und 30 Mio. Dollar gegenüber einem Börsengang zum theoretischen Maximalpreis. Dennoch war der Anteil der Unternehmen, die bei einer weiteren Aktienemission eine andere Bank beauftragten, besonders gering bei denen, deren Aktien so stark unterbewertet worden waren und deren Top-Management Aktien bekommen hatte. Nur sechs Prozent dieser Unternehmen wechselten die Bank, gegenüber 31 Prozent der anderen Unternehmen, obwohl Letztere – aus Unternehmenssicht – eigentlich viel weniger Grund zu klagen gehabt hätten.

Die Banken können ihre Macht missbrauchen, um die Unternehmen von dem für diese günstigsten Verfahren zum Börsengang abzuhalten. Zudem können sie das Management zwingen oder bestechen, ein für die Banken günstigeres, ineffizientes Verfahren zu wählen. Eine einfache Lösung gibt es für dieses Problem leider nicht. Solange die Banken so mächtig bleiben, müssen die Unternehmen mitmachen. Auch der juristische Feldzug in den USA gegen die Banken, die Manager mit Aktien bestachen, änderte nichts an der Dominanz des Bookbuilding.

Löchrige Schutzwälle für sensible Informationen

Die Natur ihres Geschäfts bringt es für Investmentbanken und große Universalbanken mit sich, dass sie laufend Interessenkonflikte und Insiderinformationen haben. Wenn sie einen normalen Kredit oder einen syndizierten Großkredit geben, sehen sie die Bücher des Kreditnehmers und können sich danach über alle wichtigen Geschäftsvorfälle informieren lassen. Wenn sie sich nicht erwischen lassen – und es wird ganz selten jemand erwischt –, können sie diese Insiderinformation zu Geld machen, indem sie mit Aktien oder Anleihen dieser Unternehmen oder mit Finanzderivaten auf diese Unternehmen handeln. Ebenso erhalten sie wertvolle Insiderinformationen, wenn sie ein Unternehmen an die Börse bringen oder es bei einem Übernahmeversuch beraten. Das Handeln an der Börse auf Basis solcher Insiderinformationen schadet anderen Investoren, weil es deren Rendite verwässert, manchmal auch den betroffenen Unternehmen, weshalb es in der Regel illegal ist. Die Banken müssen Informationsbarrieren zwischen ihren Abteilungen errichten. Diese werden im Fachjargon *Chinese Walls* genannt. Sie sollen verhindern, dass sensible Informationen von der Abteilung, in der sie entstehen, an Handelsabteilungen weitergereicht werden. Die *Compliance-Abteilungen* müssen darüber hinaus die Handelsgeschäfte der Mitarbeiter überwachen, um sicherzustellen, dass diese nicht selbst ihre Insiderinformationen nutzen. Man sollte erwarten, dass die Compliance-Abteilungen auch die Handelsgeschäfte der Bank und verbundener Fonds daraufhin überprüfen. Das tun sie aber offensichtlich nicht. Ökonomen haben eine Reihe verschiedener Rollen untersucht, in denen die Banken Insiderinformationen erhalten. In allen Fällen haben sie institutionellen Insiderhandel nachgewiesen. Dieser wird fast nie gerichtlich verfolgt.

Ein wichtiges Ergebnis einer dieser Studien: Banken, die bei Unternehmenskäufen und Fusionen beraten, machen häufig ihr Wissen um die geplante Transaktion zu Geld, indem sie entgegen den Interessen ihrer Kunden die Aktien von deren Zielunternehmen kaufen. Dadurch machen sie selbst einen fast sicheren Gewinn, treiben aber den Kurs des Kaufziels und damit den Kaufpreis nach oben. Sie nutzen offenbar sogar ihren Einfluss als Berater, um die Konditionen des Kaufs so zu gestalten, dass die Insidergeschäfte sicherer werden.[9]

Mit der Unterstützung einer der Autoren, Andrei Simonov, untersuchte das *Wall Street Journal* eine Reihe von Unternehmenskäufen und identifizierte unter anderem Goldman Sachs, J. P. Morgan Chase, Morgan Stanley, Citigroup und Credit Suisse als Banken, die vorab ihre Aktienbestände von Unternehmen massiv erhöht haben, welche ihre Beratungskunden kaufen wollten. In Europa, wo es derartige Untersuchungen bisher nicht gibt, ist die Lage nach Einschätzung von Simonov für die beratenen Unternehmen eher noch schlechter als in den USA, da in den USA die Regeln hinsichtlich der Chinese Walls tendenziell strenger seien als in Europa.

Investmentbanken als Insider und der Markt für Unternehmenskontrolle (2009), von Andriy Bodnaruk (Univ. Notre Dame, Paris) Massimo Massa (INSEAD, Fontainebleau) und Andrei Simonov (Michigan State Univ.)

Eine Investmentbank, die ein Unternehmen beim beabsichtigten Kauf eines anderen berät, hat eine wertvolle Insiderinformation. Denn es ist davon auszugehen, dass der Aktienpreis des Zielunternehmens deutlich steigen wird, wenn die Kaufabsicht bekannt wird. Die Autoren suchten daher nach Indizien für Insiderhandel bei allen Finanzinstituten, die dem gleichen Konzern angehören wie die beratende Investmentbank. Dazu analysierten sie, welche Aktienbestände diese von den Zielunternehmen hielten und wie sich diese veränderten. Sie stellten fest, dass im Konzern der beratenden Banken die Aktienbestände der Übernahmekandidaten regelmäßig aufgestockt wurden, bevor die Übernahmeabsicht öffentlich wurde. Im Konzern wurden doppelt so häufig Aktien des Zielunternehmens gehalten, wenn der Käufer aus dem Konzern heraus beraten wurde, wie wenn dies nicht der Fall war. Die Aktiengeschäfte, welche auf Insiderinformationen zurückzugehen schienen, waren hochgradig lukrativ. Sie erbrachten eine Jahresrendite von bis zu 70 Prozent. Im Durchschnitt war die Rendite von Aktien der Übernahmeziele um 18 Prozentpunkte höher, wenn ein Unternehmen des Konzerns als Berater beteiligt war, als wenn das nicht der Fall war. Noch schlimmer: Je höher der Aktienbesitz des Konzerns am Zielunternehmen vor der Fusion war, desto mehr schien die beratende Bank die Verträge so auszugestalten, dass ein Scheitern der Fusion unwahrscheinlich wurde, etwa durch hohe Strafen für einen Rückzieher der Vertragspartner. Auch der Kaufpreis scheint sich in gewissem Maße nach den Insiderwünschen zu richten. Wenn der beratende Konzern Aktien des Zielunternehmens gekauft hatte, war der Aufschlag höher, den der Käufer über den Aktienkurs am Markt bezahlte.

Informationsfluss innerhalb von Finanzkonglomeraten: Evidenz aus Bank-Fonds-Beziehungen (2008),
von Massimo Massa und Zahid Rehman (INSEAD, Fontainebleau)

Massa and Rehman untersuchten die Aktiengeschäfte von Fonds, die dem gleichen Konzern angehören wie eine Bank, die Unternehmen einen Kredit gegeben hatte. Oft erhöhten die verbundenen Fonds nach der Kreditvergabe ihre Aktienbestände des Kredit nehmenden Unternehmens. Sie hatten auch später ein sehr gutes Händchen mit diesen Aktien. Rechtzeitig bevor die betreffenden Aktien Schwächeanfälle erlebten, verkauften sie und rechtzeitig vor Höhenflügen kauften sie zu. Dies deutet darauf hin, dass die Fondsmanager wertvolle Insiderinformationen über wichtige Entwicklungen in den Unternehmen erhalten. Das lohnt sich: Fonds, die der Datenlage zufolge solche Insiderinfomationen von verbundenen Kreditinstituten erhalten, schneiden im Durchschnitt um 1,4 Prozentpunkte pro Jahr besser ab als ähnliche Fonds ohne entsprechende Verbindungen und Informationen.

Institutioneller Aktienhandel mit Kreditmarktinformationen (2009),
von Victoria Ivashina (Harvard) und Zheng Sun (Univ. California, Irvine)

Ivashina und Sun nahmen die Aktiengeschäfte von institutionellen Investoren und verbundenen Unternehmen unter die Lupe, die als Teil eines Konsortiums syndizierte Kredite an Unternehmen vergaben. Diese institutionellen Investoren können mit den Aktien und Anleihen der Kreditnehmer an der Börse handeln und tun dies in der Praxis auch. Wenn sich die Kreditwürdigkeit des Kreditnehmers signifikant ändert, müssen die Mitglieder des Konsortiums informiert werden und die Kreditbedingungen werden neu verhandelt. Daher erfahren die Mitglieder des Konsortiums, ähnlich wie Kreditgeber bei einem Einzelkredit, vor der Öffentlichkeit von negativen Entwicklungen. Deshalb haben sich die Autoren die Aktiengeschäfte von Syndikatsmitgliedern und verbundenen Unternehmen, unmittelbar nach Aufnahme von Kreditneuverhandlungen, angesehen. Die Renditen dieser Geschäfte verglichen sie mit der Rendite des gleichen institutionellen Investors bei anderen Aktiengeschäften und mit der Rendite anderer institutioneller Investoren mit den gleichen Aktien. Die Syndikatsmitglieder und verbundene Unternehmen erzielen mit den Aktien der Kreditnehmer um 4,4 Prozentpunkte höhere Renditen als mit anderen Aktien. Auch erzielen sie mit den Aktien der Kreditnehmer höhere Renditen als vergleichbare Investoren ohne Insiderinformation.

Auf ähnliche Weise geben die kreditverantwortlichen Banker anscheinend routinemäßig Insiderinformationen an Handelsabteilungen im Konzern weiter, die sie in ihrer Eigenschaft als Kreditgeber von kreditsuchenden Unternehmen erhalten. Obwohl der Grundsatz fest etabliert ist, dass die Banker eine treuhänderische Pflicht haben, die Informationen, die sie erhalten, geheim zu halten. Auf die eine oder andere Weise findet die Information, dass die Bank einen Kredit gegeben oder verweigert hat, ihren Weg in die Handelsabteilungen und verbundene Fonds. Schon diese Information ist sehr wertvoll, weil die Kreditvergabe nach Buchprüfung ein gewisses Qualitätssiegel darstellt. Wenig überraschend zeigt sich das gleiche Muster bei syndizierten Großkrediten.[36]

Man schrieb bereits das Jahr 2008, als die britische Börsenaufsicht FSA das erste Mal ernsthaft gegen Insiderhandel vorging. Die FSA hatte in diesem Jahr eine Studie veröffentlicht, in der sie zu dem Ergebnis gekommen war, dass fast 30 Prozent aller Unternehmenskäufe und Fusionen von Kursbewegungen begleitet waren, die auf Insiderhandel hindeuteten. FSA-Chef Hector Sants betonte, dass die Situation in Großbritannien nicht schlechter sei als in andren Ländern (Handelsblatt, 16.3.2010, »Kein Pardon für britische Insider«).

Die Implikationen sind dieselben für alle drei Arten von Insiderhandel. Die Sorge um den guten Ruf – die große Hoffnung derer, die für nicht regulierte Märkte eintreten –, hält selbst führende Finanzinstitute nicht davon ab, ihre Macht als Kreditgeber und ihren Informationsvorsprung zu missbrauchen.

Kleinanleger und Kunden, die sich darauf verlassen, dass Informationen nicht gegen sie verwendet oder ausgeplaudert werden, sind die Verlierer. Die Informationsbarrieren sind offensichtlich viel zu löchrig, um das Problem zu lösen. Den Informationsfluss nachzuweisen, der oft nach Büroschluss in der Bar stattfindet, ist schwierig, so dass die Drohung mit dem Staatsanwalt bisher wenig ausrichtet. Noch gibt es allerdings keine gesetzliche Vorschrift, die es allen Handelsabteilungen und Fonds eines Konzerns verbieten würde, mit den Wertpapieren von Unternehmen zu handeln, mit denen ein Teil des Konzerns in einer Beziehung steht, bei der ihm sensible Informationen über das Unternehmen zufließen. Gäbe es ein solches Verbot, würde es erheblich riskanter, solche Insiderinformation zu nutzen. Denn die Frage, ob mit bestimmten Aktien zu bestimmten Zeiten gehandelt wurde, lässt sich nachprüfen und gegebenenfalls ahnden. Die betroffenen Finanzinstitute würden natürlich einwenden, dass dies zu aufwändig wäre. Die einzige Alternative ist der Abbau der Interessenkonflikte, etwa indem Fondgesellschaften institutionell von Banken getrennt werden, wie das zum Beispiel Luigi Zingales von der Universität Chicago fordert.[63]

Hedge-Fonds: die Fleischfresser an der Spitze der Nahrungskette

In der Hackordnung der Finanzbranche stehen Hedge-Fonds, die das Geld der Reichen und der Institutionellen – nicht jenes der Kleinanleger – verwalten, ganz oben. Sie beziehen ihre Macht daraus, dass sie praktisch unreguliert sind. Das bedeutet, sie können sich so viel Geld leihen, wie sie bekommen können, um damit ihre Finanzmarktwetten zu hebeln. Es gibt keinen, der überprüft, ob sie dabei die Regeln für faires Anlageverhalten einhalten, wie sie für normale Finanzinstitute gelten. Sie können praktisch jeden schmutzigen Trick nutzen, den es in der Finanzwelt gibt. Sie können Märkte manipulieren und ihre Handelspartner übervorteilen, wie immer es ihnen gelingt.

Dabei sind sie nicht etwa eine unwillkommene Konkurrenz zu den regulierten Finanzinstituten. Einige werden von den großen Banken betrieben. Andere leben in einer symbiotischen Beziehung mit diesen. Die Banken und Broker führen gegen Gebühren die Markttransaktionen der Hedge-Fonds aus, geben ihnen Kredit und versorgen sie mit Informationen, auf deren Basis diese einträgliche Geschäfte machen können. Im Gegenzug partizipieren die Banken an deren hohen Erträgen in Form von großzügigen Gebühren. Als Beispiel seien die 250 Millionen Dollar erwähnt, die Presseberichten zufolge allein der Hedge-Fonds Galleon seinen Banken in einem Jahr bezahlte.

Eine Strategie, mit der Hedge-Fonds andere Investoren ausbeuten, ist das sogenannte *Frontrunning*. Frontrunning ist in vielen Zusammenhängen illegal. Es besteht darin, Informationen über geplante Käufe und Verkäufe von anderen Parteien zu nutzen, um vorab gleichgerichtete Geschäfte zu machen. Wenn ein Broker etwa erfährt, dass ein Kunde eine große Kauforder für ein bestimmtes

Wertpapier abgegeben hat, kann er, oder jemand, der die Information vom Broker bekommen hat, das Wertpapier vorab kaufen, in der Erwartung, dass es im Wert steigt, wenn die große Kauforder ausgeführt wird. Da der Vorab-Kauf ebenfalls schon den Preis etwas treibt, muss das Frontrunning-Opfer mehr für seinen Kauf bezahlen. Diese Art des Frontrunning ist in aller Regel illegal, aber sehr schwer nachzuweisen.

Eine ähnliche, genauso ausbeuterische und noch dazu für das Finanzsystem gefährliche Strategie besteht darin, Informationen über Probleme großer Fonds zu nutzen, um von deren Notlage zu profitieren. Solange die Informationen öffentlich zugänglich oder zumindest nicht geheim sind, ist das in der Regel legal. Wenn zum Beispiel viele Kunden eines Fonds wegen schlechter Kursentwicklung ihr Geld abziehen, dann kann man erwarten, dass der Fonds Teile seines Wertpapierbestandes verkaufen muss, um die Auszahlungswünsche zu befriedigen. Da Publikumsfonds im Gegensatz zu Hedge-Fonds ziemlich transparent sind, wissen Fachleute recht genau, welche Wertpapiere dafür in Frage kommen. Der Frontrunner verkauft diese Wertpapiere leer, das heißt, er leiht sie sich und verkauft sie in der begründeten Erwartung, sie später, wenn er die Leihgabe zurückgeben muss, billiger wieder einkaufen zu können. Die Leerverkäufe drücken den Preis der Wertpapiere, die der notleidende Fonds verkaufen möchte, und verschärfen damit seine Probleme, was die Gewinnchancen der Frontrunner noch erhöht. Eine Studie von Wirtschaftsforschern aus Harvard, Princeton und der Universität von California ergab, dass Zeiten in denen viele Publikumsfonds Schwierigkeiten haben, genau die Zeiten sind, in denen Hedge-Fonds besonders hohe Gewinne erzielen. Die Forscher stellten auch fest, dass schon bevor Fonds mit Liquiditätsmangel ihre Wertpapiere verkauften, Leerverkäufe von diesen Wertpapieren anstiegen. Ihren Schätzungen zufolge kommt ein beträchtlicher Teil der Erträge von Hedge-Fonds aus solchen Frontrunner-Strategien.[18]

Im Endeffekt werden Anleger, die unter schlechten Anlageergebnissen ihrer Fonds leiden ein zweites Mal dadurch geschröpft, dass Hedge-Fonds die Lage dieser Fonds ausnutzen. Letztere profitieren dabei nicht von besserem Wissen um den Wert eines Wertpapiers, sondern allein von ihrer Macht, Märkte zu manipulieren und andere, transparentere Marktteilnehmer zu übervorteilen.

Hedge-Fonds beschränken sich allerdings nicht darauf, Publikumsfonds und individuelle Investoren in die Zange zu nehmen. Einige von ihnen verfügen über so viel Geld von Anlegern und in Form von Kreditlinien, dass sie allein oder in der Gruppe die Wirtschafts- und Wechselkurspolitik von Regierungen sogar von großen Industrieländern ihren Absichten unterwerfen können. Das bewies der berühmte Fondsmanager George Soros, als er 1992 Großbritannien aus dem Europäischen Wechselkursmechanismus katapultierte, einem Vorläufer der europäischen Währungsunion. Er wettete so große Summen auf eine Abwertung des Pfundes, dass Regierung und Notenbank dem Druck schließlich nicht mehr widerstehen konnten. Soros soll allein mit diesem Geschäft eine Milliarde Dollar verdient haben.

Eines der seltenen Beispiele, bei denen die Hedge-Fonds schließlich verloren, ist ihr Versuch, den Aktienmarkt von Hongkong während der Asienkrise 1998 in die Zange zu nehmen. Die Hedge-Fonds nutzten Derivate, um die gleichen Marktkräfte zu erzeugen, wie sie normalerweise riesige internationale Kapitalbewegungen verursachen. Ziele waren die Auflösung der Bindung des Hongkong-Dollars an den US-Dollar und eine Abwertung. Mit den gleichzeitigen massiven Leerverkäufen Hongkonger Aktien hätten die Hedge-Fonds bei einer Abwertung, die den Preis der Aktien in US-Dollar stark gesenkt hätte, riesige Gewinne gemacht.[62]

Joseph Yam, damals Chef der Währungsbehörde Hongkongs, ist überzeugt, dass die Hedge-Fonds Alliierte bei den großen einflussreichen Banken der Wall Street hatten. Die Attacke auf Hongkong wurde begleitet von vielfältigen pessimistischen Analystenberichten über Hongkong und seine Wechselkursanbindung, sowie zu China. In diesen Berichten und davon inspirierten Pressemitteilungen wurde viel darüber spekuliert, dass Hongkong seine Währungsanbindung aufgeben und dass auch China den Renminbi abwerten würde, obwohl beide Regierungen keine derartigen Pläne hatten.[62]

Die Regierung von Hongkong nahm den Kampf auf, kaufte an der Börse einen Großteil der Unternehmen der chinesischen Sonderverwaltungszone auf und verteidigte die Dollaranbindung. Das Ergebnis war, dass nicht die Hedge-Fonds die erwarteten Milliardengewinne machten, sondern die Regierung. Sie packte die gekauften Aktien in ein Sondervermögen und verkaufte sie in den Folgejahren nach und nach mit großem Gewinn.

Ein Artikel im *Wall Street Journal* gibt ebenfalls einen der seltenen Einblicke in die Techniken der Hedge-Fonds. Dem Bericht zufolge trafen sich im Februar 2010 eine Reihe von renommierten Managern großer Hedge-Fonds, darunter Soros Fund Management und SAC Capital Advisors, in einem Stadthaus in Manhattan zum Dinner, um über die Perspektiven des schwächer werdenden Euro zu sprechen. In dem Bericht wurde ausdrücklich die Möglichkeit erwähnt, dass der Euro von damals über 1,30 Dollar auf Parität zum Dollar fällt. Ein solches Treffen kann nie ein unschuldiger Meinungsaustausch sein, denn es erlaubt den großen Fonds, direkt oder indirekt ihr Vorgehen abzustimmen und große Wetten in eine Richtung einzugehen. Wenn das geschieht, dann ist die Wahrscheinlichkeit sehr hoch, dass die Kurse zumindest eine Weile in die angestrebte Richtung gehen. Die Information des Wall Street Journals über dieses Treffen und ein folgender Bericht in der Zeitung sorgten für Öffentlichkeit. Dadurch wurden andere Finanzinstitute über das Spekulationskartell in Kenntnis gesetzt und quasi zum Mitmachen bei der Aktion eingeladen. Von Mitte Februar bis Mitte Mai 2010 fiel der Euro zum Dollar um mehr als 10 Prozent. Sollte es tatsächlich eine abgestimmte Wette gegen den Euro gegeben haben, hätten die Beteiligten riesige Gewinne gemacht (»Hedge Funds Are Ganging up on Weaker Euro«, 26.02.2010).

Wer öffentlich behauptet, dass die Märkte manipuliert werden, der begegnet oft großer Skepsis. In der Tat ist es nicht leicht, einen großen, hoch liquiden Markt zu manipulieren, wie den, auf dem der Euro-Dollar-Kurs festgelegt wird. Aber es ist nicht unmöglich. Auf engeren Märkten ist es Händleralltag. So mag etwa ein Händler unauffällig Aktien einer bestimmten Gesellschaft ansammeln. Wenn dann irgendeine Nachricht über das Unternehmen veröffentlicht wird, kauft er auf einen Schlag nochmal eine größere Menge Aktien. Damit zieht der Händler die Aufmerksamkeit auf die Aktie, er *bringt sie ins Spiel*. Die Marktteilnehmer halten die Kursbewegung für ein Resultat der Nachricht. Wenn andere nachziehen und die Kursbewegung eine eigene Dynamik erhält, kommt die Zeit für den Händler, seine Aktien unauffällig wieder loszuschlagen. Wer vor – schwer feststellbaren – Gesetzesübertretungen nicht zurückschreckt, unterstützt seinen Bluff noch mit positiven Kommentaren und Fehlinformationen über die Aktie in Internetforen unter falschem Namen. Will man derartige Strategien auf große Währungen anwenden, braucht man große Finanzkraft und eine umfassende strategische Kommunikation. Wer das aufbieten kann, für den ist es durchaus möglich, in der Öffentlichkeit die Überzeugung zu etablieren, dass das, was gerade in der Welt passiert, *schlecht für den Euro* ist. Die Medien machen so ein Spiel gerne mit, weil sie die Kursbewegungen erklären müssen. Außerdem spielt Manipulatoren in die Hände, dass Wechselkurse nur auf sehr lange Sicht eine verlässliche Beziehung zu den Fundamentaldaten der Volkswirtschaften aufweisen. Auf kurze Sicht sind sie dadurch relativ leicht zu manipulieren.

Die Techniken, die Hedge-Fonds anwenden, um aus den Schwächen anderer Marktteilnehmer Gewinn zu ziehen, funktionieren auch gegen andere Exemplare der eigenen Gattung, wenn diese das Pech haben, in schwieriges Fahrwasser zu geraten. In den Worten des früheren Aktienhändlers und Hedge-Fonds-Managers Jim Cramer: »Wenn du Blut im Wasser riechst, wirst du zum Hai … wenn du weißt, einer von deiner Art ist angeschlagen, dann versuchst du herauszufinden, was er besitzt und du beginnst gegen diese Aktien zu spekulieren.«[19]

Ein berühmtes Opfer war der Hedge-Fonds LTCM. Dessen Probleme während der Asienkrise 1998 brachten das Weltfinanzsystem an den Rand des Zusammenbruchs. Ökonomen haben deutliche Indizien dafür gefunden, dass LTCM nicht zuletzt deshalb so große Probleme bekam, weil Broker und andere Geschäftspartner, die Informationen über die spekulativen Positionen hatten, welche der Fonds dringend auflösen musste, ihre Information missbrauchten, um in großem Maßstab Frontrunning gegen LTCM zu betreiben. Sie handelten ein bis zwei Minuten vor LTCM in die gleiche Richtung. Dadurch machten einige Broker während der Krise ungewöhnlich hohe Gewinne. Diese Feststellungen unterfüttern Presseberichte, wonach Goldman Sachs und andere Geschäftspartner von LTCM die Krise durch großangelegtes Frontrunning verschärft haben. Diese Aktivitäten bewirkten, dass der Fonds, der dringend Liquidität brauchte, für nichts von dem, was er verkaufen wollte, vernünftige Preise bekommen konnte. Schließlich, als das Finanzsystem vor dem Kollaps stand, nötigte die New York Federal Reserve, die für die Überwachung der Wall Street zuständige regionale Notenbank, eine Gruppe großer Finanzinstitute, LTCM mit Liquiditätshilfen zu retten. Diese Rettungsaktion verwandelte die zwischenzeitlichen hohen Gewinne vieler Frontrunner in Verluste.[14]

Frontrunning dürfte zur Verschärfung vieler Finanzkrisen beigetragen haben, meinen Markus Brunnermeier von Princeton und Lasse Pedersen von der New York University. Sie haben ein theoretisches Modell entwickelt, das die Rolle des Frontrunning bei der Ausbreitung und Verschärfung von Finanzkrisen beschreibt. Unter den Beispielen, die sie heranziehen, ist nicht nur LTCM, sondern auch der Aktiencrash von 1987. Ihr Modell zeigt, wie Probleme eines großen Marktteilnehmers, wenn diese von aggressiven Frontrunnern ausgenutzt werden, einen Preisrutsch für eine ganze Klasse von Wertpapieren verursachen können. Das bringt andere Marktteilnehmer, die Wertpapiere dieser Art halten, in Nöte. Diese können dann wiederum Opfer von Frontrunning werden und so fort. Auf diese Weise kann das Problem eines großen Marktteilnehmers in einem Markt zu einer Krise vieler Marktteilnehmer in vielen Märkten werden.[12]

Im Lichte des bisher Gesagten ist es vielleicht nicht erstaunlich, dass die Manager von großen Hedge-Fonds und Private-Equity-Fonds die Einkommensliga der Welt anführen. Selbst im Krisenjahr 2008 verdienten die 25 Spitzenverdiener der Branche nach einer Aufstellung des Branchenmagazins *Alpha* 11,6 Mrd. Dollar. Ein Jahr zuvor war es sogar doppelt so viel gewesen. An der Spitze stand James Simons von Renaissance Technologies mit 2,5 Mrd. Dollar. Drei weitere Fondsmanager verdienten 2008 mehr als eine Mrd. Dollar. Die Reichen und die Institutionen, die den Hedge-Fonds ihr Geld anvertrauen, profitieren dagegen kaum. Ökonomen haben nachgerechnet, welche Rendite den Anlegern in verschiedenen Arten von Hedge-Fonds bleibt, nachdem sie ihre Gebühren bezahlt haben und nachdem die rosarot gefärbte Brille abgezogen ist, mit der die Fonds ihre Performance-Berichte erstellen. Danach ist es kein großes Privileg, in einen Hedge-Fonds investieren zu können. Im Durchschnitt scheint es einem nur zu erlauben, sich auf privilegierte Weise narren zu lassen.

Ludovic Phaliappou von der Universität Amsterdam und Oliver Gottschalg vom HEC Paris haben sich angeschaut, welche Renditen Anleger in Private Equity-Fonds verdienen. Das sind Fonds, die mit Anlegergeldern und Krediten Unternehmen kaufen und sie wieder verkaufen, nachdem sie sie saniert, umstrukturiert oder ausgeschlachtet haben. Diesen Fonds gelang es, eine sehr großzügige steuerliche Behandlung zu erreichen, sodass ihre Erträge, die vor allem in Wertsteigerungen der Unternehmen bestehen, praktisch nicht besteuert werden. Dadurch kommt es vor, dass einige ganz oben in der weltweiten Einkommensliga praktisch keine Steuern bezahlen. Obwohl die Rendite dieser Fonds deutlich besser ist als die des Standard & Poor's 500, des wichtigsten amerikanischen Aktienindex, so wird aus dieser Überrendite sogar eine leichte Unterrendite, nachdem die Gebühren bezahlt sind.[32, 53]

Natürlich ist das nicht das, was die (potenziellen) Anleger von den Fonds hören. Diese geben Erfolgsmeldungen mit hohen Renditen heraus. Wenn die Branchenverbände Durchschnittsrenditen ausrechnen, dann konzentrieren sie die Auswahl der Fonds auf die besseren. Die Fonds ihrerseits blähen die Werte der Unternehmen, die sie gekauft haben, künstlich auf, was die veröffentlichte Rendite nach oben treibt. Dadurch wird den Investoren vorgegaukelt, dass die Renditen auf ihre Investitionen höher sind, als dies tatsächlich der Fall ist. Es ist alles andere als leicht, dies zu durchschauen. Viele Investoren haben auch wenig Ahnung davon, wie hoch die Gebühren tatsächlich sind, die sie bezahlen. In einem typischen Vertrag beträgt die Verwaltungsgebühr zwei Prozent des zugesagten Kapitals pro Jahr. (Die Einlagen werden im Voraus zugesagt und erst abgerufen, wenn sie für einen Unternehmenskauf gebraucht werden.) Die Autoren rechnen ein typisches Beispiel durch und zeigen, wie die Gebühren, die den Anlegern und den gekauften Unternehmen auferlegt werden, sich auf 7 Prozent des investierten Kapitals pro Jahr belaufen. Die Gebührenstruktur ist so undurchschaubar und die Verträge unterscheiden sich in wichtigen Details so von Fonds zu Fonds, dass es fast unmöglich für normale Sterbliche ist, eine gute Vorstellung davon zu bekommen, was das Management für sich abzweigt. Es ist ein Segen, wenn man zu der Klasse der *alternativen Investments* gehört und ein Fluch für die Anleger.[53]

Die Beschreibung der Gebührenstruktur gilt auch für die anderen alternativen Investments. Hedge-Fonds verlangen ebenfalls hohe Gebühren dafür, dass sie vorgeblich hohe Erträge erwirtschaften. Geetesh Bhardwaj von *AIG Financial Products* und der Rutgers University sowie Gary Gorton und Geert Rouwenhorst von Yale haben diesem Versprechen für eine Untergruppe von Hedge-Fonds, die sogenannten *Commodity Trading Advisors (CTAs)*, auf den Zahn gefühlt. Sie fanden ebenso magere Nettoerträge der Investoren wie in der Private Equity-Branche. Ihren Berechnungen zufolge, liegen die Bruttorenditen fünf Prozent über denen von US-Staatsanleihen. Doch nach offenen und versteckten Gebühren – von im Durchschnitt vier Prozent pro Jahr – sind sie kaum höher. Das bedeutet, dass die Fondsmanager fast den gesamten Gewinn für sich reklamieren, der denjenigen von sicheren Standardanlagen übersteigt.[5]

500 Jahre Bankenmacht

»Die Wahrheit ist, wie sie und ich wissen, dass ein Finanzelement in den großen Zentren seit den Tagen Andrew Jacksons die Regierung in der Tasche hat.«

Franklin D. Roosevelt an E. Mandell House, 1933

»Der große Reichtum, den der Finanzsektor geschaffen und konzentriert hat, hat den Bankern enormes politisches Gewicht gegeben – ein Gewicht, wie sie es in den USA seit der Ära von J. P. Morgan nicht mehr hatten.«

Simon Johnson, 2009

All diese Beispiele, wie verbreitet der Machtmissbrauch durch die Finanzbranche ist, werfen die Frage auf, warum Regulierer und Gesetzgeber diesem Tun keinen Riegel vorschieben. Selbst die bescheidenen Vorschläge zur Schaffung von speziellen Verbraucherschutzinstitutionen für die Finanzbranche, wie sie in den USA, in Deutschland und in anderen Ländern nach der Subprime-Krise und der Lehman-Pleite vorangetrieben wurden, stießen auf so massiven Widerstand der Finanzbranche, dass sie bis zum Frühsommer 2010 noch zu nichts geführt hatten.

Was sich bis 2008 für viele noch wie eine Verschwörungstheorie anhörte, ist bis zum Sommer 2010 Allgemeingut geworden: Vertreter der Finanzfirmen der Wall Street im Allgemeinen und Goldman Sachs im Besonderen haben eine fast schon groteske Anzahl einflussreicher Regierungspositionen besetzt und daraus großen Nutzen gezogen. Simon Johnson, Professor am renommierten MIT in Cambridge und ehemaliger (kurzzeitiger) Chefvolkswirt des Internationalen Währungsfonds, veröffentlichte den Artikel »Der stille Coup« zu diesem Thema im Monatsmagazin *Atlantic Monthly*, gefolgt im Juli 2009 von Mark Taibbis Anti-Goldman-Stück »Die große amerikanische Blasen-Maschine« im *Rolling Stone*. Letzteres ließ das bis vor der Krise noch sehr hohe Ansehen der Investmentbank in der breiten Öffentlichkeit so tief sinken, dass die Goldman-Angestellten in New York zeitweise in Freizeitbekleidung den Weg zur Arbeit zurücklegten, um nicht ständig angepöbelt zu werden. Zeitungen wie die *New York Times* witzelten: »Willst Du jemand von Goldman Sachs sprechen, ruf beim Finanzministerium an.« Als schließlich noch die Börsenaufsicht SEC die Bank wegen bewusst betrügerischer Emission von Subprime-Wertpapieren anklagte, wurden die überaus engen Verbindungen zur Politik vollends Thema in der öffentlichen Diskussion und Politiker fingen an, die großzügigen Wahlkampfspenden von der Bank abzulehnen und zurückzuzahlen. Das gilt allerdings nicht für den US-Präsidenten, dessen Wahlkampf von Angestellten von Goldman Sachs so stark bezuschusst wurde, wie von sonst keinem anderen Unternehmen.

Während der Bewältigung der Finanzkrise wurde ein großer Teil der Rettungsaktionen von ehemaligen Goldman-Sachs-Angestellten in ihrer Eigenschaft als Finanzminister oder in anderen wichtigen Ämtern geplant und durchgeführt. Im extremsten Fall verhandelte ein Finanzministerium, geleitet vom ehemaligen Chef von Goldman Sachs (Hank Paulson) und eine New Yorker Filiale der Notenbank Federal Reserve, unter einem Aufsichtsratschef, der ebenfalls von Goldman Sachs kam (Stephen Friedman), mit einem neu installierten Chef des vom Staat aufgefangenen Versicherungsriesen AIG, der ebenfalls von Goldman Sachs geholt worden war (Edward Liddy), darüber, ob und in welchem Ausmaß AIG seine Verpflichtungen aus Derivategeschäften begleichen sollte. Das unter solchen Umständen wenig überraschende Ergebnis war die umgehende und vollständige Zahlung von 14 Mrd. Dollar an Goldman Sachs. In einem Bericht des Sonderprüfers für das Rettungsprogramm Tarp, Neil Barofsky, zur AIG-Rettung sollte später zu lesen sein: »Es ist keine Frage, dass die Entscheidungen der FRBNY (New York Fed), ja das gesamte Design der Rettungsaktion – bewirkten, dass Dutzende Milliarden von Dollar direkt und unwiederbringlich den Geschäftspartnern von AIG zugeschoben wurden (»*New York Fed's Secret Choice to Pay for Swaps Hits Taxpayers*«, Bloomberg, 27.10.2009).« Paulson und der Chef der New York Fed, Tim Geithner, sagten später, sie seien persönlich in keiner Weise in die AIG-Rettung eingebunden gewesen und das, obwohl Geithner später die großzügigen Überweisungen damit rechtfertigten würde, dass das Finanzsystem zusammengebrochen wäre, wenn man nicht schnell die Derivategeschäfte abgewickelt und das Geld an Goldman überwiesen hätte.

Vor Paulson hatten bereits die Investmentbanker Nicholas Brady als Finanzminister mit staatlichem Geld 1989 für die Banken die Mexiko-Krise gelöst und Robert Rubin die Deregulierung des Finanzwesens eingeleitet. Ein näherer Blick auf die Geschichte des Bankwesens zeigt jedoch, dass diese Episode unglaublicher Machtfülle und Vernetzung mit der Regierung nicht die große Ausnahme ist. Vielmehr stellen eher die Jahrzehnte nach der Weltwirtschaftskrise, in denen der Einfluss der Finanzbranche zumindest in den USA deutlich geringer war, die Ausnahme dar. Die Macht der Finanzbranche hat tiefe historische Wurzeln, weshalb sie auch so schwer zu brechen ist. Direkt vor Ausbruch der Großen Finanzkrise hatten die Finanzinstitute lediglich ihre Dominanz über die Wirtschaft wiederhergestellt, wie sie sie vor 100 Jahren hatten, als J. P. Morgan alle Zügel in der Hand hielt.

Vor der Zäsur der Großen Depression der 1930er-Jahre gab es im späten 19. und frühen 20. Jahrhundert die Zeit der *Räuberbarone*, eine Zeit der fast uneingeschränkten Macht der Banker und Finanziers, der Klasse von J. P. Morgan. Er und eine kleine Gruppe anderer Finanziers und Industrieller kontrollierten fast die Gesamtheit der größten Unternehmen des Landes.[10] Diese Zeit der großen Bankenmacht gipfelte schließlich darin, dass der Investmentbanker Andrew Mellon von 1921 bis 1932 die bisher längste Amtszeit als US-Finanzminister ausfüllte. Wie die Amtszeit dieses Großbankiers als wichtigster Wirtschaftspolitiker der Welt den Weg zum Großen Crash bereitete, hat bemerkenswerte Parallelen dazu, wie in den letzten 15 Jahren Investmentbanker als Finanzminister den

Weg für die Große Finanzkrise ebneten. Mitte der 1920er-Jahre war Mellon einer der größten Einkommenssteuerzahler des Landes. Auf seine Initiative hin senkte der Kongress den Einkommenssteuerspitzensatz in vier Etappen von 73 Prozent auf 24 Prozent. Die Wirtschaft boomte, der Aktienmarkt ging durch die Decke und das Vermögen von Mellon und seinen Bankerfreunden ebenso – bis 1929 der Große Crash die Party beendete. Es gibt allerdings einen Unterschied. Während in der Subprime-Krise die Investmentbanker in Regierungsämter geholt wurden, um mit öffentlichem Geld das Chaos zu beseitigen, das sie angerichtet hatten, musste man Mellon damals als Botschafter nach England verschiffen, um ihm die Schmach der Absetzung durch den Kongress zu ersparen.

Doch die Ursprünge der Bankenmacht in den USA gehen noch viel weiter zurück. Der erste Finanzminister, Alexander Hamilton, dessen Portrait den Zehndollarschein ziert, war ein Banker. Er hatte die Bank von New York – eine von damals erst drei Banken – gegründet, bevor er 1789 sein Amt antrat. Die Bank sollte 2007 mit der Mellon Financial Corporation fusionieren, die seinerseits Finanzminister Andrew Mellon gehört hatte. Hamilton wird ein grundlegender Einfluss auf das Bankensystem der Vereinigten Staaten zugeschrieben. Direkt vor ihm war Robert Morris, ein reicher Banker und Händler, Superintendent für Finanzen gewesen, die Entsprechung zum Finanzminister in den frühen Jahren der USA.

Die ganze Geschichte hindurch war der Normalzustand eine symbiotische Beziehung von Regierung und Finanzbranche. Meist hatten die Finanziers so viel Macht über die Regierungen wie die Regierungen Macht über die Finanziers hatten. Auch Regierungen fanden sich immer wieder, wenn sie Kredit brauchten auf der längeren Seite eines Marktes für Kredit wieder, in dem die Nachfrage das Angebot deutlich übersteigt. Sie hatten zwar die oft unbeschränkte Macht, Steuern einzutreiben, aber es gab immer wieder Spitzen in ihrem Finanzbedarf, meist kriegsbedingt, für die sie auf Kredite angewiesen waren. Nicht schnell genug hohe Kredite zu bekommen, konnte bedeuten, den Krieg zu verlieren, weil man seine Soldaten nicht bezahlen konnte.

Das galt auch für die Europäischen Monarchen des späten Mittelalters und der Renaissance. So finanziert das reiche Handelshaus der Fugger die italienischen Kriege von Kaiser Maximilian I von Habsburg (1459–1519). Der Kaiser revanchierte sich mit maßgeschneiderten Gesetzen und Privilegien. Die Fugger finanzierten auch die Bestechungsgelder, mit denen sich Maximilians Enkel Karl V. (1500–1558) zum Kaiser des Deutschen Reiches wählen ließ. Auch dieser bedankte sich mit umfangreichen staatlichen Privilegien.

Umgekehrt waren die Banker und Finanziers auf eine gute und enge Beziehung mit den Herrschenden angewiesen, weil das meiste einträgliche Geschäft mit diesen stattfand. Die Rothschild-Familie, eine der berühmtesten und mächtigsten Bankiersfamilien der Neuzeit, verdankte ihren Aufstieg der Freundschaft von Mayer Amschel Rothschild (1744–1812) mit Carl Friedrich Buderus. Buderus war Finanzberater und Kämmerer von Kurfürst Wilhelm von Hessen-Kassel.

Dieser war durch ein besonderes Geschäftsmodell einer der reichsten Monarchen in Deutschland geworden. Er vermietete seine Landeskinder als Soldaten an andere, Krieg führende Mächte. Buderus sorgte dafür, dass Mayer Rothschild und seine fünf Söhne einen immer größeren Anteil der Finanzgeschäfte des Prinzen abwickeln konnten. Das wurde besonders lukrativ, als Wilhelm vor Napoleon ins Exil fliehen musste. Nathan Rothschild, der Repräsentant der Familie in London, hatte ab da die Kontrolle über das Vermögen Wilhelms, das Buderus nach London evakuiert hatte. Auch wenn man über die genauen Details von Nathans Geschäften wenig weiß und unter Historikern keine Einigkeit darüber besteht, in welchem Umfang er das fremde Geld für eigene Zwecke einsetzte, so ist es doch hochplausibel, dass er die riskanten und hochprofitablen Geschäfte, die die Familie reich und mächtig machten, ohne Wilhelms Geld im Hintergrund nicht hätte machen können. Zu diesen Geschäften gehörte es, den Krieg der Briten gegen Napoleon zu finanzieren und das nötige Gold zu den Truppen zu schaffen. Die Rothschilds zeigten sich für Buderus Unterstützung erkenntlich, indem sie ihn 1809 zu einem stillen Partner der Bank machten.[26, 27, 38]

Einen frühen Gipfel der Bankenmacht stellte das Regiment der Medici über Florenz und die Toskana dar. Die Familie stieg mit der 1397 gegründeten Medici Bank zur reichsten und mächtigsten in Europa auf. Cosimo der Ältere wurde 1434 Gran Maestro und ab da waren die Medici inoffizielle Staatschefs der Florentiner Republik. Sie brachten drei Päpste hervor, eine Königin von Frankreich und 1531 wurden sie zu Erbfürsten von Florenz, später des Großfürstentums Toskana ernannt. Ihre Regierungszeit dauerte mit kurzen revolutionären Unterbrechungen über hundert Jahre und endete 1537, wobei der letzte Medici-Papst, Alessandro Ottaviano de' Medici, bis ins 17. Jahrhundert hinein regierte.

Die Wahl zwischen mächtig oder bankrott

Es ist kein Zufall, dass Banker so mächtig geworden sind. Ohne Macht konnten sie in diesem Geschäft nicht überleben. Wer Finanzgeschäfte mit absoluten Monarchen machte – und fast alle größeren Geschäfte fanden früher mit der Monarchie statt –, der musste so mächtig sein wie ein absoluter Monarch. Andernfalls drohte jederzeit der finanzielle Ruin oder Schlimmeres, so wie die Florentiner Bankhäuser Bardi, Peruzzi und Accaiuoili, die die italienische Finanzwelt im frühen 14. Jahrhundert dominiert hatten, durch die Zahlungseinstellungen von zwei ihrer wichtigsten Kunden, König Edward III von England (1312–1377) und König Robert von Neapel (1278–1343) ruiniert wurden.

Eine wichtige Versicherung gegen finanzielle oder gar physische Eliminierung waren Größe und Kooperation. Niemand konnte etwa König Philip II von Spanien (1527–1598) zwingen, die Millionen zurückzuzahlen, die er sich lieh, um Kriege fast überall in Europa zu finanzieren. Der König stellte mehrmals seine Zahlungen ein, weil Schiffe mit Silberladungen aus Lateinamerika nicht wie geplant eintrafen. Dennoch kam er immer zu einer Vereinbarung mit seinen Hauptkreditgebern, einer Gruppe Genueser Bankerfamilien, seine Zahlungen wieder aufzunehmen. Das Geheimnis der Macht der Genueser war ihr eng geknüpftes Netzwerk sozialer und vertraglicher Bindungen. Sie arrangierten Hochzeiten innerhalb der Gruppe, gaben regelmäßig Kredite im Konsortium und tauschten Sicherheiten aus, die konfisziert werden konnten, wenn jemand sich nicht an die internen Regeln hielt. Kein Mitglied dieses Netzwerks konnte seine eigenen Vereinbarungen mit Kreditkunden zum Schaden der anderen treffen, ohne selbst schwere Schäden zu erleiden. Sie traten auf wie ein einziger Kreditgeber mit riesiger Finanzkraft. Wenn der König sich weigerte zu bezahlen, bekam er kein Geld mehr von der Gruppe und konnte seine Armeen nicht mehr bezahlen. Historische Dokumente belegen, dass selbst Finanziers von außerhalb des Netzwerks wie die Fugger sich nicht trauten, ein solches Embargo zu brechen. Die Fugger wussten, dass ihre Finanzkraft nicht reichte, um allein den ganzen Finanzbedarf des Königs zu decken. Deshalb mussten sie befürchten, dass der König irgendwann wieder zu den Genuesern zurückkehren würde und dann würden diese darauf bestehen, dass Philip seine Kredite an die Boykott-Brecher nicht zurückzahlt.[24]

Die Familie Rothschild folgte sehr erfolgreich der gleichen Strategie. Die fünf Zweige der Familie, die Bankhäusern in den wichtigsten Finanzzentren Europas vorstanden, wurden durch arrangierte Ehen und durch Gewinn- und Machtteilungsverträge zusammengehalten. Von 21 Ehen, die Nachkommen von Mayer Amschel Rothschild zwischen 1824 und 1877 eingingen, fanden nur sechs nicht zwischen direkten Nachkommen von Mayer Amschel statt. Getreu dem alten Spruch *Wissen ist Macht* investierte die Familie viel Mühe und Geld in den Aufbau eines hocheffizienten Netzwerks von Agenten und Kurieren, um Gold und Informationen von und nach überall in Europa zu transportieren. Sie wussten besser als jeder andere Bescheid, was in den verschiedenen Machtzentren los war und wie man davon finanziell profitieren konnte. Ab etwa 1830 war ihr Kommunikationsnetzwerk so gut ausgebaut, dass führende Staatsmänner es als Express-Postdienst nutzen. Oft wurden die Rothschilds, die gute Beziehungen zu vielen streitenden Parteien unterhielten, als Botschafter eingesetzt. Sie hatten die Finanzkraft, um mit allen europäischen Regierungen auf gleicher Ebene oder gar von oben herab verhandeln zu können. Sie waren nicht so sehr von einzelnen Herrschern abhängig, wie diese von ihnen. Fürst Hermann von Pückler-Muskau nannte Nathan Rothschild 1828 einen, »ohne den keine Macht in Europa heute noch fähig zu sein scheint, einen Krieg zu beginnen«.[27]

Wenn die mächtigsten Banker sich als zweite Macht auf gleicher Ebene mit Regierungen etablieren konnten, ist es kein Wunder, dass das Bankensystem und dessen Regeln sich in einer Weise entwickelten, die den Interessen der Finanzgemeinde sehr entgegenkam. Kundenschutz und andere Einschränkungen der Gewinnerzielungsmöglichkeiten für Finanzinstitute wurden dagegen eher vernachlässigt.

Es werde Geld, es werde Krise

»Im Studium der Geldwirtschaft, mehr als in jedem anderen Feld der Ökonomie, wird Komplexität dazu gebraucht, um die Wahrheit zu verbergen, oder um der Wahrheit auszuweichen, nicht um sie offenzulegen.«

John Kenneth Galbraith, 1975

Ab der Mitte des 17. Jahrhunderts begannen die Banker eine besonders profitable Macht in Beschlag zu nehmen, die bis dahin ein Vorrecht der Regierungen gewesen war: das Recht, Geld auszugeben und die Kaufkraft der Währung maßgeblich mitzubestimmen. Sie taten das entweder in Kooperation mit der Regierung oder aber mit deren stillschweigendem Einverständnis. Wir müssen erst wieder lernen, uns über die heutigen Praktiken im Bankwesen zu wundern, die aus diesem Schwindel entstanden, so normal und alternativlos erscheinen sie heute. Und doch sind es diese Praktiken, die uns die jüngste Finanzkrise eingebrockt haben, ebenso wie die meisten anderen der 124 systemischen Bankenkrisen, die Ökonomen des Internationalen Währungsfonds allein zwischen 1970 und 2007 gezählt haben.[43]

Geldschöpfung durch Banken entstand als Fehlentwicklung des Einlagengeschäfts. In England und den Niederlanden begann das um 1640. In London hatte 1638 Charles I vorübergehend große Mengen Gold konfisziert, die Händler zur sicheren Verwahrung bei der königlichen Münzprägung im Tower deponiert hatten. Diese Erfahrung erschreckte die Händler so sehr, dass sie künftig den Tower mieden und ihr Gold Goldschmieden und anderen geeigneten Verwahrern anvertrauten. Um Transaktionskosten zu sparen, wurde es üblich, zum Bezahlen großer Summen nicht das Gold physisch zu bewegen, sondern lediglich die Verwahrquittungen weiterzugeben. Diese fungierten damit als voll goldgedecktes Geld. Bald hatten die Verwahrer eine Idee – man kann es Betrug oder Raffinesse nennen. Sie verliehen das Gold ihrer Kunden an Leute mit Finanzbedarf gegen Zinsen und gaben den Kreditnehmern nicht das Gold, sondern einfach neue Verwahrquittungen, mit denen diese ihre Rechnungen bezahlen konnten. Weil das Gold der meisten Kunden sehr lange in den Safes blieb, ohne je abgeholt zu werden, galten solche Geschäfte als sicher. Die Verwahrer gaben ein Mehrfaches des tatsächlichen Goldbestandes an Quittungen aus und kassierten dafür Zinsen. Das war so einträglich wie die Fähigkeit, Gold aus dem Nichts zu schaffen, zumindest solange die Kundschaft den Glauben daran nicht verlor, dass sie ihr Gold jederzeit zurückbekommen konnte. In den Niederlanden tat die Bank von Amsterdam dasselbe in Kooperation mit der Regierung. Die Bank gab heimlich der Regierung gegen verzinsliche Staatsanleihen Ansprüche auf das Gold der Kunden, das sie verwahrte, bis der Schwindel lange Zeit später aufflog und die Bank in Konkurs ging.[30, 57]

Die Praxis der Inflationierung von als Geld fungierenden Verwahrquittungen hatte zur Folge, dass das Gold in den Tresoren gleichzeitig mehreren gehörte.

Ohne dass die Nutzer der als Geld fungierenden Quittungen dies wussten, war aus dem, was sie für einen einfachen Ersatz für physische Goldbewegungen gehalten hatten, *Fiat-Geld* geworden, also Scheine, die lediglich das Versprechen darstellten, irgendwelches Gold aufzutreiben, wenn der Inhaber des Scheins diesen dafür eintauschen wollte. Der Fachausdruck Fiat-Geld für Geld, das von Banken auf solche Weise geschaffen wird, geht auf das biblische fiat lux! zurück: *Es werde Licht*. Fiat-Geld ist Geld, das aus dem Nichts geschaffen wurde. [57]

Lange Zeit roch diese wundersame Goldvermehrung nach Betrug. Schließlich waren Goldschmiede und Banken verpflichtet, ihren Kunden deren Gold auf Verlangen zurückzugeben. Dieses Versprechen konnten sie nur halten, wenn nicht zu viele auf der Einlösung bestanden. Doch die Gerichte klärten die Rechtslage schließlich im Sinne der Banken. Anfang des 19. Jahrhunderts gab der britische Richter Lord Cottenham den Banken einen Freibrief, indem er urteilte: [57]

> *»Das Geld, das in den Gewahrsam eines Bankiers gegeben wird, ist in jeder Hinsicht das Geld des Bankiers, mit dem er Tun und Lassen kann, was er will; er macht sich keiner Verletzung seiner treuhänderischen Pflicht schuldig, wenn er es einsetzt, er muss sich nicht gegenüber dem Einleger verantworten, wenn er es durch gefährliche Spekulation in Gefahr bringt; er ist nicht daran gebunden, es aufzubewahren, oder als das Eigentum des Kunden zu behandeln, aber er muss natürlich den Betrag zurückerstatten, so wie das vertraglich vereinbart ist.«*

Mit diesem Freibrief konnte ein Bankier das Geld seiner Kunden in extrem riskante Projekte investieren, so wie das wohl Nathan Rothschild mit dem Geld von Kurfürst Wilhelm von Hessen-Kassel getan hatte. Wenn es gut ging, gehörten ihm die Erlöse, wenn es schief ging, war er ein ehrlicher Bankrotteur, kein Betrüger. Das ist heute noch die Rechtslage. Im Gegensatz zu dem, was viele Menschen glauben, gehört das Geld, das sie auf die Bank tragen, nicht mehr ihnen. Von Gesetz wegen ist es ein Kredit, den sie der Bank geben. Die Bank kann damit machen, was sie will. Sie muss lediglich ausreichend Geld vorrätig halten, um ihr Rückzahlungsversprechen an diejenigen, die es einlösen wollen, zu erfüllen. Weil sie Geld, das sie als Guthaben einräumen, nicht vorrätig haben müssen, aber dennoch derjenige, der das Guthaben hat, mit diesem Anspruch seine Rechnungen zahlen kann, etwa per Scheck, können die Banken beliebig Geld schöpfen. Wenn sie jemand Kredit gewähren, tragen sie ihm oder ihr einfach ein Guthaben auf einem Girokonto ein und schon ist die Summe der Guthaben, mit denen man Rechnungen begleichen kann, um den entsprechenden Betrag gestiegen.

Heute wird das Privileg der Geschäftsbanken, Geld aus dem Nichts zu schaffen, nicht einmal mehr diskutiert. Das Thema wird so gemieden, dass es einem Tabu gleicht. Im Ökonomiestudium und auch in der alltäglichen wirtschaftspolitischen Diskussion wird so getan, als gäbe es dazu keine Alternative, als wäre das ein quasi natürlicher Zustand. Doch ein Blick auf die frühe monetäre Geschichte der USA macht deutlich, dass unser gegenwärtiges System, in dem die Geldschöpfung überwiegend den Banken zusteht, nicht ohne Alternative war und ist. In dieser jungen Nation traten im 18. Jahrhundert Konflikte offen hervor, die zu dieser Zeit auf dem alten Kontinent schon lange tief in den Hintergrund verbannt waren. Hier gab es heftige und manchmal sogar gewalttätige Machtkämpfe um das Recht der Geldemission. Es war der Ausgang dieser Machtkämpfe, der uns das heutige Finanzsystem beschert hat.

Damals hatte Amerika ein großes Defizit in der Handelsbilanz. Es importierte viel mehr, als es exportierte. Dadurch floss sehr viel von den Gold- und Silbermünzen, die international als Zahlungsmittel fungierten, ins Ausland ab. Abseits der Handelshäfen, gab es einen akuten Mangel an Münzen. Gleichzeitig waren die Steuern sehr hoch, weil die Bundesregierung und die Bundesstaaten ihre hohe Schuldenlast aus dem Unabhängigkeitskrieg schnell abbauen wollten. Ein großer Teil der Bevölkerung hatte Probleme, an Geld zu kommen, um diese Steuern zu bezahlen, die für alle, unabhängig vom Einkommen, gleich hoch waren. Aus Mangel an Geld fielen die Preise, was den realen, preisbereinigten Wert der Kriegsschuld und der Steuern noch weiter nach oben trieb.[50]

Die Bank von Nordamerika und die beiden anderen Banken, die es damals gab, die Bank von New York von Alexander Hamilton und die Bank von Massachusetts, ein Vorläufer der heutigen Bank of America, waren Handelsbanken. Sie finanzierten die Händler mit Krediten, nicht die Bauern oder das gewöhnliche Volk. Zudem gab es nicht das eine, verlässliche Papiergeld. Neben den verschiedenen Münzen aus aller Herren Länder zirkulierten Schuldscheine und Wechsel von Individuen, verschiedene Arten von Schuldscheinen der Bundesstaaten und Banknoten der drei Handelsbanken. Bauern und Handwerker mussten oft auf Tauschgeschäfte zurückgreifen, eine sehr ineffiziente Art der Geschäftsabwicklung. Es herrschte Einigkeit darüber, dass mehr Zahlungsmittel gebraucht wurden. Doch es gab erbitterten Streit darüber, wer diese Zahlungsmittel bereitstellen und den Gewinn daraus einstreichen durfte. [50]

Die Händler in den Hafenstädten, die oft gleichzeitig Finanziers und Gläubiger waren, wollten, dass private Banken den Geldbestand durch Ausgabe von Banknoten erhöhten. Auf diese Weise versorgte sie bereits die Bank von Nordamerika mit Papiergeld. Als Gläubiger konnten sie mit den fallenden Preisen und dem realen Anstieg der Schuldenwerte sehr gut leben. Sie fürchteten, die Regierung würde mehr Geld ausgeben, als ihnen unter diesem Gesichtspunkt lieb sein konnte. Wenn dagegen private Banken die Geldemission übernähmen, konnten sie die Menge kontrollieren und die Händler, soweit sie Teilhaber waren, den Gewinn selbst einstreichen. [50]

Die Bauern dagegen wurden im bestehenden System nicht versorgt und hatten hohe Steuerschulden. Sie hätten auf mehrfache Weise von der Hauptalternative profitiert, die damals im Raum stand, staatlichen *Landbanken*. Einige dieser Institute gab es bereits auf Bundesstaatenebene. Sie gaben an Landbesitzer gegen Grundbucheintrag staatliche Schuldscheine aus, die als Zahlungsmittel und zur Begleichung von Steuern benutzt werden konnten. Als Produzenten und als Schuldner hätten die Bauern doppelt davon profitiert, wenn großzügige Geldbereitstellung die Deflation beendet hätte und die Preise wieder gestiegen wären. Außerdem wäre der Geldschöpfungsgewinn dem Staat zugeflossen, der entsprechend weniger Steuern von ihnen hätte erheben müssen. [50]

Der Vorschlag der Bankiers und Händler bestand darin, das Geldangebot dadurch zu erhöhen, dass man die Notenemission der privaten Banken koordinierte und steigerte. Die Alternative, die der größte Teil der übrigen Bevölkerung vorzog, bestand darin, das zersplitterte und nur teilweise erfolgreiche Modell der regionalen Landbanken in ein System zu überführen, das für die ganze Nation funktionieren würde. Das war kein akademischer Streit, sondern einer, in dem vitale Interessen einander gegenüberstanden, wie man an den Kämpfen um die Landbanken sehen kann, die in verschiedenen Bundesstaaten ausbrachen.

In Pennsylvania kam es zur gewalttätigen Auseinandersetzungen zwischen Befürwortern staatlicher Geldschöpfung und Unterstützern der Handelsbanken. In Maryland gab es bewaffnete Angriffe gegen Steuereintreiber und Gläubiger, nachdem der Senat ein Papiergeld-Gesetz abgelehnt hatte. In New Hampshire setzte eine bewaffnete Gruppe das Parlament gefangen und versuchte es zur Ausgabe von Papiergeld zu zwingen. Massachusetts, wo die gesetzgebende Versammlung sich weigerte, die Last der Steuerzahler durch Ausgabe von Papiergeld zu mindern, war 1786 mit einem veritablen Bürgeraufstand konfrontiert. In manchen Gemeinden war binnen eines Jahres einem Großteil der Einwohner Haus und Hof gepfändet worden oder sie saßen im Schuldturm. Die Opfer dieser Politik rotteten sich zusammen und verlangten in Bürgerversammlungen die Ausgabe von Papiergeld und nachsichtigere Behandlung. Sie schlossen gewaltsam die Gerichte, um die Zwangspfändungen zu stoppen, und überfielen die Gefängnisse, um ihre Leidensgenossen zu befreien. Überall kam es zu Scharmützeln zwischen den rebellierenden kleinen Steuerzahlern und von den Bankiers und Händlern aufgestellten Milizen.[50]

Dies war das soziale und politische Umfeld, in dem die Bundesregierung zu entscheiden hatte, wie und von wem die Geldknappheit gelindert werden und eine funktionierende nationale Währung geschaffen werden sollte. Sie hätte sich für Geld entscheiden können, das von der Regierung durch Ausgabe von Schuldscheinen an Landbesitzer geschaffen wird. Oder sie konnten das lukrative Privileg, Geld aus dem Nichts zu erschaffen, den Bankiers überlassen. In Anbetracht der Tatsache, dass die Entscheidungen von Bankiers und Händlern in ihrer Eigenschaft als Politiker getroffen wurden, ist es wenig erstaunlich, dass sich die zweite Option durchsetzte.

100-Prozent-Geld

Die Idee, dass man die Geldschöpfungsmacht der Banken kontrollieren oder beseitigen muss, um das Finanzsystem sicherer zu machen, ist nicht neu, fiel aber immer wieder dem Vergessen anheim. In England inspirierte die Currency-Schule der Ökonomie den Staatsmann Sir Robert Peel dazu, 1844 per Gesetz der Bank von England ihr Geldschöpfungsprivileg zu beschneiden. Die Currency-Schule trat für volle Golddeckung des Geldumlaufs ein und bestand auf der Verpflichtung der Banken, so viel Geld vorrätig zu halten, dass sie Sichtguthaben jederzeit auszahlen konnten. Diese Schule betrachtete es als Regierungsaufgabe, Menge und Wert der Zahlungsmittel zu steuern.[34]

In den 1930er-Jahren belebte eine Gruppe von Ökonomen aus Chicago die Ideen der Currency-Schule neu. Darunter waren Henry C. Simons und sein junger Schüler Milton Friedman. Sie nannten ihren Vorschlag *100-Prozent-Banking*. Irving Fisher von der Yale-Universität nannte seinen eigenen, ähnlichen Vorschlag 100-Prozent-Geld. Der deutsche Ökonom Walter Eucken argumentierte ganz ähnlich wie Fisher. Beide Richtungen forderten, den Banken das Vorrecht zur Geldschöpfung zu entziehen. Sie unterschieden sich lediglich darin, dass die Chicagoer für eine feste prozentuale Steigerung der Geldmenge eintraten, während Fisher eine politisch unabhängige Währungsbehörde vorschlug, die die Geldmengenausdehnung so steuern sollte, dass ein vorgegebenes Inflationsziel eingehalten wird.[34]

Milton Friedman sollte später mit seiner Geldmengenregel einflussreich und berühmt werden, obwohl – oder vielleicht gerade weil – er dabei die Forderung aufgab, die Regierung müsse die gesamte Geldmenge kontrollieren. Er schlug einfach vor, die Menge an Zentralbankgeld um einen festen Prozentsatz pro Jahr auszudehnen, ohne Rücksicht auf die Einsicht seines Lehrers Simons, dass die Banken auf dieser Basis eine stark schwankende Menge an Fiat-Geld produzieren konnten. Daher bedeutet eine mit konstanter Rate wachsende Zentralbankgeldmenge keinesfalls, dass die gesamte umlaufende Geldmenge mit konstanter Rate wächst.

Dieses Problem steht auch im Zentrum der Theorie vom *endogenen Geld*, die von den Post-Keynesianern vertreten wird. Nach deren Ansicht wird das Geldangebot vorrangig durch die Nachfrage nach Krediten getrieben und nicht von den Zentralbanken aktiv gesteuert. Sie gehen davon aus, dass Kredit, der Investitionen ermöglicht, die Führungsrolle hat und über die damit verbundene Geldvermehrung die Ersparnisse produziert, die nötig sind, die Investitionen zu finanzieren. Auf dieser Basis entwickelte der – seit der Großen Finanzkrise posthum berühmt gewordene – Hyman Minsky seine Hypothese von der *finanziellen Instabilität*.[49]

Die Ausdehnung der Kreditvergabe und dadurch der Geldmenge befördert einen Wirtschaftsboom, weil die Unternehmen und Haushalte mehr Geld zur Verfügung haben. Dieser Boom treibt das Kreditwachstum an, weil die Haushalte und Unternehmen sich höher verschulden können, wenn die Vermögenswerte, die sie als Sicherheiten bieten, im Wert steigen. Das Problem besteht allerdings darin, dass der Kredit die Ausgabenspielräume der Unternehmen und Haushalte gegenüber der jeweiligen Vorperiode nur erweitert, wenn das Kreditvolumen nicht einfach nur wächst, sondern mit steigenden Raten wächst. Um das zu verstehen, muss man sich einen Haushalt mit einem regelmäßigen Einkommen von 1000 Euro vorstellen. In der ersten Periode nimmt der Haushalt zusätzlich einen Kredit von 100 Euro auf und kann also 1100 Euro ausgeben. Wenn der Haushalt in der zweiten Periode 100 Euro zusätzlich aufnimmt, stagniert sein Budget bei 1100 Euro. Nur wenn er das Tempo des Verschuldungsaufbaus steigert, also zum Beispiel 120 Euro neu aufnimmt, steigt sein Ausgabenrahmen. Die Steigerung des Tempos der Kreditexpansion kann wegen der positiven Rückkopplungseffekte eine ganze Weile lang funktionieren, aber eben nicht dauerhaft, weil die Verschuldung der Haushalte und Unternehmen dabei exponentiell ansteigt. Irgendwann muss die Zunahme der Verschuldung abnehmen, und dann tritt der gegenteilige Rückkopplungseffekt ein. Die Unternehmen und Haushalte haben weniger Geld zur Verfügung, Wirtschafts- und Einkommenswachstum leiden und darunter leidet wiederum die Verschuldungsfähigkeit.

Eine sorgfältige historische Untersuchung von Moritz Schularick von der Freien Universität Berlin und Alan Taylor von der University of California zeigt, wie eine weltweite säkulare Zunahme der Verschuldung im Verhältnis zur Wirtschaftsleistung die Saat der immer häufiger und immer schwer wiegender werdenden Finanzkrisen gesät hat, die schließlich in der jüngsten Großen Finanzkrise gipfelten. Während der Zeit des Goldstandards, von 1870 bis in die frühen 1920er-Jahre, als alle wichtigen Währungen ein festes Austauschverhältnis zu Gold hatten, hatte die Kreditsumme sich noch in einem relativ stabilen Verhältnis zur Wirtschaftsleistung entwickelt. Der Kreditboom der 1920er-Jahre führte zu einem Bruch. Er wurde gefolgt von der verheerenden Kreditschrumpfung der Großen Depression. Nach dem zweiten Weltkrieg begannen die Banken, das Kreditvolumen immer schneller auszudehnen. Die sich immer weiter beschleunigende Kreditschöpfung ging vor allem von den Geschäftsbanken aus, nicht so sehr von den Notenbanken, was sich daran erkennen lässt, dass die Geldmenge im Verhältnis zur Zentralbankgeldmenge immer weiter zunahm. Von etwa einem Viertel der Jahreswirtschaftsleistung stieg die Kreditsumme in den 12 untersuchten Ländern bis 2008 auf ein Verhältnis von eins zu eins. In der gleichen Zeit stieg die Bilanzsumme der Banken von etwa der Hälfte der Wirtschaftsleistung auf das Doppelte. Gleichzeitig ließen die Banken die Zusammensetzung ihrer Bilanz immer riskanter werden. Der Anteil der relativ sicheren Staatsanleihen in ihren Portfolios nahm um 80 Prozent ab. Stattdessen kauften sie höher rentierliche Anleihen des Privatsektors. Ab etwa 1970, als die Banken ihre Bestände an sicheren und liquiden Anlagen weit gehend ausgedünnt hatten, begannen Bankenkrisen viel häufiger zu werden, als in den Jahrzehnten vorher. Nach Schularick und Taylor gab es in den zwölf Ländern im Durchschnitt pro Land alle 20 Jahre eine Bankenkrise. Zwischen dem Zweiten Weltkrieg und 1971 hatte es fast gar keine gegeben. Selbst für einzelne Länder konnten die beiden Wirtschaftsforscher zeigen, dass das Ausmaß der Kreditexpansion hohe prognostische Qualität für eine bevorstehende Finanzkrise hatte. Für sie ist klar, dass praktisch alle von ihnen untersuchten Bankenkrisen nichts anderes sind als geplatzte Kreditblasen.[58]

Die zunehmende Größe und Fremdkapitalabhängigkeit der Bankbranche ging einher mit immer intensiveren Gegenreaktionen der Zentralbanken auf die Finanzkrisen. Da sie nicht mehr wie vor hundert Jahren an einen Goldstandard gebunden waren, konnten die Zentralbanken jeweils verhindern, dass es zu einer scharfen Kreditschrumpfung kam, indem sie mehr Geld in den Kreislauf pumpten und den Leitzins kräftig senkten. Das half auf jeden Fall den Banken, aber es brachte der Wirtschaft, also den Arbeitnehmern und Unternehmen nur wenig. In den sechzig Jahren vor der Großen Depression hatten Finanzkrisen trotz des Goldstandards viel geringere Rückwirkungen auf die Wirtschaft als seit 1971. Natürlich ist der Finanzsektor seither so viel größer geworden und hat so viel mehr kurzfristige Verbindlichkeiten angesammelt, dass der Schaden für die Wirtschaft aus Finanzkrisen noch viel größer wäre, wenn die Zentralbanken nicht so entschlossen dem entgegenwirken würden. Das Problem ist nur, dass den Banken das keineswegs verborgen bleibt. Sie haben sich nicht versehentlich so viel stärker kurzfristig verschuldet und so viel riskantere Geschäfte gemacht. Sie haben sich kollektiv dafür entschieden, im Bewusstsein, dass die Zentralbanken gar keine andere Wahl haben würden, als ihnen mit extra Liquidität und niedrigen Zinsen aus der Patsche zu helfen, wenn die nächste Krise ausbrechen würde. Diejenigen mit den höchsten Schulden im Vergleich zum Eigenkapital hatten im Boom die höchsten Eigenkapitalrenditen und profitierten in der Krise am meisten von den niedrigen Zinsen. Deshalb konnte und wollte keine Bank zu weit zurückstehen. Weil dies auch in der internationalen Konkurrenz der Banken miteinander galt, überboten sich die Regierungen damit, ihren Finanzsektor zu deregulieren, um den eigenen Finanzinstituten einen Wettbewerbsvorsprung zu geben oder den Vorsprung anderer Länder zu verkleinern.[58]

Der Kerngedanke des 100-Prozent-Geld-Vorschlags von Fisher und anderen besagt, dass Geld nicht nur das Bargeld ist, das die Zentralbanken drucken, sondern auch die Guthaben bei der Bank, die Kunden nutzen können, um Rechnungen zu bezahlen. Diese machen ein Vielfaches des Bargelds aus. Nach Irvings Vorschlag müssten die Banken den vollen Betrag der Sichtguthaben entweder als Bargeld vorrätig halten oder entsprechende Guthaben bei der Zentralbank unterhalten, die jederzeit in Bargeld umgetauscht werden können. Dies würde den Banken die Möglichkeit nehmen, zusätzliche Guthaben zu schaffen, indem sie das Kreditvolumen ausdehnen. Sie könnten Kredit nur in dem Maße vergeben, wie sie Bargeld oder jederzeit in Bargeld eintauschbare Guthaben bei der Zentralbank zur Verfügung haben. Die Regierung könnte die nötigen Bankguthaben bei der Zentralbank schaffen, indem sie über die Zentralbank selbst oder eine unabhängige Währungskommission wie Fischer sie vorschlug, den Banken Staatsanleihen (oder notfalls andere Wertpapiere) abkauft und diese mit Guthaben bei der Zentralbank bezahlt. Auf diese Weise würde die Geldmenge, die vorher aus Zentralbankgeld und von Banken geschaffenem Giralgeld bestand, umgewandelt in die gleiche Menge Zentralbankgeld. Die Menge umlaufenden Geldes würde nicht mehr von der Kreditnachfrage oder den Kreditangebotsentscheidungen der Banken abhängen, sondern von den Entscheidungen der Währungskommission. Die Kreditmenge würde gänzlich von der verfügbaren Ersparnis abhängen und der Zins könnte wieder als zuverlässiges Knappheitssignal fungieren.[30]

Wollte man unser System in Anlehnung an Fisher bezeichnen, dann würde es 2-Prozent-Geld heißen, denn im Euroraum beträgt der Mindestreservesatz nur zwei Prozent der Einlagen. Die Mindestreserve ist eine entscheidende Größe dafür, auf welchen Anteil der umlaufenden Geldmenge die Regierung (über die Zentralbank) Zinsen bekommt und auf wie viel die Banken. Der gesamte Bestand an umlaufenden Zahlungsmitteln besteht einerseits aus Bargeld und Guthaben der Geschäftsbanken bei der Zentralbank, und einem Vielfachen dessen, das die Geschäftsbanken darauf aufbauend schaffen, indem sie ihren Kunden per Kreditgewährung Guthaben einräumen. Guthaben bei der Notenbank können die Banken jederzeit in Bargeld umtauschen. Das Bargeld in ihrem Besitz und die Guthaben bei der Zentralbank sind die Sicherheitsreserve der Banken, um Barauszahlungswünsche ihrer Kunden jederzeit erfüllen zu können. Wenn die Banken 100 Prozent Mindestreserve halten müssen, dann können sie nur das ausleihen, was sie von den Sparern oder der Zentralbank bekommen. Wenn eine Bank eine Mrd. Dollar Guthaben bei der Zentralbank hat, kann sie ihren Kunden eine Mrd. Dollar Kredit geben, und ihnen dafür Sichtguthaben in gleicher Höhe einräumen. Der Umfang der Guthaben bei der Bank entspricht dem Volumen des Guthabens der Bank bei der Zentralbank. Die Geldschöpfung übernimmt also der Staat, der dafür Zinsen kassiert. (Er bedient die bei der Zentralbank liegenden Staatsanleihen, bekommt das Geld aber über den Zentralbankgewinn wieder ausgezahlt.)

Wenn der Reservesatz 10 Prozent beträgt, wie derzeit in den USA, dann kann eine Bank, die eine Mrd. Dollar Zentralbankguthaben hat, ihren Kunden per Kreditvergabe Sichtguthaben von 10 Mrd. Dollar einräumen und für den Kredit Zinsen kassieren. Beträgt der Mindestreservesatz wie im Euroraum nur zwei Prozent, dann bekommen die Mitgliedstaaten der Währungsunion nur auf zwei Prozent der geschaffenen Geldmenge Zinsen.

Gleichzeitig bestimmt die Mindestreserve, wie stark sich die Banken dem Risiko eines Bankruns aussetzen können. Weil bei einem niedrigen Reservesatz alle Banken in ähnlicher Weise zu geringe Reserven haben, bedroht ein Bankrun fast immer auch das ganze Bankensystem. Wenn die Banken das 50-Fache ihrer Liquiditätsreserven als Kredit ausgeben können, dann ist das Risiko eines Bankruns immer sehr hoch. Man kann dann eigentlich kaum noch eine Bank Pleite gehen lassen, ohne alle anderen zu gefährden. Deshalb musste auch die bis dahin fast unbekannte IKB, die 2007 als erste in Deutschland während der Subprime-Krise von der Pleite bedroht war, mit hohen Milliardensummen vom Staat gerettet werden.

Eine Senkung des Mindestreservesatzes erhöht den Geldschöpfungsmultiplikator für die Banken und damit ihren Gewinn. Sie erhöht zwar auch das Risiko, aber die Zentralbank versichert ja das Bankensystem umsonst gegen einen Bankrun. Deshalb kann die Mindestreserve für die Banken gar nicht zu niedrig sein. Großbritannien, das das Finanzzentrum London mit besonders laxer Regulierung groß gemacht hat, hat die Mindestreserve sogar ganz abgeschafft. Aber auch in Kontinentaleuropa konnten die Banken ihren Einfluss gebührend geltend machen und für einen beständigen Rückgang sorgen. Bis zum Übergang zur Währungsunion war dabei die Bundesbank als Europas dominierende Notenbank im Führerhäuschen. Mit dem Ziel, die »Attraktivität Deutschlands als Finanzzentrum« und die »internationale Wettbewerbsfähigkeit der deutschen Banken« stärken zu wollen, senkte sie den Reservesatz immer weiter ab.

Fisher wollte eine klare Unterscheidung zwischen Sichtguthaben, mit denen man Rechnungen bezahlen kann und Sparguthaben, mit denen das nicht geht. Er argumentierte, dass Geld auf Sparguthaben nicht das Versprechen jederzeitiger Abhebbarkeit trägt und daher von den Banken für die Kreditgewährung verwendet werden darf. Jedoch ist es nicht genug, nur eine 100-Prozent-Bargelddeckung für Sichtguthaben vorzuschreiben, wie Fisher das forderte. Wenn die Banken nur Sparguthaben (und eigenes Geld) zur Kreditausdehnung verwenden können und wenn die Sparer zurückhaltend damit sind, ihr Erspartes für längere Zeit aufzugeben, dann kommen die Banken leicht auf den Gedanken, in großem Stil kurzfristig angelegtes Spargeld für langfristige Kreditgewährung zu verwenden. Sie können darauf setzen, dass in normalen Zeiten das allermeiste Spargeld nicht abgehoben, sondern wieder neu angelegt wird. Wenn diese *Fristentransformation* in großem und schwankendem Umfang geschieht, setzt es die Wirtschaft einer ähnlichen Krisengefahr aus wie die Giralgeldschöpfung. Wenn aus irgendeinem Grund die Sparer in großem Umfang ihr Geld abziehen, sobald es fällig wird und nicht neu anlegen, geht den Banken das Geld aus, die Rückzahlungen zu leisten, da sie ja das meiste langfristig angelegt haben. Wenn die Sparer dies befürchten, setzt ein Bank-Run ein. Im gegenwärtigen System gehört Fristentransformation, sich kurzfristig verschulden und langfristig ausleihen, zum Kern des Geschäftsmodells der Banken. Lehman Brothers brach zusammen, weil die Bank es damit übertrieben hatte. Die Finanzkrise war deshalb so schwerwiegend, weil das ganze Banken- und Finanzsystem es übertrieben hatte. Wenn alle Banken im Konzert zunehmend in die Fristentransformation gehen, dann profitieren die Wirtschaft und vor allem die Banken für eine Weile. Wenn es dann schief geht, müssen sie von den Steuerzahlern gerettet werden. Zur Vermeidung dieser Instabilität muss den Banken vorgeschrieben werden, dass ihre Ansprüche gegenüber Schuldnern oder ihre Wertpapieranlagen nicht wesentlich längere Fristen haben dürfen als die Verbindlichkeiten gegenüber den Sparern oder gegenüber ihren sonstigen Kreditgebern.

Würde die Fristentransformation erheblich eingeschränkt, würde dies zwar das Finanzsystem sicherer machen, aber auch die Verfügbarkeit von langfristigem Kredit für sich genommen erheblich beeinträchtigen. Ein Ausgleich über großzügige Liquiditätsbereitstellung durch die Zentralbank und niedrigere kurzfristige Zinsen wäre nötig und möglich. Niedrige kurzfristige Zinsen sorgen dafür, dass auch bei einem großen Abstand zwischen kurz- und langfristigen Zinsen die langfristigen Zinsen nicht übermäßig hoch sind. Die hohe Zinsdifferenz erhöht gleichzeitig den Anreiz zur langfristigen Ersparnis. Alternativ oder zusätzlich könnte die Zentralbank auch die Fristigkeit der Reserveguthaben verlängern, die sie den Banken im Tausch gegen Wertpapiere gewährt.

Wenn die Banken auf die Mobilisierung von Ersparnissen angewiesen wären, um Kreditgeschäft machen zu können, würde sich schnell eine leistungsfähige Liquiditätsversicherung herausbilden, die es langfristigen Sparern ermöglicht, bei unvorhergesehenem Liquiditätsbedarf einfach und günstig einen Überbrückungskredit in der benötigten Höhe in Anspruch zu nehmen. Mit einer solchen Versicherung würden sich die Sparer weniger schwer tun, ihr Geld auf lange Frist anzulegen.

Für Fisher liegt der Grund des entschiedenen (und erfolgreichen) Widerstands der Banken gegen solche Vorschläge darin, dass sie ihre Geldschöpfungsgewinne verteidigen wollen. Er stellte fest, dass die Banker zwar das Gelddrucken durch die Regierung diskreditieren, aber keine Kritik an der Geldmengenausweitung üben, welche die Banken selbst vornehmen. Der wesentliche Unterschied, liegt, wie Fisher süffisant feststellte, darin, dass der Gewinn aus der Geldschöpfung durch die Regierung der Regierung zufließt und der Gewinn der Geldschöpfung durch die Banken den Banken.[30]

In einer Zeit, in der die öffentlichen Finanzen der meisten Industrieländer ruiniert sind, weil sie mit riesigen Summen die Banken vor dem Konkurs und die Wirtschaft vor der Depression retten mussten, ist es überfällig, dass die Regierungen das Recht wieder an sich ziehen, die umlaufende Geldmenge zu kontrollieren und den Geldschöpfungsgewinn zu sozialisieren. Das würde entschieden mehr bringen als symbolische Steuern auf Bankerboni oder spezielle Bankenabgaben. Wie Fisher und die Chicago-Gruppe um Simons bereits feststellten, würde das in keiner Weise bedeuten, das Bankgeschäft selbst zu sozialisieren. Es würde lediglich bedeuten, die Kontrolle über das Tauschmittel Geld zu vergesellschaften, ohnehin eine originäre Regierungsaufgabe, so wie auch niemand auf die Idee kommt, Maße und Gewichte dem Auf und Ab der Privatwirtschaft zu übereignen und darauf zu vertrauen, dass der Wettbewerb schon dafür sorgen wird, dass überall eine einheitliche und verlässliche Skala herauskommt. Banking würde natürlich langweiliger und weniger profitabel als derzeit, aber das wäre nur angemessen. Letztlich würden die Banker zu Vermittlern, die Sparer und Investoren zusammenbringen, nicht mehr und nicht weniger.

Fisher sah seinen 100-Prozent-Vorschlag auch als Beitrag dazu, die Regierung unabhängiger vom Einfluss der Banken zu machen. Er schrieb, dass die Banken in harten Zeiten die Kreditgeber der Regierung würden und dadurch einen »ungesunden« Einfluss auf die Politik ausüben könnten. Würde die Regierung ihre Hoheit über die Geldemission zurückholen, wäre sie dagegen abgeschirmt, argumentierte er. Dasselbe gelte für den Einfluss der Banken auf die Führung von Unternehmen. Dieser würde zurückgehen, wenn die kreditgetriebenen starken Konjunkturschwankungen eingedämmt würden. Denn gerade in den Rezessionen, wenn die Banken mit der Kreditvergabe sehr zurückhaltend sein müssen, können sie als Gegenleistung für die oft überlebenswichtige Kreditvergabe sehr viel Einfluss auf die Unternehmen verlangen und bekommen.[30]

Wer heutzutage Ökonomie studiert, dem wird von all dem nichts vermittelt. Die führenden Lehrbücher beschränken sich darauf, den Geldschöpfungsprozess zu erläutern, so als wäre er ein Naturgesetz. Falls sie die Möglichkeit einer Veränderung des Mindestreservesatzes immerhin erwähnen, wie zum Beispiel das Lehrbuch von Mankiw und Taylor, dann nur um festzustellen, dass eine Erhöhung (!) der Mindestreserve das Bankgeschäft ernsthaft stören kann. Die Mindestreserve, früher einmal ein Instrument der Notenbankpolitik, fasst man also am besten nie an und wenn, dann senkt man sie höchstens. Entsprechend sollten also die Fähigkeiten der Banken, ungedeckte Guthaben zu schaffen und sich so der ständigen Gefahr eines Bankruns auszusetzen, nach Ansicht der Lehrbuchschreiber und der herrschenden Lehre nie beschnitten werden.

Januskӧpfige Zentralbanken

»Es ist verboten, die Frage, ›wer profitiert?‹ in Beziehung auf die Federal Reserve zu stellen. Wer es trotzdem tut, wird schlecht gemacht und als Verschwörungstheoretiker marginalisiert. Sonderbarer Weise scheint sich niemand im Geringsten daran zu stören, wenn man eine ähnliche Frage in Bezug auf die Einführung von Zöllen oder staatlicher Regulierungen stellt. Ökonomen der Chicago-Schule und der Public-Choice-Schule haben den Ursprung vieler Regierungsbehörden beschrieben, als maßgeblich geformt durch die Interessen der Branchen, die sie regulieren sollen. Doch winden sich die gleichen Ökonomen vor Unbehagen und versuchen schnell zu entkommen, wenn sie mit der Frage konfrontiert werden, warum diese Analyse nicht auch auf die Federal Reserve anzuwenden ist.«

J. Salerno, Vorwort zu Rothbard: »Mystery of Banking«[57]

Die Sicherung des Rechts zur Geldschöpfung, war ein gutes Geschäft für die Banken, aber die Situation war damit noch nicht perfekt. Solange die Geldschöpfung unreguliert und unkoordiniert war, funktionierte der Geldschöpfungsmechanismus nur holprig. Eine Bank, die es übertrieb und im Vergleich zu anderen und zu ihren Barreserven deutlich mehr Geld in Umlauf brachte, lief Gefahr, dass man ihr misstraute und der Wert ihrer Guthaben und Banknoten als Zahlungsmittel Schaden litt. Diese Art von Wettbewerb ist schlecht für das Geschäft. Das funktioniert besser, wenn es eine Art Kartell gibt, das festlegt, wie viel Geld jede Bank produzieren darf. Wenn nämlich alle Banken mit der gleichen Rate die Geldmenge erhöhen, ist die erreichbare Steigerungsrate höher, da die Nutzer des Geldes nicht zu konservativeren Banken abwandern können. Zum Glück für die Banken ist der unkoordinierte Zustand auch für die Wirtschaft ungünstig. Wenn jede Bank, so wie es in der Frühphase der USA lange Zeit der Fall war, ihre eigenen Banknoten in Umlauf bringt, mit unterschiedlichen Wechselkursen zwischen den Banknoten verschiedener Banken, erhöht das die Transaktionskosten enorm. Die Wirtschaft gedeiht besser mit einer einheitlichen Währung, die überall im Land fraglos akzeptiert wird. Daher war es nicht schwer, die Politiker und die Öffentlichkeit zu überzeugen, dass eine Koordination der Geldschöpfung eingeführt werden musste. Das war die Stunde der Zentralbanken.

Zentralbanken sind janusköpfige Kreaturen. Sie werden von den meisten als ein Teil des Regierungsapparats betrachtet, wenn auch ein verselbstständigter, der im öffentlichen Interesse handelt. Aber sie sind auch Banken und scheinen oft das Interesse der Bankbranche näher an ihrem Herzen zu tragen als das der übrigen Öffentlichkeit. Das hat einen guten Grund. Die Geschichte des Zentralbankwesens zeigt, dass lange Zeit der Bank-Aspekt dominierte. In der Moderne haben die Regierungen und Parlamente sich ein gewisses Maß an Einfluss zumindest über die Zielsetzung der Zentralbanken gesichert. Ihre Kontrolle ist aber nach wie vor sehr beschränkt.

Die Bank von England wurde 1694 als privates Unternehmen mit speziellen staatlichen Privilegien gegründet. Nach einer Serie von Bürgerkriegen war die britische Krone praktisch zahlungsunfähig. Ein Konsortium geführt vom schottischen Unternehmer William Paterson schlug einen Handel vor, der König Wilhelm III und Königin Maria II einen großen Kredit bescheren und Patterson und seine Partner reich machen würde. Dem Konsortium wurde das Recht gewährt, die Bank von England zu gründen und Geld zu schöpfen. Das Geld wurde in Form von Banknoten, also Schuldscheinen, der Bank von England geschaffen. Die Bank lieh es gegen hohe Zinsen der Krone. Das Königspaar selbst war nicht in der Lage, das einträgliche Geschäft des Papiergeld-Druckens selbst zu tätigen, weil wegen seiner zerrütteten Finanzen niemand die Noten als Zahlungsmittel akzeptiert hätte, für deren Werthaltigkeit sie allein gebürgt hätten. Das private Konsortium war allerdings klug genug, den König und Parlamentarier einzuladen, sich als Aktionäre zu beteiligen. Das sicherte ihnen politische Unterstützung.[57]

Die Bank von Nordamerika, der erste Vorläufer der heutigen Notenbank Federal Reserve, wurde von Robert Morris 1781 auf ähnliche Weise gegründet wie die Bank von England. Allerdings wurde dabei nicht einmal der Anschein einer Unabhängigkeit von privatem Gewinninteresse und öffentlichem Amt gewahrt. Morris gründete und besaß die Bank, während er gleichzeitig das Amt des Finanzkommissars der Regierung innehatte. Er dominierte gleichzeitig das Finanzwesen, die Wirtschaft und die Politik der frühen Vereinigten Staaten. Weil er Probleme hatte, das Gold aufzubringen, das zur Gründung der Bank nötig war, soll er ausländische Kredite an die Regierung dazu verwendet haben. Als seine Bank einsatzfähig war, trat er im Namen der Regierung als sein eigener Kreditkunde auf, zum eigenen Vorteil als Eigentümer der Bank. Er gewährte außerdem seiner Bank das Monopol auf die Ausgabe von Papiergeld und das Privileg, dass diese Banknoten für Zölle und Steuern zu ihrem nominalen Goldwert akzeptiert wurden.[57]

Zunächst erlitt Morris einen Rückschlag. Während der Auseinandersetzungen um die Landbanken wurde er 1785 – nicht ganz zu Unrecht – beschuldigt, seine politische Macht zu missbrauchen, und das Parlament in Philadelphia annullierte die Lizenz seiner Bank. Er musste eine neue Lizenz als Geschäftsbank beantragen. Morris lehnte 1789 das ihm angetragene Amt des ersten Finanzministers ab und schlug stattdessen seinen Bankiersfreund Alexander Hamilton vor. Hamilton drückte sehr schnell die Genehmigung der Ersten Bank der Vereinigten Staaten durch den Kongress, eine Bank mit speziellen Geldschöpfungsrechten. Hamilton widersetzte sich entschieden der Idee, dass die Regierung selbst Geld emittieren und diese Bank leiten sollte. Vielmehr sollte dies auf privatwirtschaftlicher Basis, aber mit starker Rückendeckung durch die Regierung geschehen. Daher wurde die überwiegend in Privatbesitz befindliche Erste Bank für das Drucken von Geld dadurch belohnt, dass dieses zur Bezahlung von Steuern und Zöllen zum Nennwert akzeptiert wurde. Außerdem wurden ihr alle Regierungsgelder anvertraut, und sie bekam als einzige Bank das Recht, bundesweit zu operieren. Ein enger Geschäftspartner von Morris, Thomas Willing, der zuvor schon Präsident der Bank von Nordamerika gewesen war, wurde zum Präsidenten der Ersten Bank der Vereinigten Staaten gekürt.[50]

Die Privilegien der Bankiers bildeten jahrzehntelang eine Quelle politischer Kontroversen. Als die Lizenz der Ersten Bank 1811 auslief, scheiterte ein Gesetz zur Verlängerung der Lizenz knapp. Doch fünf Jahre später wurde die Zweite Bank der Vereinigten Staaten gegründet. Sie war ebenfalls überwiegend in Privatbesitz und mit den gleichen Privilegien von der Regierung ausgestattet. Die Gründung dieser neuen privaten Zentralbank diente vor allem dazu, die privaten Banken aus einer Klemme zu befreien. In diese waren sie geraten, weil sie zu viele Banknoten emittiert hatten, vor allem, um sie der Regierung zu leihen, die damit einen erfolglosen Krieg gegen England finanzierte. Die Banken von New England, die gegen diesen Krieg gewesen waren, verlangten von den inflationierenden Banken den Umtausch der Noten zum Nennwert in Gold oder Silber, so wie die Noten dies versprachen. Weil die Banken nicht genug Edelmetall hatten, erlaubte ihnen die Regierung, ihre Verpflichtung nicht einzuhalten und ihre Geschäfte dennoch weiterzuführen. Stattdessen drückte der Bankier Alexander Dallas als Finanzminister die Gründung der Zweiten Bank durch den Kongress. Diese privilegierte Bank half den Geschäftsbanken, indem sie

6 Mio. Dollar Banknoten emittierte. Dann erklärte die Regierung diese Noten per Gesetz als gleichberechtigt mit Gold und Silber, sodass die Banken von New England gezwungen waren, sie anstatt Edelmetall für den Eintausch der inflationierten Banknoten zu akzeptieren.[57]

Nach langem politischem Streit gelang es schließlich Präsident Andrew Jackson, die Privilegien der Zweiten Bank 1832 aufzuheben. Er war gegen diese Privatbank mit staatlichen Privilegien, weil er bezweifelte, dass Papiergeld der Verfassung entsprach und darauf bestand, dass wenn dies der Fall sein sollte, es Sache der Regierung und des Kongresses wäre, die lukrative und wichtige Aufgabe der Geldbereitstellung und der Regulierung des Geldwertes zu übernehmen.

Doch funktionierte die Formel der engen Symbiose von Regierung und privaten Bankiers, die schon der Gründung der Bank von England zugrunde gelegen hatte, in den USA ein weiteres Mal, als die Regierung viel Geld brauchte, um den Bürgerkrieg gegen die Abspaltung des Südens zu finanzieren. Jay Cooke, ein Bankier aus Ohio, half der Regierung mit großem Erfolg, Käufer für die Greenbacks zu finden, die diese zur Kriegsfinanzierung emittierte. Er setzte sein dadurch gewonnenes Standing ein, um für die Schaffung eines mehrstufigen Bankensystems zu werben, mit einigen New Yorker Geschäftsbanken als Quasi-Zentralbanken. Zusammen mit seinem Bruder Henry, der eine Zeitung besaß, installierte Cooke Senator Salmon Chase 1861 als Finanzminister. Jedenfalls sah ihr Vater das so. In einem Brief gratulierte er seinen Söhnen Jay und Henry zu diesem Erfolg und fügte hinzu: »Nun ist es Zeit, Geld zu verdienen, mit ehrlichen Aufträgen von der Regierung.« Im folgenden Jahr gewährte Minister Chase dem Haus Cooke ein Monopol für den Verkauf von Staatsanleihen an das Publikum. Cooke erfüllte alle Verkaufserwartungen mit Hilfe einer großangelegten Marketingkampagne. Dann nutzte er die gleichen Überzeugungstechniken und seine Macht als großer Werbekunde der Zeitungen, um die Öffentlichkeit und den Kongress davon zu überzeugen, dass ein nationales Bankgesetz eine gute Sache wäre. Als dieses Gesetz knapp passierte, schrieb Henry an Jay: »Das wird ein großer Erfolg und einer zu dem wir mehr beigetragen haben, als jeder andere Lebende. Das Gesetz war praktisch tot, als ich (Senator) Sherman animierte, es sich zu Eigen zu machen und dann gingen wir mit den Zeitungen an die Arbeit.« Cookes Monopol wurde unter Chases Nachfolger Hugh McCulloch verlängert. Auch der war ein guter Freund des Hauses, und als er das Finanzministerium verließ, wurde er Leiter des Londoner Büros des Hauses Cooke. Das Ergebnis des neuen Bankensystems war eine massive Erhöhung der Zahl der Banken und der umlaufenden Geldmenge, aber auch eine Serie von Finanzkrisen in kurzer Folge. Es gab Paniken und Bank-Runs in den Jahren 1873, 1884, 1893 und 1907.[57]

Als Reaktion auf diese Krisen und auf Initiative der großen Banken wurde 1913 das Federal Reserve System geschaffen. Bei einem geheimen Treffen auf Jekyll Island in Georgia wurden im Dezember 1910 die wesentlichen Merkmale des neuen Notenbanksystems vereinbart. Das Treffen wurde dominiert von

Bankiers, die die Interessen von Rockefeller, J.P. Morgan und Kuhn, Loeb & Company vertraten, der mächtigsten Finanziers und Institutionen jener Zeit. Die Grundidee war, den Geldschöpfungsprozess geordneter ablaufen zu lassen und eine Institution mit tiefen Taschen zu haben, die die Banken heraushauen konnte, wenn die Öffentlichkeit das Vertrauen in das Bankengeld verlieren sollte. Eine der ersten Entscheidungen der neuen Zentralbank im Jahr 1913 war es, die Mindestreserve der Banken drastisch zu senken. [57]

Die Regierung war nur als Zahlmeister erwünscht. Darüber hinaus sollte sie eine möglichst geringe Rolle in dem System spielen. Das ist der Grund, warum die Direktoriumsmitglieder der Zentrale des Federal Reserve Systems in Washington mit 12 Jahren sehr lange und versetzte Mandate haben. Auf diese Weise kann ein US-Präsident pro Amtszeit höchstens zwei der Direktoriumsmitglieder ersetzen. Wenn je ein ernster Konflikt zwischen den Bankeninteressen und der Regierung auftreten sollte, dann hätte die Bankengemeinde jahrelang Zeit, ihre Abwehrfront aufzubauen und ihren politischen Einfluss spielen zu lassen, bevor der Präsident im Führungsgremium der Fed-Zentrale eine Mehrheit von Unterstützern hätte.

Bis heute gehören die 12 regionalen Federal Reserve Banken, die mit der Regulierung der Banken betraut sind, ihren Mitgliedsbanken und werden von diesen regiert. Diese Tatsache verschleiert die Fed gern, indem sie so tut, als sei das Federal Reserve System eine öffentliche Einrichtung. Sie wurde erst weithin bekannt, als der Aufsichtsratschef der Federal Reserve Bank von New York, Stephen Friedman, 2009 zurücktreten musste. Friedman war nebenher Aufsichtsrat der Investmentbank Goldman Sachs und hatte während der Bankenrettung 2008, an der die Federal Reserve von New York maßgeblich beteiligt war und von der Goldman Sachs profitierte, in größerem Umfang private Käufe von Goldman-Aktien getätigt. Dieser Insider-Fall legte offen, dass es keine Sicherungen dagegen gibt, dass die Banken, welche die Fed eigentlich überwachen soll, ihren Einfluss auf die Notenbank zum eigenen Vorteil und zum Schaden der Allgemeinheit nutzen. Das ist nicht gerade überraschend, denn wegen der Möglichkeit der Einflussnahme sicherten sich die Bankiers eine solch starke Position in der Führung des von ihnen erdachten Federal Reserve Systems.

Die Federal Reserve von New York ist zuständig für das Finanzzentrum New York und war deshalb mit der staatlich finanzierten Rettungsaktion für die Wall-Street-Banken betraut. Das macht der Präsident der New York Fed, der von den Banken ausgewählt und kontrolliert wird, denen er auf die Finger schauen soll. Ganz offiziell aufgegeben wurde die Vortäuschung, dass die Fed eine öffentliche Institution sei, als die Öffentlichkeit von der New York Fed wissen wollte, wie sie die 1,7 Billionen Dollar an Notkreditprogrammen für die Banken und Broker-Häuser einsetzte und wohin die Milliarden an öffentlichen Mitteln für die Wall Street genau geflossen waren. Plötzlich besann sich die Fed darauf, dass sie eine private Organisation und daher nicht an das Informationsfreiheitsgesetz gebunden sei. Warum eine solche private Organisation damit betraut werden kann,

Billionen öffentlicher Mittel ohne jegliche Aufsicht nach Belieben an die Banken zu verteilen, ist eine offene Frage.

Ein wichtiger Teil jeder ernsthaften und dauerhaften Reform muss sein, die Zentralbanken unabhängiger von den Geschäftsbanken zu machen. Andernfalls ist es nur eine Frage der Zeit, bis die politisch unabhängigen monetären Technokraten dort der Bankenbranche helfen, die Reformen zurückzudrehen oder auszuhöhlen. Emmanuel Farhi von Harvard und Jean Tirole von der Universität Toulouse gehören zu den ganz wenigen, die sich dieses Themas angenommen haben. Sie schelten ihre Zunft dafür, dass sie zwar viele Bände mit Forschungen und Meinungen über die Unabhängigkeit der Zentralbanken vom Staat gefüllt, die Frage der Unabhängigkeit von der Finanzbranche aber völlig ignoriert haben.[25] Die österreichische Regierung hat immerhin im Januar 2010 beschlossen, der Finanzbranche die Kontrolle über die Zentralbank zu entziehen. Bis dahin hatten Geschäftsbanken, Versicherer und Verbände die Aktien gehalten und den Vorstand bestimmt. Nach einigen teuren Bankdesastern schwante es der Regierung, dass es keine gute Idee ist, denen die Kontrolle über die Zentralbank zu geben, welche von der Zentralbank eigentlich kontrolliert und an allzu riskanten Geschäften gehindert werden sollen. In den USA, wo es noch immer so ist, ist ein entsprechender Wandel überfällig. Aber diese formellen Änderungen, so nötig sie sind, reichen keinesfalls aus. Zentralbanker dürfen nicht zu viel Einfluss auf die Grundentscheidungen der Finanzregulierung haben. Dazu sind sie viel zu sehr Banker. Es muss entsprechenden Sachverstand und Vorgaben von demokratisch Verantwortlichen außerhalb der Zentralbanken geben.

Eine von Männern gemachte Krise

»Die jüngste Finanzkrise war keine Naturkatastrophe. Sie war ein von Menschen ausgeführter wirtschaftlicher Überfall. Sie wird sich wiederholen, wenn wir die Regeln nicht ändern.«

US-Senator Carl Levin, 2010

Was zwischen 1980 und 2007 passierte, war eine entfesselte Kreditschöpfung durch die Banken, mithilfe von Finanzinnovationen und Alliierten in der Regierung. Die Deregulierung der Finanzmärkte, in nicht geringem Anteil durchgesetzt von Investmentbankern in ihrer Eigenschaft als US-Finanzminister, erlaubte es der Branche, eine Reihe von Finanzinnovationen zu nutzen und massiv auszuweiten, die angeblich der Risikostreuung dienten. In Wahrheit hatten sie aber nur den Zweck, bestehende Regulierungen auszuhebeln und die ohnehin schon weiten Grenzen der Kreditgewährung noch deutlich zu erweitern. Im zweiten Quartal 2007, nach zwei Jahrzehnten exponentiellen Wachstums, waren die Vermögenswerte von Kreditverbriefungspools und anderen Institutionen eines massiv aufgeblähten Schattenbankensystems auf 16,5 Billionen Dollar angewachsen, gegenüber nur 12,8 Billionen, die von regulären Banken gehalten wurden.[1]

Sie wussten, was sie tun

Als die Große Finanzkrise in vollem Gang war, gaben die zuvor für das Finanzsystem Verantwortlichen, Ex-Notenbankchef Alan Greenspan und die früheren Finanzminister Robert Rubin und Larry Summers, die Parole aus, dass die Subprime-Krise und die folgende weltweite Finanzkrise ein Unfall waren, den niemand vorhersehen konnte. Das ist eine verständliche Lüge zum Selbstschutz. Diese Männer wussten sehr wohl, was sie taten und wie gefährlich dies für das globale Finanzsystem war.

Der größte Beitrag dieser Männer zur Vorbereitung der Krise war das aktive Verhindern der Regulierung von Derivaten. *Derivate* heißen so, weil sie abgeleitete Finanzprodukte sind, die sich auf ein traditionelles Wertpapier wie eine Anleihe oder eine Aktie beziehen. Eine Option, die das Recht gibt, eine Aktie zu einem bestimmten Preis in der Zukunft zu kaufen, ist ein Beispiel für ein einfaches, schon lange vorhandenes Derivat. In den letzten 15 Jahren sind jede Menge schwer durchschaubarer Derivate hinzugekommen. »Ohne die Derivate hätten mit hohem Fremdkapitaleinsatz gehebelte Wetten auf Subprime-Kredite sich unmöglich so weit ausbreiten können«, sagt Frank Partnoy, der Jura-Professor und frühere Derivateverkäufer. Ohne Derivate hätten die komplexen Risiken, die Bear Stearns, Lehman Brothers und Merrill Lynch zerstörten und Dutzende andere Banken und Versicherer, einschließlich AIG, an den Rand des Bankrotts brachten, nicht so lange verborgen werden können. Doch Notenbankchef Alan Greenspan und Finanzminister Robert Rubin (vordem Goldman Sachs) stimmten der Finanzbranche zu, dass der Derivatehandel mit keinerlei Restriktionen oder Transparenzpflichten belastet werden sollte.

Die Chefin der für Warentermingeschäfte zuständigen Commodity Futures Trading Commission (CFTC), Brooksley Born, drängte 1998 auf ein Minimum an Regulierung der Derivatebranche. Der Handel mit Derivaten abseits der Börsen sollte transparenter gemacht werden. Es sollte eine Aufzeichnungspflicht geben und Vorkehrungen gegen Betrug, alles Forderungen, die nach der Erfahrung der Krise Allgemeingut geworden sind. Die Reaktion von Greenspan und Rubin kam prompt. Sie erwirkten ein Moratorium, das es Born verbot, ihre Vorstellungen in die Tat umzusetzen. Dann sorgten sie dafür, dass das Warentermingeschäfts-Modernisierungsgesetz im Jahr 2000 in letzter Minute zu einem Sammelgesetz von 11 000 Seiten Umfang hinzugefügt und durch den Kongress geschleust wurde. Es sah keinerlei Regulierung vor.[44, 52]

Zu den Derivaten, die so im Dunkeln wachsen durften, gehörten die inzwischen berüchtigten *Credit Default Swaps (CDS)*, die später den weltgrößten Versicherer AIG ruinieren sollten. CDS sind Wetten darauf, dass eine bestimmte Anleihe notleidend wird. Die Verkäufer bekommen eine Art Versicherungsprämie und die Käufer bekommen entweder nichts oder einen größeren Betrag, wenn der Fall eintritt. Versicherung wäre aber der falsche Ausdruck, weil man die Anleihe nicht haben muss, die »versichert« wird. CDS sind also wie Versicherungen auf das Haus des Nachbarn und solche Versicherungen bietet die Versicherungswirtschaft aus gutem Grund nicht an. Die CDS sind deshalb so attraktiv für die Banken geworden, weil sie damit die Kapitalunterlegungsvorschriften aushebeln konnten, weil die Federal Reserve 1996 die Regeln geändert hatte. Damals erlaubte sie den Banken, das Eigenkapital, das sie zur Unterlegung einer Investition in Anleihen haben mussten, stark zu reduzieren, wenn sie eine Versicherung auf diese Anleihen kauften. Da der Markt sehr intransparent war – und es nach dem Willen von Greenspan und Co. auch bleiben sollte – und weil sich niemand um die Verkäufer der CDS kümmerte, konnte das Finanzsystem insgesamt durch gegenseitigen Verkauf von CDS seine Eigenkapitalanforderungen massiv senken. Im Jahr 2007 hatten die Geschäftsbanken der USA CDS auf Anleihen im Wert von 7,3 Billionen Dollar gekauft. Die Bankenaufsicht wurde durch einen CDS-Markt, der für die Aufseher undurchschaubar war, völlig ineffektiv. Einige Verkäufer von CDS häuften massive Risiken an. Darunter war der Versicherer AIG, der potenzielle Zahlungen auf seine CDS von 500 Mrd. Dollar kumuliert hatte, bei einem Eigenkapital von 100 Mrd. Dollar, das nebenher auch noch für sein ganzes, riesiges Versicherungsgeschäft herhalten musste. Die Risiken bei AIG hätten die Alarmglocken schrillen lassen müssen. Denn wenn ein Verkäufer von CDS nicht in der Lage sein würde, im Ernstfall die Versicherungssumme tatsächlich zu zahlen, dann war die Versicherung wertlos und die Banken hatten in Wirklichkeit viel zu wenig Eigenkapital.[44]

Wer sich auskannte, wusste schon früh, wo das hinführen würde. Zum Schluss der ersten Ausgabe seines Buches F.I.A.S.C.O. sagte der ehemalige Derivateverkäufer und spätere Rechtsprofessor Frank Partnoy schon 1997 voraus: »Der gegenwärtige Pfad ist klar. Die Finanzbranche wird weiter Dutzende Millionen Dollar für Lobbyisten und Wahlkampfspenden aufwenden, um Regulierung abzuwehren. Derivate werden ihren Opfern weiterhin Milliarden Dollar an Verlusten beibringen und unterwegs Reputationen, Leben und Konten zerstören. Und die Wall Street wird weiter behaupten, dass es keinen guten Grund gibt, sie zu regulieren.«[52]

Die Regulierungsverhinderer können nicht ernsthaft behaupten, dass sie sich über die möglichen Konsequenzen dauerhaft nicht im Klaren waren. Immerhin war im Jahr 1998, der Hedge-Fonds LTCM plötzlich dem Bankrott nahe gewesen und drohte wegen seiner riesigen Derivatepositionen, das globale Finanzsystem in den Abgrund zu stürzen. Die Derivatepositionen von LTCM waren so groß, dass ein relativ bescheidener Kursrückgang auf wichtigen Finanzmärkten ausreichte, das Eigenkapital des Fonds auszuradieren. Die Federal Reserve war an vorderster Front bei der Rettung dabei. Selbst nach dieser Erfahrung bestanden Fed-Chef Greenspan, Summers und Rubin darauf, Derivate von jeder Aufsicht frei und im Dunkeln zu halten.

Es gibt noch eine Vorgeschichte, die mit hineinspielt. Vor Born war Wendy Lee Gramm von 1988 bis 1993 Chefin der CFTC gewesen. Unter ihr nahm die Behörde das Energieunternehmen Enron per Ausnahmeregelung von der Regulierung von Energietermingeschäften aus. Dann trat sie zurück und nahm einen Sitz im Aufsichtsrat von Enron ein. Enron entwickelte sich von einem Energieunternehmen zu einem verkappten Derivatehändler und führte vor seinem durch Spekulation und Bilanzbetrug verursachten Ruin 2001 noch eine Energiekrise in Kalifornien herbei. Aber bis dahin war Enron sehr großzügig zu Wendy Gramms Ehemann, Senator Phil Gramm. Er war der von Enron mit den zweithöchsten Wahlkampfspenden bedachte Politiker und sollte später im Kongress ein wichtiger Alliierter von Greenspan und Rubin bei der Verhinderung von Derivateregulierung sein.[28]

Nachdem Enrons riesiges Derivate-Kartenhaus zusammengefallen war, verabschiedete der Kongress das Sarbanes-Oxley-Gesetz von 2002, das allen Kapitalgesellschaften aufwändige Berichtspflichten auferlegte. Aber es hatte keine spezifischen und die gefährlichen Finanzprodukte, die Enron und Worldcom erlaubt hatten, ihre Bücher so lange zu fälschen. Letzteres ist eine wichtige Nebenfunktion, die den Boom des Derivatehandels mit erklärt. Dies hatte schon 2003 die Investoren-Legende Warren Buffett festgestellt, als er Derivate als »finanzielle Massenvernichtungswaffen« bezeichnete. Er schrieb an seine Aktionäre: »Die berichteten Erträge der Derivate sind oft weit überzogen. Das geht, weil die veranschlagten Werte in starkem Maße von Schätzungen über die

Zukunft abhängen. Aber die beiden Parteien in einem Derivategeschäft haben auch einen enormen Anreiz, bei der Rechnungslegung zu schummeln. Ich kann ihnen versichern, dass die Bewertungsfehler bei Derivaten nicht symmetrisch sind. Praktisch immer begünstigen sie entweder den Händler, der einen Multi-Millionen-Bonus haben will, oder den Vorstandschef, der eindrucksvolle ›Gewinne‹ vorweisen will (oder beide). Die Boni wurden gezahlt, die Chefs profitierten von ihren Optionen. Erst viel später haben die Aktionäre dann erfahren, dass die berichteten Gewinne ein Betrug waren.«

Eine Handvoll Dollar: Lobbying und die Finanzkrise (2009),
von Deniz Igan, Prachi Mishra und Thierry Tressel (IWF)

Diese Studie untersuchte als erste empirisch die Beziehung zwischen Lobbying der Finanzinstitute und der Hypothekenkreditvergabe im Vorfeld der Großen Finanzkrise. Eine solche Verbindung liegt nahe, wenn man bedenkt, dass allein der Immobilienfinanzierer Ameriquest Mortgage von 2002 bis 2006 gut 20 Millionen Dollar für politische Spenden und Lobbying ausgab, um Gesetzesinitiativen gegen unverantwortliche Kreditvergabe aufzuhalten. Die Volkswirte des Internationalen Währungsfonds suchten aus den Berichten der Finanzbranche über ihre Lobby-Aktivitäten diejenigen heraus, die speziell mit Verbraucherschutz und Regeln für Wertpapieremissionen bei Hypothekenkrediten zu tun hatten. Ihre Analyse ergab, dass Kreditunternehmen, die mehr Lobbying betrieben, auch die waren, die ihren Kunden bei gegebenem Einkommen höhere Kredite gaben, mehr dieser Kredite verbrieften und weiterreichten, stärker wuchsen und in der Krise schlechter abschnitten. Die Insolvenzen von Immobilienbesitzern nahmen in den Regionen stärker zu, in denen vor allem Firmen mit starken Lobby-Aktivitäten aktiv waren. Die Autoren nehmen das als Indiz dafür, dass Lobbying riskanteres Geschäftsgebaren begleitet.

Die Federal Reserve war sich der Probleme durchaus bewusst, die vom Derivatemarkt auf die Sicherheit des Bankensystem ausgingen. Interne Dokumente zeigen, dass sie spätestens 2004 die großen und wachsenden Probleme mit den Subprime-Krediten, auf die viele Derivate umliefen, kannte. Die Bundespolizei FBI warnte 2004 öffentlich vor einer Epidemie des Betrugs bei Subprime-Hypotheken. Die Federal Reserve wusste auch spätestens 2006 von der großen Anfälligkeit von AIG und dem Risiko, dass die Banken für ihre CDS nichts bekommen würden. Doch die Fed tat nichts, weder bei den Kapitalanforderungen an die Banken noch bei der Aufsicht über AIG oder den CDS-Markt.[44] Die Banken, denen die für die Aufsicht über die Wall Street zuständige New York Fed gehört, hätten es sicherlich nicht gut gefunden, wenn diese eingeschritten wäre und ihnen ihr einträgliches Geschäft beschnitten hätte. Der damals so inaktive Chef der New York Fed, Tim Geithner, ist heute Finanzminister.

Warum die Politiker und Regulierer nach außen so taten, als hätten sie keine Ahnung, ist nicht schwer zu verstehen. Sie entschieden sich, die großen Investmentbanken und Geschäftsbanken nicht anzugehen. Immerhin gehören diese zu den wichtigsten Wahlkampfspendern für jeden Kongress- oder Präsidentschaftskandidaten. Die ausgebootete frühere Reguliererin Brooksley Born sagte 2009 in einem Interview mit dem *Stanford Magazin*: »Die Gefahren zu erkennen war nicht schwer, aber es ging gegen die konventionelle Weisheit und auf jeden Fall gegen die wirtschaftlichen Interessen der Wall Street.«

Es war auch das Ergebnis aktiver Deregulierung, dass Investmentbanken wie Lehman Brothers eine extrem hohe Verschuldungsquote hatten. Das bedeutet: ihr Eigenkapital deckte nur einen minimalen Anteil ihrer Finanzanlagen ab. Der große Rest wurde über zumeist sehr kurzfristige Verbindlichkeiten finanziert, die immer wieder neu umgeschuldet werden mussten. Als er noch Chef von Goldman Sachs und noch nicht Finanzminister war, hatte Hank Paulson die 2004 erfolgreiche Kampagne der Wall Street angeführt, die Börsenaufsicht SEC dazu zu bewegen, die »Nettokapitalregel« aufzuheben, die die Verschuldungsquote der großen Investmentbanken begrenzte. Ab da durften die Investmentbanken anhand eigener Risikomodelle selbst bestimmen, wie viel Schulden sie tragen konnten. Ohne diese Befreiung von der lästigen Kapitalregel hätten die Investmentbanken die neuen Derivate nicht so gut nutzen können, um ihre Verschuldungsquote massiv zu steigern.[33] Die Bank Lehman Brothers, die an ihrer hohen kurzfristigen Verschuldung scheiterte, war keineswegs ein Einzelfall. Im September 2008, kurz bevor Lehman Pleite ging, hatte die Bank of America Eigenkapital, das gerade einmal 1,4 Prozent der Aktiva der Bank abdeckte. Rechnet man die Aktiva dazu, welche die Bank außerhalb ihrer Bilanz führte, sank das Verhältnis sogar unter 1 Prozent.[28]

Damit zusammenhängend führte die Börsenaufsicht SEC 2004 eine Regel ein, die es den fünf großen Investmentbanken erlaubte, *konsolidiert überwachte Einheiten* zu werden. Das bedeutet, dass die SEC sich für die Aufsicht über den ganzen Konzern zuständig erklärte, einschließlich aller nationalen und vor allem auch internationalen Töchter. In Anbetracht der Größe und Komplexität dieser multinationalen Unternehmen war das eine riesige Aufgabe. Diese war umso wichtiger, als die amerikanische Seite mit dem Aufsichtsversprechen der SEC andere Länder dazu bewegt hatte, auf die eigene Beaufsichtigung der internationalen Töchter zu verzichten. Die Londoner Tochter von Lehman Brothers würde später eine Schlüsselrolle bei windigen Geschäften einnehmen, mit denen die Investmentbank bis zu ihrem Konkurs nicht vorhandene Barmittel vortäuschte. Für ihre Aufgabe hätte die SEC eine Armee von Aufsehern beschäftigen können, und sie versprach auch, qualifiziertes Personal zusätzlich einzustellen. Stattdessen tat sie das Gegenteil. Für die Beaufsichtigung von Investmentbanken, die zusammen 4 Billionen Dollar kontrollierten, beschäftigte die SEC sieben Leute. Unter Christopher Cox, der 2005 an die SEC-Spitze berufen wurde, schloss die Behörde sogar noch ihr Büro für Risikomanagement und führte bis zum Ausbruch der Subprime-Krise nicht eine einzige Inspektion einer großen Investmentbank durch. Cox beschnitt darüber hinaus noch die Kompetenz der Vollzugsabteilung, Strafen zu verhängen. Der Bericht eines gerichtlich bestellten Lehman-Treuhänders kam später zu dem Ergebnis, dass die Bank bis zu ihrer

Pleite »dauerhaft und deutlich oberhalb ihrer eigenen Risikoschranken operierte« und fügte hinzu, dass die SEC »von diesen Überschreitungen wusste und diese stillschweigend tolerierte«.[44]

Die beste Art, eine Bank auszurauben, ist eine zu führen

Laxe Regulierung und Aufsicht ist besonders verheerend im Finanzwesen, denn dieses ist ohnehin anfällig für das, was der frühere Finanzinspektor und Professor für Recht und Ökonomie, William Black, als *Kontrollbetrug* bezeichnet. Dieser besteht darin, dass skrupellose Manager ein von ihnen geleitetes Unternehmen als Mittel zum Betrug und gleichzeitig als Schutzschild gegen gerichtliche Verfolgung missbrauchen. Kontrollbetrüger suchen sich Unternehmen aus, die unter laxer Aufsicht operieren und benutzen die kurzfristig generierten Gewinne, um Regulierer und Politiker unter Druck zu setzen oder zu bestechen, damit das so bleibt. Das Geschäftsmodell funktioniert folgendermaßen: Sorge für rasantes Wachstum, ohne Rücksicht auf langfristige Profitabilität. Arbeite mit wenig Eigenkapital und viel Fremdkapital. Das produziert eindrucksvolle Renditen. Um schnell wachsen zu können, ist es sinnvoll, Kredite an nicht kreditwürdige Kunden zu geben, die bisher noch nicht bedient wurden. Das erlaubt auch höhere Zinsen und damit höhere kurzfristige Gewinne. Sorge dafür, dass du nach einem erfolgsabhängigen Gehaltsplan vergütet wirst, der sehr hohe Boni für kurzfristige Erfolge vorsieht. Damit deine Kreditmanager und interne Revisoren wie gewünscht die viel zu riskanten Kredite vergeben und genehmigen, schaffe ein finanzielles Anreizsystem, das Umsatz prämiert und Umsicht bestraft. Wenn die ersten Kontrollbetrüger diese Strategie anwenden, werden andere das, was so erfolgreich und reich macht, bald nachahmen. Im Fall der Immobilienkredite bewirkt das ein kontinuierliches Ansteigen der Immobilienpreise. Die betrügerischen Kredite sind dadurch für eine längere Weile sogar ganz einträglich. Bis zu der Zeit, wenn das Kartenhaus unweigerlich zusammenbricht und die von den Managern benutzten Unternehmen scheitern, haben diese schon viele Millionen herausgezogen. Wenn sie vorsichtig waren, haben sie dabei nichts getan, wofür sie ins Gefängnis wandern könnten.[8]

Das klingt wie eine speziell auf die Subprime-Krise zugeschnittene Analyse. Doch Black hatte seine Theorie des Kontrollbetrugs bereits mit dem Anschauungsmaterial der Savings-&-Loan-Krise Anfang der 1990er-Jahre entwickelt, die nach einem ähnlichen Muster abgelaufen war.

Für die Banker und für die Regulierer, die ihnen halfen, jegliche Behinderung ihrer gefährlichen Geschäftspraktiken abzuwenden, lohnte sich das Spiel. Kerry Killinger, der die bescheidene Hypothekenbank Washington Mutual mit Subprime-Krediten zu einem Bankriesen machte, hatte Berichten zufolge schon mehr als 100 Millionen Dollar verdient, bevor das Unternehmen zusammenkrachte. Die Chefs anderer Subprime-Verleiher gingen teilweise mit noch höheren Summen nach Hause. Das äußerst großzügige Rettungspaket des US-Finanzministeriums sorgte sogar dafür, dass es der ganzen Bankergemeinde auch nach Ausbruch der Großen Finanzkrise noch sehr gut ging. Nach einer Aufstellung des *Wall Street Journals* stellten die 38 größten Finanzinstitute im Krisenjahr 2009 einen neuen Rekord bei den Gehältern und Boni auf. Sie zahlten ihren Beschäftigten 137 Mrd. Dollar, 14 Mrd. mehr als 2008 (»Traders Beat Wall Street CEOs in Pay«, 6.4.2010). Die meisten Banker in London und an der Wall Street und die meisten Top-Regulierer, zumindest in den USA, waren auch nach Ausbruch der Krise viel reicher als vor dem Kreditboom, den sie inszenierten. Robert Rubin wurde nach Ende seiner Amtszeit als Finanzminister Verwaltungsratsmitglied und Top-Berater der Citigroup. Die Bank, die später größter Empfänger staatlicher Finanzhilfen werden sollte, zahlte ihm dafür in acht Jahren 126 Millionen Dollar in bar und in Aktien. Wie Andrew Mellon in den 1920er-Jahren war Rubin einer der großen Nutznießer der Politik, die er verfolgt hatte. Sein Protegé und Nachfolger als Finanzminister nahm ebenfalls an der Bonanza teil, als er sein Amt verließ. Summers arbeitete einen Tag pro Woche für den großen Hedge-Fonds D.E. Shaw & Co. und bekam für diesen einen Tag im zweiten Jahr 5,2 Millionen Dollar. Alan Greenspan wurde nach Ende seiner Amtszeit unter anderem Berater von Pimco, dem weltgrößten Anleihefonds. Offenbar verlor er rechtzeitig seine Scheuklappen, die ihn als Fed-Chef gehindert hatten, das Desaster vorherzusehen, das er mit seiner Anti-Regulierungspolitik anrichtete. Fondsmanager Bill Gross sagte 2008, Greenspans Brillanz bei seinen Vorhersagen habe dem Fonds Milliarden an Gewinnen und vermiedenen Verlusten eingebracht. Greenspans Gehalt bei Pimco ist nicht bekannt, aber man kann sicher sein, dass Gross dies nicht gesagt hätte, ohne ihn fürstlich für diese Milliarden zu entlohnen (Bloomberg, 21.04.2008, »Greenspan Helped Pimco Save Billions, Gross Says«).

Selbst die Spitzenmanager der am stärksten von der Krise getroffenen Investmentbanken Bear Stearns und Lehman Brothers machten im Vorfeld der Krise ein Vermögen, das es ihnen leicht machte, die Verluste zu verschmerzen, die sie mit ihren verbleibenden Aktien erlitten, als ihre Firmen notverkauft wurden oder bankrott gingen. Nach einer Studie von Ökonomen hatten die Spitzenmanager der beiden Firmen zuvor schon sehr viele ihrer Bonus-Aktien zu Geld gemacht. Bei den Top Fünf von Bear Stearns waren es von 2002 bis 2008 1,1 Mrd. Dollar, bei Lehman Brothers setzten die Top Fünf Aktien im Wert von 850 Mio. Dollar um. Beide Teams hatten insgesamt mehr verkauft, als sie noch im Portfolio hatten, als die Musik aufhörte. Einschließlich der Bargehälter blieben den beiden Spitzenteams sogar 1,4 Mrd. Dollar bzw. 1,0 Mrd. Dollar. Eine Bezahlung von insgesamt durchschnittlich 240 Mio. Dollar pro Person für die Auslöschung des Aktienwerts eines Unternehmens ist keine besonders effektive Abschreckung für künftige Bankmanager, die bereit sind, für kurzfristigen persönlichen Gewinn die Zukunft ihres Unternehmens und das Geld ihrer Aktionäre aufs Spiel zu setzen.[6]

Zeit zu kaufen oder nur gekaufte Zeit:
die Marktreaktion auf Bankenrettungspakete (2009),
von Michael R. King (BIZ)

King, ein Volkswirt bei der Bank für Internationalen Zahlungsausgleich (BIZ), schaute sich die Marktreaktionen in fünf europäischen Ländern und den USA auf die jeweiligen Bankenrettungspakete zwischen Oktober 2008 und Januar 2009 an. Die Studie bezieht die insgesamt 52 größten Banken in diesen Ländern ein. Die Einschätzung der Vor- oder Nachteile für die Anleihehalter misst er durch die Preisänderung von Credit Default Swaps (CDS). Diese geben die Ausfallwahrscheinlichkeiten für Anleihen an. Die erwarteten Auswirkungen auf die Aktionäre misst er an der Veränderung des Aktienkurses der Banken relativ zur Veränderung des Gesamtmarktes. Die Anleihehalter profitierten danach in allen Ländern massiv von den Rettungspaketen, relativ am wenigsten in den USA und in der Schweiz. Die positive Reaktion begann etwa 10 Tage vor Verkündung der Pakete. Das ist ein Anzeichen für Insider-Spekulation. In den USA erging es den Bankaktionären im Vergleich mit anderen Aktionären oder mit Bankaktionären in anderen Ländern sehr gut. Zwischen 50 Tagen vor Verkündung des Rettungsprogramms und 50 Tagen danach hielten sich ihre Aktien um 20 Prozent besser als der breite Aktienmarkt. In Deutschland entwickelten sich die Bankaktien dagegen um 50 Prozent schlechter als andere Aktien, in Frankreich und Großbritannien um etwa 30 Prozent. King führt dies auf die ungewöhnlich großzügigen Bedingungen der nicht wandelbaren Vorzugsaktien und der Garantien zurück, die die US-Regierung ihren Banken anbot. Die Banken mussten nur fünf Prozent Dividende für die Vorzugsaktion bezahlen und konnten sie zum Nennwert nach spätestens drei Jahren zurückgeben. Es gab zunächst keine Begrenzung der Dividenden für normale Aktionäre und kaum Einschränkungen für das Management. Dagegen verlangte die Regierung in Großbritannien eine Dividende von 12 Prozent auf ihre Kapitalzuschüsse, ohne Option einer Rückzahlung für fünf Jahre und eine Verbot von sonstigen Dividenden. Auch in Deutschland waren die Bedingungen deutlich weniger großzügig als in den USA. Die Rechtfertigung von staatlichen Bankenrettungen beruht ausschließlich auf der Vermeidung einer Kette von Pleiten über Forderungsausfälle bei den Gläubigern und deren Gläubigern. Eine Rechtfertigung, die Aktionäre mit staatlichem Geld vor Verlusten zu schützen, hat noch kein Ökonom geliefert.

Auch die Ratingagenturen, also die Institutionen, deren Rolle darin besteht, die Kreditwürdigkeit von Anleiheemittenten und die Kreditqualität von Wertpapieren und Derivaten zu bewerten, versagten nicht zufällig bei ihrer Aufgabe der Herstellung von Marktdisziplin. Dies wurde von den Regulierern vielmehr wissentlich herbeigeführt und toleriert. Andernfalls wäre die Große Finanzkrise so nicht möglich gewesen. Denn ohne den Segen der Ratingagenturen hätte die Handelskette, über die Schrott-Hypothekenkredite in Massen an Investoren in aller Welt verkauft wurden, nicht funktioniert. Die Hypothekenbanken waren in der Lage, ihre Geschäft und ihren Gewinn massiv zu steigern, indem sie Millionen von Menschen, die sich das nicht leisten konnten, Hypothekenkredite andrehten. Sie konnten das tun, weil sie wussten, dass sie die Kredite an Investmentbanken weiterreichen konnten, die sie mithilfe von Derivaten neu verpacken und an Investoren verkaufen würden. Die Investmentbanken taten dies, weil sie damit hohe Gewinne machten und wussten, dass ihre Papiere Absatz finden würden, wenn sie den Qualitätsstempel der Ratingagenturen trugen. Hätten die Agenturen nicht mitgespielt, wäre dieses Spiel nicht möglich gewesen.[44]

Dass die Ratingagenturen gefahrlos dieses Spiel spielen konnten, hatte System. Bis Mitte der 1970er-Jahre waren es relativ kleine Unternehmen gewesen, die ihre Erkenntnisse an Investoren verkauften, welche ihre Dienste abonniert hatten. Dann erhob die US-Börsenaufsicht SEC die größten Agenturen, alle mit Sitz in den USA, in den Stand der *Nationally Recognized Statistical Rating Organizations*, der national anerkannten statistischen Ratingorganisationen. Deren Urteile machte die SEC zur Grundlage dafür, wie viel Eigenkapital eine Bank als Deckung für die Wertpapiere in ihrem Besitz vorhalten musste. Weil die Regulierer den führenden Agenturen eine so prominente Rolle zuwiesen, folgten private Stiftungen und Fonds und nutzten die Ratings für Vorgaben an ihre Investment-Manager, zur Beschreibung der Qualität von Wertpapieren, in die diese investieren durften. Damit gab die SEC den führenden Agenturen praktisch ein Monopol auf den Verkauf einer Lizenz zur Wertpapieremission. Wer auf sein Wertpapier kein gutes Rating bekam, würde nur schwerlich dafür Käufer finden. Die »Meinungen« der Ratingagenturen wurden de facto mit Gesetzeskraft ausgestattet. Ironischer Weise drucken die Agenturen dennoch bis heute in ihren Berichten die Warnung, dass die Nutzer keine Investitionsentscheidung auf Basis dieser Einschätzungen fällen sollten.

Um die gleiche Zeit stellten die Agenturen ihr Bezahlmodell um. Anstatt von den Nutzern ihrer Ratings ließen sie sich von den Emittenten der Wertpapiere für den Dienst bezahlen, der für diese plötzlich so wertvoll geworden war. Folgendes hatte der Vizepräsident der Ratingagentur Moody's 1957 über ein solches Geschäftsmodell zu sagen gehabt: »Offensichtlich können wir uns nicht dafür bezahlen lassen, eine Anleihe zu bewerten. Dies zu tun, würde bedeuten, ein Preisschild an den Prozess zu heften und wir könnten uns dann nicht mehr gegen den Vorwurf erwehren, dass unsere Urteile käuflich sind.« Das galt plötzlich nicht mehr. Es gab auch keinen Wettbewerb mehr, der die Agenturen hätte daran hindern können, Gefälligkeitsratings zu verkaufen. Es gibt nur drei große anerkannte Agenturen, und Fondsmanager und Banken werden von den Regulierern oder ihren Arbeitgebern zur Nutzung der Ratings gezwungen. Deshalb können die Nutzer gar nicht abwandern. Selbst 2010, nachdem die Agenturen auf spektakuläre Weise den Nutzern ihrer Ratings mit viel zu guten Urteilen über Wertpapiere exorbitante Verluste beigebracht hatten, werden immer noch so gut wie alle Anleihen von mindestens einer, meistens mehreren der drei großen Agenturen bewertet. Obwohl ein Anschein von Wettbewerb geschaffen wurde, indem zusätzlich ein paar kleine Agenturen den Status der anerkannten Ratingagentur erhielten, beherrschen weiterhin die drei großen New Yorker Agenturen Standard & Poor's, Moody's and Fitch Ratings unangefochten den weltweiten Markt. Um die Sache abzurunden, dürfen die Agenturen sich mit ihren Urteilen auf das Recht der freien Meinungsäußerung berufen und können daher von geschädigten Nutzern ihrer Ratings kaum belangt werden.[44, 51, 61]

Die Marktdisziplin wird auch dadurch ausgehebelt und die Macht der Agenturen gesteigert, dass die Ratingagenturen zumindest kurz- bis mittelfristig sich selbst erfüllende Prophezeiungen machen können. Da sehr viele Investoren – genötigt von den Regulierern – auf die Urteile der Agenturen reagieren müssen, beeinflusst dieses Urteil die Kreditwürdigkeit eines Unternehmens oder Staates sehr stark. Wenn die Agentur ihm ein gutes Rating gibt, fällt es ihm leicht, auslaufende Schuldtitel durch neu emittierte zu ersetzen. Wenn die Agentur ein schlechtes Urteil fällt, kann das Unternehmen oder der Staat sich nur noch zu deutlich höheren Zinsen refinanzieren. Wenn die Kreditfähigkeit ohnehin angeschlagen ist, kann allein dies das Todesurteil sein. Somit können die Agenturen in gewissem Rahmen sich selbst erfüllende Prognosen abgeben.[17]

Es ist bei weitem nicht erst die Erfahrung der Subprime-Krise, die die Gefahr offenkundig gemacht hat, die von der privilegierten Machtposition der Ratingagenturen ausgeht. Praktiker wussten schon sehr lange davon und jeder Regulierer oder Gesetzgeber, der es wissen wollte, musste es wissen. Der Jura-Professor und frühere Derivateverkäufer Frank Partnoy legte die Probleme bereits in einem Aufsatz von 1999 schonungslos offen. Darin beschreibt er, wie die Ratings der Agenturen mit jedem neuen staatlichen Privileg immer weiter hinter das zurückfielen, was der Markt ohnehin schon wusste und wie das Geschäftsmodell sich vom Verkauf wertvoller Information weg und hin zum Verkauf von Emissionserlaubnissen wandelte. Er beschrieb, wie sie de facto Tochtergesellschaften der Regulierungsbehörden wurden. Aber während es ein Verbrechen für einen Regulierer ist, günstige Regulierungsentscheidungen zu verkaufen, wurde es zum Geschäftsmodell für die privatwirtschaftlichen Agenturen.[51]

Auch wenn sie Partnoys Artikel nicht lasen und selbst nicht auf die gleichen Gedanken kamen, können die wirtschaftspolitisch Verantwortlichen kaum für sich in Anspruch nehmen, dass sie die problematische Rolle der Ratingagenturen einfach nie gesehen haben. Nachdem 2001 Enron und etwas später Worldcom kollabierten, obwohl noch am jeweiligen Pleitetag die Ratingagenturen ihnen beste Gesundheit bescheinigt hatten, gab es Anhörungen vor dem US-Kongress, bei denen sich sowohl Vertreter der Agenturen als auch der SEC rechtfertigen mussten. Dadurch bekam der potenzielle Interessenkonflikt, dass die Emittenten die Agenturen bezahlen, eine breite Öffentlichkeit. Aber nichts geschah.[61]

Stattdessen konnten die Agenturen, ohne dass Regulierer oder Gesetzgeber etwas dagegen unternahmen, ihren Interessenkonflikt noch eine Stufe weiter treiben. Sie ließen sich von den Banken zuerst für die Hilfe bei der Strukturierung von Derivaten bezahlen, sodass sie ein Spitzenrating bekommen konnten und danach dafür, dieses Spitzenrating zu erteilen. Der Gewinn für die Agenturen war riesig. Zu den hohen Beratungsgebühren kamen Ratinggebühren, die bei strukturierten Produkten doppelt so hoch waren wie bei normalen Anleihen. Auf dem Gipfel des Subprime-Booms machte Moody's 44 Prozent seines

Umsatzes mit strukturierten Produkten und erzielte eine Gewinnmarge von über 50 Prozent. Zum Vergleich: Microsoft und Google, die ansonsten ertragsstärksten großen US-Unternehmen erzielten 36 Prozent und 30 Prozent Umsatzrendite. Veröffentlichte Dokumente des US-Senats legen den Schluss nahe, dass die Ratingagenturen bewusst ihre Ratings anpassten, um Kunden zu behalten und neue zu gewinnen.[44]

Das alles war kein Geheimnis. Es war für Regulierer und Gesetzgeber leicht zu sehen. Diese hatten 2001/02 das Desaster mit den Wirtschaftsprüfungsgesellschaften durchlebt und gesehen, was passiert, wenn Wirtschaftsprüfer erst für die Hilfe bei der Erstellung von Finanzberichten bezahlt werden und anschließend für die Prüfung derselben. Das Sarbanes-Oxley-Gesetz von 2002 verbot dies. Das Gesetz trug außerdem der SEC auf, einen Bericht über die Rolle der Ratingagenturen und ihre eigene Rolle bei der Begrenzung des Wettbewerbs im Rating-Geschäft zu verfassen. Die SEC legte einen Bericht vor, antwortete aber nicht auf die Frage. Tatsächlich hat sie es nie für nötig befunden, formelle Kriterien für die Anerkennung einer Agentur aufzustellen oder für einen formellen Bewerbungs- und Überprüfungsprozess. Noch hat sie je begründet, warum sie welchen Agenturen den privilegierten Status zuerkannt oder verweigert hat. Als die Banken begannen, die Ratingagenturen für das Strukturieren von Derivategeschäften zu bezahlen und diese dann zu bewerten, können die daraus entstandenen Interessenkonflikte kein Geheimnis für die Verantwortlichen gewesen sein. Auch innerhalb der Ratingagenturen waren die absehbaren Folgen bekannt. So heißt es in einer internen E-Mail eines Beschäftigten von Standard & Poor's: »Hoffentlich sind wir alle reich und in Rente, wenn dieses Kartenhaus in sich zusammenbricht.«[44] Im gleichen Jahr, in dem das Sarbanes-Oxley-Gesetz verabschiedet wurde, gab es eine Serie von Artikeln in der Washington Post, in der sich anonyme Unternehmensvertreter bitter darüber beklagten, dass sie von den Ratingagenturen erpresst würden, ihnen Ratingaufträge zu geben, indem diese ihnen mit unaufgeforderten und ungünstigen Ratings drohten.[17, 61]

Der amerikanische Kongress verlor schließlich die Geduld mit der SEC und trug ihr im Herbst 2006 auf, für mehr Wettbewerb unter den Agenturen zu sorgen. Er schrieb der Behörde dabei gleich Kriterien für die Anerkennung neuer Agenturen vor. Dadurch erhöhte sich zwar deren Zahl, aber an der absoluten Dominanz der drei Großen änderte sich nichts. Warum haben die Regulierer so lange sie konnten Warnungen und Indizien völlig ignoriert? Warum bekamen die Agenturen nicht einmal negative Konsequenzen zu spüren, nachdem ihre unrühmliche Rolle bei der Entstehung der Großen Finanzkrise fast Allgemeingut geworden war. Nur ein paar direkt involvierte untere Chargen mussten sich versetzen lassen. Die Reaktion von Gesetzgebern und Regulierern in den USA war so harmlos, dass die Ratingagenturen sie sofort auf das Wärmste begrüßten. Die Agenturen und ihre Besitzer konnten alle Gewinne behalten, die sie mit ihrem unverantwortlichen Tun gemacht hatten. Es gab keine Strafen und keine öffentlichen Schadenersatzforderungen. Sie müssen nun immerhin etwas mehr

Papierkram erledigen und dürfen nicht mehr gleichzeitig beraten und bewerten, aber sie dürfen sich weiterhin von den Wertpapieremittenten bezahlen lassen, die möglichst gute Ratings von ihnen haben wollen.[61]

Die einfache Antwort ist, dass die Möglichkeit, günstig Ratings von den Agenturen einzukaufen, ein zentraler Bestandteil der Strategie war, mit der die Wall Street ihr Geschäft massiv ausdehnen und ihre Gewinne gwaltig steigern konnte. Die Finanzbranche mit ihrem großen politischen Einfluss hätte es nicht gut gefunden, wenn die staatlichen Regulierer den Ratingagenturen dazwischengefunkt hätten.

Doch es gibt wahrscheinlich noch einen weiteren Grund. Einen, der auch erklären würde, warum es seit Jahrzehnten hochkarätige Initiativen gibt, eine europäische Ratingagentur zu gründen und warum diese nie zu etwas geführt haben. Die letzte Runde dieser Bemühungen war ein öffentliches Plädoyer von Kanzlerin Angela Merkel für eine solche europäische Agentur im Mai 2010. Die amerikanischen Agenturen Standard & Poor's und Moody's hatten gerade eine laufende Krise der Währungsunion angeheizt, indem sie die Ratings von Griechenland und weiteren südlichen Mitgliedsländern herunterstuften und vor möglichen Staatsbankrotten warnten.

Der Kolumnist der *New York Times*, Thomas Friedman, tat 1996 in einem Fernsehinterview den berühmten Spruch: »Es gibt meiner Ansicht nach in der heutigen Welt zwei Supermächte. Es gibt die Vereinigten Staaten und es gibt Moody's Bond Rating Service. Die Vereinigten Staaten können dich mit Bomben zerstören, Moody's kann dich zerstören, indem es deine Anleihen herabstuft. Und glauben Sie mir, es ist manchmal nicht klar, wer mächtiger ist.« Dieses Zitat drückt zwar prägnant die große Macht aus, welche die global dominierenden Ratingagenturen haben. Aber es dürfte dennoch etwas in die Irre führen. Nach der uralten Maxime *do ut des*, gib, damit dir gegeben wird, könnten die Ratingagenturen, die allesamt in New York sitzen, ihren Einfluss auch zugunsten derer einsetzen, denen sie ihren Monopolstatus und ihre wertvollen Privilegien verdanken, der amerikanischen Regierung. Ihr Geschäftsmodell hängt davon ab, dass ihnen die Regierung Wettbewerber vom Leibe hält und ihre Ratings zur Grundlage von allerlei Regeln macht, welche die Banken beachten müssen. Auf die nationalen und internationalen Regulierungen hat die US-Regierung einen maßgeblichen Einfluss. Wenn sie zuließe, dass die internationalen Regulierer nicht mehr zwingend die Bezugnahme auf Urteile der Agenturen vorschreiben, würden diese einen Großteil ihrer Umsätze verlieren. Unter diesem Blickwinkel ist die unmittelbare Bestätigung des Spitzenratings der USA durch die großen Agenturen während der Finanzkrise nicht verwunderlich. Und das obwohl die USA eines der höchsten Staatsdefizite der westlichen Welt haben. Die Macht der Ratingagenturen mit derjenigen der US-Regierung zu vergleichen, dürfte nicht sinnvoll sein. Sie ergänzen sich – oder um es anders auszudrücken: Die Macht der US-Regierung wird durch ihre Kontrolle über die mächtigen Ratingagenturen noch größer.

Ein Beispiel dafür, wie nützlich es sein kann, alle weltweit führenden Ratingagenturen im eigenen Einflussbereich zu haben, war deren Methodenwechsel für das Rating von amerikanischen Bundesstaaten und Gemeinden, als diese wegen ihrer schlechten Finanzlage 2010 unter starken Druck kamen. Am 19. April war Moody's die letzte der drei großen Agenturen, die ihre althergebrachte Methode änderte. Die Folge war, dass sich das Rating von Kalifornien, dem Bundesstaat mit der schlechtesten Finanzlage, um drei Ratingkategorien verbesserte und sich vom gefürchteten Ramschstatus wieder deutlich nach oben entfernte. Die Zinsen, die der Staat für neue Schuldscheine bezahlen musste, sanken binnen kurzem deutlich, was seine Finanzprobleme merklich linderte. Die Ratings von 33 weiteren Staaten verbesserten sich ebenfalls. Nur sehr vereinzelt kam es zu einer leichten Verschlechterung. Seinerzeit waren im Kongress bereits Gesetze anhängig, die den Agenturen den Methodenwechsel vorgeschrieben hätten, falls die freiwillige Umsetzung nicht geklappt hätte. Nur eine Woche später senkte Standard & Poor's das Rating Griechenlands um drei Stufen und das Rating anderer europäischer Südländer ebenfalls. Kurz darauf veröffentlichte Moody's einen Bericht, in dem die Agentur vor der Gefahr von Staatspleiten in Europa warnte. Beides trieb die Finanzierungskosten der betroffenen Staaten nach oben und heizte die grassierende Staatsschuldenkrise weiter an. Europäische Kommission und Parlament wären sicher froh gewesen, hätten sie wie die Amerikaner den Ratingagenturen einfach per Gesetz oder durch Drohung mit dem Gesetzgeber vorschreiben können, wie sie die betroffenen Länder zu bewerten hätten.

Dieses Beispiel macht deutlich, dass die US-Regierung dumm wäre, wenn sie die Macht der Ratingagenturen brechen wollte, solange die ganze Finanzwelt sich nach deren Urteil richtet. Jochen Sanio, Chef der Finanzaufsichtsbehörde Bafin, sagte über die Ratingagenturen und die Finanzkrise im Mai 2008: »Sie sind die Hauptschuldigen. Sie sollten bestraft werden.« Keiner widersprach, aber die einzigen, die sie wirkungsvoll bestrafen könnten, haben kein Interesse daran.

Wenn ein Land oder ein Unternehmen vor einer Entscheidung steht, die US-Regierung zu erfreuen oder zu verärgern, könnte die Entscheidung durchaus durch die implizite oder explizite Drohung mit den Ratingagenturen beeinflussbar sein. Das betreffende Land könnte von den Agenturen auf die Beobachtungsliste für eine Herunterstufung gesetzt werden. Die eine oder andere Erklärung der Ratingagenturen ist ohne solche Hintergedanken schwer erklärlich, etwa dass Vertreter von Standard & Poor's direkt nach der Bundestagswahl im September 2005 Deutschland in mehreren Zeitungsinterviews eindringlich warnten, es würde sein Spitzenrating verlieren, wenn es nicht mit angebotsorientierten Reformen fortführe. Die deutschen Medien interpretierten dies als Drohung und betonten die hohen Kosten für die Steuerzahler, die eine Herabstufung haben würde. Die Wahl hatte unerwarteter Weise in einem Patt zwischen dem konservativen Lager von CDU/CSU und FDP und dem linken Lager, angeführt von der SPD, geendet. SPD-Kanzlerkandidat Gerhard Schröder hatte die Regierung

Bush gegen sich aufgebracht, weil er den Krieg gegen Irak kritisiert hatte. Die Zeitungen in den USA und Deutschland waren damals voll von Berichten über das zerrüttete Verhältnis zwischen Bush und Schröder. Standard & Poor's gehört zum McGraw-Hill-Konzern, der seit langem weithin bekannte enge Beziehungen zur Bush-Familie pflegt. Damals wurde das Staatsdefizit Deutschlands mit vier Prozent des Bruttoinlandsprodukts veranschlagt und die Schuldenquote betrug etwas über 60 Prozent. Im Mai 2010, wird die Defizitquote auf fünf Prozent geschätzt und die Schuldenquote ist auf über 80 Prozent gestiegen. Trotzdem spricht keine Ratingagentur davon, Deutschland sein Top-Rating zu entziehen.

Die schwierige Balance zwischen Kontrolle und Förderung der Finanzbranche

> *»Es ergibt wenig Sinn, wenn große oder mittelgroße Länder wie die USA, Großbritannien oder die Schweiz 20 Prozent ihrer Wirtschaftsleistung mit Finanzdienstleistungen bestreiten. Die Finanzbranche, so wie Rechnungslegung und Anwaltsleistungen, sollten ökonomische Investitionen erleichtern, nicht selbst diese Investitionen darstellen.«*
>
> Warwick Commission, 2009

Wie die britische Warwick Commission, benannt nach der Universität, die sie einberief, festgestellt hat, ist ein aufgeblähter Finanzsektor nicht nur ein latenter Katastrophenproduzent, sondern auch ein Klotz am Bein der übrigen Wirtschaft. Es gibt einfach keine Rechtfertigung dafür, dass die Finanzbranche 40 Prozent der Gewinne aller börsennotierten Unternehmen beansprucht, wie sie das in den USA in den ersten Jahren des Jahrtausends getan hat, und vermutlich immer noch tut. Dreißig Jahre früher war der Anteil nur halb so hoch gewesen. Dabei unterzeichnet diese Zahl noch den Gewinnanteil der Branche, weil sie die exorbitanten Gehälter und Boni nicht enthält. Diese werden als Kosten von den Einnahmen abgezogen. Dabei kann man sie durchaus auch als eine Form der Ausschüttung der exzessiven Gewinne der Finanzinstitute betrachten. Immerhin sind die Durchschnittsbezüge in der Finanzbranche auf das doppelte des allgemeinen Durchschnitts gestiegen, ausgehend von einem Gleichstand vor drei Jahrzehnten. Das sind spektakuläre Zahlen, die den Verdacht mehr als nahelegen, dass die Finanzbranche sehr mächtig geworden ist und diese Macht nach Kräften nutzt.[37]

Selbst wenn man der These folgen möchte, dass die Finanzinstitute dafür sorgen, dass Kapital und Unternehmensführung in die richtigen Hände kommen – was sie offensichtlich nicht taten –, würde das nicht einen solch enormen Anteil am Gesamtgewinn rechtfertigen. Es tut einer Wirtschaft nicht gut, wenn die klügsten Köpfe an nichts anderes denken, als in die Finanzbranche zu gehen, wo weit höhere Gehälter winken als in der produzierenden Wirtschaft. Wenn die Finanzbranche mit kurzfristigen Aktionen und dem Erfinden im Wesentlichen unproduktiver Finanzinnovationen solche Gewinne macht, dann zieht das die Aufmerksamkeit weg von dem, vorauf es eigentlich ankommt, produktive langfristige Investitionsobjekte zu finden und zu verfolgen. Aber selbst schöne Erfolge auf diesem Feld sehen langweilig aus, gegenüber dem, was in der Finanzbranche stattfindet.[59]

Eine derart große und lukrative Finanzbranche kann unmöglich effektiv von Politikern und Bürokraten kontrolliert werden, die einen kleinen Bruchteil der Gehälter dort verdienen. Milliarden, die in Lobbying und Parteispenden investiert werden können, werden sich immer irgendwie bezahlt machen. Wenn noch dazu hochrangige Politiker und Bürokraten, die mit der Finanzbranche zu tun haben, standardmäßig damit rechnen, nach ihrer Amtszeit dort eine Stelle angeboten zu bekommen, in der sie in wenigen Jahren mehr verdienen als in ihrem ganzen Berufsleben davor, dann kann man kaum erwarten, dass sie besonders streng gegenüber dieser Branche auftreten. Schließlich zwingt niemand die Finanzinstitute, denjenigen einen lukrativen Job anzubieten, die sich ihnen gegenüber besonders kritisch und wenig verständnisvoll geäußert haben. Wie die Warwick Commission so treffend feststellte: »Zur Vermeidung von Finanzkrisen müssen wir mit dem Problem fertig werden, dass eine reiche und mächtige Finanzbranche allzu leicht diejenigen für sich einspannt, die sie kontrollieren sollen.«

Die Wahrnehmung eines aufgeblähten Finanzsektors, der droht, auch noch die nächste Große Finanzkrise zu verursachen, kann leicht zu einer Anti-Finanz-Einstellung führen. Schnell liegt die Vorstellung nahe, dass alles was die Bankbranche kleiner macht und sie schärfer reguliert, nur gut sein kann. Das wäre falsch! Die große Macht der Banken resultiert ja gerade daher, dass es nicht genug Kredit und Zugang zu Finanzdienstleistungen gibt. Das Bankwesen unterschiedslos zu beschneiden, würde diesen Zustand noch verschlimmern und die Macht der Banken in gewissem Sinne sogar steigern. Irgendwie bricht sich solche Macht immer gegenüber jeder noch so gut gemeinten Regulierung Bahn. Der verbreitete Mangel an Kredit ist es, der es den Banken so einfach macht, Kreditblasen zu erzeugen, ohne dass Politiker und Regulierer eingreifen. Denn ein Kreditboom bedeutet auch, dass Haushalte und Unternehmen Kredit bekommen, die ihn sonst nicht bekommen hätten. Dabei sind manche, die keinen Kredit bekommen sollten, aber auch viele, die durchaus Nützliches mit dem Geld anfangen. Wer will demgegenüber schon der Spielverderber sein, der die Party wegen eines abstrakten Risikos auflöst. Wer das täte, würde leicht als jemand betrachtet, der den Benachteiligten ihren Anteil am Wachstum nicht gönnt.

Bankenregulierung als Mittel zur Machterhaltung

Dieser Verdacht ist nicht einmal völlig ohne Basis. Historisch wurden Restriktionen der Kreditvergabe häufig von ökonomischen Eliten dazu eingesetzt, ihre Vorherrschaft zu zementieren. Eine Reihe von Ökonomen hat dies empirisch belegt. Eine dieser Studien, von zwei Ökonomen der Universität Chicago, beleuchtet eindrucksvoll die Bedeutung der Finanzbranche. Raghuram Rajan, ein ehemaliger Chefvolkswirt des IWF, und Rodney Ramcharan haben untersucht, welche Interessenlagen hinter den Beschränkungen des Kreditgeschäfts in den USA Anfang des 20. Jahrhunderts standen. Im Süden des Landes kontrollierten oder besaßen mächtige Landbesitzer typischer Weise die lokale Bank und den Gemischtwarenladen am Ort. Deshalb hatten sie ein direktes Interesse daran, Wettbewerb von anderen Banken zu verhindern, insbesondere von großen

Banken aus anderen Bundesstaaten. Viele kleine Bauern und Pächter mussten auf Kredit einkaufen, bis die nächste Ernte eingefahren war. Wo die Großgrundbesitzer die Bank kontrollierten und ein Monopol auf Kreditvergabe hatten, konnten sie die Bauern zwingen, alles was sie brauchten zu hohen Preisen von ihren eigenen Läden zu kaufen.[55]

Doch selbst wenn der Großgrundbesitzer die Kreditvergabe nicht selbst kontrollierte, hatte er ein starkes indirektes Interesse an einem beschränkten Kreditangebot. Selbst erhielt er wegen seiner hohen Kreditwürdigkeit immer Kredit zu guten Konditionen, auch von einer monopolistischen lokalen Bank. Wenn die kleineren Bauern eine Dürre oder ähnliche Rückschläge zu verkraften hatten, würden sie jedoch nur schwer an Kredit kommen. In der Folge würden sie ihr Land verkaufen müssen, um zu überleben. Dann hatte der Großgrundbesitzer in der Region typischerweise als Einziger genügend Geld, dieses Land zu kaufen, und konnte deshalb den Preis diktieren. Außerdem hielten Kreditrestriktionen dem Plantagenbesitzer industrielle Konkurrenz um Arbeitskräfte und Status vom Hals. Die Forscher stellten fest, dass die Bankenregulierung – wohl aus solchen Gründen – umso restriktiver war, je stärker der Grundbesitz konzentriert war. Die Gesetze, die es Banken verboten, mehrere Zweigstellen aufzumachen oder über Bundesstaatsgrenzen hinweg Geschäft zu machen, dienten dazu, das Bankgeschäft lokal und monopolistisch zu halten. Nur 16 Bundesstaaten erlaubten im Jahr 1920 den Banken, mehrere Zweigstellen zu haben.[55]

Eine weniger offensichtliche Art, das Kreditangebot zu beschränken, sind Gesetze gegen Zinswucher. Niedrige Grenzen für die erlaubten Zinssätze machen es Banken schwer, mit Krediten an weniger betuchte Haushalte und Unternehmer auf ihre Kosten zu kommen. Sie können sich für das erhöhte Risiko eventuell nicht angemessen bezahlen lassen und verzichten daher auf die Kreditvergabe. Dann können nur die finanziell besser Gestellten mit höherer Kreditwürdigkeit Fremdkapital bekommen. Auf diese Weise kann, was als Mittel zum Schutz der Armen verkauft wird, ein Instrument sein, um diese davon abzuhalten, dem Establishment Konkurrenz zu machen, oder ihm seine Arbeitskraft zu entziehen. So stellte denn auch eine Studie fest, die die Wuchergesetze in den Bundesstaaten der USA gegen Ende des 19. Jahrhunderts untersuchte, dass diese umso gebräuchlicher waren, je ausgeprägter gleichzeitig der Ausschluss bestimmter Bevölkerungsteile von politischer Teilnahme war. Gesetze gegen Wucherzinsen zeigten sich also als ökonomische Ergänzung zum Ausschluss von der politischen Entscheidungsfindung.[7] Dieser Verdacht wird bestätigt durch die Feststellung einer anderen Studie, dass die Wuchergrenze um 1890 umso niedriger war, je höher die Konzentration des Grundbesitzes ausfiel.[55]

Die politische Ökonomie der Bankenregulierung: Evidenz von Wuchergesetzen in den USA im 19. Jahrhundert (2007),
von Efraim Benmelech (Harvard) und Toby Moskowitz (Univ. Chicago)

Die Autoren stellten fest, dass diejenigen US-Bundesstaaten, die nur Landbesitzern und Steuerzahlern ein Stimmrecht gaben, tendenziell auch die mit den restriktivsten Wuchergesetzen waren. Das legt nahe, dass sie von etablierten Wirtschaftsinteressen mit politischem Einfluss genutzt wurden, um weniger gut Betuchten den Zugang zu Kredit zu erschweren. Diese Interpretation wird dadurch gestützt, dass die Beschränkungen des Stimmrechts auf die Reichen auch mit anderen Formen des ökonomischen Ausschlusses einherging, wie z. B. Begrenzungen von Unternehmensgründung und selbstständiger wirtschaftlicher Tätigkeit. Die Autoren suchten auch nach Indizien für die alternative Interpretation, dass Wuchergesetze dem Schutz der Finanzschwachen vor Ausbeutung dienen sollten. Dazu untersuchten sie, was es an anderen Maßnahmen zum Schutz der Schwachen gab, etwa Schuldenmoratorien bei Zahlungsunfähigkeit. Doch hatten Staaten mit strengen Wuchergesetzen nicht in höherem Maße solche, die Ärmeren begünstigenden Regeln als andere Staaten.

In den Bundesstaaten mit konzentriertem Landbesitz und unterentwickeltem Finanzsektor verzögerte sich die Entwicklung der Industrie, was für die Großgrundbesitzer positiv war. Die Bedeutung der Erkenntnis, was diese Unterentwicklung herbeiführte, geht über den großen Einfluss des Finanzwesens auf die Wirtschaftsentwicklung hinaus. Die politischen Machenschaften, die die ökonomische Entwicklung des Südens der Vereinigten Staaten verhinderten, fanden unter den gleichen Gesetzen und sonstigen institutionellen Gegebenheiten statt wie im übrigen Land. Das zeigt, dass die Optimierung der politischen Institutionen, wie das viele Ökonomen als Nonplusultra ansehen, kein Allheilmittel gegen Entwicklungsrückstände ist. Der Einfluss der Verteilung von Reichtum und wirtschaftlicher und politischer Macht in einer Gesellschaft muss mit berücksichtigt werden. Eine sehr unangenehme Folgerung für die traditionelle Ökonomie![55]

Unternehmen und Haushalte brauchen Zugang zu Kredit

Als die Verbote des Zweigstellenbanking und des Bankgeschäfts über Staatsgrenzen hinweg in den USA zwischen Mitte der 1970er-Jahre und 1994 abgeschafft wurden, profitierten die Armen am meisten. Die Einkommensungleichheit ging in den jeweiligen Bundesstaaten zurück, sowohl im Vergleich zu anderen Bundesstaaten als auch im zeitlichen Verlauf. Der Grund war, dass der erhöhte Wettbewerb zwischen Banken denen besonders half, die vorher mangels Vermögen als wenig kreditwürdig gegolten hatten.[21] Seit der Mikrokredit-Pionier Muhammad Yunus und seine *Grameen Bank* den Friedensnobelpreis bekamen, ist fast Allgemeingut geworden, dass mangelnder Zugang zu Krediten ein ernstes Entwicklungshindernis darstellt. Wenn die Kreditvorsorgung schlecht ist, ist auch das Wachstum gering. Es unterstreicht jedoch die Allgemeingültigkeit des Problems, über Entwicklungsländer hinaus, dass die Grameen Bank 2009 auch in New York ihre Arbeit aufnahm.[40]

Können Banken in ländlichen Gebieten die Armut vermindern? Evidenz aus einem indischen Experiment mit sozialem Banking (2005),
von Robin Burgess (London School of Economics) und Rohini Pande (Harvard)

Die Studie von Burgess und Pande untersucht die Folgen eines unkonventionellen indischen Gesetzes. Es schrieb in der Zeit von 1977 bis 1980 vor, dass eine Bank, die eine Zweigstelle in einem Gebiet eröffnen wollte, in dem es schon mindestens eine Bank gab, auch vier Zweigstellen in Gebieten eröffnen musste, die bis dahin keine Bank hatten. In Bundesstaaten, in denen 1977 die Finanzbranche unterentwickelt war, wuchs die Landwirtschaft in der Folge stärker und ging die Armut stärker zurück. Vorher war sie dagegen in diesen Regionen langsamer gesunken und auch nach 1980, als das Gesetz auslief, entwickelten sich die benachteiligten Gebiete wieder schlechter. Nach den statistischen Berechnungen der Autoren bewirkte eine Erhöhung der Anzahl der ländlichen Bankstellen um 10 Prozent einen Rückgang der ländlichen Armut um 3,6 Prozent und eine Erhöhung der Produktion um 5,5 Prozent.

Die wirtschaftlichen Auswirkungen von Banken für die Banklosen: Evidenz aus Mexiko (2009),
von Miriam Bruhn und Inessa Love (Weltbank)

Die beiden Weltbank-Ökonominnen untersuchten die Auswirkungen nach der Eröffnung von 800 neuen Zweigstellen durch die *Banco Azteca* in Mexiko im Oktober 2002. Die Bank tat das in allen bestehenden Läden ihrer Muttergesellschaft, dem großen Einzelhändler *Grupo Elektra*. Fast über Nacht, etablierte Banco Azteca damit das größte Zweigstellennetz in Mexiko. Die Bank zielte vor allem auf Kunden mit niedrigem und mittlerem Einkommen, die zuvor praktisch von Bankdienstleistungen ausgeschlossen gewesen waren. In den Gemeinden, in denen es einen Markt von Grupo Electra gab und wo daher auch die Bank eine Zweigstelle aufmachte, stieg der Anteil der Betriebe des informellen Sektors um 7,6 Prozent. Die Beschäftigung, einschließlich der Selbstständigen im informellen Sektor stieg um 1,4 Prozent. Das Durchschnittseinkommen stieg um sagenhafte sieben Prozent.

Auswirkungen einer Erweiterung des Zugangs zu Kredit per zufallsgetriebener Angebotsentscheidungen (2008),
von Dean Karlan (Yale) und Jonathan Zinman (Dartmouth College)

Die Autoren arbeiteten mit dem führenden südafrikanischen Anbieter von kurzfristigen Krediten zu hohen Zinsen zusammen, der Kunden ohne jedes Vermögen oder zumindest ohne etablierte Kreditwürdigkeit bedient. Dieser stimmte zu, zufallsgesteuert manchen Antragsstellern, die er normalerweise knapp abgelehnt hätte, doch den üblichen Kurzfristkredit mit meist einem Monat Laufzeit und einem effektiven Jahreszins von 200 Prozent zu geben. Die Forscher bildeten eine Kontrollgruppe derer, die bei gleichermaßen etwas zu geringer Kreditwürdigkeit diese Chance nicht bekamen. Sechs bis zwölf Monate nach Auslaufen des Kredits hatten diejenigen, die den Kredit bekamen, zu einem höheren Anteil ihren Job behalten als die Kontrollgruppe und ihre Einkommen waren merklich höher. Sie waren auch weniger von Hunger betroffen und hatten generell eine optimistischere Einstellung zu ihrer Zukunft und ihren Perspektiven. Auch auf längere Sicht profitierten diejenigen, die Zugang zu Krediten hatten. Sie konnten durch Rückzahlung eine Kredithistorie aufbauen und so in Zukunft günstigere Kredite bekommen. Insgesamt scheinen die Kredite, die unter normalen Bedingungen nicht gewährt worden wären, wichtigen Zwecken gedient zu haben und klug eingesetzt worden zu sein. Nach Angaben der Kreditnehmer waren die häufigsten Nutzungsarten (in dieser Reihenfolge): Ablösung anderer Schulden, Nahrungsmittelkäufe, Bildungsausgaben, Familienveranstaltungen und Ausgaben für Transportmittel. Für den Verleiher waren die Kredite kostendeckend bis leicht profitabel.

Mangelnde Verfügbarkeit von Kredit erhöht nicht nur die Ungleichheit der Einkommen, sondern ist darüber hinaus auch ineffizient und wachstumsfeindlich. Denn oft muss man ziemlich viel investieren, um Projekte mit hohen Renditen zu verfolgen. Wenn die Kreditverfügbarkeit schlecht ist, haben nur die Vermögenden Zugang zu den besten Projekten, was die Ungleichheit weiter erhöht. Talentierte Unternehmer können die Investitionsprojekte, für die sie besonders qualifiziert wären, nicht durchführen. Dafür kommen Reichere, die weniger talentiert sind, zum Zug. Das ist ineffizient und bremst das Wachstum. Auf ähnliche Weise verbessert ein leichterer Kreditzugang die Fähigkeit der Eltern, in die Ausbildung ihrer Kinder zu investieren. Das gilt schon zu normalen Zeiten in allen Ländern. Es ist aber besonders wichtig in armen Ländern, in denen es kein gutes soziales Netz gibt. Empirische Studien in Entwicklungsländern haben gezeigt, dass Kreditbeschränkungen für arme Haushalte zu mehr Kinderarbeit führen. Nur Eltern, die Zugang zu Kredit haben, können Einkommenskrisen überbrücken, ohne ihre Kinder von der Schule nehmen und zur Arbeit schicken zu müssen. Auch hier ist dies nicht nur eine Verteilungsfrage. Wenn die Kreditmärkte perfekt wären, würden die talentiertesten Kinder die höchsten Bildungsinvestitionen zugewiesen bekommen. Je mehr der Kreditzugang beschränkt ist, desto mehr richtet sich die Höhe der Investitionen nach dem Vermögen, statt nach dem Talent.[21]

Die Verbreiterung des Zugangs zu Finanzdienstleistungen führt sowohl zu einer Verbesserung der ökonomischen Perspektiven der Armen als auch zu einer Förderung des Wachstums. Dies macht Maßnahmen in diese Richtung wirtschaftspolitisch sehr attraktiv.[21]

Teile und herrsche

Die Finanzbranche so zu regulieren, dass sie bei der Kreditvergabe einerseits nicht zurückhaltend ist und andererseits keinen gefährlichen Kreditboom erzeugt, ist alles andere als leicht. Wenn plötzlich bisher benachteiligte Gruppen Kredit bekommen, muss man Angst vor einer irgendwann platzenden Kreditblase haben. Umgekehrt ist ein unterentwickeltes und restriktives Finanzwesen vielleicht eine sichere Bank in Sachen Stabilität, aber es kann das Leben großer Bevölkerungsteile unnötig erschweren. Keine Reform wird nachhaltig wirken, wenn sie nicht den erprobten Rat *divide et impera*, teile und herrsche, befolgt. Einzelne Finanzinstitute dürfen nicht so groß werden oder bleiben, dass sie zu mächtig sind, um von nationalen Regierungen kontrolliert werden zu können. Die Aufteilung der großen Finanzkonglomerate in Einlagenbanken, Investmentbanken und Vermögensverwalter (Asset Manager) würde mehreren Zielen auf einmal dienen. Die einzelnen Institute würden kleiner und weniger übermächtig. Der Wettbewerb würde besser funktionieren, wenn nicht einige große Spieler ihren Informationsvorsprung und ihre Machtposition aus anderen Geschäftsfeldern nutzen könnten, um den Wettbewerbern überall voraus zu sein, oft mit unlauteren Mitteln, wie wir im ersten Teil dieses Kapitels gesehen haben.

Deshalb ist Konkurrenz zwischen vielen Banken wichtig, damit der Sektor keine exzessiven Gewinne erwirtschaftet. Wie Krisenprophet Hyman Minsky schon vor Jahrzehnten anregte, sollte es viele kleine und mittelgroße Banken geben, aber keine Bankriesen heutigen Zuschnitts. Die Förderung von kleinen Banken mit schmalen Geschäftsfeldern, die bisher unterversorgte Kunden bedienen und für Konkurrenz sorgen, würden gleichzeitig der Finanzstabilität, dem Wachstum und dem Abbau der Einkommensungleichheit dienen. Nicht von ungefähr sind die großen deutschen Geschäftsbanken in einem dauenden Kreuzzug gegen die Sparkassenwirtschaft, weil ihnen die Existenz dieser vielen kleinen Banken die Chance vereitelt, Monopolgewinne im Ausmaß ihrer britischen Konkurrenten zu machen. Die großen Banken sollten in ihrem Wachstum begrenzt oder sogar in ihre verschiedenen Geschäftsfelder aufgespaltet werden. Dies würde Regierungen und Regulierer davor bewahren, sich für die Interessen dieser übermächtigen Giganten einspannen zu lassen. Die unglückliche Strategie des von Bankern okkupierten amerikanischen Finanzministeriums, immer größere Bankriesen zu produzieren, indem die Großen mithilfe staatlicher Garantien die Gefallenen schlucken, muss dringend umgekehrt werden.

Die Rückgabe von Kompetenzen von den internationalen Gremien an die nationalen Behörden kann einen Beitrag zur Minderung des Wettbewerbsvorteils der globalen Bankriesen leisten. Es würde auch helfen, den Prozess der Bankenregulierung wieder demokratischer Kontrolle zu unterwerfen, die derzeit praktisch nicht mehr stattfindet. Aktuell wird der Finanzstabilitätsausschuss (Financial Stability Board, FSB) als wichtigstes internationales Regulierungsgremium herausgeputzt. Es wird vom früheren Goldman-Sachs-Manager und Präsidenten der Bank von Italien, Mario Draghi, geleitet und besteht aus Ministeriumsbeamten, Zentralbankern und Bürokraten aus den Bankaufsichtsbehörden der Industrieländer und großer Schwellenländer. Diese haben zwar enge Kontakte zu den Vorständen der großen Banken, aber so gut wie keine effektiven demokratischen Rechenschaftspflichten.[59] Das ist ein unhaltbarer Zustand, wenn eine einzige Bankenkrise die Staatshaushalte vieler Länder völlig zerrütten kann. So lange die großen, global aktiven Banken sich ihre Regeln nicht einfach selber schreiben können, ist der Finanzstabilitätsausschuss für sie die nächstbeste Lösung. Entsprechend engagiert, drängen die großen Banken auf immer mehr Internationalisierung der Bankenaufsicht. Jede Nation, die sich aus diesen Gremien zurückzieht und ihre Banken nach eigenen Regeln beaufsichtigt, ist ein Gewinn für die globale Finanzstabilität.

Die internationalen Gremien operieren unter der Prämisse, dass keine ihrer Entscheidungen irgendeine Bank daran hindern darf, mit anderen Banken in jedem Geschäftsfeld und jedem Land mit mindestens ausgeglichener Wettbewerbsposition zu konkurrieren. Dieses Prinzip ist ein Rezept für immer niedrigere Standards. Es verhindert auch viele sinnvolle Regulierungen, die auf nationale Belange, wie etwa die jeweilige Position im Kreditzyklus, Rücksicht nehmen. Solange Länder mit globalem Führungsanspruch wie die USA oder mit regionalem Führungsanspruch wie Deutschland diesen Ansatz durchsetzen, werden kleine Länder es nicht in ihrem Interesse finden, ihre *nationalen Champions* durch sinnvolle Regulierung zu schwächen, weil sie das zu großem ausländischen Einfluss aussetzen würde. Der einzige Weg für Länder mit kleinen oder mittelgroßen Banksystemen dies zu vermeiden, ist die Einführung von protektionistischen Maßnahmen im guten Sinne. Das wären Maßnahmen, die ihre Banken von Konkurrenz ausländischer Banken protegieren, die aufgrund übermäßig laxer Regulierung und einer kostenlosen Staatsgarantie einen unfairen Wettbewerbsvorteil haben. Renationalisierung der Bankaufsicht würde nicht bedeuten, dass die Banken nicht mehr international operieren könnten. Sie sollten weiter frei sein, Tochtergesellschaften in den Gastländern zu gründen, die dann aber ihren Geschäften unter den gleichen nationalen Regeln nachgehen wie die dortigen Banken.

Nachdem der übermäßige Einfluss der Banken reduziert ist, wäre der nächste wichtige Schritt deren Macht zur Erzeugung von Kreditblasen zu beschneiden. Das setzt voraus, dass die öffentliche Hand einen viel größeren Anteil des Geldschöpfungsprozesses kontrolliert und die Banken einen entsprechend kleineren. Es gab sicherlich eine Zeit, in der die autokratischen Regierungen zu Recht nicht genug Vertrauen genossen, um eine vertrauenswürdige Papierwährung herauszugeben. Deshalb mussten sie mit Bankiers kooperieren, die sehr gut dafür entlohnt wurden. Aber die Zeiten haben sich geändert. Heute müssen die Regierungen in Sachen Geldmanagement nicht mehr den guten Willen und die Hilfe der Banken erkaufen. Die modernen Industrieländer sind Rechtsstaaten. Sie haben nachhaltig die Macht abgelegt, die Staatsschuld durch Gelddrucken und das Erzeugen von Inflation zu entwerten. Sie haben ihre Zentralbanken unabhängig gemacht und gaben ihnen eine klares Mandat, den Geldwert stabil zu halten. Bisher ist dies allerdings nur ein Teilerfolg, denn die privaten Banken sind frei, durch unlimitierte Kreditvergabe die Geldmenge zu erhöhen und wieder schrumpfen zu lassen. Die Zentralbanken können zwar für stabile Preise für Güter und Dienstleistungen sorgen. Aber sie können nicht gleichzeitig verhindern, dass die Banken mit einem Kreditboom die Aktien- oder Immobilienpreise nach oben treiben.

Wenn sie wollten, könnten demokratische, anti-inflationär eingestellte Zentralbanken ohne weiteres die umlaufende Geldmenge kontrollieren und den Gewinn aus der gesamten Geldschöpfung für sich reklamieren. Auf diese Weise würden die Steuerzahler davon profitieren. Eine einfache Bierdeckelrechnung kann die Größenordnung verdeutlichen, um die es geht. Die Geldmenge M2, ein Maß für die im Euroraum umlaufende Geldmenge, betrug Mitte 2009 rund 8,1 Billionen Euro, nicht viel weniger als das Bruttoinlandsprodukt eines Jahres. Nimmt man eine erwünschte Inflationsrate von zwei Prozent und eine durchschnittliche preisbereinigte Wachstumsrate der Wirtschaft von zwei Prozent an, so kann die Geldmenge jedes Jahr um etwa vier Prozent steigen. Mehr als drei Prozent des Bruttoinlandsprodukts jedes Jahr ist also die Größenordnung des Geldschöpfungsgewinns, um den es hier geht. Man kann darüber streiten, welche Geldmengenabgrenzung die richtige ist und wie viel der Staat von der Geldschöpfung tatsächlich an sich ziehen kann, aber die Rechnung zeigt doch, dass die Größenordnung das Nachdenken lohnt.

Auf dem Weg dorthin sollten die Zentralbanken die überreichliche Menge an Zentralbankgeld, mit der sie den Bankensektor in der Krise überschüttet haben, nicht wieder einsammeln. Vielmehr sollte sie weiter reichlich Liquidität bereitstellen und in dem Maße, wie die Banken anfangen, es bei ihr wieder zu parken, weil sie mit so viel Geld nichts anfangen können, allmählich den Mindestreservesatz erhöhen. Das hätte keinen Effekt auf die insgesamt umlaufende Geldmenge, aber die Verteilung wäre anders. Die Banken hätten höhere Barreserven und wären nicht mehr so anfällig gegen Bankruns. Der Staat erhielte höhere Notenbankgewinne, die er derzeit dringend brauchen kann. Wenn der Mindestreservesatz hoch genug gezogen wäre, idealer Weise bis 100 Prozent, würden Finanzkrisen viel seltener vorkommen und wären viel weniger schwer. Die Erhöhung der Liquiditätsanforderungen an die Banken ist viel wichtiger als das Herumdoktern an den Kapitalunterlegungsvorschriften, die derzeit fast allein im Fokus der Regulierer stehen. Wenn die Banken kurzfristige Verbindlichkeiten haben, die ein hohes Vielfaches ihrer liquiden Mittel ausmachen, kann keine Eigenkapitalquote im realistischen Bereich einen Bankrun verhindern. Die Finanzbranche wäre unter einem solchen Regelwerk weniger glamourös und lukrativ als derzeit. Das Problem der übermächtigen und extrem finanzkräftigen Bankriesen wäre entschärft. Es würde sich erübrigen, über eine Bankenabgabe oder Bonussteuern nachzudenken.

Natürlich werden Goldman Sachs, J.P. Morgan Chase, Citigroup, Deutsche Bank, UBS und die anderen übergroßen Finanzgiganten heftig gegen jede solche Reform ankämpfen. Es muss sich zeigen, ob die Folgen der Großen Finanzkrise ausreichen, diesen Widerstand zu brechen. Immerhin haben in zwei Ländern mit besonders überdimensioniertem Finanzsektor, in der Schweiz und in Großbritannien, die sonst so bankenfreundlichen Zentralbankchefs das bisherige Tabu gebrochen und einer Aufspaltung der Bankgiganten das Wort geredet. Aber bisher, im Sommer 2010, sieht es noch nicht so aus, als ob die Finanzinstitute die politische Kontrolle verlören. Noch gibt es aber Hoffnung. Es kann eine ganze Weile dauern, bis der Druck der öffentlichen Meinung die Regierungen zwingt, sich aus der Umarmung der Finanzlobby zu befreien. Das hat auch nach dem Großen Crash von 1929 einige Jahre gedauert. Eine aufgeklärte Öffentlichkeit könnte aufhören den außerordentlichen Einfluss und die außerordentlichen Privilegien des Finanzsektors zu tolerieren und grundlegende Änderungen einfordern. Die Staatsanwälte und Gerichte, die – hoffentlich – von Lobbying und Wahlkampfspenden der Wall Street weniger beeinflusst werden als die Politik, könnte dabei noch eine wichtige Rolle spielen.

Kapitel 2: Die Macht der Manager

»Die Hälfte der Direktoren, die ich getroffen habe, weiß nichts über das Geschäft. Sie werden nichts tun, was dazu führen könnte, dass man ihnen ihren Posten wegnimmt, oder ihre Chancen mindert, einen anderen Aufsichtsposten zu bekommen.«

Warren Buffett, 2009

Die Macht der Manager

Vorstandsvorsitzende eines Unternehmens tun nicht ohne weiteres immer genau das, was für die Aktionäre das Beste ist. In dieser Frage hat der ökonomische Mainstream schon vor über zwei Jahrzehnten die Realität erkannt. Seine Antwort auf dieses Problem war die sogenannte *Principal-Agent-Theorie*. Diese Theorie berücksichtigt, dass die Eigentümer des Unternehmens, die *Prinzipale,* ihrem *Agenten,* dem Manager, große Entscheidungsspielräume geben müssen, da sie nicht vorher wissen können, wie er in einem Eventualfall entscheiden wird. Sie haben auch nicht die notwendigen Informationen, um das Handeln des Managers im Einzelnen sofort beurteilen zu können. Das gibt dem Unternehmensführer Macht, die er für Entscheidungen missbrauchen kann, die eher in seinem eigenen Interesse sind als in dem der Eigentümer. Ein Ziel kann zum Beispiel sein, sich unersetzbar zu machen, indem man Herrschaftswissen ansammelt und Netzwerke aufbaut. Dann kann man bei schlechten Ergebnissen nicht so leicht gefeuert werden und verbessert die eigene Verhandlungsposition. Ein anderes selbstsüchtiges Ziel, das Vorstandschefs gerne zugeschrieben wird, ist der Aufbau eines immer größeren Einflussgebiets durch Firmenzukäufe und unprofitables Wachstum. Letzteres kann in seiner extremen Ausprägung bis hin zum Kontrollbetrug gehen, wie ihn William Black beschrieben und analysiert hat (Kapitel 1). Dabei ist die Kontrolle über das Unternehmen ein Mittel zum geplanten Betrug an den Aktionären.

In diesem Kapitel geht es darum, wie einflussreiche Ökonomen mit der von ihnen propagierten ergebnisorientierten Vergütung den Vorständen halfen, in vorher ungeahnte Gehaltsregionen vorzustoßen und warum der Ansatz besser leistungsunabhängige Selbstbedienung heißen sollte. Ich entwickle zwei Gegenthesen: Erstens, dass Aktionäre mehr Befehlsgewalt über ihre obersten Angestellten brauchen, und zweitens, dass die Bezahlung der Spitzenmanager vor allem eine gesellschaftspolitische Frage ist. Dabei wird auch zu klären sein, was eigentlich der Maßstab für erfolgreiche Unternehmensführung sein sollte, sowohl aus Sicht der Aktionäre als auch aus Sicht der Gesellschaft.

Wie Ökonomen Vorstände reich machten

»Wenn es um die Bezahlung des Unternehmenschefs geht, sitzen die Investoren am kürzeren Hebel.«

Warren Buffett, 2005

Im Großen und Ganzen sind Finanzmärkte für den Lehrbuchökonomen effizient. Deshalb sollte alles, was einen Keil zwischen Unternehmen und Aktionäre schiebt, eliminiert werden. Die Anreize für die Manager sollten durch angemessen strukturierte Verträge mit denen der Aktionäre in Übereinstimmung gebracht werden. Unter dem Stichwort Bezahlung für Leistung (*Pay-for-Performance*) haben die US-Ökonomen Michael Jensen und Kevin Murphy das mit anderen in den 1980er- und 1990er-Jahren popularisiert und darauf ihre eigene große Reputation aufgebaut. Sie drängten die Unternehmen, ihren Vorstandschefs mehr zu bezahlen, indem sie die Frage stellten: »Ist das Niveau der Gehälter hoch genug, um die Besten und Klügsten in eine Managerkarriere zu locken?« Die Antwort sei wohl nein, sagten sie damals. Wenn den Managern finanzielle Anreize angeboten würden, die ihr finanzielles Eigeninteresse mit dem des Unternehmens in Übereinstimmung brächten, würde sich auch dieses Problem lösen, versprachen sie.[5, 26]

Es wurde schnell zur Norm, der Unternehmensspitze und dem gehobenen Management große Mengen an *Aktienoptionen* zu gewähren, als eine Form von variabler, an den Geschäftserfolg geknüpfter Bezahlung. In der Regel erhält der Manager die Option, eine größere Anzahl Aktien in der Zukunft zum heutigen Aktienkurs zu kaufen. Wenn der Aktienkurs in der Zwischenzeit steigt, ist das ein gutes Geschäft. Wenn er fällt, verfällt die Option, zumindest im Prinzip. Der Gesetzgeber in den USA ließ sich von dem ökonomischen Charme des Systems überzeugen und unterstützte es. Als die Regierung Clinton 1994 den Steuerabzug für Managergehälter auf eine Million Dollar begrenzte, nahm sie leistungsbezogene Gehaltsbestandteile von der Begrenzung aus.

Die Verwaltungsräte und Manager waren leicht zu überzeugen. Die Bezahlung der Top-Manager in den USA explodierte geradezu. Von 1936 bis 1979 hatte der mittlere Vorstandschef in Preisen des Jahres 2000 gerechnet nur gut einer Mio. Dollar Gehalt bekommen, ganz überwiegend in Form eines Festgehalts. In den 1980er-Jahren stieg die mittlere Vergütung auf 1,8 Mio. Dollar, in den 1990er- auf 4,1 Mio. und von 2000 bis 2005 auf 5,2 Mio. Dollar. Der Anstieg ab 1980 ging ganz überwiegend auf Aktien- und auf Optionsgewährung zurück. Seit dem Platzen der New Economy-Blase im Jahr 2001 sind die durchschnittlichen Gehälter der Vorstandschefs inflationsbereinigt etwas zurückgegangen.[17] Der Anteil des einen Prozent Steuerzahler mit den höchsten Einkommen – das sind rund 1,4 Millionen Menschen – stieg von 8,2 Prozent im Jahr 1980 bis 2005 auf 17,4 Prozent. Unter Ausschluss jener, die von ihrem Kapitaleinkommen lebten, stieg der

Einkommensanteil des oberen Prozent von 6,4 Prozent auf 11,6 Prozent. Allein auf dieses reichste Prozent der Steuerzahler entfielen 80 Prozent der gesamten Einkommenssteigerungen zwischen 1980 und 2005.[39]

In Europa und in anderen Regionen sind die Gehälter der Top-Manager immer noch deutlich niedriger als in den USA. Vor allem in Europa wird die angebliche Notwendigkeit, mit den USA konkurrenzfähig zu bleiben, gerne als Argument für eine deutliche Steigerung angeführt. Im Jahr 2006 erhielten amerikanische Firmenchefs eine mehr als doppelt so hohe Vergütung wie die Chefs gleich großer Unternehmen in der gleichen Branche in 26 anderen Ländern. Der Unterschied beruht zum größten Teil auf einer höheren Vergütung mit Aktienoptionen. Gegenüber dem Jahr 2000 hat sich der Vorsprung der US-CEOs aber bereits deutlich verkleinert. Damals verdienten US-Manager noch fast das Dreifache. Beim einfachen Vergütungsdurchschnitt, ohne Berücksichtigung unterschiedlicher Firmengrößen, lagen 2006 die Schweizer Vorstandschefs mit 6,1 Mio. Dollar an der Spitze, gefolgt von den US-amerikanischen mit 5,5 Mio. Dollar, italienischen mit 4,9 Mio. Dollar und deutschen mit 3,2 Mio. Dollar.[14]

Da die USA international bei der Managervergütung Standards setzen, denen andernorts nachgeeifert wird, soll es hier vor allem darum gehen, wie die exorbitanten Managervergütungen dort zustande kommen. Die Unternehmensführung ist in den USA eingliedrig. Aufsichtsrat und Vorstand sind nicht getrennt, sondern es gibt ein *Board.* Zur besseren Unterscheidung vom Aufsichtsrat deutscher Prägung, der völlig getrennt von der operativen Unternehmensführung aufgestellt ist, wird das Board im Folgenden *Verwaltungsrat* genannt, wenn konkret die Verhältnisse in den USA angesprochen werden. Ihm gehören Mitglieder der operativen Unternehmensführung an und externe Mitglieder, die nur eine Aufsichtsfunktion wahrnehmen. Oft ist der operative Unternehmensleiter, der *Chief Executive Officer* (CEO), auch Verwaltungsratschef (*Chairman of the Board*). Unter den externen Mitgliedern des Verwaltungsrats, *Direktoren* genannt, gibt es als Untergruppe die *unabhängigen* Mitglieder, die nicht in einer persönlichen oder Geschäftsbeziehung zum CEO stehen.

Während der Börseneuphorie der 1990er-Jahre waren alle Aktionäre so glücklich mit ihren Kursgewinnen, dass kaum jemand Anstoß an den immer weiter aus dem Ruder laufenden Vorstandgehältern nahm. Selbst riesige Vergütungen erschienen vernachlässigbar im Vergleich zu den Steigerungen des Börsenwerts der Unternehmen. Dass es dafür in dieser heißen Börsenphase keiner besonderen Qualität und Anstrengung des Unternehmenschefs bedurfte, wurde übersehen.

Doch nach den Pleiten von Enron, Worldcom und einer großen Zahl weiterer Unternehmen der New Economy glaubte niemand mehr der Prämisse der leistungsbezogenen Bezahlung, dass die Finanzmärkte effizient sind und es folglich keinen Unterschied zwischen der kurzfristigen Maximierung des Aktienkurses und der langfristigen Maximierung des Unternehmenswertes gibt. Den starken monetären Anreizen gehorchend, hatten die Vorstandschefs alles getan, um ohnehin bereits überbewertete Aktien noch weiter nach oben zu treiben, ohne

Rücksicht auf Verlust und schließlich oft zum großen Schaden des Unternehmens und der Aktionäre.

Wie zwei Zauberlehrlinge, deren Zauber sich verselbstständigt hat, analysierten Jensen und Murphy daraufhin die Ursachen für das Scheitern ihres Ansatzes und versuchten, den Zauber wieder loszuwerden, den sie gerufen hatten. In einem langen, 2004 veröffentlichten Aufsatz drängten sie Aufsichtsräte und Vorstände, ihre schlechten Gewohnheiten der Vergangenheit abzulegen und bessere Menschen zu werden, indem sie ihnen eindringlich mit dem ewigen Fegefeuer eines verlorenen Rufes und der öffentlichen Verachtung drohten:

> *»Dies ist eine Zeit, in der weise und vorausschauende Manager und Aufsichtsräte einen Wettbewerbsvorteil erringen können. Es ist eine Zeit, in der die richtigen Investitionen in die Integrität der Organisation sowohl kurzfristig als auch langfristig beträchtliche Renditen abwerfen werden. Die Beweise dafür, wie die persönliche Reputation Schaden nehmen kann, sind täglich in den Schlagzeilen. Und selbst für diejenigen, die ihren Reichtum behalten, den sie inmitten eines Skandals angehäuft haben, und dem Gefängnis entgehen konnten, bleibt die Frage, was das Leben wert ist, ohne Ehre und Respekt.«*[27]

Sechs Jahre später, nachdem die Finanzelite Amerikas die Große Finanzkrise über die Welt gebracht hatte, könnten sie das Wort für Wort wieder so schreiben. Manager großer Banken, die mit zig-millionenschweren, angeblich leistungsorientierten Vergütungspaketen auf die Interessen der Aktionäre eingeschworen sein sollten, demonstrierten nicht nur über ihr unverantwortliches Zocken bis zur letzten Minute das Scheitern der Idee der *leistungsabhängigen Vergütung*. Manche taten dies auch durch demonstrative Missachtung ihrer Pflichten. Ein besonders augenfälliges Beispiel lieferte James Cayne, CEO der Investmentbank Bear Stearns. Seine wichtigste Qualifikation, um an die Spitze zu kommen, war Bridge-Begabung, die ihm Kontakte zur Spitze des Unternehmens verschaffte. Allein das spricht schon Bände über die Qualität der Aufsicht über den Vorstand. Wie frei er sich fühlte, seine eigenen Interessen zu verfolgen, obwohl er zu den größten Empfängern von Aktienoptionen überhaupt gehörte, kann man daran ablesen, dass er im Sommer 2007 zehn Tage lang nicht zu erreichen war, als zwei Hedge-Fonds von Bear Stearns in eine Existenz bedrohende Krise gerieten. Er spielte in Nashville Bridge. Auch im folgenden Frühjahr spielte er wieder Bridge und war deshalb nicht zu erreichen, als Bear Stearns am Rande der Zahlungsunfähigkeit stand. Wenig später musste die Firma durch einen arrangierten Notverkauf mit staatlichen Subventionen an J.P. Morgan gerettet werden.

Im April 2009 verabschiedete das Finanzstabilitätsforum, ein Komitee aus Vertretern der Finanzministerien, Notenbanken und Regulierer der mächtigsten Nationen, einen Bericht, in dem es die kurzfristig orientierten leistungsbezogenen Gehaltssysteme in der Finanzindustrie für die globale Finanzkrise verantwortlich machte. Tatsächlich gibt es reichlich Indizien dafür, dass die Manager der Hypothekenbanken und der Investmentbanken, deutlich vor Ausbruch der *Subprime-Krise* wussten, dass die massenhaften Hypothekenkredite an nicht kreditwürdige Kunden nicht tragfähig sein würden, sobald der Hauspreisboom abebbte. Aber, angestachelt von riesigen ergebnisabhängigen Vergütungen, die sie sich auf diesem Wege sichern konnten, machten sie weiter. In den Worten von Citigroup CEO Chuck Prince: »Wenn die Musik aufhört, was die Liquidität angeht, dann wird es kompliziert. Aber solange die Musik spielt, muss man aufstehen und tanzen. Wir tanzen noch.« Das brachte vielen »Tänzern« Dutzende und zum Teil Hunderte Millionen Dollar zusätzlichen Gewinn aus Aktien und Aktienoptionen. Gegen solche Anreize konnte die Drohung von Jensen und Murphy mit dem Fegefeuer des Ehrverlusts wenig ausrichten.

Dass die leistungsabhängige Bezahlung in der Praxis nicht viel mehr wurde als ein Instrument zur Vergütungssteigerung lässt sich besonders deutlich an der Praxis der *Goldenen Handschläge* ablesen. Top-Manager, die ihren Job vorzeitig verlieren, bekommen in aller Regel sehr großzügige Abschiedsgeschenke, sogenannte Goldene Handschläge. Diese sind umso goldener, je höher das Gehalt war. Das konterkariert den erhofften Effekt eines höheren Gehalts, dass es nämlich dem Manager einen Anreiz geben soll, sein Bestes zu geben, um das hohe Gehalt weiter zu bekommen. Oft sind solche Abschiedszahlungen schon in den Verträgen vorgesehen. Die Zauberlehrlinge Jensen und Murphy schreiben dazu: »Unserer Ansicht nach sind diese Verträge so extrem und missbräuchlich geworden, dass sie die Integrität wichtiger Teile des Vergütungsprozesses in Zweifel ziehen, ebenso wie die treuhänderischen Pflichten der Verwaltungsräte und der Vergütungskomitees.« Als Beispiel nennen sie Michael Ovitz, der Aktienoptionen und Bargeld im Wert von über 100 Millionen Dollar erhielt, als er nach 16 Monaten als CEO der Walt Disney Company Ende 1996 zurücktrat. Derartige Beispiele sollte es ab da immer öfter geben, häufig auch von Managern, unter denen die Unternehmen riesige Verluste gemacht hatten.[27]

Nicht einmal das eine große Problem, für dessen Lösung leistungsbezogene Vergütung besonders gut geeignet sein sollte, die Kaufwut und Größensucht der Vorstände, konnte sie beseitigen oder auch nur abmildern. Als Jürgen Schrempp die Übernahme von Chrysler durchsetzte, wurde in der deutschen Presse hier und da spekuliert, dass das Daimler-Management wohl auch gern den Zugang zu amerikanischen Gehaltsstrukturen hätte, einschließlich der sehr großzügigen Aktienoptionen. Wenn das Teil des Kalküls war, so ist dieses für Schrempp aufgegangen. Nach der Fusion erhielt er Optionen für das neue, größere Unternehmen, zu den niedrigen Kursen, die seine Entscheidung verursacht hatte. Er machte einen großen Gewinn damit, als der Aktienkurs nach seinem Rücktritt in die Höhe schoss. Eine Aktionärsvereinigung schätzte diesen auf fast 40 Millionen Euro. Als die unglückliche Unternehmensehe bald nach seinem Rücktritt aufgelöst wurde, machte er noch einmal einen beträchtlichen Schnitt, weil die Börse die Trennung feierte.

Jeder Unternehmenschef, der über eine Fusion nachdenkt, kann auf denselben Mechanismus bauen. Er kann damit rechnen, danach noch mehr Optionen auf die Aktien der neuen Gesellschaft zu bekommen als vorher. Immerhin ist die Gesellschaft ja nun größer, da ist es umso wichtiger sicherzustellen, dass dem obersten Angestellten die richtigen Anreize gesetzt werden. Nach den üblichen Maßstäben der Vergütungsberater und des Vergütungskomitees ist es fast zwingend, dass der Vorstandschef ein höheres Gehalt und mehr Optionen bekommt – und höhere Abfindungszahlungen im Fall des Scheiterns. Jeder Top-Manager mit einer Neigung zu Größe wird dies wissen und sich daher von der leistungsabhängigen Bezahlung in seinem schädlichen Expansionsdrang eher noch bestärken lassen.[4, 5]

Und noch einen Fehlanreiz schaffen die kurzfristig ausgelegten Optionsprogramme: Sie belohnen exzessive Risikoübernahme fürstlich. Im schlimmsten Fall gehen die Wetten schief, die die Unternehmensführer eingehen, dann werden ihre allerjüngsten Optionen wertlos (wenn sie nicht einen neuen Ausgabepreis bekommen.) Sollte der Job dann weg sein, entschädigt der Goldene Handschlag für den Verlust. Aber wenn die riskanten Wetten aufgehen, winken Millionengewinne. Die großen Spieler im Subprime-Spiel verdienten, solange es lief, riesige Summen und hatten das meiste davon auch noch, als die Wetten geplatzt waren.

Da es normalerweise ausreicht, für ein paar Jahre gute Gewinne auszuweisen, um reich zu werden, fälschen skrupellose Manager darüber hinaus die Bilanzen, wenn sie große Mengen kurzfristiger Aktienoptionen bekommen. Auf diese Weise machte zum Beispiel Bernie Ebbers von *Worldcom* sein Vermögen, bevor er ins Gefängnis musste. Frisierte Bücher waren in der Szene alles andere als eine Randerscheinung, wie die Vielzahl der entsprechenden Gerichtsverfahren beweist. Eine empirische Untersuchung ergab, dass die Falschbuchungen dort besonders häufig waren, wo der Wert des Optionsportfolios des CEO besonders stark von der kurzfristigen Aktienentwicklung abhing. Trotz der weiten Verbreitung von Buchungsfehlern, gab es nur sehr wenige Verurteilungen zu Gefängnisstrafen, meist in Fällen von spektakulären Pleiten mit hohen Schäden.[11]

Einen Anhaltspunkt dafür, wie nach den gegenwärtigen Regeln der Unternehmensführung die Machtverhältnisse zwischen Spitzenmanagement und Aktionären verteilt sind, liefern Studien, die plötzliche Todesfälle von Top-Managern analysieren. Solche tragische Vorkommnisse liefern, wegen ihrer Unvorhersehbarkeit, eine Gelegenheit zu ermitteln, wie groß die Aktionäre den Beitrag eines Managers zum Unternehmenswert einschätzen und wie viel von diesem Wert der Manager für sich reklamieren kann. Die Ergebnisse solcher Studien deuten an, dass viele Spitzenmanager relativ zu verfügbaren Ersatzkandidaten mehr kosten, als sie bringen. Eine Studie von 1999 stellt eine durchschnittliche Veränderung der Aktienkurses unmittelbar nach Bekanntwerden der Nachricht von plus 2,8 Prozent fest,[21] eine von 2010 fand immerhin noch eine positive Reaktion von 0,9 Prozent. Verantwortlich dafür sind vor allem Vorstandschefs, die länger als zehn Jahre im Amt sind und trotz schlechter Performance an ihrem Stuhl kleben.[41] Eine weitere Studie aus dem Jahr 2010, die neben Vorstandschefs auch andere Top-Manager wie Finanzvorstände und Aufsichtsratsvorsitzende einbezieht, kommt im Durchschnitt der Todesfälle auf eine moderat negative Reaktion des Aktienkurses von minus 1,2 Prozent. Der Clou dieser Studie ist, dass die Autoren durch Vergleich von Vergütungshöhe und Aktienkursreaktion ermitteln konnten, welchen Anteil seines Beitrags zum Unternehmenswert ein Spitzenmanager für sich reklamieren kann. Vereinfacht ausgedrückt, sieht die Rechnung wie folgt aus: Es wird ermittelt, um wie viel mehr (oder weniger) ein Manager verdient als der Durchschnitt. Dieser Betrag wird multipliziert mit der Anzahl der Jahre, die er ohne den unerwarteten Todesfall erfahrungsgemäß noch im Amt geblieben wäre. Diesem Betrag wird der Unterschied in der Reaktion des Börsenwertes auf den Todesfall im Vergleich zum Durchschnitt gegenübergestellt. Das Ergebnis ist, dass immerhin tendenziell diejenigen Manager, die mehr zum Unternehmenswert beitragen, höhere Gehälter haben. Ihre Verhandlungsposition scheint jedoch extrem gut zu sein. Vier Fünftel ihres Mehrbeitrags zum Unternehmenswert reklamieren die Besseren in Form höherer Vergütung für sich.[38]

Autopsie einer Idee: Warum erfolgsabhängige Bezahlung ins Desaster führte

Im Nachhinein ist kaum zu verstehen, warum die sonst so genauen Ökonomen mit ihrem von der *Principal-Agent-Theorie* inspirierten Modell der erfolgsabhängigen Bezahlung einen so kolossalen Denkfehler machen konnten, wie er für das Versagen dieses Modells verantwortlich ist. Sie taten einfach so, als fiele die anreizkompatible Vergütungsstruktur vom Himmel. Das tat sie aber nicht. In der Praxis sind es die Aufsichtsgremien, die im Interesse der Aktionäre die neue anreizkompatible Vergütungsstruktur verhandeln und durchsetzen sollen. Das sind aber genau die Gremien, wegen deren mangelnder Aufsicht oder mangelnder Durchsetzungsfähigkeit die monetären Anreize erst nötig werden. Doch wenn es darum ging, höhere Vergütung für die Manager zu empfehlen, vergaßen die Propagandisten der leistungsabhängigen Bezahlung im Bezug auf diese Entscheidungsträger genau die Principal-Agent-Theorie, die Grundlage ihres Modells war. Die Aktionäre hätten zwar gern, dass die Mitglieder der Aufsichtsorgane allein in ihrem Sinne entscheiden. Doch in der Praxis gibt es nichts, was sie dazu zwingt, und wenig, was ihnen einen Anreiz dazu gibt. Dagegen haben sie jede Menge Anreize, sich mit dem Vorstandschef gut zu stellen.

Die kleine, traute Welt der Unternehmenselite

> *»Der CEO übernimmt den Großteil der Kandidatenkür für den Verwaltungsrat und unterbreitet das Angebot, dem Verwaltungsrat beizutreten. Und, außer in ungewöhnlichen Umständen, arbeiten die Direktoren unter der Ägide des CEO. Der CEO setzt im Allgemeinen die Tagesordnung für den Verwaltungsrat. Fast alle Informationen, die die Verwaltungsräte vom Unternehmen erhalten, kommt vom oder durch den CEO.«*
>
> Michael Jensen und Kevin Murphy, 2004

Das Principal-Agent-Problem der Aktionäre gegenüber dem Management wäre nicht so groß, wenn die Aufseher ihrer Aufgabe nachkommen würden, das Management im Sinne der Aktionäre zu überwachen. Oft werden jedoch stattdessen die Aufseher von den Vorstandschefs kontrolliert. Wo dies der Fall ist, haben die Manager große Spielräume für die Verfolgung ihrer eigenen Ziele. Selbst wenn solch unkontrollierte Manager wohlmeinend sind oder sich dafür halten, so fehlen doch die Gegenkräfte und Kontrollen, die sie von möglicherweise fatalen Fehlern abhalten könnten. Dieses Problem ist seit langem weithin bekannt. Die Regulierer in der ganzen Welt haben immer wieder Reformen der *Corporate Governance* erwogen, die die Manager und Aufseher stärker unter die Kontrolle der Aktionäre gestellt hätten. Doch sehr oft haben sie diese Reformideen wieder aufgegeben, wenn die Unternehmenselite sich dagegen wehrte. Die einzige Reform, mit der die Börsen und Regulierer in den USA die Abhängigkeit der Aufseher von den Beaufsichtigten unabhängiger machen wollten, war die Vorschrift, dass die Mehrheit der Verwaltungsräte Externe sein müssen, also keine Beschäftigten des Unternehmens sind oder gewesen sein dürfen. Auch wenn es Indizien dafür gibt, dass ein höherer Anteil externer Aufseher hilft, sollte sich die Reform als nicht allzu erfolgreich herausstellen. Denn sie hat ein Phänomen nicht beachtet, das die Soziologen schon lange kennen, die Ökonomen aber am liebsten ignorieren: Das Phänomen der kleinen, trauten Welt der Wirtschaftsführer, in der man sich kennt, achtet und in der man die Einfluss- und Autoritätssphäre des jeweils anderen respektiert. Die Normen, die in dieser kleinen Welt gelten, sind einer scharfen Aufsicht über Top-Manager alles andere als zuträglich.

In Frankreich, wo Netzwerke besonders wichtig sind, die auf die Ausbildung an elitären Bildungseinrichtungen zurückgehen, hat ein junger chinesischer Shooting-Star der Ökonomie, Bang Nguyen-Dang, während seiner Promotion in Paris untersucht, welche Folgen soziale Bindungen zwischen Aufsehern und Beaufsichtigten haben. Er stellte fest, dass fast alle Vorstandschefs mindestens einen, oft sogar mehrere Aufsichtsräte hatten, die die gleiche Elite-Uni besucht hatten, obwohl die Anzahl dieser Ehemaligen jeweils sehr gering ist. Es zeigte sich auch, dass der Vorstandschef bei schlechter Unternehmensentwicklung umso fester im Sattel saß, je höher die Anzahl solcher Alumni-Verbindungen war. Obwohl nur die allerbesten Schüler auf diese Eliteuniversitäten gehen können, war die Unternehmensentwicklung schlechter, wenn den Chef mindestens ein Aufseher von der gleichen Elite-Uni beaufsichtigte.[37]

Eine andere Studie nahm sich die sozialen Beziehungen zwischen CEOs und externen Direktoren in den USA vor. Der Autor stellte fest, dass 87 Prozent der Direktoren nach konventionellen Maßstäben unabhängig waren, also nicht zum Unternehmen gehören oder gehört haben und nicht mit dem CEO verwandt oder verschwägert sind. Nimmt man jedoch soziale Beziehungen in den Blick, zum Beispiel gemeinsame Schul- oder Studienzeiten, Militärdienst oder regionale Herkunft, so waren es nur noch 62 Prozent Unabhängige. Da die ermittelten sozialen Verbindungen nur auf öffentlich zugänglichen Datenbanken beruhen, dürfte der tatsächliche Anteil der wirklich vom CEO sozial unabhängigen Direktoren noch deutlich geringer sein. Das könnte erklären, warum empirische Studien nur wenige Belege dafür finden konnten, dass ein höherer Anteil *unabhängiger Direktoren* zu besseren Unternehmensergebnissen führt. Wenn man nämlich unterscheidet zwischen nur konventionell unabhängigen Direktoren und solchen, die auch sozial vom CEO unabhängig sind, zeigen sich einige bemerkenswerte Unterschiede. Firmen mit einer Mehrheit von Direktoren der zweiten Kategorie gewähren ihrem CEO ein niedrigeres Gehalt und machen es stärker von seiner tatsächlichen Leistung abhängig. Außerdem entlassen sie ihn eher, wenn die Leistung schwach ist.[24]

Ein schönes Beispiel für Scheinunabhängigkeit ist der Verwaltungsrat der Versicherung Cardinal Health. Der Form nach waren zehn der 13 Direktoren unabhängig. Einer jedoch hatte die gleiche Heimatstadt wie der CEO und beide hatten die gleiche Universität besucht. Zudem hatte er dessen Sohn eine Stelle im eigenen Unternehmen gegeben. Ein anderer hatte mit dem CEO auf der Universität das gleiche Fach studiert. Drei weitere verbanden ähnliche soziale Beziehungen mit dem CEO.[24]

Die guten Beziehungen der Chefs zu ihren Aufsehern sind kein Zufall. Vielmehr ist es vor allem eine freundliche Einstellung zum Management, mit der sich Externe wirksam für das Amt des Aufsehers über eben dieses Management qualifizieren können.

Lobhudler einstellen (2008),
von Lauren Cohen und Andrea Frazzini (Yale) und Christopher Malloy (Harvard).

Diese Studie zeigt, dass die Willfährigkeit gegenüber dem aktuellen Management eines Unternehmens eine wichtige Qualifikation ist, um in den Verwaltungsrat dieses Unternehmens eingeladen zu werden und das Management beaufsichtigen zu dürfen. Die drei Autoren untersuchten die Vita von externen Direktoren, die nach einer Analystenkarriere zum Verwaltungsrat stießen. Sie stellen fest, dass die glücklichen *Analysten* zuvor wenig Können bewiesen hatten, wenn es darum ging, die Gewinne und Aktienkurse des betreffenden Unternehmens oder der Branche, akkurat vorherzusagen.
Was sie von anderen Analysten unterschied, war der extrem hohe Anteil von *Kauf-* und

Starker-Kauf-Empfehlungen für das Unternehmen, in dessen Verwaltungsrat sie schließlich gewählt werden sollten. Dazu kam, dass sie diese positiven Empfehlungen oft gerade dann abgaben, wenn sie für das Management am wichtigsten waren, zum Beispiel, wenn andere Analysten gerade ihre Prognosen gesenkt hatten. Anderen Unternehmen gegenüber hatten diese Analysten keine entsprechende Tendenz zu einer zu günstigen Prognose gezeigt. Nur wenn diese anderen Unternehmen durch personelle Überschneidungen der Verwaltungsräte mit ihren späteren Arbeitgebern verbunden waren, erhielten sie eine vergleichbare Vorzugsbehandlung. Insgesamt deutet dies stark darauf hin, dass es explizite oder implizite Absprachen gab. Andernfalls hätte man erwarten müssen, dass die Analysten generell willfährige Prognosen abgaben, um von irgendeinem der Unternehmen, für die sie zuständig waren, in den Verwaltungsrat berufen zu werden.

Doch direkter, messbarer Einfluss des CEO auf interne und externe Direktoren liefert nur einen Teil der Erklärung für das verbreitete Versagen der Aufsichtsräte bei der Kontrolle des Managements. Die andere, vielleicht wichtigere Erklärung ist die Kultur, die in der kleinen Welt der Unternehmenselite vorherrscht. Eine ganze Reihe von Studien hat gezeigt, dass es mächtige soziale Normen gibt, die Aufsichtsräte davon abhalten, ihre Kontrollfunktionen im Sinne der Aktionäre effektiv auszuüben. Diese Normen verlangen von ihnen, dem Urteil des Vorstandschefs Vorrang zu geben, wenn es um wichtige Dinge geht und um solche, die diesem besonders wichtig sind. Das ist auch nicht weiter überraschend, denn die meisten Aufsichtsräte sind oder waren selbst Manager. Was du nicht willst, das man dir tu, das füg auch keinem anderen zu, heißt die Devise.[44]

James Westphal, ein Betriebswirtschaftsprofessor an der University of Texas in Austin, und verschiedene Koautoren haben durch Interviews mit Direktoren nachgewiesen, dass diejenigen, die sich an Aktionen beteiligt haben, die die Entscheidungsmacht des CEO beschnitten, später unter sozialer Ausgrenzung durch Direktoren in anderen Unternehmen zu leiden hatten. Sie wurden danach nicht mehr zu informellen Treffen eingeladen und weniger häufig um Rat gefragt.[43]

Die Basis für die Aufrechterhaltung solcher Normen ist der enge soziale Zusammenhalt in den Verwaltungsräten. Dazu trägt auch deren relative Gleichförmigkeit bei. So ist unstrittig, dass weiße Männer angelsächsischer Abstammung, mit einer Ausbildung an Eliteschulen oder Mitgliedschaften in elitären Clubs eine um ein Vielfaches höhere Chance haben als andere fachlich in Frage kommende Bevölkerungsgruppen. Dieses Phänomen ist keineswegs auf die USA beschränkt.

Man könnte geneigt sein, anzunehmen, dass die allmählich zunehmende Anzahl von Direktoren, die nicht aus der männlichen, weißen sozialen Elite kommen, allmählich die sozialen Normen aufweichen würde, die die Macht der CEOs unterfüttern. Das wäre weit gefehlt. Westphal und seine Koautoren haben Belege dafür gefunden, dass der Prozess zur Auswahl externer Direktoren die Unterwürfigkeit der Aufseher eher verstärkt als abmildert. Für die Berufung auf die erste Direktorenstelle ist die Empfehlung von einem Vorstandschef unerlässlich. Eine große Anzahl von CEOs und Vorständen gaben in Interviews an, dass einschmeichelndes Verhalten gegenüber dem obersten Chef der wichtigste Faktor ist, der über die Einladung in einen Verwaltungsrat entscheidet. Andere häufig erwähnte Faktoren waren die Mitgliedschaft in exklusiven Clubs, Ausbildung an einer Eliteuni, weiße Hautfarbe und männliches Geschlecht. Bedeutsam ist, dass einschmeichelndes Verhalten für Kandidaten, die die elitären Merkmale nicht erfüllen, erheblich wichtiger ist. Offenbar haben es männliche, weiße Mitglieder der sozialen Elite weniger nötig, sich einzuschmeicheln. Daher diszipliniert die Möglichkeit, die Verwaltungsräte auch mit profanen Kandidaten von außen aufzufüllen, die soziale Elite in den Aufsichtsräten eher, als dass sie deren generelle Nachgiebigkeit abmildern würde.[44]

Der Weg zum Reichtum führt durch das Vergütungskomitee

Das Mitglied eines Vergütungskomitees, das sich den Ruf erwirbt, beim CEO-Gehalt zu knausern und hart zu verhandeln, erhöht damit nicht gerade seine Chancen auf zusätzliche Posten. Dazu kommt noch, dass der CEO die Vergütung und Nebenleistungen für die Direktoren beeinflussen kann. Jensen und Murphy beschreiben den Prozess der Vergütungsfestlegung, wie er nicht nur in den USA typisch ist: Formell werden die Entscheidungen vom Vergütungskomitee des Verwaltungsrates getroffen und vom gesamten Verwaltungsrat abgesegnet. Aber die Empfehlung kommt in der Regel von der Personalabteilung, die dem CEO untersteht. Zusätzlich werden oft externe Berater hinzugezogen. Bevor die Empfehlung der Personalabteilung an den Verwaltungsrat geht, wird sie mit dem CEO besprochen. Das Komitee akzeptiert den Plan oder schickt ihn mit der Bitte um Änderungen zurück. »Die Tatsache, dass die Empfehlungen vom Management kommen und nicht vom Vergütungskomitee, zieht die Integrität des Prozesses in Zweifel«, urteilen Jensen und Murphy und fügen hinzu: »Die Tatsache, dass das Komitee den Plan erst sieht, wenn das Top-Management sein Okay gegeben hat, erzeugt ein Umfeld, das zu Missbrauch einlädt.«

Antwort in einem schriftlichen Interview vom früheren CEO einer mittelgroßen US-Aktiengesellschaft,
geführt vom Autor im September 2009.

»Was ich von der Vergütung noch weiß, unterscheidet sich stark von dem, was heute üblich ist, vor allem in der Höhe. In den 1980er-Jahren galt die Regel, dass die Vergütung des CEO in unserem Unternehmen zwischen dem 20- und dem 30-Fachen des Durchschnittsgehalts aller Ebenen von Führungskräften war. Dieser Durchschnitt lag damals bei etwas über 20000 Dollar im Jahr. Je näher der CEO an der Pensionsgrenze war, desto näher würde das Vielfache der 30 kommen. Was den Verwaltungsrat angeht, so ging es für uns vor allem darum, die Direktoren zu unterhalten. Das war nicht schwer, denn sie waren selbst recht unterhaltsam. Sie liebten es, Geschichten von früher zu erzählen. Mindestens einmal im Jahr hielten wir das Treffen des Verwaltungsrats an einem attraktiven Ort mit Golfplatz ab. Wir arrangierten Privatflugzeuge für die Direktoren. Sie hatten viel gemeinsam und freuten sich in der Regel auf die Sitzungen als eine Gelegenheit, sich wiederzusehen. Meine Einführung für die Gehaltsüberprüfung bestand aus einer Präsentation zum Geschäftsverlauf. Wir betonten, wenn möglich, eine kurz zurückliegende Aktivität, wie zum Beispiel eine Fusion oder den Verkauf einer Tochter, und redeten über unsere Stärken und unsere Position in der Branche. Aber das Wichtigste war, die Unternehmensberatungstochter unseres Wirtschaftsprüfers für die Abgabe einer Gehaltsempfehlung engagiert zu haben. Deren Berichte betonten den Vergleich mit Managern in ähnlichen Umständen und in Firmen der gleichen Größe. Dann verabschiedete die Regierung Gesetze und Regulierungen, die die Steuervorteile von Nebenleistungen und die Abzugsfähigkeit der Gehälter begrenzten. Die Rentenversicherungskasse begrenzte dazu den Pensionsbetrag, der im Falle einer Unternehmensinsolvenz staatlich garantiert war. Dagegen wurde eine ganze Batterie von Gegenmaßnahmen ergriffen. Das Top-Management bekam zusätzliche Betriebsrenten, Aktienoptionen, nachgelagerte Bezahlung, unternehmensfinanzierte Kranken- und Lebensversicherungen, Erstattung von Umzugskosten und viele andere Nebenleistungen, die absetzbar waren. Viele dieser Programme gab es schon vorher, sie waren aber viel sparsamer genutzt worden. Ich denke, vieles von dem Missbrauch, den wir heute sehen, begann mit dem Eingreifen der Regierung. Als die Regierung später noch neue steuerbegünstigte Rentenfonds für Betriebsrenten einführte, bei denen die Einzahlung feststand, aber sich die Rentenhöhe nach dem Kapitalertrag richtete (401K), nutzten die Unternehmen das zur Reduzierung der Pensionsleistungen ihrer Beschäftigten. Gleichzeitig war das der Vorwand, die Top-Manager herauszunehmen, und ihnen andere, bessere Arrangements anzubieten. Ich erinnere mich, dass wir, als wir zum ersten Mal von Prozessen gegen Direktoren wegen Verletzung der Aufsichtspflicht hörten, wir ihnen sofort Garantieerklärungen schicken, dass sie nicht in Anspruch genommen würden. Sie haben so wenig Verantwortung und werden so gut bezahlt und behandelt, dass sie praktisch Angestellte des Unternehmens sind.«

In Deutschland, wo die operative Geschäftsleitung durch den Vorstand und die Aufsicht durch den Aufsichtsrat wahrgenommen wird, ist es in Aktiengesellschaften ohne dominierende Aktionäre in der Regel der Vorstand, der die Aufsichtsräte auswählt und zur Wiederwahl vorschlägt. Auch hier stehen diese also in einem impliziten Abhängigkeitsverhältnis. Auch wechselt der Vorstandsvorsitzende häufig am Ende seiner Karriere als Vorsitzender in den Aufsichtsrat. Idealer Weise kann er dort weiterhin sein Know-how zum Nutzen des Unternehmens einbringen. Im ungünstigen Fall hat er so die Möglichkeit, die eigenmächtigen und eigensüchtigen Entscheidungen, die er als Vorstandschef getroffen hat, gegen interne Kritik und peinliche Kehrtwenden abzuschirmen. Außerdem steht er dann dem Gremium vor, das die Angemessenheit von Vergütungen und Pensionsansprüchen nachträglich überprüfen könnte.

Häufig besorgt sich der Verwaltungsrat vermeintlich objektive Beratung von außen, um ein adäquates Gehaltsniveau für das Top-Management festzulegen. Es ist allerdings sehr fraglich, wie objektiv die Berater sein können. »Es scheint, dass Berater typischerweise stärker ein hohes Gehalt rechtfertigen, als objektiven Input in ein offenes Verfahren einzuspeisen«. Selbst Murphy, der so viel dafür getan hat, die Managergehälter explodieren zu lassen, stimmt zu: »Vergütungsberater können nie wirklich unabhängig sein von den Managern, die sie engagieren. Sie werden selbstverständlich versuchen, zusätzliches Geschäft zu akquirieren und zusätzliche Dienstleistungen zu verkaufen«, schreibt er in einer 2008 erscheinen Studie über die Gehaltsberatungsbranche. Darin stellen er und seine Koautorin in der Tat fest, dass Unternehmen, die Gehaltsberater anheuern, ihren Top-Managern mehr bezahlen als solche, die das nicht tun.[35]

Die schöne Theorie und die hässliche Praxis der Managervergütung

»Eine erstaunliche Anzahl von Betriebswirtschafts- und Finance-Professoren sind unglaublich ahnungslos in Bezug auf das, was in der wirklichen Welt vorgeht. Sie glauben, dass die Sorge um das eigene Ansehen Betrug und andere Arten von schlechtem Verhalten verhindert.«

Jay Ritter, University of Florida, 2009

Die Rechts- und Wirtschaftswissenschaftler Lucian Bebchuk and Jesse Fried wurden in Fachkreisen berühmt damit, dass sie auch bei der Analyse von Vergütungssystemen den Faktor in den Mittelpunkt stellten, den Jensen, Murphy und die übrige Ökonomengemeinde bis dahin ausgeblendet hatten: die Macht der Manager. Sie untersuchten, ob die Eigenheiten realer leistungsorientierter Systeme, wie sie ab 1990 immer stärker eingeführt wurden, eher zu dem Ansatz der *optimalen Vertragsgestaltung* (optimal contracting) passte, oder doch eher zu dem, was sie den *Managermacht-Ansatz* nennen. Der erste Ansatz nimmt an, dass die Vergütungssysteme der Überwindung des Principal-Agent-Problems dienen, der zweite, das sie von den Managern als Instrument genutzt werden, ihre Vergütung zu steigern.[4, 5]

Nach dem Managermacht-Ansatz von Bebchuk und Fried schnitzen sich die Manager ein Vergütungssystem, das so günstig wie möglich für sie ist, unter Beachtung der Nebenbedingung, dass eine *Empörungs-Schwelle* nicht überschritten wird. Die Vergütungssysteme können also nur so vorteilhaft werden, dass Aktionäre und Öffentlichkeit darüber nicht in Entrüstung ausbrechen.

Wenn die Vergütungsregeln der optimalen Vertragsgestaltung aus Aktionärssicht entsprechen würden, sollte man annehmen, dass Manager nur für den Teil des Unternehmenserfolgs entlohnt werden, auf den sie Einfluss nehmen können. In einem Bullenmarkt steigen fast alle Aktien, weitgehend unabhängig von der Qualität der Unternehmensführung. Daher sollten nur diejenigen Unternehmensführer belohnt werden, die den Unternehmenswert überdurchschnittlich steigern. Das ist nicht schwer einzurichten. Man muss lediglich nur die leistungsabhängigen Vergütungsbestandteile an der Kursentwicklung im Vergleich zu einem geeigneten Aktienindex ausrichten. Das würde auch sicherstellen, dass in einem Bärenmarkt diejenigen Manager belohnt werden, deren Unternehmenswert weniger sinkt als der von vergleichbaren Unternehmen.

In der Realität passiert das sehr selten. Bebchuk und Fried zufolge nutzten nur zwanzig der 250 größten börsennotierten Gesellschaften Vorkehrungen, die verhinderten, dass Unternehmensführer für unterdurchschnittliches Abschneiden belohnt wurden. Die Norm ist, dass sie Aktienoptionen mit einem Ausübungspreis bekommen, der dem aktuellen Aktienkurs entspricht. Das hat zur Folge, dass die Manager nicht nur großzügig entlohnt werden, wenn der Gesamtmarkt nach oben geht. Sie werden sogar für den Teil der Aktienkurssteigerung entlohnt, der allein einen Ausgleich für die Geldentwertung darstellt. Selbst wenn der Unternehmenswert weniger steigt als der von vergleichbaren Unternehmen und weniger als der Inflationsrate entspricht, gewinnen ihre Optionen an Wert.[4, 5]

Wenn die Vergütungskomitees wirklich die optimalen Verträge für das Unternehmen abschließen wollten, würden sie zumindest eine Aktienkurssteigerung von fünf Prozent oberhalb der Inflationsrate verlangen, bevor der leistungsabhängige Teil der Entlohnung positive Werte erreicht. Das wäre aber weniger günstig für die CEOs, was wohl der Grund ist, warum das äußerst selten so gehandhabt wird.[4, 5]

Wenn die Manager Pech haben und der Aktienmarkt geht insgesamt nach unten, würden sie bei einem solchen Vergütungssystem leistungsunabhängig viel Geld verlieren. In der Realität ist das aber nur begrenzt der Fall. Eine empirische Untersuchung des Phänomens der *Belohnung für Glück* förderte zu Tage, dass die Verluste der Manager in Bärenmärkten ein Viertel bis die Hälfte geringer sind, als sie es wären, wenn das System symmetrisch wäre. Häufig wird der Ausübungspreis der Optionen nachträglich gesenkt, sobald der Aktienpreis des Unternehmens gefallen ist, damit die Manager für ihr Pech nicht bestraft werden. Dies wird damit begründet, dass sich nur auf diese Weise der Leistungsanreiz, den die Optionen bieten sollen, wiederherstellen lasse. Denn wenn der aktuelle Aktienkurs zum Beispiel 30 Prozent unter dem Ausübungspreis der Optionen liegt, bleiben diese wertlos, selbst wenn der Aktienkurs um bis zu 30 Prozent steigt.[18]

Statt einer einfachen Senkung des Ausübungspreises, die den Begünstigten einen großen Vermögensgewinn beschert, könnte man aber auch einen vermögensneutralen Weg wählen, die Anreize wiederherzustellen. Man könnte den Managern ein Umtauschangebot machen, wonach sie ihre fast wertlos gewordenen Optionen gegen eine geringe Anzahl von Optionen mit niedrigerem Ausübungspreis eintauschen können. Damit würde der Vermögensgewinn klein gehalten. Das geschieht aber in der Regel nicht. Interessanter Weise sind es Unternehmen mit einflussreichen Großaktionären, die leistungsabhängige Bezahlung des Spitzenpersonals eher an Vergleichsgruppen binden und ihre Vergleichsmaßstäbe bei steigenden und fallenden Kursen symmetrisch anwenden. Das passt zur These, dass die meisten Vergütungssysteme Instrumente sind, um wehrlose Aktionäre zu übervorteilen.[18]

Dating für Manager

Während die nachträgliche Senkung des Ausübungspreises von Aktienoptionen in schlechten Börsenzeiten sehr nach Selbstbereicherung aussieht, aber immerhin legal ist, trifft dies bei einer anderen verbreiteten Vergünstigung nicht zu. Wie schon erwähnt, ist die übliche Praxis, dass Top-Manager ihre Aktienoptionen *am Geld* bekommen, das heißt, mit einem Ausübungspreis, der dem jeweils aktuellen Aktienkurs entspricht. Diese Praxis macht den Tag, an dem die Optionen gewährt werden, besonders wichtig. Ökonomen mit forensischer Neigung haben festgestellt, dass die Top-Manager als Gruppe unglaublich viel Glück hatten. Denn der Tag, an dem sie ihre Optionen gewährt bekamen, war ungewöhnlich oft ein Tag mit besonders niedrigen Kursen. Danach folgten regelmäßig ein paar gute Tage, die sie gleich ins Geld brachten. Wenn zum Beispiel ein CEO die Option erhält, in einem Jahr 100000 Aktien zum aktuellen Kurs von 100 Dollar zu kaufen, und der Kurs steigt in den nächsten Tagen auf 105 Dollar, so sind die Optionen sofort rund 500000 Dollar mehr wert.[6]

Einige CEOs jedoch hatten Pech, und ihre Unternehmen hatten noch größeres Pech, gerade weil die forensischen Ökonomen so genau hinschauten. Diese wiesen nach, dass die CEOs von Dutzenden großen Unternehmen regelmäßig im Nachhinein das Datum änderten, zu dem sie angeblich ihre Aktienoptionen erhalten haben. Da die Optionen *am Geld* vergeben wurden, änderten sie damit gleichzeitig den Ausübungspreis zu ihrem Vorteil und zum Nachteil aller anderen Aktionäre.[22, 36, 40]

Ein prominenter Begünstigter des *Optionsrückdatierungs-Spiels* war Steve Jobs, vom Computerhersteller Apple. Am 19. Januar 2000 verbreitet das Unternehmen, dass es eine Woche zuvor seinem CEO die Option gewährt hatte, zehn Millionen Aktien zum Kurs des Vergabetages zu kaufen, d.h. für 87 Dollar. Bis zum Tag der Bekanntgabe war der Aktienkurs bereits auf 106 Dollar gestiegen, die Option hatte in einer Woche über 100 Millionen Dollar an Wert gewonnen. Apple musste sieben Jahre später einräumen, dass das Datum der Optionsgewährung im Nachhinein festgelegt worden war und dass zur Vertuschung dieser Tatsache sogar Dokumente gefälscht worden waren. Mehrere Spitzenmanager von Apple mussten deshalb zurücktreten. Steve Jobs wurde kein eigenes Fehlverhalten nachgewiesen, auch wenn er der Hauptbegünstigte war. Der spektakulärste Fall war aber der von William McGuire, CEO von United Health Group, der seinen Job 2006 wegen eines Rückdatierungsskandals verlor. Er einigte sich außergerichtlich mit Zivilklägern und zahlte die astronomische Summe von 620 Millionen Dollar zurück. Das ließ ihn nicht als armen Mann zurück. Dem *Wall Street Journal* zufolge besaß er immer noch Optionen im Marktwert von 800 Millionen Dollar, als er das Unternehmen verließ.

Die Ökonomen wunderten sich darüber, dass die CEOs generell enormes Glück bei der Zuteilung ihrer Optionen hatten, und sie regelmäßig den tiefsten Aktienstand des Monats bekamen. Sie zeigten, dass das nicht mit rechten Dingen zugehen konnte, sondern dass ein weit verbreiteter Betrug stattfinden musste. Nicht zuletzt wegen der forensischen Arbeit der Ökonomen flog der Skandal auf. Dutzende von CEOs, Finanzchefs und Chefjustiziaren bekannter Unternehmen mussten zurücktreten – einige wurden gerichtlich belangt.

Zwei Aufsätze dazu wurden im Vorfeld von mehreren Fachzeitschriften abgewiesen. Deren Begutachter mochten nicht akzeptieren, dass es wirklich verbreitet illegale Aktivitäten an der Spitze großer Unternehmen gab. Dieser naive, unbedingte Glaube der Ökonomenzunft in die ethische Basis der freien Marktwirtschaft und deren Hauptakteure hielt die Veröffentlichung der Artikel mehrere Jahre lang zurück und verzögerte damit die Aufdeckung des Skandals.[40]

Das Widerstreben zuzugeben, dass auch böse Dinge in der Wirtschaft stattfinden, zeigte sich auch in anderen Fällen. Jay Ritter bestätigte mir, dass Wissenschaftler immer wieder von Gutachtern und Zeitschriftenherausgebern gedrängt werden, Sachverhalte mit juristischen Implikationen nicht beim Namen zu nennen und moralisch eindeutige Terminologie zu vermeiden. Ihm selbst ging das unter anderem so, als er das in Kapitel eins erwähnte Papier mit Xiaoding Liu unter dem Titel »Executive Bribery« (Bestechung von Unternehmenschefs) zur Veröffentlichung einreichte. Er wurde zu einer Titeländerung gedrängt und das Papier erschien später unter dem weichgespülten (und schwer übersetzbaren) Titel »The Economic Consequences of IPO Spinning«.

In Wahrheit geht es nicht einfach nur darum, dass übermäßig wohlmeinende Direktoren skrupellosen Vorständen geholfen haben, sich unangemessen zu bereichern. Es sieht vielmehr so aus, als ob die Direktoren in vielen Fällen bestochen wurden, um großzügig zu sein und selber zu profitieren. Ökonomen haben ermittelt, dass Aufseher ebenfalls Empfänger von opportunistisch datierten Optionen waren. Wenn die unabhängigen Direktoren am gleichen Tag wie der Vorstandschef Optionen erhielten, war die Wahrscheinlichkeit deutlich erhöht, dass es sich um den günstigsten Kurs des Monats handelte. Außerdem erhöhte es die Wahrscheinlichkeit, dass die Optionen eines unabhängigen Direktors glücklich datiert waren, wenn der Vorstandschef im gleichen Jahr oder im Vorjahr bereits solche vorteilhaft datierten Optionen erhalten hatte.[6]

Das *Sarbanes-Oxley-Gesetz*, das 2002 in Kraft trat, verlangt, dass die Top-Manager den Empfang von Aktienoptionen innerhalb von zwei Arbeitstagen melden. Das begrenzt die Möglichkeit, von einer Rückdatierung zu profitieren, enorm, zumindest für diejenigen, die diese Vorschrift beachteten. Deshalb ließ das Glück der CEOs ab 2002 beträchtlich nach. Vielleicht liegt hier auch ein wichtiger Grund für die seither leicht rückläufige Gesamtvergütung. Nur für diejenigen, die sich nicht an die neue Regel hielten, setzte sich die Glückssträhne beim Timing der Optionsgewährung fort. In Zahlen ausgedrückt heißt das: Nach den Schätzungen von Erik Lie und einem Koautor wurden zwischen 1996 und August 2002 etwa jede vierte nicht vorangekündigte Gewährung von Aktienoptionen *am Geld* rückdatiert oder anderweitig manipuliert. 20 Prozent der Unternehmen, die Optionen an ihre Spitzenmanager gewährten, manipulierten diese mindestens einmal. Der Anteil der manipulierten Optionsprogramme halbierte sich als Folge der Zweitages-Meldevorschrift ab August 2002. Bei den manipulierten war der Vorteil erheblich geringer, weil ja nur noch um bis zu zwei Tage manipuliert werden konnte. Allerdings stellte Lie fest, dass auch danach bei den 13 Prozent der Meldungen, die verspätet eingingen, der Anteil der manipulierten Daten so hoch war wie vor Sarbanes-Oxley.[22, 23]

In Deutschland wurden die Meldevorschriften ähnlich wie in den USA nach den Skandalen aus der New-Economy-Blase verschärft. Die Optionsgewährung ebenso wie die Ausübung müssen innerhalb von fünf Tagen gemeldet und veröffentlicht werden. Für Deutschland oder andere Länder sind keine Untersuchungen bekannt, die quantifiziert hätten, ob und in welchem Umfang es nachträgliche Manipulationen von Optionsprogrammen gegeben hat oder noch gibt. Das Potenzial dafür scheint vorhanden zu sein, da der Tag der tatsächlichen Optionsgewährung hierzulande schwer bestimmbar und vor allem schwer nachweisbar ist. Maßgeblich ist der Tag, an dem das Unternehmen und der Mitarbeiter ein »gemeinsames Verständnis über die Vertragsbedingungen« erlangt haben. Die Verhandlungen können sich hinziehen und müssen nicht schriftlich dokumentiert werden. Das eröffnet gestalterische Freiräume, deren Nutzung von außen kaum überprüfbar ist.[42]

Im Dunkeln ist gut munkeln

Nach der These der optimalen Anreizverträge gäbe es keinen guten Grund, die Gesamtvergütung des Top-Managements zu verheimlichen. Dagegen ist die Vernebelung nach der These der Manager-Macht mit *Empörungsschwelle* essenziell. In der Realität ist Verschleierung allgegenwärtig. Wie Bebchuk und Fried feststellen, nehmen diejenigen, die die Vergütungssysteme entwerfen, oft sogar beträchtliche steuerliche Nachteile in Kauf, damit die Vergütung des Top-Managements schwerer nachvollziehbar wird. Im Gegensatz zur Grundvergütung und den gewährten Optionen tauchen die verdeckten Vergütungen nicht im Jahresbericht auf. Wenn überhaupt sind sie nur Teil von deutlich weniger öffentlichkeitswirksamen Mitteilungen an die Wertpapieraufsicht. Ihr Wert ist oft schwer zu kalkulieren und sie werden oft nicht bemerkt, geschweige denn in der Presse ausgewalzt.[4, 5]

Einige gebräuchliche Praktiken, wie etwa die implizite Vereinbarung, den Kaufpreis von Optionen nachträglich zu senken, wenn der Kurs fallen sollte, machen die Optionspakete sehr viel wertvoller als die Werte, die die Unternehmen angeben. Im manchen Unternehmen stellen solche verdeckten Zahlungen den Großteil der Vergütung für die Top-Manager dar. Manchmal ist die Vergütung so verdeckt, dass nicht einmal die Direktoren, die sie genehmigt haben, eine Ahnung von ihrem wahren Wert haben. Als ein Sturm der öffentlichen Entrüstung ausbrach, weil bekannt wurde, dass Richard Grasso mit einer Pensionszusage im Wert von 140 Mio. Dollar als Chef der New Yorker Aktienbörse in den vorzeitigen Ruhestand ging, gaben sich einige Direktoren schockiert und sagten, sie hätten keine Ahnung vom Wert dieser Pensionszusagen gehabt.[29]

Vielen CEOs, die freiwillig auf ihr Amt verzichteten, wurde zugesagt, dass sie für Zeiten zwischen fünf Jahren und lebenslänglich Firmenjets für private Flüge nutzen können. Ein CEO bekam sogar die Verfügungsgewalt über die VIP-Lounge der Firma bei den U.S. Open mit in den Ruhestand. Nach einer Untersuchung von David Yermack sind die Trennungspakete umso weniger transparent, je wertvoller sie sind und je größer das Element der Unfreiwilligkeit in der Trennung ist. Die Verbindung von Intransparenz und Höhe der Zahlung passt zur These von der Empörungsschwelle, die nicht überschritten werden soll. Aber auch der zweite Teil passt dazu, denn wenn der CEO aus dem Amt gedrängt wird, impliziert das normalerweise, dass er Wert vernichtet hat. Da kommen großzügige Abschiedszahlungen meist bei Aktionären und Öffentlichkeit nicht gut an. Das macht die Vernebelung besonders attraktiv.[47]

Dagegen tut man sich schwer, die These der optimalen Vertragsgestaltung damit in Einklang zu bringen, dass Unternehmen den scheidenden CEOs regelmäßig für lange Zeit oder gar lebenslänglich einen Dienstwagen mit Fahrer oder gar Flugzeuge, Büro mit Bürokraft, und Ähnliches gewähren sollten. Solche Vergünstigungen kosten in aller Regel das Unternehmen deutlich mehr, als sie dem Begünstigten wert sind. Aber wenn die Bezahlung hoch genug ist, dass die Empörungsrestriktion greift, ist die Tatsache sehr nützlich, dass solche Vergünstigungen für die Medien nur schwer durchschaubar und in einem Betrag auszudrücken sind. So wurde erst bekannt, was für einen teuren Beratervertrag Citigroup mit ihrem ehemaligen CEO, Sanford Weill, geschlossen hatte, als Weill ankündigte, er würde den Vertrag vorzeitig auflösen. Er bekam für seine Dienste zwar »nur« 173 000 Dollar Vergütung. Als Nebenleistung erhielt er aber Zugang zu den Dienstleistungen und Ressourcen des Unternehmens in einem Umfang, wie er ihn als Chef gehabt hatte. In seinem letzten vollen Jahr an der Unternehmensspitze, hatte das Unternehmen den Wert dieser Nebenleistungen mit 2,65 Mio. Dollar angegeben. Das Unternehmen übernahm auch gleich die Steuer, die Weill für dieses großzügige Nebengehalt würde bezahlen müssen. Während die Citigroup 2008/2009 Milliarden öffentliches Geld zur Rettung vor dem Bankrott erhielt, bezahlte sie gleichzeitig Büros und Bürokräfte in der New Yorker City für die Ex-CEOs Charles Prince und John Reed, sowie für den ehemaligen Chef des Investmentbanking, Michael Klein. Letzterer hatte im Juli 2008 mit einem Abschiedspaket von 34 Mio. Dollar gekündigt, nachdem milliardenschwere Verluste in seiner Abteilung anfingen, bekannt zu werden.

Auch eine Studie, die die Nutzung von Unternehmensjets durch die CEOs für private Trips analysiert, spricht Bände. Wer dieses teure Bonbon in Anspruch nahm, tat es zusätzlich, nicht etwa gegen kompensierende Gehaltseinbußen, stellt der Autor fest. Der wichtigste statistisch beobachtbare Faktor zur Erklärung der privaten Nutzung von Firmenjets waren die Golf-Gewohnheiten des CEO. Wer einem weit entfernten Golfclub angehörte, nahm viel eher das Privileg privater Reisen im Unternehmensjet in Anspruch. Sobald dieses Privileg bekannt wurde, zeigte sich regelmäßig, dass die Aktionäre davon ausgingen, dass sie dem Unternehmen mindestens so viel schadeten wie sie kosteten, dass also der CEO keine entsprechende Leistung dafür erbrachte.[46]

Flüge für den exklusiven Geschmack: Unternehmensjets, Vergünstigungen und schlechte Aktienkursentwicklung (2006),
von David Yermack (New York Univ.)

Die Nutzung von Unternehmensjets für private Ausflüge ist eine Vergünstigung, die teuer genug ist, um eine Meldung an die Wertpapieraufsicht SEC erforderlich zu machen. Nach den SEC-Daten, die Yermack ausgewertet hat, haben 78 Prozent der Großunternehmen mindestens ein eigenes Flugzeug. Von diesen erlaubten 30 Prozent ihren Top-Managern, dieses kostenlos privat zu nutzen. Innoffiziell könnten es noch deutlich mehr sein. Wenn ein Unternehmen die Vergünstigung an die SEC meldet, resultiert daraus im Durchschnitt ein Kursverlust der Unternehmensaktie um 1,1 Prozent. Das ist jedoch noch nicht alles. Die Kursentwicklung von Unternehmen, die die private Flugzeugnutzung gestatten, ist eindrucksvolle 4 Prozent pro Jahr schlechter als die von Unternehmen, die nicht so großzügig zu ihren Chefs sind. Yermack erklärt dies damit, dass die Aktionäre davon ausgehen, dass CEOs, die diese teure Vergünstigung in Anspruch nehmen, wahrscheinlich nicht so hart arbeiten, weniger gut auf die Vermögenswerte des Unternehmens achten und eher aufgeblähte Führungsstrukturen tolerieren. Möglicherweise nehmen sie die Vergünstigung auch als Indiz für schlechte Corporate Governance. Je älter ein CEO ist, desto eher nimmt er die exklusive Nebenleistung in Anspruch. Weniger gebildete Chefs sind die häufigsten Nutzer, während die promovierten Unternehmenschefs Privatflüge am seltensten in Anspruch nehmen. Überdurchschnittlich stark vertreten unter den Privatfliegern sind allerdings die Juristen. Besonders wichtig sind die Golf-Gewohnheiten. Die 17 Prozent der CEOs, die weit vom Sitz ihres Unternehmens entfernten Golfclubs angehören, sind die häufigsten privaten Nutzer von Firmenjets.

Neben den Büros, Personal und Flugzeugen, die Ex-Chefs nutzen dürfen, sind es vor allem die Pensionsregelungen, die sich zur Vernebelung der wahren Vergütung und des Werts der Abschiedsgeschenke einsetzen lassen. Sanford Weill bekommt eine Pension von einer Mio. US-Dollar pro Jahr. Sir Fred Goodwin, der Chef der Royal Bank of Scotland, der das Unternehmen durch milliardenschwere Zukäufe erst von einer Provinzbank zu einem der großen Spieler in Europa und dann zum verlustreichsten britischen Unternehmen aller Zeiten machte, verließ seinen Job im zarten Alter von 50 Jahren mit einer lebenslangen Rente von 700 000 Pfund (damals rund 1 Mio. Euro). Zu seinem Pech bekam die Presse Wind davon, und die Empörung war riesig. Er musste nach Südfrankreich fliehen und in England gab es eine Diskussion über die Bedingungen für die Aberkennung eines Adelstitels.

Andere beliebte Formen der Vernebelung sind aufgeschobene Vergütungsbestandteile mit einer besonders hohen Verzinsung oder Kredite an den CEO zu besonders niedrigen Zinsen. So bekamen zum Beispiel die Chefs von General Electric und von Enron 2001 aufgeschobene Gehälter, die mit 12 Prozent verzinst wurden, zu einer Zeit, als Staatsanleihen vier Prozent abwarfen.[4, 5]

Die allgegenwärtige Praxis der *Goldenen Handschläge* für gescheiterte Manager vermittelt dem Unternehmensführer, dass es sich lohnt, keine Leistung zu bringen. Das galt schon bevor die leistungsbezogene Bezahlung die Gehälter explodieren ließ. Mit den leistungsbezogenen Gehältern explodierten aber auch die Abschiedsgeschenke bei Nichtleistung. Als der CEO von Pfizer, Hank McKinell, 2006 seinen Job verlor, nahm er ein Abschiedspaket von 200 Mio. Dollar mit. Im Jahre 2007 gab Home Depot Bob Nardelli 210 Mio. Dollar mit auf den Weg. Der CEO der Investmentbank Merrill Lynch, Stanley O' Neal verlor seinen Job im Oktober 2007, nachdem seine Bank einen Quartalsverlust von 2,2 Mrd. Dollar ausgewiesen hatte und durch eine arrangierte Übernahme durch die Bank of America gerettet werden musste. Seine Entscheidung, die Bank in immer riskantere Geschäfte zu führen, machte sich zumindest für ihn bezahlt. Es war noch genug Geld da, um ihm Optionen, Aktien, aufgeschobenes Gehalt und Pensionsansprüche im Wert von 160 Mio. Dollar zu geben. Solche Praktiken sind mit gesunden Anreizstrukturen im Sinne der Aktionäre unvereinbar, wohl aber mit der Hypothese von Vergütungsregeln als Instrumente der Selbstbereicherung für Manager.

Aufbauend auf den Ansatz von Bebchuk und Fried lenken Camelia Kühnen von der Northwestern University und Jeffrey Zwiebel von der Stanford University den Blick auf die verschiedenen *Bestandteile eines Managergehalts*. Sie beschreiben ihr Modell so: »Das Top-Management setzt seine eigene Vergütung nach Maßgabe der Stärke seiner Machtposition selbst.« In ihrem Modell möchte der Chef sich so viel bezahlen, wie er kann, wird aber darin begrenzt durch die Notwendigkeit, genug Gewinn übrig zu lassen, damit er nicht ersetzt wird. Die Aktionäre können einen Manager austauschen, aber das ist mit Kosten verbunden. In diesem Ansatz sind verschiedene Gehaltsbestandteile mit unterschiedlich hohen Ablösungsrisiken für den Manager verbunden. Daher erlaubt nicht nur die Analyse der Gehaltsentwicklung, sondern auch der Gehaltsstrukturen einen Test der Machthypothese.[30]

Ein Manager, der entscheiden muss, wie viel offenes und verstecktes Gehalt er sich auszahlt, macht für die beiden Gehaltsformen unterschiedliche Kalküle auf. Wenn er ein zu hohes offenes Gehalt ankündigt, könnten die Aktionäre auf die Idee kommen, ihn durch jemand zu ersetzen, der weniger verlangt. Das riskiert er nicht, wenn er sich hohe versteckte Gehaltsbestandteile gönnt. Diese erhöhen aber auf eine andere Weise sein Risiko. Sie senken den Firmengewinn und erhöhen daher die Wahrscheinlichkeit, dass die Aktionäre ihn für unfähig halten und ihn deswegen ersetzen. Je fester etabliert ein CEO ist und je größer seine Reputation, desto eher kann er sich ein hohes offenes Gehalt leisten, ohne die Absetzung zu riskieren. Dagegen hängen verdeckte Zahlungen eher davon ab, wie gut man in der jeweiligen Branche und dem jeweiligen Unternehmen vom Gewinn auf die Fähigkeit des Chefs rückschließen kann. Wenn die Gewinne in einer Branche von Jahr zu Jahr stark schwanken, ist das schwer. Deshalb sollten verdeckte Vergütungen mit der Volatilität der Gewinne steigen. Außerdem sollte in einem Boom die verdeckte Bezahlung stärker zunehmen als die offene, weil im Boom die Gewinne ohnehin hoch sind, sodass auch äußerst großzügige Auslagen für den Chef nicht auffallen. Die ökonometrische Analyse von Kuhnen und Zwiebel ergab, dass die offenen und verdeckten Gehälter genau dieses Muster aufweisen.[30]

Die gern als Gegenargumente gegen den Machtansatz vorgebrachten Feststellungen, dass sich die durchschnittliche Amtszeit der CEOs verkürzt hat, und vorzeitige Amtsverzichte immer häufiger geworden sind, sind in Wirklichkeit mit dieser Sichtweise durchaus vereinbar. Wenn die Topmanager neue Wege finden, um mehr verdeckte geldwerte Vorteil abzugreifen, dann kommen sie näher an die Grenze, ab der es gefährlich wird. Der Siegeszug der leistungsbezogenen Bezahlung mit Optionen hat die Möglichkeiten zu verdeckten Zahlungen mit Sicherheit beträchtlich gesteigert. Wenn die Manager so viel Geld für sich abziehen, wie sie meinen, ohne zu großes Risiko tun zu können, dann kann sich das leicht als zu viel herausstellen, wenn die Gewinne unerwartet einbrechen. Zum Ende des 20. Jahrhunderts gab es in den USA für ungewöhnlich lange Zeit kaum Konjunktureinbrüche. Danach sah das anders aus.[30]

Für CEOs, die mehr oder minder ihre eigene Bezahlung festlegen, war die akademische Propagierung der leistungsabhängigen Bezahlung ein Geschenk des Himmels. Sie bot nicht nur eine Rechtfertigung für sehr hohe Gehälter, sondern auch sehr viele Möglichkeiten, das System zu manipulieren und das wahre Ausmaß ihrer Bezahlung zu verheimlichen. Doch natürlich schließen sich der Managermacht-Ansatz und die These von der optimalen Vergütungsgestaltung nicht gegenseitig aus. Sie beschreiben komplementäre Aspekte der Realität. Nur dadurch, dass die These von der optimalen leistungsabhängigen Vergütung einen plausiblen Kern Wahrheit hatte, konnte sie dazu beitragen, die Managervergütung so dramatisch zu steigern. Weil die Story von der Gleichschaltung der Interessen der Manager und der Aktionäre so intuitiv plausibel war, trug sie erheblich zur Erhöhung der Empörungsschwelle bei.

Wenn die Marktdisziplin Urlaub nimmt

Die Marktoptimisten glaubten lange, dass Marktkräfte erledigen könnten, was die Aufsichtsräte nicht schaffen. Wenn die Unternehmenschefs es zu toll treiben mit der Selbstbedienung, so das Argument, würden andere die Firma übernehmen, das Management ersetzen und die Kostenersparnis als Profit einstreichen. In der Realität haben jedoch gerade diejenigen Manager, bei denen die Absetzung am nötigsten wäre, die Macht und den Anreiz, sich festzusetzen und gegen solch externe Kontrolle abzuschirmen. Oft hat das Management Abwehrmechanismen etabliert, die eine Übernahme deutlich erschweren. In den USA haben die meisten Unternehmen einen Verwaltungsrat mit gestaffelten Amtszeiten. Wer ein Unternehmen übernehmen will, muss zwei Hauptversammlungen abwarten, bis er die Kontrolle hat. Wer so lange nicht warten will, muss eine kräftige Prämie bezahlen, oft in der Größenordnung von 40 Prozent des Aktienkurses. Deshalb können CEOs es ziemlich weit treiben, bis sie aus diesem Grund Ablösung befürchten müssen.[4] In der Tat sind es gerade die besser bezahlten CEOs, die die höchsten Schutzwälle gegen Übernahmen errichtet haben und ihren Gehaltsvorteil noch weiter ausbauen nachdem die Mauern stehen.[10]

Wie schädlich Managermacht für Unternehmen und Aktionäre sein kann, deutet die Reaktion der Aktienmärkte auf viele erzwungene Abgänge von allzu fest etablierten Vorstandsvorsitzenden an. In Deutschland ist das bekannteste Beispiel dafür Jürgen Schrempp. Als dieser die Leitung von Daimler-Chrysler 2005 niederlegte, sprang der Aktienkurs um 10 Prozent. Die Aktienmärkte sahen korrekt voraus, dass die desaströse Fusion von Daimler Benz mit Chrysler bald wieder aufgelöst werden würde, nachdem deren Architekt das Ruder aus der Hand gegeben hatte.

Wo sind die Anwesen der Aktionäre? Hauskäufe, Aktienverkäufe und anschließende Unternehmensentwicklung,
von Crocker Liu (Arizona State Univ.) und David Yermack (New York Univ.).

Mit einer gehörigen Portion Detektivarbeit stellten Liu und Yermack eine Datenbank der Hauptwohnsitze von fast allen Top-Managern im Standard & Poor's Index der 500 größten US-Unternehmen zusammen. Die Unterschiede sind gewaltig. Einige Manager kaufen bescheidene Stadthäuser in unmittelbarer Nähe der Zentrale, während andere auf riesigen Strand-Anwesen weit vom Arbeitsplatz wohnen. Microsoft-Chef Bill Gates baute sich ein Haus mit über 6000 qm Wohnfläche als Teil eines Anwesens, dessen geschätzter Wert 2004 stolze 140 Mio. Dollar betrug. Der Gründer des indischen Stahlgiganten Mittal Steel, Lakshmi Mittal, bezahlte 2004 fast ebensoviel für ein Londoner Stadthaus mit 20 Garagen in der Nähe des Kensignton Palasts, das bisher teuerste Einfamilienhaus aller Zeiten. Dagegen lebt der legendär reiche Investor und CEO von Berkshire Hathaway, Warren Buffet, in einem Haus in Omaha, das er 1958 für 31 500 Dollar kaufte. Der mittlere CEO-Wohnsitz hat elf Zimmer, 4,5 Bäder und eine Wohnfläche von über 500 qm. Swimmingpools, Tennisplätze, Bootshäuser, kunstvoll angelegte Gärten und ein getrenntes Haus für das Personal gehören häufig dazu. Mindestens eines hat auch ein Polo-Feld und eine Pferderennbahn auf dem Grundstück. Mit einem Wert von 2,3 Millionen Dollar im Jahr 2006 war das mittlere CEO-Haus neunmal so teuer wie der nationale Median und hatte etwa die zweieinhalbfache Wohnfläche. Wer sich nach einer Regel gerichtet hätte, Aktien von Unternehmen zu kaufen, deren Manager sich relativ bescheidene Häuser kaufen, und gleich viel Geld auf Kursverluste bei Aktien von Unternehmen zu setzen, deren CEOs besonders extravagante Anwesen besitzen, hätte nach den Berechnungen von Liu und Yermack nach drei Jahren einen Gewinn von über 40 Prozent gemacht. Die Autoren werteten auch Zeitungsberichte über CEOs aus, die besonders teure Anwesen bewohnten, um die Gründe für die schlechte Entwicklung ihrer Unternehmen besser zu verstehen. Sie stellten eine bemerkenswerte Übereinstimmung, zwischen der Vorliebe der CEOs für privaten »Burgenbau« und ihrem Verhalten im Unternehmen fest. Neun der 25 untersuchten Top-Manager versuchten sich an größeren Unternehmenskäufen allein in den zwei Jahren direkt nach dem Kauf ihrer Anwesens, und ebenfalls sieben kündigten den Bau von neuen oder erweiterten Einrichtungen des Unternehmens an. Zwei Firmen wurden, unmittelbar nachdem der Chef sein großes privates Anwesen gekauft hatte, in Bilanzskandale verwickelt.

Auch die bereits erwähnten Studien zu den Marktreaktionen auf plötzliche Todesfälle von CEOs sprechen eine klare Sprache. Bei CEOs, die schon mehr als zehn Jahre im Amt sind, ist die durchschnittliche Marktreaktion auf die unerwartete Abberufung stark positiv. Bei vielen anderen freut sich der Aktienmarkt ebenfalls, wenn sie durch höhere Gewalt abberufen werden.

Was ist Erfolg – Shareholder Value als Maß aller Dinge?

»Auf den ersten Blick ist Shareholder-Value die dümmste Idee der Welt. Aktionärswert ist ein Ergebnis, keine Strategie. Entscheidend dafür sind die Beschäftigten, die Kunden und die Produkte.«

Jack Welch, 2009

Für einen Ökonomen, der an die Effizienz und die Weitsichtigkeit der Finanzmärkte glaubt, gibt es keinen wichtigen Unterschied zwischen kurzfristiger Aktienkurssteigerung und langfristiger Wertsteigerung eines Unternehmens. Der aktuelle Börsenwert stellt nach dieser Sicht immer die bestverfügbare Schätzung des Unternehmenswerts dar. Deshalb haben die Ökonomen, als sie erfolgsabhängige Vergütung propagierten, auch keinen Unterschied gemacht zwischen kurzfristig einlösbaren Optionen und solchen, die nur nach einer langen Verzögerung eingelöst werden können. Dieser Irrglaube in die Effizienz der Finanzmärkte hat sich als für die Gesellschaft extrem kostspielig herausgestellt.

Wenn der Aktienmarkt entgegen den Annahmen der Ökonomen die langfristige Wertentwicklung eines Unternehmens nur schlecht voraussagt und die Aktienkurse kurzfristig leicht manipulierbar sind, dann entfällt die Rechtfertigung dafür, das Gehalt der Vorstandschefs in starkem Maße an den Aktienkurs zu koppeln. Hätten die Ökonomen den Aktienmarkt von vornherein nicht mit rosaroter Brille betrachtet, hätten sie wissen können, dass die Vergütungssysteme, die sie vorgeschlagen haben, sehr gefährliche und schädliche Fehlanreize setzen.

Eine besonders originelle Studie zum Nachweis der mangelnden Voraussicht des Aktienmarktes hat der US-Ökonom Alex Edmans vorgelegt. Die Studie zeigt, dass Analysten und Investoren kein gutes Verständnis davon haben, was eine engagierte Belegschaft für einen Wert darstellt. Es stellte sich nämlich heraus, dass die vom Magazin *Fortune* in die Liste *Die 100 besten Arbeitgeber in Amerika* aufgenommenen Unternehmen, für viele Jahre nicht nur höhere Gewinnsteigerungen aufwiesen, sondern auch überdurchschnittliche Aktienkursgewinne – auch nachdem sie die Auszeichnung bekommen hatten. Dies bedeutet zweierlei: Ersten sind Unternehmen mit beschäftigtenorientiertem Management produktiver, und zweitens ist das den Akteuren am Aktienmarkt nicht klar. Sonst müsste der Aktienkurs spätestens zum Zeitpunkt der öffentlichen Auszeichnung einen Sprung machen. Tatsächlich steigt der Aktienkurs aber erst, wenn die Früchte der Investitionen in eine engagierte Belegschaft in höheren Gewinnen sichtbar werden. Vielleicht ist es ja deshalb auch kein Zufall, dass der Anteil der nicht börsennotierten Unternehmen unter den so prämierten Unternehmen mit rund einem Drittel recht hoch ist. Es schient leichter zu sein, eine mitarbeiterfreundliche Unternehmensstrategie zu verfolgen, wenn man nicht unter der täglichen Beobachtung eines auf kurzfristige Gewinne fixierten Aktienmarktes steht.

Denn die Finanzgemeinde hat ein Problem mit den langfristigen, nicht messbaren Investitionen, die nötig sind, um nachhaltige Gewinne zu erwirtschaften. Eine neue Maschine kann als Kapitalwert in der Bilanz ausgewiesen werden. Dagegen sind Ausgaben für Marketing oder die Zufriedenheit der Belegschaft vorerst nur Ausgaben. Eine groß angelegte Umfrage unter Top-Managern, die 2005 veröffentlicht wurde, ergab, dass 78 Prozent der Befragten langfristige Gewinne opfern würden, um die kurzfristigen Erwartungen der Analysten und Investoren zu erfüllen.[13]

Kann der Aktienmarkt nicht-messbare Werte beurteilen? Mitarbeiterzufriedenheit und Aktienpreise (2007),
von Alex Edmans (Wharton School)

Edmans hat für seine Studie ein virtuelles Aktienportfolio mit Aktien der Firmen zusammengestellt, die als *Beste Arbeitgeber Amerikas* ausgezeichnet wurden. Das Magazin *Fortune* veröffentlicht diese Liste jährlich seit 1998. Zwei Drittel der Bewertung beruhen auf den Antworten der Belegschaft auf eine vom *Great Place to Work Institute* in San Francisco entwickelten Fragebogen. Die Fragen beziehen sich auf die Einstellung gegenüber dem Management, Arbeitszufriedenheit, das Fairness-Empfinden am Arbeitsplatz und die Kameradschaft in der Belegschaft. Das restliche Drittel steuert das Institut durch eine Beurteilung der Vielfalt in der Belegschaft, von Bezahlung und Nebenleistungen, sowie Antworten des Managements auf Fragen zur Unternehmenskultur bei. Edmans ließ dem Aktienmarkt zwei Wochen Zeit, die Bekanntgabe in den Kursen zu verarbeiten, dann erst startet die Analyse der Kursentwicklung. Er verfolgte die Performance von zwei Arten von Portfolien. Eine erste Klasse enthielt jeweils die Preisträger eines Jahres, ohne jede Neuausrichtung. Ein zweites Portfolio bestand aus der jeweils aktuellen Liste der Unternehmen. Neuzugänge wurden aufgenommen, nicht mehr enthaltene Unternehmen aus dem Portfolio entfernt. Sowohl die weitaus meisten Aktienportfolien mit den Preisträgern eines Jahres als auch das laufend angepasste Preisträgerportfolio schnitten deutlich besser ab als der gesamte Aktienmarkt.

Gewinn, und was die Welt dafür halten soll

»Aktionäre sind dumm und frech. Dumm, weil sie Aktien kaufen, und frech, weil sie dann noch Dividende haben wollen.«

Carl Fürstenberg, (1850–1933)

Das Management von börsennotierten Unternehmen nutzt regelmäßig seinen Informationsvorsprung und seine Beziehungen zu den Finanzanalysten, um kurzfristig die Kurse nach oben zu treiben. Die Anbindung der Gehälter an die kurzfristige Kursentwicklung hat diesen Anreiz beträchtlich erhöht. Zusammen mit den Aktienanalysten spielen die Manager das *Gewinnmanagement-Spiel*. Dabei nutzen sie die empirische Regelmäßigkeit, dass der Aktienkurs deutlich steigt, wenn ein Unternehmen die veröffentlichten Gewinnschätzungen der

Analysten übertrifft. Umgekehrt fällt er stark, wenn es die durchschnittliche Gewinnschätzung nicht erreicht. Das schafft einen starken Anreiz, entweder den ausgewiesenen Gewinn oder die Gewinnschätzungen zu manipulieren. Beides geht. Die beiden Betriebswirtschaft-Koryphäen Michael Jensen und Kevin Murphy, die Wegbereiter der leistungsbezogenen Managervergütung, kritisieren in ihrem Aufsatz von 2004, dass »seit mehr als zwei Jahrzehnten ein impliziter Konsens darüber herrscht, dass es Teil der Aufgabe eines Managers auf der oberen Führungsebene ist, die Erträge zu *managen*«. Sie sagen des Weiteren: »Um es einmal klar auszusprechen: Wenn das *Managen* der Erträge Aktionen beinhaltet, die nicht dazu dienen, den langfristigen Wert des Unternehmens zu steigern, stellt es nichts anderes dar als Lügen. Es bedeutet, die Aktionäre oder potenzielle Aktionäre, gegenüber denen die Manager eine treuhänderische Verantwortung haben, anzulügen.«[27]

Um die Gewinnschätzungen leichter übertreffen zu können, belohnt die Unternehmensführung Analysten und deren Arbeitgeber für geeignete Prognosen und bestraft diejenigen, deren Prognosen sie nicht mögen. Das ist für beide Seiten ein gutes Geschäft, denn die Analysten werden für die Genauigkeit ihrer Prognosen bezahlt, nicht für die Abwesenheit von systematischen Verzerrungen. Die Analysten und das Management gewinnen, die Aktionäre verlieren, indem sie als Reaktion auf die positive Überraschungen bei den Gewinnen zu viel bezahlen.[27]

Microsoft hat die Gewinnschätzungen der Analysten in den ersten 42 Quartalen nach seinem Börsengang 41-Mal übertroffen. Dass dies zufällig passiert, hat eine Wahrscheinlichkeit von etwa eins zu 100 Milliarden. Aber das Spiel besteht nicht allein darin, dass grundsätzlich alle Prognosen ein wenig zu pessimistisch sind. Denn am Anfang des Quartals und des Jahres, sollen sie noch durchaus optimistisch sein, um den Appetit der Investoren nicht unnötig zu zügeln. Deshalb starten die Analysten mit übermäßig positiven Prognosen für die Gewinne in einem Jahr. Im Lauf der Zeit werden die Prognosen in kleinen Schritten nach unten korrigiert, bis sie kurz vor Bekanntgabe der Gewinne ein bisschen zu pessimistisch sind. Das bedeutet, Investoren werden ganz systematisch dazu verleitet, zu viel für die Aktien zu bezahlen.[27]

Wissenschaftliche Untersuchungen, die zeigen, in welchem Ausmaß das *Gewinnmanagement-Spiel* seit der Regulierung *Fair Disclosure* noch gespielt wird, sind Mangelware. Es scheint, dass es schwieriger geworden ist, aber dass die Unternehmensführungen immer noch tun, was sie können. Sie haben immer noch Möglichkeiten, Analysten zu belohnen, die genehme Prognosen und Empfehlungen abgeben und die anderen zu bestrafen. Diese Diskriminierung kann verschiedene Formen annehmen. Manager können Analysten zu Telefonkonferenzen einladen, bei denen diese nützliche Informationen erhalten, oder sie können es lassen. Sie können ihnen erlauben, Fragen zu stellen oder nicht, und sie können entscheiden, wer wann dran kommt, und wie viel Zeit sie auf die einzelnen Fragen verwenden. (Als Nebenbemerkung: Dieses sind alles Methoden, die routinemäßig von Regierungen, Behörden und Unternehmen angewendet werden, um Journalisten für wohlmeinende Artikel zu belohnen und für nicht genehme zu bestrafen. Das funktioniert hervorragend.) Eine andere, plumpere Methode wird von der Regulierung Fair Disclosure nicht einmal ansatzweise erfasst. Analysten, die sich beim Management besonders beliebt machen, können zur Belohnung mit gut bezahlten Positionen im Unternehmen bedacht werden.

Anzeichen für Vorzugsbehandlung von Analysten durch Manager bei Telefonkonferenzen zum Unternehmensergebnis (2006),
von William Mayew (Univ. of Texas, Austin)

William Mayew analysierte die Mitschriften der Telefonkonferenzen, in denen das Unternehmensmanagement die Gewinnausweise erläutert. Er ermittelte die Häufigkeit und die Reihenfolge, in der Analysten ihre Fragen stellen durften, sowie die Zeit, die das Management jeweils auf die Frager verwendete. Dem stellte er die Freundlichkeit der jüngsten Aktienempfehlungen der entsprechenden Analysten gegenüber. Analysten, die in der jüngeren Vergangenheit die Empfehlung »*Starker Kauf*« herausgegeben hatten, konnten mit zweimal so hoher Wahrscheinlichkeit eine Frage stellen wie Analysten mit Verkaufsempfehlungen. Freundliche Analysten kamen früher dran als weniger freundliche. Das impliziert, dass die Manager die Reihenfolge der Fragen aktiv gestalteten. Da diese Art der Diskriminierung eine gewisse Vorbereitung erfordert, ist klar, dass sie nicht einfach das Ergebnis unbewusster Bevorzugung ist, sondern dass sich die Manager nennenswerte Vorteile von der unterschiedlichen Behandlung der Analysten versprechen. Die diskriminierende Behandlung war umso ausgeprägter, je größer das Eigeninteresse des Managers an einem hohen Aktienkurs war, und je mehr die Analysten auf Informationen vom Management angewiesen waren.

Offensichtlich wurden Investoren, die ihre Kaufentscheidungen auf die manipulierten Empfehlungen von derart motivierten Analysten gründeten, schwer in die Irre geleitet. Laut *Wall Street Journal* vom 16. November 2009, übertrafen 80 Prozent der Unternehmen im Standard & Poor's 500 Aktienindex im dritten Quartal 2009 die Gewinnschätzungen der Analysten. Im Vorquartal waren es 73 Prozent gewesen. Das deutet darauf hin, dass das Gewinnmanagement-Spiel auch heute noch ausgiebig gespielt wird.

Gutes Geld für Lügen, Wetten und kreative Bilanzierung

> *»Weil Top-Manager unvermeidlich Informationen besitzen, die Investoren nicht haben, bedeuten Veränderungen des kurzfristigen Aktienpreises nicht notwendiger Weise eine entsprechende Veränderung des langfristigen Shareholder Value.«*
>
> Michael Jensen und Kevin Murphy, 2004

Die großen Mengen von Aktienoptionen, die Manager als Löwenanteil ihres »leistungsabhängigen« Gehalts bekommen, schaffen ein massives *Insider-Problem*. Die Spitzenmanager, die die wichtigsten Entscheidungen im Unternehmen treffen, haben einen riesigen Wissensvorsprung vor gewöhnlichen Aktionären. Gleichzeitig haben sie regelmäßig große Mengen an Aktien und Aktienoptionen, die sie irgendwann einlösen und am Markt verkaufen wollen. Wenn sie ihre Insider-Informationen nutzen, um den Zeitpunkt ihrer Verkäufe festzulegen, fügen sie den außenstehenden Aktionären Schaden zu, da diese die Aktien systematisch zu teuer kaufen. Der Gewinn des einen bei der Auswahl des richtigen Zeitpunkts ist am Aktienmarkt immer der Verlust des anderen. Obwohl das Ausnutzen von wichtigen Insiderinformationen in den meisten Ländern illegal ist, ist es sehr schwer zu beweisen und wird sehr selten erfolgreich juristisch verfolgt. Wenn die Manager zu einem Großteil in Aktien oder Optionen bezahlt werden, können sie auch gar nicht anders, als immer wieder die Entscheidung zu treffen, wann der beste Zeitpunkt zu einem Verkauf wäre. Sie müssten schon Heilige sein, wenn sie dabei ihre überlegene Information nicht nutzen würden. Jesse Fried schätzt, dass Unternehmensinsider in den USA bereits in den 1990er-Jahren 5 Mrd. Dollar an Sondergewinnen mit Aktien des eigenen Unternehmens aufgrund ihres Insiderwissens gemacht haben. Seither dürfte die Summe sich beträchtlich gesteigert haben.[16]

Wenn man wollte, wäre es nicht schwer, die Regeln so zu setzen, dass die Top-Manager dem Dilemma nicht ausgesetzt würden. So schlug Fried bereits 1998 vor, dass die Empfänger der Aktien und Optionen verpflichtet werden, ihre Transaktionen mit Firmenaktien im Voraus anzukündigen oder, dass sie diese nach einem vorher festgelegten Zeitplan graduell im Laufe des Jahre verkaufen müssen. Solche Maßnahmen wurden jedoch nur sehr selten ergriffen.[16] Es ist schon ein Fortschritt, dass die Unternehmen sogenannte Handels-Fenster eingeführt haben, die den Managern den Verkauf ihrer Aktien nur in bestimmten Zeiträumen abseits der Gewinnmitteilungen erlauben. Das ist ein Schritt in die richtige Richtung, aber er überlässt die Entscheidung immer noch den Managern, ob sie es für günstig erachten, zu verkaufen oder nicht. Und die Maßnahme verhindert nicht, dass die Manager schlechte Nachrichten für sich behalten oder gar die Bücher frisieren, wenn sie ihre Aktien verkaufen wollen. Aus dem Blickwinkel der optimalen Vertragsgestaltung ist die mangelhafte Begrenzung von Insiderhandel eine große Fehlleistung. Unter der Hypothese der Managermacht ist sie alles andere als überraschend, dass die Unternehmen so wenig tun, um den Insiderhandel zu unterbinden. Schließlich wären es ja die Hauptprofiteure selbst, die die entsprechenden Regeln aufstellen müssten. Und die Gelegenheiten zum Insiderhandel können extrem profitabel sein, zumal die Sichtbarkeit sehr gering ist und daher die Empörungsschwelle nicht leicht erreicht wird.[4, 5]

Doch das Problem geht noch tiefer. Die Praxis der Ausgabe von Optionen mit kurzer Geltungsdauer schafft Anreize, die sich nicht nur für die Aktionäre, sondern für die gesamte Gesellschaft als verhängnisvoll herausgestellt haben.

Ein Anreiz besteht zum Beispiel darin, schlechte Nachrichten so lange wie möglich zurückzuhalten, bis möglichst viele Optionen ausgeübt und Aktien verkauft sind. Das war bei den Spitzenmanagern von Enron und Worldcom ebenso der Fall wie bei denen von Hypothekenfinanzierern und Investmentbanken vor Ausbruch der Subprime-Krise.

Drei Wirtschaftsforscher von den Universitäten Harvard, Chicago und Jerusalem haben ein Modell entwickelt, das erklärt, warum es gerade die wachstumsstarken Unternehmen in neuen Märkten waren, also die Enrons, Worldcoms und Subprime-Finanzierer dieser Welt, die dieses Phänomen besonders häufig aufwiesen. Ironischer Weise sind es gerade diese Unternehmen, die auch in besonders großem Umfang auf aktienbasierte Managervergütung setzten. Ein Unternehmen in einem neuen Markt, sei es ein Technologie-Unternehmen während der Dotcom-Manie oder eine Investmentbank während des Subprime- und Kreditderivate-Booms, erlebt zunächst ein starkes Wachstum seiner profitablen Geschäftsmöglichkeiten. Irgendwann reift der Markt und diese Möglichkeiten werden weniger. Die Top-Manager werden das normalerweise vor den Investoren merken. Würden sie den Investoren nun frühzeitig und ehrlich sagen, dass das Gewinnwachstum geringer wird, müssten sie mit einer sofortigen und stark negativen Reaktion des Aktienpreises rechnen. Das würde für sie sehr teuer. Alternativ können sie weiterhin das Unternehmen expandieren und hohe Investitionen tätigen lassen, um so zu tun, als gäbe es immer noch jede Menge gute Geschäfte zu machen, wissend, dass sich diese Investitionen später als verfehlt herausstellen werden. Doch sie verschaffen ihnen die notwendige Zeit, um nach und nach ihre Aktien zu verkaufen und ihre Optionen fällig werden zu lassen.[9]

Die Forscher zeigen, dass eine Kombination aus moderaten aktienbasierten Vergütungselementen mit variabler Vergütung, die an die Höhe der Dividende gekoppelt sind, diesen kontraproduktiven Anreiz vermeiden kann. Nach diesem Modell ist für Unternehmen in unterschiedlich reifen Märkten ein unterschiedlicher Mix von Gehaltsbestandteilen optimal. Unternehmen in Wachstumsmärkten sollten die Vergütungen stärker an die Dividende koppeln als Unternehmen in reiferen Märkten. Das ist genau das Gegenteil dessen, was in der Realität passiert. Aus dem Blickwinkel der Managermacht ist das leicht zu erklären. In einem stark wachsenden Unternehmen kann der Unternehmensleiter mit einer viel höheren Bezahlung rechnen, wenn er Aktienoptionen bekommt, während in reiferen Unternehmen mit weniger explosiven Gewinnwachstum, das Potenzial dafür deutlich geringer ist.[9]

Insiderhandel vor Goodwill-Abschreibungen (2009),
Karl A. III Muller, (Pennsylvania State Univ.), Monica Neamtiu (Univ. Arizona) und Edward J. Riedl (Harvard).

Muller, Neamtiu und Riedl untersuchen, ob Insider strategische Aktienverkäufe tätigen, bevor die Notwendigkeit von Goodwill-Abschreibungen bekannt gegeben wird. *Goodwill* ist der Preisaufschlag über den Buchwert, den ein Unternehmen normalerweise bei einer Übernahme eines anderen Unternehmens bezahlt. Er steht dafür, dass das Unternehmen in der Regel mehr wert ist, als die Summe seiner Besitztümer. Der Goodwill wird vom Käufer als Aktivposten in der Bilanz verbucht. Stellt sich jedoch heraus, dass das gekaufte Unternehmen weniger wert ist als der Kaufpreis, wird der Goodwill (teilweise) als Verlust abgeschrieben. Die Autoren zeigen, dass Insider von Unternehmen die Goodwill-Abschreibungen vornehmen müssen, schon Quartale vor deren Bekanntgabe ungewöhnlich viele Aktien des eigenen Unternehmens verkaufen. Ein so lange anhaltender Wissensvorsprung ist möglich, weil die Bilanzregeln einigen Spielraum lassen, die buchhalterische Anerkennung von solchen Buchverlusten hinauszuschieben. Die Aktien von Unternehmen mit Insiderhandel vor der Ankündigung der Goodwill-Abschreibungen steigen weniger oder fallen stärker als die von Unternehmen ohne Insiderverkäufe vor den Goodwill-Abschreibungen. Das zeigt, dass die Insider an der Unternehmensspitze die Gelegenheit nutzen, von ihrem Wissensvorsprung zu profitieren, zum Schaden der übrigen Investoren. Dies könnte erklären, warum die Forschung regelmäßig nur geringe oder gar keine Marktreaktion auf die Ankündigung von Goodwill-Abschreibungen festgestellt hat, obwohl das Ausmaß des Buchverlustes zum Teil sehr groß ist. Die Aktienmarktreaktion dürfte zum Zeitpunkt der Ankündigung oft oder meist bereits durch Insiderhandel in den Aktienkurs eingegangen sein.

Wie man Manager in Zaum halten kann

»Wie wäre es, wenn das politische System vorsähe, dass Kandidaten für eine Wahl nur vom gegenwärtigen Regierungschef vorgeschlagen werden können und dass sie keine Stimmenmehrheit brauchen, um gewählt zu werden? Unglücklicherweise ist dieses an die Sowjetunion erinnernde System das gegenwärtige Wahlverfahren für Verwaltungsräte in den USA. In diesem System sind die Verwaltungsräte sich selbst reproduzierende Einheiten, die niemandem Rechenschaft ablegen müssen.«

Luigi Zingales, 2009

Wie effektiv Aktionäre den Verwaltungsrat ihres Unternehmens und damit auch das Management überwachen und lenken können, hängt vor allem davon ab, wie effektiv die Drohung mit einer Ablösung ist. Doch »Aktionärsvorherrschaft ist ein Mythos«, wie Lucian Bebchuk schreibt. Nach seinen Ermittlungen gab es in den USA in den zehn Jahren von 1996 bis 2005 nur in 24 Fällen bei Unternehmen mit einer Marktkapitalisierung von mehr als 200 Mio. Dollar den Versuch von Aktionären, eigene Direktoren gegen das Management durchzusetzen. Nur jeder dritte Versuch war erfolgreich. Und das in einer Zeit, in der Dutzende von Unternehmen ihre Bilanzen korrigieren mussten und es bei sehr vielen Unternehmen genügend Grund für Unzufriedenheit der Aktionäre gab. In den USA liegt der Hauptgrund für diese Zurückhaltung wohl darin, dass es sehr schwierig und teuer ist, den Vorschlag des Managements anzufechten. Wegen der zumeist zersplitterten Eigentumsverhältnisse in einer Aktiengesellschaft muss der Aktionär, der es versuchen wollte, zwar die vollen Kosten tragen, etwaige Erträge aber muss er mit allen anderen Aktionären teilen. Daneben gibt es eine Reihe von weiteren Regeln und Praktiken, die die Aktionäre entmachten.[2]

In Deutschland musste sich 2010 zum ersten Mal überhaupt, der dem vom Management vorgeschlagene Aufsichtsratschef eines Dax-Konzerns einer Kampfabstimmung mit einem Gegenkandidaten stellen. Der aktivistische britische Pensionsfonds Hermes, der die Pensionsgelder der British Telecom verwaltet, schickte beim Chip-Hersteller Infineon Willi Berchtold, Finanzvorstand von ZF Friedrichshafen, gegen Klaus Wucherer ins Rennen. Der Aktienkurs von Infineon war seit dem Börsengang zehn Jahre zuvor von 35 Euro auf vier Euro gefallen. Wucherer war zuvor Vorstand bei der Infineon-Mutter Siemens gewesen und hatte 500000 Euro an seinen früheren Arbeitgeber bezahlt, um einen juristischen Konflikt um seine Rolle in einem großen Korruptionsskandal von Siemens beizulegen. Der Versuch von Hermes scheiterte.

Die Regeln und informellen Arrangements, welche die Aufsichtsräte und Manager gegen den Einfluss der Aktionäre abschirmen, sind international und von Unternehmen zu Unternehmen zu vielfältig und verschieden, um sie im Einzelnen zu behandeln. So haben in den USA Aktionäre nicht das Recht, Gegenkandidaten auf die Stimmzettel zu setzen, die das Management verschickt. Sie müssen spezialisierte Firmen dafür bezahlen, dass sie die Namen und Adressen der Aktionäre zusammenstellen und diesen den Gegenvorschlag zuschicken. Die meisten Unternehmen haben dazu noch gestaffelte Amtszeiten der Verwaltungsräte, sodass es mindestens zwei Hauptversammlungen braucht, um die Mehrheit der Direktoren auszuwechseln.[2]

Bei diesen Zuständen ist die Hauptrichtung, die eine Reform der Corporate Governance einschlagen muss, ziemlich offensichtlich. Aufsichtsräte und Manager müssen genötigt sein, ihr Tun vor den Aktionären und anderen mit legitimem Interesse am Wohlergehen des Unternehmens zu rechtfertigen. Sie werden immer Möglichkeiten finden, es ihren Auftraggebern zu erschweren, sie bei schlechter Performance zu feuern. Aber das Unternehmensrecht sollte die Hürden nicht noch erhöhen, indem es die Aktionäre entmachtet. Denn je geschützter ein Unternehmensleiter ist, desto geringer ist im Durchschnitt der Unternehmenswert und desto schlechter die Unternehmensentwicklung.[2, 19, 33]

In einer berühmten Studie haben Paul Gompers und Joy Ishii von Harvard zusammen mit Andrew Metrick von der University of Pennsylvania festgestellt, dass fehlende Durchgriffsrechte der Aktionäre den Unternehmenswert, Gewinn, das Umsatzwachstum und die Investitionen senken, sowie die Neigung des Managements zu Unternehmenskäufen und Fusionen erhöhen. Die drei Forscher entwickelten für 1500 US-Unternehmen einen *Corporate-Governance-Index* aus 24 Vorkehrungen, die das Management gegen Übernahmen schützen und die Eingriffsrechte der Aktionäre beschränken. Ihren Untersuchungen zufolge hätte in den 1990er-Jahren eine Investitionsstrategie, gemäß der man die Aktien der 10 Prozent Unternehmen mit den größten Aktionärsrechten kauft und die 10 Prozent mit den geringsten Rechten verkauft, eine zusätzliche Rendite von jährlich 8,5 Prozentpunkten erbracht.[19] Andere Forscher haben den Ansatz weiterentwickelt und festgestellt, dass die 24 Zutaten für den Corporate-Governance-Index auf sechs wirklich wichtige begrenzt werden können, die allesamt messen, wie schwer es ist, das Management bei Misserfolg auszuwechseln. Als wichtigster Faktor erwies sich, ob der Verwaltungsrat gestaffelte Amtszeiten hatte oder nicht.[3]

Erträge des Aktionärsaktivismus: Belege aus einer klinischen Untersuchung des Hermes U.K. Focus Fund (2009),
von Marco Becht (ULB Brüssel), Julian Franks (London Business School), Colin Mayer (Oxford) und Stefano Rossi (Stockholm School of Economics)

Die vier Forscher zeigen mithilfe einer Fallstudie, dass allein schon das Wissen, dass die Aktionäre das letzte Wort haben, das Management sehr viel stärker auf die Interessen der Aktionäre achten lässt. Sie hatten Zugang zu den Archiven und Investitionsstatistiken eines aktivistischen Fonds einer großen britischen Fondsgesellschaft, der *Hermes Gruppe*. Sie verwaltet die Pensionsgelder der British Telecom und hatte 2005 ein Anlagevermögen von 61 Mrd. Pfund. Einer der Fonds, der Hermes U.K. Focus Fund (HUKFF), kauft strategische Anteile an Unternehmen mit schlechter Kursentwicklung und macht dem Management und den Aufsichtsräten dann Druck, die Performance zu verbessern. Das geht in Großbritannien wesentlich besser als in den USA oder in Kontinentaleuropa, weil die Aktionäre in Großbritannien den Aufsichtsrat relativ leicht ersetzen und das Management austauschen können. Von 41 Unternehmen, in die der Fonds im Beobachtungszeitraum investiert hatte, stand er bei 30 in Kontakt mit der Unternehmensführung. Das beinhaltete eine Vielzahl von Treffen und Telefongesprächen mit den Vorstandsvorsitzenden, Finanzchefs und anderen Top-Managern. Außerdem nahm der Fonds mit anderen Anteilseignern Kontakt auf, um sich deren Unterstützung zu sichern. Die Öffentlichkeit bekam von diesen Aktivitäten in der Regel nichts mit. In fast allen Fällen zielte HUKFF auf eine Umstrukturierung des Unternehmens ab, z. B. durch Abstoßen von Randaktivitäten oder Unterlassen geplanter Diversifizierungskäufe. In mehr als der Hälfte der Fälle strebte der Fonds den Austausch des Vorstandsvorsitzenden oder Aufsichtsratschefs an. Oft ging es auch um die Erhöhung der Dividende. Von 1998 bis 2004 erzielte der Fonds für seine Anleger eine Rendite nach Gebühren von 8,2 Prozent, knapp fünf Prozentpunkte mehr als der führende britische Aktienindex. Für die Pensionäre, die ihr Geld in diesem Fonds angelegt hatten, bedeutete die hervorragende Rendite eine beachtliche Erhöhung ihrer Rente.

Die Aufsichtsräte stärker an das Votum der Aktionäre zu binden, ist allerdings – für sich genommen – noch kein Allheilmittel zur Verbesserung der Situation von langfristigen Investoren. Es bleibt das Problem, dass Aktionäre mit kurzfristigem Zeithorizont kurstreibende Aktivitäten unterstützen, die zu Lasten der langfristig orientierten und der zukünftigen Aktionäre gehen. Es gibt zockende Kleinanleger und kurzfristig orientierte institutionelle Investoren. Es gibt aber auch langfristig an einem Unternehmen interessierte Investoren. Das sind Kleinanleger, die mit Aktienanlagen für die Rente vorsorgen, und strategisch orientierte institutionelle Investoren. Die Zocker haben immer ein Interesse an Maßnahmen, die kurzfristig den Aktienkurs nach oben treiben, auch wenn diese langfristig riskant oder gar kontraproduktiv sein sollten. Sie können ja immer verkaufen und ihre Gewinne einstreichen. Langfristig orientierte Investoren haben an solchen Maßnahmen kein Interesse, da sie den Rückschlag ebenso mitnehmen, wie die kurzfristige Kurssteigerung. Noch größer ist der Schaden aus kurzfristiger Aktienkurssteigerung für künftige Aktionäre, die gar kein Mitbestimmungsrecht haben. Wenn die Kurzfristinvestoren aussteigen und ihre Gewinne mitnehmen, muss ihrem Gewinn notwendiger Weise der Verlust eines künftigen Aktionärs gegenüberstehen, der ihnen die überteuerten Aktien abnimmt. Dieser zahlt den durch eine nur kurzfristig wirksame Maßnahme nach oben getriebenen Preis, nur um dann zu erleben, dass dieser Preis sinkt, wenn die wahren Kosten der Maßnahme sichtbar werden.[48]

Selbst für überzeugte Vertreter der These effizienter Finanzmärkte haben die Skandale um Enron sowie andere New-Economy-Firmen und dann die Subprime-Krise klar gemacht, dass es möglich ist, den Aktienkurs zu steigern und gleichzeitig Wert zu vernichten. Luigi Zingales von der Universität Chicago schlägt deshalb vor, nur Aktionären, die vom Management unabhängig sind, und ihre Aktien schon eine gewisse Zeit gehalten haben, das Vorschlagsrecht für Aufsichtsräte zu geben. Das ist in Großbritannien bereits möglich und wurde jüngst auch in Italien eingeführt. Außerdem wäre es vermutlich sinnvoll, wenn sich Aktionäre, deren Wahlvorschläge für den Aufsichtsrat angenommen werden, verpflichten müssten, die Aktien eine längere Zeit zu halten. Das würde sicherstellen, dass Beteiligungsfirmen sich nicht die übermäßige Kurzfristorientierung des Aktienmarktes zunutze machen, um ein Unternehmensmanagement abzulösen, das langfristig viel versprechende Pläne für ihr Unternehmen verfolgt.[48]

In dem 100 Seiten starken Mea-Culpa-Papier der Zauberlehrlinge Jensen und Murphy aus dem Jahre 2004 gibt es keine ernsthafte Diskussion der Möglichkeit, dass der Staat durch Regeländerungen eingreifen könnte.[27] Der Verzicht darauf, nach einer Reihe von verheerenden Unternehmensskandalen eine Reform der Regeln der Unternehmensführung ins Auge zu fassen, mutet sonderbar an. Die Ökonomen tun implizit so, als gäbe es eine Wahl zwischen Corporate Governance mit und ohne staatlichen Einfluss. Dabei sind alle heutigen Unternehmen mit einem Gerüst an staatlichen Regeln der Unternehmensführung groß geworden. Den Staat draußen zu halten, ist keine Option. Es geht nur darum, ob die bestehenden Regeln angemessen sind oder ob sie besser geändert werden sollten. Dass diejenigen, die unter den geltenden Regeln die Macht haben und ziemlich unbeaufsichtigt mit den Ressourcen der Unternehmen schalten und walten können, den Status quo sehr schätzen, ist nicht weiter verwunderlich.

Bis in das Jahr 2009 hinein hatte das Gedankengut, das die Managerelite als über Kontrolle erhaben ansieht, die Oberhand. Als zum Beispiel das Finanzstabilitätsforum die kurzfristig orientierten, leistungsbezogenen Gehaltssysteme als wichtige Ursache für die Globale Finanzkrise identifiziert hatte, waren die ideologischen Hemmschwellen oder die geistige Allianz mit den Wirtschaftsmächtigen noch stark genug, revolutionäre Vorschläge wie vom Staat verordnete Aktionärsrechte zu verhindern. Mehr als die Möglichkeit eines nicht-bindenden (!) Votums der Aktionäre über die Vergütung des Top-Managements wollten die Finanzstabilisierer nicht empfehlen.

Kontrolle von unten

Der Maßstab des Aktienmarktes ist nicht nur in zeitlicher Hinsicht zu kurz, er ist auch unvollständig und verzerrt. Für einen Ökonomen, der das Wohl der Gesamtgesellschaft im Sinn hat, taugt er nur sehr bedingt. Denn der Überschuss, den ein Unternehmen produziert, geht weit über den Gewinn hinaus. Wenn die Annahmen der Lehrbuchökonomie zuträfen, wäre es den Arbeitnehmern gleichgültig, ob sie ihren Arbeitsplatz behalten. Ihnen wird ohnehin nur gerade so viel bezahlt, was es sie (mental und physisch) kostet zu arbeiten. Außerhalb enger Ökonomenzirkel weiß dagegen jeder, dass die meisten Arbeitnehmer einen großen Nettonutzen aus ihrem Job ziehen und ihn deshalb unbedingt behalten wollen. Für Kunden und Lieferanten kann man ein ähnliches Kalkül aufstellen. Ökonomen, die das Verdikt des Aktienmarktes als Maßstab für soziale Werte nehmen, messen daher nur einen sehr begrenzten Teil des Wertes, den ein Unternehmen produziert, nämlich den Teil des Überschusses aus den Beziehungen mit Arbeitnehmern, Kapitalgebern, Kunden und Lieferanten, der als Gewinn an die Kapitalgeber geht. Wenn also ein Unternehmen höhere Löhne zahlt und darauf verzichtet, das Letzte aus den Lieferanten herauszuquetschen, dann wird das als wertmindernder Aufwand verbucht. Die aus gesellschaftlicher Sicht angebrachte Gegenbuchung bei den Empfängern entfällt. Wenn die höheren Löhne und Einkaufspreise zu stabileren, besseren und auf lange Sicht effizienteren Beziehungen führen sollten, so neigt der Aktienmarkt zunächst dazu, dies zu ignorieren. Aber selbst wenn er den langfristigen Nutzen erkennt, wird er ihn nur positiv werten, wenn der Zusatzertrag die Zusatzkosten für die Eigenkapitalgeber übersteigt. Dieser Maßstab ist für den Aktienmarkt auch richtig, aber aus gesellschaftlicher Sicht ist Effizienz umfassender zu messen.[27]

Wenn die Perspektive nicht die des Aktionärs sein soll, sondern die der Gesellschaft, dann muss das Ziel die Maximierung des langfristigen Firmenwertes sein. Dabei zählt zum Firmenwert auch der Wert für die Arbeitnehmer, Kunden und Lieferanten. Arbeitnehmerinteressen werden oft als gegensätzlich zu Aktionärsinteressen wahrgenommen. In gewissem Maße wird das zwar immer der Fall sein, jedoch umso weniger, je länger der Zeithorizont ist. Viel von dem Gegensatz resultiert aus der übermäßigen Kurzsichtigkeit des Aktienmarkts. Die Interessen der meist langfristig am Wohlergehen des Unternehmens interessierten Arbeitnehmer und der langfristigen Investoren sind in vieler Hinsicht deckungsgleich.

Mit Rücksicht auf das starke Interesse der Arbeitnehmer am langfristigen Wohlergehen ihres Unternehmens schreibt das deutsche Gesetz vor, dass Arbeitnehmervertreter in den Aufsichtsräten von Aktiengesellschaften vertreten sein müssen. Ähnliche Vorschriften gibt es in Österreich, den Niederlanden, Dänemark, Schweden, Frankreich und Luxemburg, außerdem freiwillige Beteiligungsmöglichkeiten in der Schweiz und in Finnland. Wie sich die *Mitbestimmung* auf den Unternehmenserfolg auswirkt, lässt sich bisher kaum verlässlich sagen. Es gibt relativ wenige empirische Studien dazu. Diejenigen, die es gibt, haben überwiegend geringe Effekte auf die Aktienkursentwicklung und Produktivität ermittelt, die teilweise positiv und teilweise negativ waren.[7, 15]

Die Kontrolle der Manager durch Arbeitnehmervertreter hat allerdings auch ihre Probleme. Eine Reihe von Skandalen hat deutlich gemacht, wie leicht es unter den gegebenen Regeln für das Management ist, Arbeitnehmervertreter dazu zu bringen, das abzunicken, was der Chef will. Ein Siemens-Manager wurde für schuldig befunden, eine »unabhängige« Gewerkschaft organisiert zu haben. Volkswagen-Vorstand Peter Hartz, der Namensgeber der Gesetze Hartz I bis IV, wurde für ein System bestraft, das die fürstliche Bezahlung der Arbeitnehmervertreter vorsah – mit Geld, Lustreisen und Prostituierten –, um sie gefügig zu machen. Ebenso wie die Vertretung der Aktionärsrechte durch die Aufsichtsräte leidet auch die Vertretung der Arbeitnehmerrechte an ungeeigneten Regeln. Genauso schwer wie Aktionäre »ihre« Aufsichtsräte ersetzen können, ist dies den Arbeitnehmern möglich. Deren Vertreter im Aufsichtsrat sind viele Hierarchieebenen entfernt davon, sich noch den Arbeitnehmern gegenüber in Wahlen rechtfertigen zu müssen. Wahlen gibt es nur auf der untersten Ebene, bei den Betriebsräten. Ab da wird alles von den Gewerkschaftshierarchien bestimmt; der Vorsitz des Betriebsrats ebenso wie die Entsendung von Vertretern in den Gesamtbetriebsrat eines Unternehmens, den Konzernbetriebsrat des Konzerns, und schließlich in den Aufsichtsrat. Dadurch sind die Arbeitnehmervertreter im Aufsichtsrat weit gehend von den Wünschen der Arbeitnehmer abgeschirmt. Um die Aufsichtsräte und das Management stärker an den Willen jener zu binden, die ein langfristiges Interesse am Unternehmen haben, müssen daher strukturelle Defizite in der Arbeitnehmervertretung *und* in der Aktionärsvertretung beseitigt werden. Wenn nur Letzteres geschähe, während es für das Management so einfach bliebe wie bisher, die Arbeitnehmervertretung auf seine Seite zu ziehen, wird es kaum gelingen, dieses stärker auf das langfristige Wohl des Unternehmens zu verpflichten. Sobald das Management seine Entscheidungen nicht im Sinne der Aktionäre trifft, kann es sich die nötigen Stimmen im Aufsichtsrat bei den Arbeitnehmervertretern holen.

Die Bedeutung des langfristigen Interesses der Mitarbeiter am Unternehmen fangen Ökonomen erst an, mit ins Bild zu nehmen. Das Stichwort heißt Kontrolle von unten. Sie beruht ebenso wie die formelle Arbeitnehmermitbestimmung darauf, dass das Wohlergehen der meisten Arbeitnehmer in beträchtlichem Maße vom langfristigen Erfolg des Unternehmens abhängt. Drei Ökonomen von führenden US-Universitäten haben in einem theoretischen Modell gezeigt, wie Kontrolle von unten sogar kurzfristorientierte, kleptokratische Vorstandschefs dazu zwingen kann, sich so zu verhalten, als hätten sie das langfristige Wohlergehen des Unternehmens im Sinn. Das kann erklären, das so viele Unternehmen, trotz fast abwesender Kontrolle von oben, die meiste Zeit überraschend gut funktionieren.[1]

Der Mechanismus hinter der Kontrolle von unten funktioniert am besten, wenn sowohl das oberste Management als auch die darunter liegenden Hierarchiestufen gleichermaßen wichtig für die Generierung von Erlösen sind. Dann ist die Unternehmensspitze auf das Engagement von Managern der nachgeordneten Ebenen und der Mitarbeiter angewiesen. Sie muss dafür sorgen, dass Letztere einen Anreiz behalten, sich für das Unternehmen anzustrengen. Andernfalls gibt es nur noch geringe Erlöse. Nehmen wir einmal den schlechtesten Fall an: Der Chef hat einen sehr kurzen Zeithorizont und beabsichtigt so viel Geld wie möglich aus dem Unternehmen zu ziehen. Schon die Manager auf der nächsten Hierarchieebene schauen weiter voraus. Sie wollen irgendwann selber an die Spitze kommen und wollen, dass das Unternehmen dann noch profitabel ist. Auch die nachgelagerten Führungskräfte und ihre Arbeitnehmer wollen die Vorzüge einer Karriere in einem profitablen Unternehmen möglichst lange genießen. Wenn der Chef sich die ganzen Erlöse aneignet, und keine Investitionen in die Zukunft des Unternehmens tätigt, wissen die nachgelagerten Ebenen sofort, dass sich der Arbeitseinsatz für sie nicht lohnt, und die Erlöse versiegen schnell. Deshalb ist die Unternehmensspitze gezwungen, so zu handeln, als hätte sie das langfristige Interesse des Unternehmens im Sinn.[1]

Die Kontrolle von unten funktioniert am besten, wenn das Unternehmen wächst oder zumindest nicht schrumpft. Dann sind die gegenwärtigen und die künftigen Erlösmöglichkeiten gleichermaßen wichtig für die Anreizstrukturen. Das erklärt, weshalb es für Unternehmen so schwer ist, in Würde kleiner zu werden. Deshalb kann es für Unternehmen in schrumpfenden Branchen sinnvoll sein, in wachsende Geschäftsfelder zu diversifizieren. Denn schrumpfende Unternehmen laufen Gefahr, dass die interne Kontrolle nicht mehr funktioniert. Die nachgelagerten Hierarchiestufen haben nur noch ein vermindertes Interesse am langfristigen Unternehmenserfolg, da die künftigen Erlöse ohnehin geringer sind als die heutigen.[1]

Die Bedeutung der internen Kontrolle kann auch erklären helfen, warum das Top-Management von so vielen Finanzinstituten in der Lage war, mit seiner hemmungslos kurzfristigen Gewinnmaximierung im Vorfeld der Großen Finanzkrise die eigenen Unternehmen so schwer zu schädigen. Das wurde dadurch begünstigt, dass im Investmentbanking die gehobenen Führungskräfte und die hoch bezahlten Angestellten extrem mobil geworden sind. Dadurch wurde ihnen der langfristige Erfolg ihres Unternehmens gleichgültig. Jeder nahm sich, so lange die Musik spielte, so viel er konnte, so schnell er konnte.[1]

Natürlich funktioniert interne Kontrolle unabhängig davon, ob Ökonomen den Mechanismus verstehen oder nicht. Aber Ökonomen können viel tun, um die interne Kontrolle zu beschädigen oder zu fördern, je nachdem in welche Richtung sie ihren beträchtlichen Einfluss auf Gesetzgeber und Regulierer ausüben. Ein sehr flexibler Arbeitsmarkt mit hoch mobilen Arbeitskräften und Managern hat seine Vorzüge. Aber er hat auch Kosten. Er kann die interne Kontrolle im Unternehmen empfindlich schwächen. Es kann wertvoller sein, als die meisten Ökonomen zugeben würden, den Arbeitnehmern, Kunden und Lieferanten Grund für ein langfristiges Interesse an ihrem Unternehmen zu lassen, anstatt unter Verweis auf das was der Wettbewerb hergibt, das Letzte aus ihnen herauszupressen, bis ihr Unternehmen ihnen fast egal sein kann.

Kontrolle durch die öffentliche Meinung

Art und Höhe der Vergütung von Managern sind zunächst ein gesellschaftliches Thema, kein mathematisch zu lösendes Effizienzproblem. Was die Spitzenmanager bekommen, hängt vor allem davon ab, was die Öffentlichkeit toleriert. Theorien um Anreizgesichtspunkte und Ähnliches haben sich als wenig mehr herausgestellt als ein Weg, die Empörungsschwelle durch Blendung und Vernebelung weit nach oben zu schieben. Als die Große Finanzkrise 2008 die Weltwirtschaft erfasst hatte und die Aufmerksamkeit sich auf die riesigen Gewinne richtete, die viele Spitzenmanager der Finanzindustrie aus ihren unverantwortlichen Geschäften gezogen hatten, war die *Empörungsschwelle* vorübergehend niedriger. Die Menschen glaubten der Rechtfertigung exorbitanter Gehälter mit der Mär von der leistungsbezogenen Bezahlung nicht mehr. Deutsche-Bank-Chef Josef Ackermann sah sich genötigt, seinen Bonus für 2008 aufzugeben. (2009 brachte ihn sein Bonus aber schon wieder auf ein Gehalt von annähernd zehn Millionen Euro.) Kurz nach Ackermann verzichtete auch der CEO von Goldman Sachs, Lloyd Blankfein, auf seinen Bonus für 2008. Im Vorjahr hatte dieser 70 Mio. Dollar betragen. Eine ganze Reihe hoch bezahlter amerikanischer CEOs taten es Blankfein nach. Dennoch betrachtete die Öffentlichkeit es als skandalös, dass die Banker überhaupt etwas hatten, auf das sie verzichten konnten. Denn ihre Bonusregeln sprachen ihnen Millionen zu, obwohl ihre Unternehmen mit Milliarden von öffentlichen Mitteln vor dem Bankrott gerettet werden mussten und sie die Weltwirtschaft in eine Rezession getrieben hatten. Dies führte zu öffentlichen Verhören der Bankmanager vor den Parlamenten in den USA und Großbritannien, und schließlich zur Gehaltsdeckelung bei öffentlich gestützten Banken in den USA und Deutschland, sowie in Großbritannien zu einer Sondersteuer auf Boni.

Als die Presse schließlich im Januar 2009 berichtete, dass die staatlich gestützte Citigroup dabei war, einen Luxusjet für 50 Mio. Dollar zu kaufen, zwang die öffentliche Entrüstung sogar den Präsidenten zu einer Verdammung solchen Tuns. Ein paar Tage später kündigte CEO Vikram Pandit an, dass er für ein Jahresgehalt von einem Dollar arbeiten werde, bis die Bank wieder profitabel sei. Ken Lewis, CEO der Bank of America, war gewarnt, als er am 11. Februar 2009 in Washington Rechenschaft über die Verwendung von Hilfsgeldern ablegen musste. Er ließ die Firmenjets im Hangar und nahm stattdessen eine achtstündige Zugfahrt von Charlotte, North Carolina, nach Washington auf sich.

Das alles sind Beispiele dafür, wie sich eine veränderte Empörungsschwelle auf Gehalt und Nebenleistungen auswirkt, die sich Spitzenmanager gönnen können. Diese Beispiele sind nur in ihrer Häufung ungewöhnlich. Schon vorher war regelmäßig zu beobachten, dass Spitzenmanager, deren Unternehmen in den Fokus der Öffentlichkeit geriet oder deren Gehalt von Aktionären kritisiert wurde, zumindest vorübergehend mit weniger großzügiger Vergütung auskommen mussten.

Vom Glück verlassen (2008),
von Qiang Kang und Oscar Mitnik (Miami Univ.)

Mit einer klugen und originellen Methode haben die Autoren untersucht, was mit der Bezahlung des CEO passiert, wenn ein Unternehmen in finanzielle Bedrängnis gerät. Aus einer großen Datenbank haben sie vergleichbare Paare gebildet, aus jeweils einem Unternehmen in Schwierigkeiten und einem, das gesund blieb. Dann untersuchten sie, wie sich die Höhe und die Struktur der Bezahlung aufgrund der finanziellen Schwierigkeiten änderten. Der besonders interessante Kniff an der Studie ist, dass die Autoren »Bezahlung« in Form der Rückdatierung von Optionen mit einbeziehen. Die Idee hinter der Untersuchung ist, dass die Empörungsschwelle deutlich niedriger wird, wenn es dem Unternehmen schlecht geht, weil Aktionäre, Kreditgeber, Arbeitnehmer und die Öffentlichkeit dann ein sehr viel wacheres Auge auf die Bezahlung der Chefs werfen. Wenig überraschend, erhöht sich die Fluktuation bei den CEOs beträchtlich, kurz nachdem das Unternehmen in Schwierigkeiten gerät. Überraschender ist, dass nicht nur die alten CEOs einen steilen Rückgang ihrer Vergütung hinnehmen müssen. Das Gleiche gilt für die CEOs, die sie ersetzen. Zur Idee von der leistungsabhängigen Bezahlung passt das gar nicht, zumal sich herausstellt, dass die neuen CEOs im Durchschnitt bessere Ergebnisse bringen als diejenigen in der Kontrollgruppe ohne finanzielle Schwierigkeiten. Noch interessanter ist, dass der Großteil des Vergütungsrückgangs aus einer Quelle kommt: Die gewährten Optionen erweisen sich als nicht mehr so wertvoll. Während die Barboni nur um 400 000 Dollar zurückgehen, sinkt der Wert der gewährten Aktienoptionen im Jahr der Unternehmenskrise um 2,3 Mio. Dollar und im Jahr darauf noch mal um fünf Mio. Dollar. Und das wiederum erklärt sich überwiegend daraus, dass die Chefs der in Schwierigkeiten befindlichen Unternehmen kein so glückliches Händchen bei der Wahl des Zuteilungstermins haben. Die Autoren interpretieren dies als einen Verlust von Managermacht aufgrund einer durch die finanziellen Schwierigkeiten des Unternehmens erhöhten Aufmerksamkeit der Öffentlichkeit.

Wird Managervergütung von der öffentlichen Meinung beeinflusst? (2009),
von Cornelia Kuhnen (Northwestern Univ.) und Alexandra Niessen (Uni. Köln)

Kuhnen und Nissen haben untersucht, welchen Einfluss die öffentliche Meinung in Sachen Managerbezahlung auf die tatsächliche Bezahlung ausübt. Die beiden benutzten linguistische Software, um die Negativität der Berichterstattung in Zeitungsartikeln über Managergehälter zu messen. Dies nahmen sie als Maß für vorübergehende Veränderungen der öffentlichen Meinung. Sie stellten fest: Wenn die Negativität in einem Jahr ausgeprägt war, erhielten die CEOs im Folgejahr deutlich geringere Vergütungen. Die Chefs von Unternehmen, die groß genug waren, um unter Beobachtung der Presse zu stehen, und Unternehmen, die Konsumgüter herstellten (und daher mehr von der öffentlichen Meinung abhängen), waren von diesem Effekt am stärksten betroffen. Als alternatives Maß für vorübergehende Veränderungen der öffentlichen Meinung verwendeten die Forscher die Anzahl der Streiks und Arbeitsniederlegungen, die mit Gehaltsfragen zu tun hatten. Zum Beispiel streikten 2000 die Flugbegleiter bei US Airways. Die *New York Times* zitierte ein Gewerkschaftsmitglied mit den Worten: »Es ist ein Skandal, dass sie hohe Gehälter und Boni kassieren und, obwohl die Fluggesellschaft prosperiert, von uns erwarten, dass wir Gehaltskürzungen akzeptieren und noch mehr Zugeständnisse machen.« Die Auswertung der Daten ergab, dass auch diese Art erhöhter öffentlicher Aufmerksamkeit einen vorübergehend stark dämpfenden Effekt auf die Gehälter an der Spitze hat. In Bundesstaaten, in denen mindestens ein großes Unternehmen von einem gehaltsbezogenen Streik betroffen war, erhielten die CEOs im Folgejahr deutlich niedrigere Vergütungen. Als Indiz für dauerhafte Unterschiede in der vorherrschenden Meinung nahmen Kuhnen und Niessen den Anteil der Bevölkerung eines Staates, die gesellschaftlich engagiert sind. Dazu rechnen sie freiwillige Dienste in Gemeinschaftsorganisationen, das Abstimmen bei Wahlen und die Beteiligung an Nachbarschaftsaktivitäten. Wo diese Art von Sozialkapital ausgeprägt war, stiegen die Managergehälter langfristig weniger stark an als in anderen Bundesstaaten.

Es gibt zwei Klassen von öffentlicher Empörung über zu große Gehaltsunterschiede: die vorübergehende, die von aktuellen Ereignissen ausgelöst wird, und die dauerhafte, die aus einer in der Öffentlichkeit vorherrschenden Grundeinstellung herrührt. Letztere begrenzt die Managergehälter nachhaltig, erstere nur vorübergehend.[29]

Weil Institutionen und soziale Normen von primärer Bedeutung für die Entwicklung der Managergehälter sind, und sich diese ab etwa 1975 erheblich geändert haben, konnten Spitzenmanager so viel erfolgreicher Geld von den Unternehmen für sich reklamieren. Nach dieser These von Thomas Piketty und Emmanuel Saez hat die Große Depression die Einstellung der Gesellschaft zu großen Unterschieden in der Bezahlung nachhaltig beeinflusst. Das führte zu hohen Grenzsteuersätzen an der Spitze der Einkommensskala, Umverteilungsprogrammen und einer starken Rolle für die Gewerkschaften. Diese Normen und Institutionen begrenzten die Bezahlung der Spitzenkräfte. Im Lauf der Jahrzehnte verblasste die Erinnerung an die große Depression. Die sozialen Normen veränderten sich und machten es möglich, für die CEOs höhere Gehälter zu erhalten, und erlaubten es, dass nach 1990 die Mode der leistungsabhängigen Bezahlung zu einer veritablen Gehälterexplosion führte. Die Idee, dass es in Ordnung ist, wenn jemand viele Millionen im Jahr verdient, sofern das von ihm geleitete Unternehmen erfolgreich ist, wäre in den 1950er-Jahren nicht weithin akzeptiert und von der Regierung nicht implizit sanktioniert worden.[39]

Frank Levy und Peter Temin erklären die Wende in den sozialen Normen mit der Art, wie die Wirtschaftspolitik auf die Stagflation der 1970er-Jahre reagierte. Damals wurden umfassende institutionelle Reformen durchgesetzt, insbesondere wurden die Gewerkschaften entscheidend geschwächt, die Märkte dereguliert sowie die Mindestlöhne und die Steuersätze für hohe Einkommen gesenkt. All das schuf ein Umfeld, in dem Extreme im wirtschaftlichen Erfolg und große Ungleichheiten im Einkommen sehr viel häufiger vorkamen als zuvor.[31]

Im Sommer 2010 sieht alles danach aus, als habe die Große Finanzkrise, anders als die Große Depression der 1930er-Jahre nur vorübergehend die Empörungsschwelle gesenkt. Noch gibt es keine breit angelegte Bewegung, langfristig orientierten Aktionären die Hoheit über die Vergütung ihrer obersten Angestellten zu geben, die ihnen ganz selbstverständlich zustehen sollte. Noch bestimmen die Interessenvertreter der Wirtschaftselite die Debatte und verhindern, unter dem Vorwand, den Staat draußen zu halten, dass ihre Prinzipale sie in ihrer Machtvollkommenheit beschneiden dürfen.

Kapitel 3: Marktmacht

»Geschäftsleute, die sich als im Wettbewerb stehend betrachten, würden die Behauptung als absurd ansehen, dass sie ihre Produktion deshalb nicht weiter ausdehnen, weil die internen Bedingungen der Produktion ihnen nicht erlauben, mehr zu produzieren, ohne dass die (Durchschnitts-)Kosten steigen. Das wichtigste Hindernis liegt in der Schwierigkeit, mehr zu verkaufen, ohne den Preis zu senken oder die Marketingausgaben zu erhöhen.«

Piero Sraffa, 1926

Marktmacht

Die einfache neoklassische Lehrbuchökonomie hat eine ganze Reihe wirtschaftspolitischer Empfehlungen hervorgebracht, die gemeinhin als Ausfluss der ökonomischen Vernunft gelten. Wenn Unternehmen besteuert werden, produzieren sie weniger und bieten damit weniger Menschen Arbeit. Wenn sie höhere Löhne bezahlen müssen, weil die Gewerkschaften oder der Staat das verlangen, passiert das Gleiche. Diese und viele weitere Schlussfolgerungen basieren auf einer sehr speziellen Vorstellung von Wettbewerb. In dieser Welt des perfekten Wettbewerbs gibt es keinen Gewinn. Die Kapitalseite bekommt eine normale Vergütung für den Kapitaleinsatz, eine Risikoprämie und einen normalen Unternehmerlohn. Die im Wettbewerb stehenden Unternehmen verlangen für ihre Produkte genau den Preis, den es sie kostet, eine zusätzliche Einheit herzustellen. Dieser Preis ist für alle Unternehmer derselbe. Die Arbeitnehmer stehen ebenfalls in vollkommener Konkurrenz zueinander. Sie bekommen einen einheitlichen Lohn für eine gegebene Qualität von Arbeit. Dieser Lohn macht sie gleichgültig ihrem aktuellen Job gegenüber und den vielen anderen, die sie alternativ zum gleichen Lohn annehmen könnten. Das gilt auch für die Manager bis hinauf zur Unternehmensspitze.

An dieser Stelle werden Ökonomen mit einem guten wissenschaftlichen Hintergrund spätestens einwenden, das sei ein Zerrbild, das hier dargestellt wird. Es gibt neoklassische Ökonomen und Modelle in der neoklassischen Tradition, die sehr viel mehr Realismus zulassen und vieles von der Kritik an allzu einfachen Modellen berücksichtigen. Jedoch ist es das beschriebene Zerrbild, mit dem die weitaus meisten, die Ökonomie im Haupt- oder Nebenfach studieren, die Universität verlassen. Sie werden dann Wirtschaftspolitiker, Journalisten oder Verbandsfunktionäre und glauben, die Welt des vollkommenen Wettbewerbs sei zwar ein bisschen vereinfacht dargestellt, aber sie liefere im Großen und Ganzen robuste und verlässliche wirtschaftspolitische Empfehlungen; Wahrheiten, denen man sich nur bei Strafe des Verlustes von Volkseinkommen und Arbeitsplätzen widersetzen kann.

In diesem Kapitel wird es darum gehen, dass diese Vorstellung grundfalsch ist. Die wahre Welt ist notwendiger Weise und auf vielen verschiedenen Ebenen so weit vom Modell des vollkommenen Wettbewerbs entfernt, dass dieses in die Irre führt und alle Empfehlungen, die darauf aufbauen, allenfalls als Klientelpolitik taugen. Um das zu zeigen, ist ein bisschen volkswirtschaftliche Theorie nötig. Aber sie lässt sich knapp und hoffentlich verständlich halten. Neben dem Gegensatz von vollkommener und unvollkommener Konkurrenz wird es dabei auch darum gehen, ob man mit der bei neoklassischen Ökonomen so beliebten Methode des Marginalismus wirklich feststellen kann, wie viel vom Ertrag gemeinsamen Wirtschaftens den Kapitalgebern, den Managern, den Grundbesitzern und den Arbeitern zusteht. Schließlich will ich noch die Aufmerksamkeit auf einen wichtigen Zusammenhang lenken, den der ökonomische Mainstream völlig ausgeblendet hat, dass unvollkommener Wettbewerb vor allem dann ein Problem ist, wenn die Einkommensverteilung sehr ungleich ist. Die Einkommensverteilung bestimmt nämlich in erheblichem Maße, wie viel von bestimmten Gütern produziert wird. Sie bestimmt, wie hoch der Wohlfahrtsverlust ausfällt, der daher rührt, dass die Produzenten ihr Angebot beschränken, um den Preis hoch zu halten.

Vollkommener Wettbewerb oder unvollkommenes Monopol

Damit alle Produzenten den Preis als gegeben nehmen, wie das im vollkommenen Wettbewerb sein muss, nimmt die neoklassische Lehrbuchökonomie an, dass die Kosten für die Produktion einer zusätzlichen Produkteinheit, die sogenannten *Grenzkosten*, mit zunehmender Produktionsmenge steigen. Das 50 001. Auto zu produzieren würde nach dieser Annahme also mehr kosten als etwa das 501. Auto. Wenn das gilt, dann lässt sich bei gegebenem Preis ganz einfach die optimale Produktionsmenge bestimmen. Das Unternehmen steigert die Produktion so lange, bis die steigenden Grenzkosten den Nettoverkaufspreis des Produkts erreicht haben. Wenn die Grenzkosten nicht steigen, dann funktioniert das nicht. Dann kann immer derjenige am billigsten produzieren, der am meisten produziert. Die ökonomischen Lehrbücher erwähnen zwar die unschönen Fälle konstanter oder sinkender Grenzkosten und klassifizieren sie als natürliche Monopole, als Spezialfälle, die besonderer Aufsicht durch den Staat bedürfen. Die Norm dagegen, die mit großem Abstand die meiste Aufmerksamkeit erhält, ist die vollkommene Konkurrenz ohne Gewinne.

Das große Problem der neoklassischen Produktionstheorie besteht darin, dass die Mehrheit der Branchen ihre Produkte mit konstanten oder fallenden Grenzkosten herstellt, sodass die Durchschnittskosten mit zunehmender Produktionsmenge unter Einrechnung produktionsunabhängiger Fixkosten sinken. Ein Team um den früheren Vize-Gouverneur der US-Notenbank, Alan Blinder, interviewte Spitzenmanager von 200 US-Firmen, die zusammen gut 7 Prozent der Wirtschaftsleistung repräsentieren, zu ihren Preisen und Kosten. Danach haben fast 90 Prozent der Firmen konstante oder fallende Grenzkosten, statt die von der Theorie angenommenen steigenden. Die Fixkosten sind mit etwa 40 Prozent der Gesamtkosten sehr hoch, was zu einer starken Kostendegression mit steigender Produktion führt.[3a] Es ist billiger, pro Einheit, 100 000 Autos pro Jahr in einer großen Fabrik herzustellen, als 100 in einer Manufaktur. Bei Brot gilt dasselbe. Kostendegression ist die Regel, nicht die Ausnahme. Deshalb ist auch die Regel, dass Produzenten eine zusätzliche Einheit ihres Produkts zu niedrigeren Kosten herstellen können als der Preis, zu dem sie das Produkt verkaufen. In der nicht immer ganz passenden Sprache der Neoklassik machen sie Monopolgewinne und haben Marktmacht.[9]

Es ist schon fast kurios, dass die Neoklassiker sich in der Spätphase der industriellen Revolution eine solche *Produktionstheorie* ausgedacht haben. Immerhin war die industrielle Produktion davon gekennzeichnet, dass neue Transportmittel und neue Produktionsverfahren die Massenproduktion vieler Güter möglich machten. Auf einer Vielzahl von Märkten verdrängte zu dieser Zeit die billigere Massenproduktion die teurere Manufakturarbeit früherer Zeiten. Das konnte eigentlich nicht einmal einem Volkswirt in seinem Elfenbeinturm entgangen sein.

Piero Sraffa von der London School of Economics wies schon 1926 darauf hin, dass Geschäftsleute die Idee lächerlich finden würden, dass sie deshalb nicht mehr produzieren und verkaufen als sie es tun, weil von ihrem Produkt mehr herzustellen immer teurer würde. Nein, sie produzieren nicht mehr, weil sie es nicht ohne kräftige Preissenkung oder hohe Marketingausgaben schaffen, genügend Kunden dazu zu bewegen, von ihnen und nicht von ihren Konkurrenten zu kaufen. (Man kann Marketingkosten nicht einfach als Produktionskosten einsortieren, weil sie ganz anders auf das Marktgleichgewicht wirken.) Die Lehrbuchneoklassik hat die Komplikationen wegdefiniert, die in der Realität dazu führen, dass Fabriken und Läden nicht unbegrenzt wachsen. Es gibt keine Transportkosten, und alle Abnehmer kennen die Preise und Qualitäten von allen Anbietern. Die Produkte sind standardisiert. In einer solchen Welt müsste Burger King seine Buletten nur um einen Cent billiger verkaufen als McDonald's und schon gehörte ihm der ganze Markt. Um dieses nicht plausible Ergebnis zu vermeiden, wurde die Annahme steigender Grenzkosten eingeführt. Auf diese Weise kann ein Unternehmen, das eine etwas bessere Produktionsmethode einsetzt, zwar wachsen, aber nicht auf einen Schlag den ganzen Markt übernehmen.

Unternehmer brauchen solche unrealistischen Hilfsannahmen nicht. Sie wissen, dass die Leute Vorlieben haben. Sie ziehen den Geschmack einer Bulette dem einer anderen vor, das Aussehen oder Image eines Autos dem eines anderen. Die Produzenten tun viel, um das zu ihrem Vorteil zu nutzen. Sie entwickeln Eigenschaften, die ihr Produkt anders machen und damit den Wettbewerbsdruck vermindern. Die Unternehmer wissen auch, dass Transportkosten ihnen einen Vorteil oder einen Nachteil gegenüber Konkurrenten geben, je nachdem wo diese sich aufhalten. Eine Bäckerei wird nicht viele Kunden verlieren, weil sie teurer ist, als die in einer anderen Stadt, und selbst Wettbewerber ein paar Straßen weiter entfernt werden dieser Bäckerei nur begrenzt Kunden abwerben können.

All diese Komplikationen des wirklichen Lebens geben Produzenten eine gewisse Marktmacht. Abgeleitet vom Fall der Transportkosten, heißt diese Marktstruktur im ökonomischen Jargon *lokales Monopol*, weil der Produzent in einem gewissen Radius um seine Verkaufsstätte keinen effektiven Wettbewerb fürchten muss. Mit zunehmender Entfernung nimmt die Monopolmacht ab. Die logische Struktur ist bei Präferenzunterschieden dieselbe. Ein Anbieter hat Marktmacht gegenüber denjenigen Kunden, die genau die Eigenschaften des Produkts dieses Anbieters besonders hoch schätzen. Je weiter weg die Kunden mit ihren Vorlieben vom spezifischen Produkt des Anbieters sind, desto mehr muss er über den Preis konkurrieren. Das Gleiche gilt, wenn die Kunden keine ausgeprägten Vorlieben haben. Das ist das Pendant zu niedrigen Transportkosten in der räumlichen Sphäre.

Anbieter, die teilweise vom Wettbewerb abgeschirmt sind, nehmen die Preise nicht als gegeben hin, sondern können diese durch ihre Angebotsentscheidungen beeinflussen. Sie können entscheiden, einen höheren Preis zu nehmen und dafür etwas weniger zu verkaufen. Welcher Preis für sie den höchsten Gewinn abwirft, hängt davon ab, wie sehr die Nachfrage mit steigendem Preis zurückgeht. Ein Monopolist wird die Produktionsmenge nur so lange erhöhen, bis der Erlös aus dem Verkauf einer zusätzlichen Einheit unter die Produktionskosten dieser Einheit fällt. Dabei muss der Monopolist berücksichtigen, dass er, um zusätzliche Einheiten verkaufen zu können, den Preis für alle Einheiten senken muss. Ein Beispiel kann das verdeutlichen. Nehmen wir an, ein Automobilproduzent verkauft 50 000 Autos im Jahr für je 10 000 Euro. Zusätzliche Autos herzustellen, würde 7000 Euro pro Stück kosten. Um 1000 Autos mehr absetzen zu können, müsste er den Preis um 100 Euro senken. Mit 1000 zusätzlich verkauften Autos würde er einen Gewinn von 1000 mal 2900 Euro, oder 2,9 Mio. Euro machen. Gleichzeitig würde er aber bei den übrigen 50 000 Autos, die er nun billiger verkaufen müsste, 50 000 mal 100 Euro oder fünf Mio. Euro verlieren: kein gutes Geschäft. Die Quintessenz ist, dass Anbieter mit Marktmacht ihre Produkte teurer verkaufen, als sie diese herstellen können und ihre Produktionsmenge beschränken, um den Preis hoch zu halten.

Die herrschende Lehre in der Ökonomie hat das Phänomen der lokalen Monopole durchaus akzeptiert und führt es unter dem Fachbegriff *monopolistischer Wettbewerb*. Darin konkurrieren lokale Monopole an den Rändern ihrer mehr oder minder geschützten Marktnischen um Kunden. Was dieser Mainstream, so wie er Lehrbücher inspiriert und Politikberatung abgibt, allerdings nicht akzeptiert hat, ist die Allgegenwärtigkeit von Gewinnen, die aus beschränktem Wettbewerb resultieren. Lehrbücher und politischer Ökonomenrat sind nach wie vor inspiriert von der unrealistischen Annahme eines vollkommenen Wettbewerbs der keine Übergewinne zulässt.

Ungleichheit als Quelle von Monopolproblemen

»Einkommensungleichheit zu reduzieren, so schwer das auch sein mag, ist vielleicht die praktikabelste Möglichkeit, zur Lösung des Monopolproblems.«

Moshe Adler, 2009

Verteilungsfragen und Effizienzfragen werden in der neoklassischen Ökonomie fein säuberlich getrennt und die *Verteilung* tendenziell als außerökonomisches Problem vernachlässigt. Dadurch vernebelt die Neoklassik die wichtigste Quelle der Probleme, die durch Monopolmacht entstehen, denn diese sind vor allem ein Verteilungsproblem. Im Ökonomielehrbuch wird das Monopolproblem über Präferenzunterschiede erklärt, die unterschiedliche Zahlungsbereitschaften der Konsumenten hervorbringen. Ein Monopolist, der aus rechtlichen oder praktischen Gründen nicht nach Zahlungsbereitschaft gestaffelte Preise von verschiedenen Kunden verlangen kann, wird sein Angebot begrenzen, um den Preis für sein Produkt hoch zu halten. Diejenigen mit der geringsten Zahlungsbereitschaft bekommen das Produkt nicht mehr, weil sie diesen Preis nicht bezahlen wollen, obwohl es zu Kosten produziert werden könnte, die unter ihrer Zahlungsbereitschaft liegen. Darin liegt der gesellschaftliche Wohlfahrtsverlust aus der (allgegenwärtigen) monopolistischen Angebotszurückhaltung. Diese Herleitung des Wohlfahrtsverlusts ist korrekt, aber in seiner Wortwahl und der üblichen Wahl der Beispiele verdeckt sie den wichtigsten Punkt. In der Realität kommen die größten Unterschiede in der Zahlungsbereitschaft nicht von Präferenzunterschieden, sondern von Unterschieden in der Zahlungsfähigkeit. Wenn man das Wort *Zahlungsbereitschaft* benutzt, um das Problem zu beschreiben, wirkt es viel harmloser als wenn man das Wort *Zahlungsfähigkeit* nimmt. Im ersten Fall bekommen diejenigen, die es am wenigsten wertschätzen das künstlich verknappte Gut nicht, im anderen Fall diejenigen, die es sich nicht leisten können.[1] Wenn es um Nahrungsmittel, Medizin oder Bildung geht, dann wird leicht klar, welche Bedeutung der semantische Unterschied hat. Solche Beispiele finden sich zum Thema monopolistische Angebotsbegrenzung in Lehrbüchern aber eher selten.

Wenn die wirklich großen Unterschiede in der Zahlungsbereitschaft von Einkommensunterschieden herrühren, so bedeutet das, dass das Ausmaß der Einkommensunterschiede die Angebotsmenge und die Schwere des Monopolproblems bestimmt. Je größer die Einkommensunterschiede, desto mehr lohnt sich monopolistische Angebotszurückhaltung. Denn, wenn alle Abnehmer das gleiche Einkommen haben, müssen die Produzenten nur relativ geringe Preiszugeständnisse machen, um größere Mengen ihres Produkts abzusetzen. Deshalb werden unter solchen Bedingungen Preiszugeständnisse gemacht und der Wettbewerb funktioniert im Sinne der Konsumenten recht gut. Wenn die Einkommensverteilung dagegen sehr ungleich ist, muss man ein Gut relativ stark verbilligen, um neue, ärmere Käuferschichten zu gewinnen. Dann lohnt sich Angebotszurückhaltung eher. Man stelle sich nur vor, ein Viertel der Bevölkerung sei sehr reich, die anderen arm. In diesem Fall wird es viele Produkte geben, die zu so hohen Preisen angeboten werden, dass nur das reiche Viertel sie sich leisten kann. Denn die Angebotsmenge zu steigern, würde den Preis sehr stark drücken, da man zunächst nur das reiche Viertel zum Mehrkonsum animieren könnte. Erst wenn der Preis so stark gefallen wäre, dass auch die Masse der Bevölkerung sich das Produkt leisten könnte, würde es wieder leichter, die Absatzmenge auszudehnen. Das ist kein rein theoretisches Beispiel. Dass der Großteil der Weltbevölkerung ohne wirksame Aids-Medikamente auskommen muss, liegt, wie Moshe Adler von der Universität Columbia in New York eindrucksvoll dargelegt hat, nicht so sehr an mangelnder Welt-Kaufkraft, sondern an der sehr ungleichen Verteilung dieser Kaufkraft. Wenn die Produzenten patentgeschützter Aids-Medikamente so viel produzieren und anbieten würden, dass es auch für die Kranken in den armen Ländern reichen würde, müssten sie mit dem Preis sehr weit heruntergehen. Da sie ein Vielfaches für ihre Medikamente verlangen können, wenn sie nur genug für die Kranken in den reichen Ländern anbieten, ist diese Strategie weitaus Gewinn bringender. Wäre das Gesamteinkommen bei gleicher Höhe gleichmäßig verteilt, würde die Angebotsmenge vervielfacht und alle Aids-Kranken könnten wirksame Medikamente bekommen. Dieses drastische Beispiel zeigt, dass die Annahme grundfalsch ist, dass Effizienz auf der Angebotsseite und Einkommensverteilung getrennt betrachtet werden können. »Große Ungleichheit macht den zu verteilenden Kuchen kleiner«, stellt Adler fest.[1]

Wenn die Anbieter die Macht und die nötige Information haben, um die Preise ihrer Produkte je nach Zahlungsbereitschaft und Zahlungsfähigkeit ihrer Kunden zu staffeln, wird die Ineffizienz geringer. Wenn sie zum Beispiel verhindern könnten, dass Aids-Medikamente, die sie in armen Ländern billig anböten, ihren Weg in die Industrieländer finden, dann würde es sich für sie lohnen, auch für die Kranken in armen Ländern Medikamente (zu bezahlbaren Preisen) anzubieten.[1] Wollte man den Anreiz zur Forschung, der in hohen Preisen für patentierte Arzneimittel liegt, nicht mindern, und gleichzeitig die tödliche Rationierung von lebenswichtigen Medikamenten abmildern, so wären Maßnahmen sinnvoll, die den Anbietern das Unterbinden des internationalen Handels mit ihren Medikamenten erleichtern, auch wenn das den üblichen Freihandelsregeln widerspricht.

In einigen Bereichen findet ausgeprägte *Preisdiskriminierung* zwischen reichen und weniger reichen Konsumenten statt. So kann man dies etwa bei Fluggesellschaften gut beobachten. Die Passagiere in der ersten Klasse und in der Business Class zahlen oft ein Mehrfaches dessen, was die Masse der Passagiere in der dritten Klasse, euphemistisch Tourist Class genannt, bezahlt. Dafür bekommen sie mehr Platz und den besseren Service, wobei die Mehrkosten für die Fluggesellschaften in aller Regel deutlich geringer sind als der Preisunterschied. Für die Reisenden in der dritten Klasse ist das eine gute Sache, weil viele Flüge sich nur aufgrund des Mehrgewinns aus der ersten und zweiten Klasse lohnen. Gäbe es diese Preisdifferenzierung nicht, müssten die Tickets für die Masse teurer sein, und es gäbe weniger Flüge. Ähnliches findet statt, wenn die hohen Preise, die Ärzte von Privatpatienten nehmen können, die Behandlungskosten der Kassenpatienten quersubventionieren.[1]

Die Preisdiskriminierung verliert jedoch ihre positive Wirkung auf die Effizienz, wenn Anbieter auftreten, die konsequent nur die Reichen bedienen. Wenn Ärzte nur noch Privatpatienten behandeln, verlieren die Kassenpatienten den Zugang zu diesen Ärzten, oft die besten ihres Faches. Wenn Fluggesellschaften Flüge nur mit Business- und First Class anbieten, oder, noch schlimmer, die Reichen fast allein mit ihren Unternehmensjets durch die Welt fliegen, gibt es keine Quersubventionierung mehr. Im Gegenteil: Die unterbesetzten Flugzeuge verbrauchen knappe Flughafenkapazitäten und für die vollbesetzten Maschinen für Normalsterbliche bleiben keine Start- und Landerechte mehr übrig. Dadurch sinkt die Anzahl der möglichen Personentransporte beträchtlich.[1]

Unter solchen Voraussetzungen kann die gesetzliche Intervention Effizienzsteigerungen herbeiführen. Ein gesetzliches Minimum für die Anzahl der Passagiere eines Flugzeugs, das knappe Flugplatz- oder Luftraumkapazitäten in Anspruch nimmt, oder eine Sondersteuer auf unterbesetzte Flugzeuge, kann dazu beitragen, die Knappheit für alle zu mindern. Dasselbe gilt für den Immobilienmarkt, wo eine Steuer auf ungenutzten Wohnraum dazu beitragen kann, mehr Menschen das Wohnen in attraktiven Stadtlagen zu ermöglichen. Im Gesundheitswesen ist es überlegenswert, Ärzten und Krankenhäusern einen Mindestanteil von Kassenpatienten vorzuschreiben, den sie zur Behandlung annehmen müssen.[1]

Eine Chance für die Ineffizienz

Die Lehrbücher machen sich nicht die Mühe, ihre Annahmen hinsichtlich des Verlaufs der Produktionskosten und des Wettbewerbsgrads empirisch zu unterfüttern. Das ist wohl kein Zufall, gibt es doch reichlich empirische Belege, dass die Annahmen oft oder meist nicht zutreffen.

Ein Beleg etwa ist, dass Anbieter mit hohen und niedrigen Kosten längere Zeit nebeneinander bestehen können. Das sollte nicht passieren, wenn die Annahmen der Neoklassik weithin gelten würden. Ineffiziente Produzenten mit höheren Kosten könnten nur dadurch eine Weile am Markt bestehen, dass sie keine volle Rendite auf ihre schon getätigten Investitionen erzielen und nur noch die laufenden Kosten decken. Da in der Regel relativ oft Erneuerungsinvestitionen fällig werden, die sich unter solchen Bedingungen nicht rechnen, sollten solche Anbieter bald vom Markt verschwinden oder klein und irrelevant werden. Das erlaubt die Überprüfung, ob die Annahme von vollkommenem Wettbewerb eine vernünftige Annäherung an die Realität ist, oder ob monopolistischer Wettbewerb diese Wirklichkeit besser beschreibt. Nur wenn die Produzenten typischerweise einen Gewinn machen, der die Produktionskosten deutlich übersteigt, können die weniger effizienten Anbieter längere Zeit überleben. Letzteres scheint der Fall zu sein. Ökonomen haben festgestellt, dass sehr große und dauerhafte Unterschiede in der Produktivität zwischen Unternehmen eher die Regel als die Ausnahme sind. Chad Syverson von der Universität Chicago zum Beispiel, stellte fest, dass selbst Unternehmen aus der gleichen, eng abgegrenzten Branche mit sehr unterschiedlichen Produktivitätsniveaus arbeiten. Eine Fabrik am 90. Perzentil, also eine, die gerade noch zu den besten 10 Prozent gehört, produziert im Durchschnitt aller Branchen mit vergleichbarem Einsatz von Arbeit und Kapital doppelt so viel wie ein Unternehmen am 10. Perzentil, also ein Unternehmen, das gerade noch zu den schlechtesten 10 Prozent gehört. Und das ist nur der Durchschnitt der Branchen. In manchen sind die Unterschiede zwischen den besten und den schlechtesten Unternehmen noch viel größer. Diese Produktivitätsunterschiede sind auch noch ziemlich dauerhaft. Und in weniger entwickelten Volkswirtschaften sind sie nochmals größer. So haben Forscher in China und Indien durchschnittliche Produktivitätsverhältnisse zwischen dem 90. und dem 10. Perzentil der Unternehmen von fünf zu eins festgestellt.[14]

Viele Ökonomen, die das Bild des vollkommenen Wettbewerbs im Sinne haben, sind an diesem Punkt versucht zu sagen, dass mit diesen Feststellungen etwas nicht stimmen kann. Warum sollten die Eigentümer der unproduktiven Unternehmen darauf verzichten, die gleichen Produktionsverfahren und Technologien zu verwenden, wie die produktiveren und damit einen größeren Gewinn zu machen. Die Antwort liegt darin, dass Unternehmertum ein Geschäft unter großer Unsicherheit ist, und unternehmerisches ebenso wie Führungstalent sehr ungleich verteilt ist. Die besten Produktionstechniken und Führungsmethoden findet man nicht einfach durch den Blick in ein Handbuch. Oft ist es nicht einmal von innen, geschweige denn von außen, so einfach herauszufinden, was die eine Fabrik produktiver macht als die andere. Hinzu kommt, dass die Umstellung der Produktionsmethoden in einer bestehenden Produktionsstätte oft erhebliche Kosten und Produktionseinbußen verursacht. Es ist daher nicht schnell und einfach festzustellen, ob eine Umstellung die Produktivität langfristig verbessert oder gar noch verschlechtert. Aus solchen Gründen ist es durchaus plausibel, dass das Streben nach höherem Gewinn allein nicht zu einheitlich optimalen Verfahren und Führungsmethoden führt. Es braucht schon die darwinistische Auslese durch den Wettbewerb, und die ist umso schwächer, je stärker die Anbieter durch lokale Monopolmacht geschützt sind.

Je weniger lokale Monopolmacht die Unternehmen haben, desto weniger können sie es sich leisten, ineffizient zu sein. Daher drängt Wettbewerb Ineffizienz zurück. Auf der anderen Seite kann übermäßig scharfer Wettbewerb allerdings die Innovation bremsen. Wenn niemand mehr als den minimalen Gewinn macht, haben die Unternehmer kaum den Anreiz und die finanziellen Mittel, um eine Verlustphase durchzustehen, die entsteht, wenn sie etwas Neues ausprobieren oder bestehende Produktionsverfahren ändern. Bezieht man solche dynamischen Überlegungen mit ein, so ist eine mittlere *Wettbewerbsintensität* irgendwo zwischen den Extremen optimal. Das heißt jedoch nicht, dass man keine Aussage darüber treffen kann, ob die Wettbewerbsintensität erhöht werden sollte. In den meisten Fällen scheint die Wettbewerbsintensität niedriger zu sein als optimal wäre. Denn die meisten empirischen Studien kommen zu dem Ergebnis, dass Episoden steigender Wettbewerbsintensität in einer Branche oder einem Land mit höherer Produktivität und mehr Innovation einhergehen.[14]

Wovon hängt die Produktivität ab? Lehren aus der dramatischen Erholung der Eisenerzminen in den USA und Kanada nach deren Krise in den 1980er-Jahren (2005),
von James A. Schmitz Jr. (Univ. Chicago)

Schmitz analysiert die Reaktion der nordamerikanischen Eisenerzminen auf die Konkurrenz von billigerem brasilianischem Eisenerz, das in den 1980ern in die USA drängte. Dieser Wettbewerb veranlasste die Mienenbetreiber, ihre Produktivität auf eine Weise zu erhöhen, wie sie es auch schon vorher hätten tun können, aber nicht taten. Die Branche war lange Zeit durch hohe Transportkosten vor Konkurrenz aus dem Ausland geschützt gewesen. Ab 1980 boten jedoch brasilianische Mienenbetreiber ihr Erz in den USA zu niedrigeren Preisen an. Die amerikanischen Anbieter reagierten darauf mit drastischen Kostensenkungen. Im Einvernehmen mit den Gewerkschaften wurden die Regeln flexibilisiert, die es bis dahin erschwert hatten, Arbeitskräften verschiedene Aufgaben zuzuweisen. Das erlaubte unter anderem die Einführung neuer, arbeitssparender Verfahren. Ein beträchtlicher Anteil nicht mehr benötigter Arbeitsplätze wurde abgebaut. Die durchschnittliche Arbeitsproduktivität, die mehrere Jahrzehnte bei rund zwei Tonnen je Arbeitsstunde stagniert hatte, verdoppelte sich bis 1985 auf vier Tonnen. Das erlaubte den amerikanischen Minen, preislich mit dem brasilianischen Eisenerz mitzuhalten.

Marktstruktur und Produktivität am Beispiel Beton (2004),
von Chad Syverson (Univ. Chicago)

Syverson untersucht in dieser Studie den Zusammenhang zwischen dem Wettbewerbsgrad und der Produktivität am Beispiel der Fertigbeton-Branche. Diese Branche ist dafür besonders gut geeignet, weil das Produkt einheitlich ist und hohe Transportkosten die räumliche Differenzierung des Marktes sehr ausgeprägt und deutlich erkennbar machen. Aufgrund dieser räumlichen Differenzierung hängt die Wettbewerbsintensität stark von der Anzahl der Anbieter in einer Region ab. In Märkten mit vielen Anbietern ist es für ineffiziente Anbieter schwerer zu überleben, weil ihre Kunden leichter auf andere Anbieter ausweichen können. Als Hilfsgröße für die Anzahl der Anbieter nimmt Syverson die Bautätigkeit in einer Region. Und tatsächlich stellt er fest, dass in Regionen mit hoher Bautätigkeit das untere Ende der Produktivitätsskala der Betriebe deutlich höher angesiedelt ist als in Regionen mit geringer Bautätigkeit. Auch die durchschnittliche Produktivität ist höher, und die Streuung der Produktivität der Betriebe in der Region ist geringer. Die Streuung der Preise ist geringer, vor allem weil die besonders hohen Preise seltener werden. Besonders hohe Preise sind in wettbewerbsintensiven Regionen einfach nicht durchsetzbar. Das alles passt zu der Vorstellung, dass der Wettbewerb die sehr ineffizienten Betriebe eliminiert. Es zeigt gleichzeitig, dass der Wettbewerb nirgends vollkommen ist, sondern dass es in der Realität eine hohe Bandbreite von Wettbewerbsintensitäten gibt, sogar innerhalb einer einzigen Branche.

Freier Markteintritt ist ein zweifelhaftes Ideal

Wenn es nach der Lehrbuchversion der Ökonomie geht, führt Konkurrenz lokaler Monopole nicht zu Übergewinnen, die die normale Vergütung für das Kapital und den Unternehmer übersteigen, zumindest dann nicht, wenn der Marktzutritt frei ist. Wenn das der Fall ist, locken nämlich Übergewinne in einer Branche Newcomer an, die den etablierten Unternehmen Konkurrenz machen. Das kann im Prinzip so lange gehen, bis das zusätzliche Angebot die Preise so weit gedrückt hat, dass es keine Übergewinne mehr gibt. Und das wäre nach der neoklassischen Lehrbuchökonomie auch gut so. Es gibt jedoch zwei grundlegende Probleme mit dieser Argumentation. Erstens wäre es in vielen Fällen nicht gut, wenn das passierte. Und zweitens passiert es meist nicht.

Wenn Newcomer so lange in den Markt drängen, bis die Übergewinne verschwunden sind, dann ist das ein Problem, wenn die Durchschnittkosten mit abnehmender Betriebsgröße steigen. Wegen der oft hohen administrativen Kosten, mengenunabhängigen Vertriebs- und Werbungskosten und Mindestgrößen effizienter Produktion ist das sehr oft der Fall. Wenn die Märkte durch Transportkosten oder Geschmacksunterschiede segmentiert sind, können sich Newcomer an die Ränder der Märkte der etablierten Anbieter setzen, und trotz relativ kleiner Produktionsmengen und hoher Kosten noch einen Gewinn erzielen. Wenn die Märkte regional segmentiert sind, bedeutet das buchstäblich, sich in die möglichst weit von etablierten Anbietern gelegenen Regionen zu setzen. Wenn es um Geschmacksunterschiede geht, bedeutet es, durch kleine Änderungen am Produkt eine Marktnische zu schaffen. Beides reduziert die Marktgröße für die etablierten Anbieter und treibt deren Durchschnittkosten in die Höhe. Das wiederum verkleinert ihr Marktgebiet und erleichtert es Newcomern zusätzlich, sich zu etablieren. Wenn dieser Prozess die Übergewinne eliminiert, dann nicht nur, indem er zu erwünschten Preissenkungen führt, sondern auch, indem er zu gesellschaftlich unerwünschten Kostensteigerungen führt. Im ungünstigen Fall produzieren dann viel zu viele Anbieter jeweils zu viel zu hohen Kosten viel zu kleine Produktionsmengen.

In der Praxis ist zu viel Wettbewerb allerdings selten das Problem, weil es Newcomer in aller Regel recht schwer haben, sich gegen die alteingesessenen Produzenten zu etablieren und ihnen genug Absatz wegzunehmen, um zu überleben. Neueinsteiger in einen Markt müssen, wie empirische Studien gezeigt haben, in aller Regel einen beträchtlichen anfänglichen Wettbewerbsnachteil überwinden. Sie starten ohne eine Kundenbasis und müssen diese erst mühsam und langwierig aufbauen. Sogar in Märkten, in denen die Produkte sehr homogen sind, erzielen Newcomer oft niedrigere Preise und haben dennoch einen geringeren Absatz als etablierte Anbieter. Das bedeutet, dass sie in der Regel mehrere Verlustjahre durchstehen müssen. Um dieses Risiko auf sich zu nehmen und überhaupt einen Kapital- oder Kreditgeber zu finden, der das finanziert, müssen sie beträchtliche Gewinne in Aussicht haben. Zudem schauen die schon lange niedergelassenen Anbieter oft nicht tatenlos zu, wenn sich ein Neuling etablieren will. Sie können strategische Gegenmaßnahmen ergreifen und tun dies auch oft, z.B. indem sie die Preise senken, um Newcomer abzuschrecken oder es ihnen schwerer zu machen, sich zu etablieren.

Dabei ist die zumeist deutlich geringere Finanzkraft der Newcomer ein wichtiger Faktor, wie eine Gruppe europäischer Forscher nachgewiesen hat, indem sie die Steuererklärungen und andere Daten von fast dem gesamten französischen verarbeitenden Gewerbe analysiert hat. Die Forscher stellten fest, dass nur sechs Prozent der Marktführer in den verschiedenen Branchen Einzelunternehmen waren, die nicht zu einem Konzern gehörten. Je mehr liquide Mittel die Marktführer hatten, und je mehr liquide Mittel in dem Konzern vorhanden waren, desto geringer war die Rate an Neuzugängen in der zugehörigen Branche. Das lässt sich auf die *Kreditrationierung* zurückführen, die wir im ersten Kapitel kennengelernt haben. Wenn die Newcomer nicht kreditbeschränkt wären, bräuchten sie die Finanzkraft der Etablierten nicht zu fürchten, und deren Drohung mit Abwehrmaßnahmen wäre unglaubwürdig, weil sie selbst zu viel dabei verlieren würden. Aber es ist schwer für neue Unternehmen, Kapital- und Kreditgeber zu finden, die ihr Geld einem noch nicht getesteten Geschäftsmodell anvertrauen .[4]

In den meisten Fällen wird man davon ausgehen können, dass Wettbewerb durch Newcomer die Übergewinne vielleicht auf ein moderates Niveau drückt, aber nicht annähernd auf null. Fälle in denen Newcomer wirklich den Markt aufrollen und die Preise drastisch drücken, wie McDonald's oder Southwest Airlines und Ryanair, sind alles Beispiele, in denen diese eine durchgreifende Innovation auf der Produktseite oder der Produktionsseite mitbringen. Solche Newcomer können den etablierten Unternehmen kräftig einheizen. Das sind aber seltene Fälle, und nicht jene, die die neoklassische Wettbewerbstheorie im Sinne hat, wo Newcomer allein von den Übergewinnen der Etablierten angelockt werden und mit etwas weniger Gewinn zufrieden sind. Immerhin standen in den oben genannten Beispielen der amerikanischen Eisenerz-Minen und von Southwest Airlines die etablierten Anbieter bereits im Wettbewerb miteinander. Die Tatsache, dass sie in der Lage waren, die Preise beträchtlich zu senken, deutet darauf hin, dass sie beachtliche Übergewinne erzielten (oder durch Ineffizienz verfrühstückten), bevor die Herausforderer mit dem neuen Geschäftsmodell auf den Markt traten.

Neben den Schwierigkeiten von Newcomern gibt es noch einen anderen Grund, weshalb der Wettbewerb die Profite nicht auf null drückt. Er liegt darin, dass die Theorie hinter dieser Idee fehlerhaft ist. Der australische Ökonom Steve Keen hat diese Einsicht neu entdeckt und die theoretische Fundierung ausgebaut. Alle Ökonomiestudenten lernen im ersten Semester, dass die Preise im Wettbewerb niedriger sind, als diejenigen, die ein Monopolist verlangt. Doch selbst wenn die Annahmen der Neoklassik gegeben sind, gibt es einen Grund, warum der Wettbewerb nicht notwendiger Weise zu niedrigeren Preisen führen muss. Die Lehrbuchvorstellung, dass nur Monopolisten die Angebotsmenge beschränken, um die Preise hoch zu halten, ist nämlich falsch. Nehmen wir einmal an, es gebe viele Wettbewerber und die gesamte Produktionsmenge sei in der Ausgangslage dieselbe, wie sie für den Monopolisten optimal wäre. In diesem Fall, so das Lehrbuch-Argument, würde ein im Wettbewerb stehendes Unternehmen die eigene Produktionsmenge erhöhen, weil es die zusätzlichen Produkte zu einem Preis oberhalb der Herstellungskosten verkaufen kann. Das drückt zwar den Preis, aber dieser Nachteil trifft zum größten Teil die Konkurrenten, weil das einzelne Unternehmen nur einen geringen Marktanteil hat. Ein Unternehmen nach dem anderen wird die Produktion erhöhen, bis der Preis auf die Produktionskosten einer zusätzlichen Einheit gefallen ist.

Dieses Argument steht und fällt mit der Unterstellung, dass immer nur ein einzelner Produzent die Produktionsmenge erhöht. Diese Annahme ist jedoch hochgradig unrealistisch. Schließlich haben alle Produzenten im Markt den gleichen Anreiz, mehr zu produzieren. Was aber passiert, wenn viele Unternehmen aus ihren eigenen Gewinnen und Kosten den Schluss ziehen, dass sie wahrscheinlich mehr Gewinn machen würden, wenn sie die Ausbringung erhöhten? Wenn hinreichend viele so handeln, werden sie nach kurzer Zeit feststellen, dass das Experiment Produktionsausweitung zu sinkendem Gewinn geführt hat. Jetzt ist es wichtig, welche Informationen und welche Vorgehensweisen man den Produzenten unterstellt. Wenn sie den Verlauf ihrer Produktionskosten genau kennen und genau ausrechnen können, wie stark die Erlöse auf unterschiedliche

Produktionsausweitungen reagieren, wenn sie allein aufgrund des Ergebnisses dieser Rechnung optimieren und dazu noch annehmen, dass ihre Konkurrenten genau so handeln, dann machen die Unternehmen ohne Rücksicht auf Verluste tatsächlich weiter und konkurrieren sich alle Gewinne weg. Nimmt man stattdessen an, dass die Unternehmen diese sehr anspruchsvolle Rechnung mangels Informationen nicht ausführen können, und einfach im Verfahren des Versuchs und Irrtums die richtige Produktionsmenge zu finden suchen, dann sieht es ganz anders aus. Wenn die meisten die Preise etwas senken, um die Absatzmenge zu erhöhen, werden sie nachher feststellen, dass sie durch das Experiment weniger Gewinne realisiert haben und die Preise wieder erhöhen. Keen hat sowohl mathematisch als auch durch Computersimulation gezeigt, dass die Wettbewerber unter diesen Annahmen genauso wenig produzieren, wie ein Monopolist. Alles was dafür gebraucht wird, ist eine halbwegs stabile, aber durchaus große Anzahl von Anbietern, mit begrenztem Markteintritt.[9]

Das heißt keineswegs, dass es gleichgültig ist, ob Wettbewerb herrscht. Der Vorteil des Wettbewerbs liegt allerdings nicht in einem simplen statischen Preisdrücken, wie die Lehrbuchökonomie dies glauben machen will. Es sind die dynamischen Aspekte, die den Wettbewerb in vielen Fällen besser machen, unter anderem, weil der Anreiz zur Innovation und zu einem guten Kundendienst bei einem Monopolisten viel geringer ist.[9] Ein Monopolist gewinnt wenig, wenn er den Service verbessert. Ein Unternehmen, das im Wettbewerb steht, kann sich dadurch einen großen Wettbewerbsvorteil verschaffen. Ein Monopolist, der ein neues Produktionsverfahren oder ein verbessertes Produkt einführt, entwertet damit eventuell die eigenen schon getätigten Investitionen. Deshalb sind Monopolisten nicht innovationsfreudig. Das ist bei Unternehmen, die im Wettbewerb stehen, ganz anders. Sie entwerten mit Innovationen vor allem die Investitionen der anderen, weil sie nur einen Bruchteil des Marktes bedienen. Über preissenkende Innovationen führt der Wettbewerb tatsächlich im dynamischen Prozess oft zu niedrigeren Preisen. Das Ergebnis ist oft dasselbe, wie Preissenkung durch statischen Preiswettbewerb, jedoch nicht immer.

Keens Versuche, seine Ergebnisse in den führenden ökonomischen Fachzeitschriften zu veröffentlichen, sind ein Lehrstück darüber, wie sich der Mainstream des Fachs durch viele Schutzschichten gegen Fundamentalkritik abschottet. Die führenden Fachzeitschriften lehnten die Veröffentlichung aufgrund negativer Gutachterberichte ab. Kein Gutachter fand an der Mathematik etwas auszusetzen, einer nannte sie ausdrücklich fehlerfrei. Doch einer bezeichnete das Ergebnis als »nicht neu«. In dem Bericht hieß es, dass die Hauptargumente Standardwissen seien und das, was darüber hinausginge, nicht umfangreich genug sei, um die Veröffentlichung in einem so prestigeträchtigen Journal zu rechtfertigen. Der Gutachter einer zweiten Top-Zeitschrift schrieb dagegen, das Papier stelle eine sehr grundsätzliche Frage und »selbstverständlich wäre das Ergebnis wert, in der Zeitschrift veröffentlicht zu werden, wenn es korrekt wäre«. Was jedoch der andere Gutachter für altbekannt hielt, war für diesen Gutachter offenkundig falsch und daher nicht veröffentlichungsfähig. Schließlich veröffentlichten Keen und sein Koautor das Papier in dem Physik-Journal *Physica A*.[10]

Nicht in jeder Branche ist Innovation gleich wichtig. In Branchen, in denen Innovation nur eine geringe Rolle spielt und gleichzeitig größere Mengen des Produkts zu deutlich niedrigeren Durchschnittskosten hergestellt werden können als kleinere, kann Wettbewerb durchaus mehr schaden als nützen. In manchen Fällen wurde auch schon empirisch nachgewiesen, dass ein Monopol billiger anbietet als Unternehmen im freien Wettbewerb. Ein solches Beispiel ist die Versicherung von Häusern gegen Elementarschäden. Wie der Schweizer Ökonom Gebhard Kirchgässner ermittelt hat, haben in der Schweiz 19 Kantone staatliche Gebietsmonopole für die Hausversicherung. Sie bieten gleichwertigen Versicherungsschutz für niedrigere Prämien als private Versicherungen in Kantonen ohne Gebietsmonopol. Dabei nehmen die Gebietsmonopole kostendeckende Preise. Dort, wo es die Monopole gibt, sind die Bürger sehr zufrieden damit und wollen sie nicht antasten. In Deutschland dagegen hat die EU-Kommission solche Gebietsmonopole für illegal erklärt. Daraufhin mussten Hamburg und Baden-Württemberg die ihren abschaffen, was zu höheren Preisen für die Versicherten führte.[11]

Im Versicherungsgewerbe gibt es kaum technischen Fortschritt, der durch Wettbewerb belebt werden könnte. Auf der anderen Seite treibt die Aufteilung des Marktes im Wettbewerb auf mehrere oder gar viele Anbieter die Verwaltungskosten pro Kunde in die Höhe. Da die Kosten im Versicherungsgeschäft fast nur aus Verwaltungskosten bestehen, kann das ein beträchtlicher Nachteil sein.[11] Darin ist die Elementarschadensversicherung nicht anders als andere Versicherungen, so dass es auch bei diesen gute Argumente für einen öffentlichen Monopolanbieter gibt. Ob allein der Wettbewerb mit dem besten Service die Vielzahl an ineffizient kleinen deutschen Krankenkassen mit ihren sehr hoch bezahlten Geschäftsführern rechtfertigt, ist sehr fraglich.

Wenn auf dem Arbeitsmarkt Monopoly gespielt wird

Marktmacht auf dem Arbeitsmarkt wird ein ausführliches Thema im nächsten Kapitel sein. Doch wäre dieses Kapitel unvollständig, ohne wenigsten das Grundmuster anzusprechen, das demjenigen auf dem Gütermarkt sehr ähnelt. Genauso wie die meisten Unternehmen einen gewissen Grad an Marktmacht auf dem Produktmarkt haben, werden die meisten Unternehmen die Lohnhöhe nicht als gegeben hinnehmen. Auf dem Arbeitsmarkt heißt die Preissetzungsmacht der Arbeitgeber monopsonistische Macht. *Monopson* kommt aus dem griechischen und bedeutet einziger Käufer. Wie schon im Fall der Marktmacht, wird der Monopsonfall in den ökonomischen Lehrbüchern durchaus behandelt. Auch er wird allerdings als Spezialfall abgetan. Auch hier werden die Faktoren, die Nachfragermacht auf dem Arbeitsmarkt allgegenwärtig machen, von der neoklassischen Theorie wegdefiniert. Arbeit ist darin eine standardisierte Ware, losgelöst von jedem menschlichen Wesen. Sie reist in Sekunden mühelos dorthin, wo sie gebraucht wird. Die Ware Arbeit hat keine Vorlieben. Wer das meiste dafür bezahlt, bekommt sie.

Im wahren Leben ist die Ware Arbeit untrennbar mit einem menschlichen Wesen verknüpft. Dieser Mensch muss in aller Regel vom Verkauf seiner Arbeit leben. Dieser Mensch hat außerdem gewisse Vorlieben in Bezug auf die Art von Arbeit, die er oder sie ausüben will. Arbeitet jemand lieber als Journalistin statt als Pressesprecherin, lieber als Kindergärtner statt als Verkäufer, ist seine Auswahl an Arbeitsplätzen in akzeptabler Entfernung zum Wohnort möglicherweise sehr eingeschränkt. Die Nähe zum Wohnort ist wichtig, weil der Mensch im Gegensatz zur ätherartigen Einheit Arbeit aus der neoklassischen Theorie, erhebliche Zeit und Kosten aufwenden muss, um die Entfernung zum Arbeitsplatz zu überwinden.

Ein echtes Monopson ist sehr selten. Doch kann etwa ein Fast-Food-Restaurant einen jungen Menschen aus der Nachbarschaft eher für wenig Geld hinter den Tresen locken als ein Wettbewerber am anderen Ende der Stadt. Dadurch wird der Lohn, den ein Arbeitgeber bezahlen muss, zu einer Funktion der eingesetzten Arbeitsmenge. Ein größeres Fast-Food-Restaurant wird tendenziell Arbeitskräfte aus einem weiteren Umkreis anziehen müssen und dafür einen höheren Lohn bieten. Wie der lokale Monopolist die Angebotsmenge beschränkt, um mit dem Preis nicht zu weit herunterzugehen, beschränkt der lokale Monopsonist die Nachfrage nach Arbeitskräften, um diesen weniger bezahlen zu können.

Nähe zu einem Arbeitgeber kann man räumlich oder im übertragenen Sinne sehen, ähnlich wie auf der Produktseite. Ein Arbeitnehmer, der eine sehr genaue Vorstellung von der bevorzugten Art der Arbeit oder des Arbeitgebers hat, entspricht einem, der hohe Transportkosten hat. Beides schränkt die Auswahl der in Betracht kommenden Arbeitgeber stark ein. Ein Arbeitgeber, kann Menschen, die die Arbeit, die er nachfragt gerne tun, für weniger Geld einstellen, als ein

Konkurrent, genau wie ein Arbeitgeber, dessen Fabrik näher am Wohnort eines bestimmten Menschen ist, diesem weniger Lohn bieten muss.[3]

Die empirische Wirtschaftsforschung hat jede Menge Belege dafür gefunden, dass Marktmacht auch auf dem Arbeitsmarkt ein wichtiger Faktor ist. Ein solcher indirekter Beleg ist die Tatsache, dass das »Gesetz des einen Preises« in eklatanter Weise nicht gilt. Eine große Anzahl Studien hat immer wieder gezeigt, dass Löhne für vergleichbare Arbeit sogar innerhalb einer Stadt sehr große Unterschiede aufweisen können. Eine solche Studie aus dem Jahr 2002 liefert ein informelles, aber umso eindrucksvolleres Ergebnis eines sehr simplen Experiments, in dem sechs Fast-Food-Restaurants, alle weniger als eine Meile voneinander entfernt, nach den Einstiegsgehältern für ungelernte Arbeitskräfte befragt wurden. Die Spanne reichte von 5,15 Dollar bis 6 Dollar. Ein Unterschied von 16 Prozent ist für die meisten Niedriglohnempfänger ein sehr großer Unterschied.[3]

Exkurs für Feinschmecker: Kapital, das unbekannte Wesen

Bis hierher haben wir in Anlehnung an die Praxis der Ökonomen einfach mal so getan, als wüssten wir, was Kapital ist. Jeder Ökonomiestudent und erst recht jeder Professor hat Übung damit, weil es ja peinlich ist, zugeben zu müssen, dass man so etwas Elementares nicht weiß. Es stellen sich also die Fragen: Was ist eigentlich Kapital? In welcher Einheit wird es gemessen? Gibt es einen Unterschied zwischen Finanzkapital und Kapital, das in Maschinen, Gebäude und Lagerhaltung investiert ist? Wie addiert man einen Lastwagen, ein Gebäude und einen Computer, um zum Kapitalstock einer Fabrik oder einer ganzen Volkswirtschaft zu kommen? Das sind sehr grundsätzliche Fragen, von denen man erwarten darf, dass eine Theorie, die erklären will, wie der Kapitalismus funktioniert, sie beantwortet. Aber leider kann die Neoklassik das nicht. Das lässt den Anspruch etwas weit hergeholt erscheinen, dass sie erklären kann, wie die Erträge der Kooperation von Arbeit und diesem obskuren Ding *Kapital* aufgeteilt werden.

In der neoklassischen Theorie wird in Produktionsstätten Arbeit mit Kapital kombiniert, um Güter herzustellen, die an die Haushalte verkauft werden. Die Haushalte liefern ihrerseits Arbeit und Kapital. Da Haushalte definitionsgemäß nichts produzieren (sonst wären sie Unternehmen), also auch keine Kapitalgüter, kann das Kapital, das sie liefern, nur die Form von Geld haben. Das Einkommen, das sie nicht für Konsum ausgegeben haben, können sie den Unternehmen als Ersparnis zur Verfügung stellen. Aber indem man Arbeit mit Geldscheinen kombiniert, kann man nichts herstellen. Dazu muss man zuerst einmal Kapitalgüter aus dem Geld herstellen. Wie das geschieht, ist nicht Teil der neoklassischen Theorie, und aus gutem Grund. Denn jeder Versuch, diese Umformung explizit zu modellieren, führt unweigerlich zu einem Widerspruch mit den Grundannahmen der neoklassischen Theorie.[9]

Das war Thema der sogenannten *Cambridge Kapital-Kontroverse.* Neoklassische Ökonomen vom MIT in Cambridge Mass. mussten dabei die *neoklassische Kapitaltheorie* gegen einen Angriff aus Cambridge, England, verteidigen, vor allem gegen Joan Robinson und Piero Sraffa. Cambridge, England attackierte die neoklassische Vorstellung, der relative Preis von Arbeit und Kapital bestimme, wie viel von den beiden Faktoren eingesetzt wird. Für Kapital ist dieser Preis der Zins bzw. die verlangte Profitrate. Wenn der Lohn steigt, wird weniger Arbeit eingesetzt, wenn der Zins steigt, weniger Kapital, so die neoklassische Vorstellung. Weil Kapital viele verschiedene Formen annehmen kann, müssen die Neoklassiker sich damit behelfen, die Marktwerte der Kapitalgüter aufzuaddieren, um zu einem Maß für das insgesamt eingesetzte Kapital zu kommen. Alles ist mehr oder weniger dasselbe; eine Summe Geld, ein Kran, ein Weinfass. Man muss nur den Marktwert kennen und kann sie addieren. Doch spießte Cambridge, England, auf, dass dadurch ein Zirkelschluss in die Kapitaltheorie Einzug hält. Der Wert von physischem Kapital, also zum Beispiel von einem Betriebsgebäude, besteht ja aus den künftigen Erträgen, zu deren Entstehung es beitragen wird. Wenn der Zins niedrig ist, sind diese künftigen Erträge heute mehr wert, weil der Faktor, mit dem diese abgezinst werden, niedriger ist. Um ein Beispiel zu nehmen: Wenn der Marktzins 100 Prozent beträgt, und ein Kapitalgut in der nächsten Periode, und nur in dieser, 100 Euro Gewinn abwirft, dann ist mir das heute 50 Euro wert. Denn hätte ich diese 50 Euro heute, könnte ich sie zu 100 Prozent anlegen und hätte in der nächsten Periode auch 100 Euro. Wenn der Zins 10 Prozent beträgt, sind die künftigen 100 Euro Gewinn heute knapp 91 Euro wert. Das heißt, das Kapitalgut ist einmal 50 Euro wert und einmal 91 Euro, je nach Höhe des Zinses. Wenn der Zins aber auch der Preis für die Nutzung von Kapital ist, dann hängt vom Preis des Kapitals die Menge des vorhandenen Kapitals ab. Noch schlimmer: Da verschiedene Kapitalgüter unterschiedlich lange Nutzungsdauern haben, ist dieser Einfluss des Zinses auf die Menge bei jedem Kapitalgut unterschiedlich. Das macht es unmöglich, die vorhandenen Kapitalgüter über den Marktwert zu einem Kapitalstock zusammenzuzählen. Damit wird es unmöglich, den Preis für Arbeit und Kapital als Indikatoren für deren Knappheit zu nehmen.[5]

Cambridge, England, konnte zeigen, das eine Erhöhung des Zinses sowohl zu Mehreinsatz als auch zu Mindereinsatz von Kapital führen kann, je nachdem wie hoch der Zins in der Ausgangslage ist. Das bedeutet, dass Arbeits- und Kapitalmarkt nicht behandelt werden können, als funktionierten sie so wie der Kartoffelmarkt. Es gibt nicht das eine Marktgleichgewicht, sondern verschiedene mögliche Gleichgewichte, manche davon besser (für bestimmte Gruppen), andere schlechter. Irgendjemand, die Regierung, die Mächtigen oder der Zufall müssen zwischen diesen Gleichgewichten auswählen. Das Ergebnis können sehr unterschiedliche Zinsen und Löhne sein.

Der berühmte neoklassische Ökonom Paul Samuelson vom MIT gestand die Niederlage der Neoklassiker bereits in einem Artikel im *Palgrave Dictionary of*

Economics aus dem Jahr 1966 ein. Er gab zu, dass die neoklassische Kapitaltheorie fehlerhaft war. Aus Mangel an einer fertig ausgearbeiteten Alternative und der fehlenden Bereitschaft des Mainstream an einer solchen mitzuwirken, blieb das jedoch ohne Konsequenzen. Die ganze Kontroverse geriet in Vergessenheit. Der ökonomische Mainstream tat, als sei nichts gewesen. Er ignorierte das Problem oder spielte seine Bedeutung herunter. Nachdem Robinson und Sraffa gestorben waren, gab es keine renommierten Ökonomen mehr, die es sich zur Aufgabe machten, die unangenehme und eigentlich schon entschiedene Kontroverse neu aufleben zu lassen. Damit war kein wissenschaftlicher Ruhm mehr zu begründen.[5, 9]

Jedem das Seine

»Im Großen und Ganzen werden in einer modernen Volkswirtschaft mit gut funktionierenden Arbeitsmärkten die Produktionsfaktoren mit dem gleichgewichtigen Wertgrenzprodukt entlohnt.«

Paul Krugman, Robin Wells, »Volkswirtschaftslehre«, 2010

Die Neoklassik hat nicht von ungefähr ihre unrealistischen Annahmen zu den Produktionskosten getroffen und die Produktionsfaktoren Arbeit und Kapital so seltsam definiert. Diese Schritte waren nötig, um zu einer deterministischen Verteilungstheorie zu kommen, nach der jeder Produktionsfaktor genau mit dem entlohnt wird, was er zum gemeinsam erstellten Produktionswert beiträgt.

Für die klassischen Ökonomen war die Verteilung des Gewinns klar eine Frage der relativen Verhandlungsmacht gewesen, eine These, die mit dem Aufkommen der marxistischen Ausbeutungsthese und sozialistischer Strömungen im Zuge der Industrialisierung immer gefährlicher wurde. Der klassische Ökonom David Ricardo (1772–1823) etwa hatte geschrieben, dass es unmöglich sei, festzustellen, welcher Arbeiter in einem Team, in dem es auf jeden Einzelnen ankam, wie viel zur Entstehung des Produkts beigetragen habe. Genauso sei es unmöglich, zu sagen, welcher Teil auf die Kapitalgüter zurückging, mit denen das Team arbeitete, und wie viel auf die Arbeitskräfte. Die meisten Arbeitskräfte arbeiten in der einen oder anderen Form in einem Team. Was der eine produzieren kann, hängt mit davon ab, was die anderen Teammitglieder tun. Selbst wenn ein Arbeiter ein Produkt mehr oder minder allein herstellt, so hängt dessen Wert doch mit davon ab, wie fleißig und wie erfolgreich seine Kollegen in der Marketing- und in der Einkaufsabteilung sind. Ebenso wenig kann man in der Realität sagen, welcher Anteil der Einnahmen einer Busgesellschaft auf die Busfahrer zurückgeht, und wie viel auf die Busse. Die Busse bringen ohne die Fahrer nichts ein und die Fahrer können ohne Busse nichts Produktives tun.

Aus diesem Grund arbeitete Ricardo mit Bündeln aus Arbeitskräften und Kapitalgütern in einer sinnvollen Kombination. Ein solches Bündel könnte etwa aus einem Bus und zwei Fahrern bestehen, die den Tag im Schichtdienst bestreiten. Im Kontext einer Fabrik würde ein Bündel aus einem Gebäude mit Grundstück, einer Anzahl Arbeiter, und der passenden Menge an Maschinen bestehen, die man braucht, um seine solche Fabrik effektiv zu betreiben.[1]

Wegen des Mangels an einem objektiven Maß für den individuellen Beitrag zur Ausbringung erklärte Ricardo die Bezahlung der verschiedenen Teammitglieder mit Gewohnheit und Normen des Üblichen. Adam Smith (1723–1790) hatte eine ganz ähnliche Erklärung, nannte den Bestimmungsgrund der Verteilung aber Verhandlungsmacht.[1]

Die heutige Lehrbuchversion der *Verteilungstheorie*, die von den Neoklassikern entwickelt wurde, ist eine ganz andere. Dafür verantwortlich ist zu einem guten

Teil der US-amerikanische Ökonom John Bates Clark (1847–1938). Er entwickelte eine neoklassische Verteilungstheorie, nach der jedes Teammitglied, ebenso wie das Kapital, genau mit dem vergütet werden, was eine weitere Stunde von ihrer Arbeit oder eine weitere Einheit Kapital an zusätzlichem Ertrag bringen würde.

Die verschiedenen Teammitglieder sind in dieser Theorie nicht wirklich verschieden, weil es nur einen standardisierten Produktionsfaktor Arbeit gibt. Die neoklassische Theorie kann also nichts zum Problem der Entlohnung der verschiedenen Teammitglieder beitragen, weil sie das Problem wegdefiniert. Aber darum ging es Clark auch gar nicht. Er war allein an der Objektivierung der seinerzeit ideologisch heftig umstrittenen Einkommensaufteilung zwischen Arbeit und Kapital interessiert. Im Jahr 1848 hatten Karl Marx und Friedrich Engels das Kommunistische Manifest veröffentlicht, in dem sie die Ausbeutung der Arbeiterklasse anprangerten. 1867 veröffentlichte Marx den ersten Band von »Das Kapital«. Bei der Ableitung seiner Verteilungstheorie war Clark sich ihrer politischer Bedeutung durchaus bewusst, wie man aus dem nachfolgendem Zitat aus »The Distribution of Wealth: A Theory of Wages, Interest and Profits« von 1899 leicht ersehen kann: »Arbeiter, so heißt es, werden regelmäßig der Früchte ihrer Anstrengung beraubt. Das geschieht durch das natürliche Wirken des Wettbewerbs. Wenn dieser Vorwurf bewiesen würde, müsste jeder aufrechte Mensch ein Sozialist werden.«[1] Natürlich wusste Clark, als er das schrieb, dass er kein Sozialist werden müsse, weil seine Theorie dem Ausbeutungsvorwurf widersprach.

Clark macht das zwar nicht explizit, aber seine Theorie befasst sich allein mit der Frage, wie man die genaue Idealkombination von Arbeit und Kapital innerhalb eines ricardianischen Bündels festlegt. Dafür schlug er das Experiment vor, abwechselnd die Menge an Arbeit und die Menge an Kapital konstant zu halten, und auszuprobieren, ob es sich lohnt, etwas mehr von dem jeweils anderen Faktor einzusetzen. Wenn man die eingesetzte Arbeitsmenge konstant hält, etwa bei zehn Arbeitern an einer Werkbank, so lautet die Frage, wie viel mehr die zehn Arbeiter mit einer zweiten Werkbank produzieren könnten. Der Wert dieser Zusatzproduktion, auch *Wertgrenzprodukt* genannt, ist das Maximum dessen, was der Fabrikbesitzer für eine zweite Werkbank zu zahlen bereit wäre. Wenn die Werkbank am Markt weniger kostet, kauft er sie, und so weiter, bis das Wertgrenzprodukt einer zusätzlichen Werkbank niedriger wäre als deren Preis. Resultat: Der Fabrikbesitzer wird so viele Werkbänke einsetzen, dass deren Wertgrenzprodukt dem Preis entspricht.

Das gleiche Gedankenexperiment vollzieht Clark mit konstantem Kapitaleinsatz. Bei einer gegebenen Anzahl Werkbänke werden so lange zusätzliche Arbeiter eingestellt, bis der Wert der mit einer zusätzlichen Arbeitsstunde auf diesen Werkbänken produzierbaren Güter unter den geltenden Lohnsatz gefallen ist. Auch für die Arbeit kommt er so zu dem Ergebnis, dass das Wertgrenzprodukt am Ende des Optimierungsprozesses dem Lohnsatz entspricht.

Auf der Ebene der Fabrik wirkt dieses Gedankenexperiment etwas weit hergeholt, weil es nicht erklärt, wie viele Kombinationen von Arbeitern und Werkbänken der Eigentümer einsetzt. Die Frage, wie viel die Fabrik produziert, bleibt offen. Offensichtlich sind auf dieser Ebene sowohl die eingesetzten Arbeitsstunden als auch der Kapitaleinsatz flexibel. Deshalb begnügt sich die Neoklassik zumeist damit, die Theorie auf der Ebene der Gesamtwirtschaft anzuwenden. Diese Gesamtwirtschaft hat einen angenommenen, kurzfristig nicht veränderbaren *Kapitalstock*. Diesem Kapitalstock wird so lange Arbeit zugeführt, bis das Wertgrenzprodukt der Arbeit auf den Lohnsatz gefallen ist. Danach lohnt es sich nicht, weitere Arbeit einzusetzen. Die Arbeiter bekommen also, zumindest an der Grenze genau das, was ihre Arbeit wert ist. Dann nimmt man im zweiten Teil des Gedankenexperiments alternativ an, dass die Menge an Arbeit in der Volkswirtschaft vorgegeben ist, und untersucht, wie viel Kapital eingesetzt wird. Auch hier wird so lange mehr Kapital eingesetzt, bis dessen Preis auf dessen Wertgrenzprodukt gefallen ist. Auch das Kapital wird also genau mit seinem Wertgrenzprodukt entlohnt.

Um zu diesem wünschenswerten Ergebnis zu kommen, sind allerdings einige Annahmen nötig, die auf der Ebene der einzelnen Produktionsstätte noch plausibel sind, nicht aber auf der Ebene der Gesamtwirtschaft. Warum sollte der Wert einer zusätzlich eingesetzten Kapitaleinheit mit jeder weiteren Einheit abnehmen? Eine zweite Fabrikhalle mit zugehörigen Maschinen neben die erste zu stellen, sollte keine Effizienzverluste mit sich bringen, eher im Gegenteil. Eine Straße ist umso produktiver, je mehr sie in ein Netzwerk von Verkehrsmitteln eingebunden ist. Das Vorhandensein guter privater und öffentlicher Infrastruktur in großen Städten und in Industrieländern macht viele Investitionen dort produktiver als auf dem Land oder in unterkapitalisierten Entwicklungsländern. Außerdem: Wenn mehr Arbeitskräfte nachgefragt und eingesetzt werden, wie soll das den Lohnsatz unverändert lassen, wie die neoklassische Theorie das annimmt. Wenn der Lohn aber mit zunehmendem Arbeitseinsatz in der Volkswirtschaft steigt, dann steigen damit auch Nachfrage und Preise und damit das Wertgrenzprodukt der Arbeit. Die schöne Bestimmtheit des Systems ist damit auf gesamtwirtschaftlicher Ebene dahin. Das Gedankenexperiment funktioniert nicht. Das bedeutet: Auf der Ebene der einzelnen Produktionsstätten ist die Theorie nicht aussagekräftig, auf gesamtwirtschaftlicher Ebene ist sie falsch.

Schon der Pionier der Neoklassik, Vilfredo Pareto (1848–1923) wurde nicht müde zu betonen, dass die neoklassische Festlegung der Einkommensverteilung auf Arbeit und Kapital sehr fragil ist. Sie würde zusammenbrechen, wenn der Wettbewerb unvollkommen wäre oder wenn der Arbeitseinsatz je Kapitaleinheit nicht beliebig variierbar wäre, wie im Beispiel des Busfahrers und des Buses. Beide von Pareto genannte Gründe für den Zusammenbruch der neoklassischen Verteilungstheorie sind in der Wirklichkeit allgegenwärtig. Doch der ökonomische Mainstream hat das geflissentlich ignoriert.[6]

Trotz aller Verrenkungen mit Gedankenexperimenten kann die neoklassische Theorie nichts darüber sagen, welcher Anteil vom Ertrag auf den Busfahrer zurückgeht, und wie viel auf den Bus, den er zur Verfügung gestellt bekommt.

Wer darüber hinaus noch überzeugt werden muss, dass das Wertgrenzprodukt nicht die Lohnhöhe determiniert, der betrachte sich die riesigen internationalen Unterschiede in der Löhnhöhe von Arbeitern, die die gleiche Arbeit mit dem gleichen Ertrag verrichten. So müssen Angestellte bei McDonald's in manchen Ländern zehnmal so lange arbeiten, um sich einen von ihnen hergestellten Hamburger zu kaufen, wie diejenigen in manchen Industrieländern.[1, 2]

Internationale Lohnvergleiche: der McLohn-Index (2001),
von Orley Ashenfelter (Princeton) und Stepan Iurajda (Karls Univ. Prag)

Ashenfelter und Iurajda schauten sich die Löhne an, die ungelernte Kräfte in McDonald's-Restaurants in verschiedenen Teilen der Welt bekommen. Die Filialen von McDonald's sind für diese Untersuchung prädestiniert, weil die Prozesse bei der Fast-Food-Kette hochgradig standardisiert sind, sodass überall auf der Welt die Tätigkeiten und Funktionen sowie die Kapitalausstattung nahezu identisch sind. Dennoch fanden die Autoren riesige Unterschiede in der Bezahlung. Der Kniff bei ihrer Untersuchung ist, dass sie die Löhne in Einheiten des hergestellten Produkts, in Big-Mac-Einheiten ausdrücken. Überall auf der Welt produzieren die Teams je Stunde annähernd gleich viele Big Macs. Ein indischer Angestellter, der neu bei McDonald's anfängt, muss vier Stunden arbeiten, um sich einen Big Mac mit nach Hause nehmen zu können. In Großbritannien, Deutschland oder Kanada muss er nur 24 Minuten dafür arbeiten, in den USA noch etwas weniger. Neue McDonald's-Angestellte in China, Indonesien und Venezuela arbeiten drei Stunden für einen Big Mac, in Argentinien, der Türkei, Korea und Tschechien nur 80 Minuten.

Resümee: Es gibt etwas zu verteilen

Zusammengefasst kann man sagen: Die Ökonomie weiß nicht so recht was Kapital ist, und die Nutzung von mehr Kapital kann mit höheren oder niedrigeren Zinsen und Profitraten einhergehen. Daher kann die gesamte neoklassische Verteilungstheorie nicht funktionieren. Selbst wenn man das außer Acht ließe, so sind ihre Annahmen über die Produktionskosten unrealistisch und die Theorie erklärt nicht, was sie behauptet, nämlich wie gesamtwirtschaftlich und auf der Ebene der einzelnen Produzenten die erwirtschafteten Gewinne aufgeteilt werden. Ihr einziger Vorzug ist das gesellschaftspolitisch attraktive Ergebnis, das sie liefert. Legt man die neoklassische Verteilungstheorie als Gang in die theoretische Sackgasse ad acta, ist man wieder bei den Klassikern und ihrer Vorstellung, dass die relative Verhandlungsmacht der Kapitaleigentümer und der Arbeitnehmer die Löhne bestimmt. Als dritte Klasse sollte man vielleicht noch die Managerelite hinzunehmen.

Aber wie sieht das konkret aus? Was genau wird da je nach Verhandlungsmacht zwischen Arbeit, Kapital und Managern verteilt? Ökonomen nennen es alternativ Gewinn, Residualgewinn, Übergewinn oder Rente. Der Ausdruck *Gewinn* stiftet leicht Verwirrung, denn wenn Volkswirte von Gewinn reden, meinen sie nur Profite, die über die normale Kapitalverzinsung und den normalen Unternehmerlohn hinausgehen. Im vollkommenen Wettbewerb gibt es daher keinen Gewinn in diesem ökonomischen Sinne. Alternative Ausdrücke für diesen zu hohen »Gewinn« sind *Residualgewinn* oder *Übergewinn*. Da von den Arbeitern angenommen wird, dass sie mit ihrem Wertgrenzprodukt entlohnt werden, ist die Kapitalseite für neoklassische Ökonomen die einzige, der der Residualgewinn zufällt. Auf diese Weise ist das Problem, wie er verteilt wird, selbst für den unbequemen Fall unvollkommener Konkurrenz umschifft. Legitim ist das nicht, denn wenn keine vollkommene Konkurrenz herrscht, dann wird die Arbeit auch nicht mit ihrem Wertgrenzprodukt entlohnt.

Deshalb brauchen wir für unsere Zwecke eine weitere Definition von Gewinn, die ohne diese unrealistische Annahme auskommt. Danach ist (Über-)Gewinn der Unterschied zwischen den Erlösen eines Unternehmens und seinen (weit gefassten) Produktionskosten. Als Produktionskosten gelten dabei die Erträge aus alternativen Verwendungen aller Produktionsfaktoren, also sowohl der Arbeit als auch des Kapitals. Im Beispiel ausgedrückt wird das einfacher: Eine Firma mache 100 Mio. Euro Nettoumsatz (abzüglich externer Vorleistungen). Die weit gefassten Kapitalkosten einschließlich Unternehmerlohn und Risikovergütung sollen 40 Mio. Euro betragen. Unabhängig davon, wie viel sie tatsächlich bezahlt bekommen, nehmen wir an, dass die Arbeitnehmer wegen ihrer Tätigkeit für die Firma auf 40 Mio. Euro Gehalt verzichten, das sie in alternativen Beschäftigungen erwirtschaften könnten. Dann beträgt der Übergewinn, der zur Verteilung ansteht, 20 Mio. Euro. Wenn die Firma tatsächlich 50 Mio. Euro an Löhnen bezahlt, bekommen die Arbeitnehmer effektiv die Hälfte des Übergewinns. Sie bekommen 10 Mio. Euro mehr, als sie bei ihren jeweils nächstbesten Beschäftigungen verdienen könnten. Die Kapitalseite bekommt die andere Hälfte. Im Sprachgebrauch der Ökonomen erzielen beide Seiten eine *Rente*. Das ist der Unterschied zwischen der Vergütung, die nötig ist, um einen Produktionsfaktor in eine bestimmte Verwendung zu locken, und dem, was er tatsächlich erhält.

Eine wirkliche Rente ist dabei nur, was nachhaltig, immer wieder anfällt, nicht etwa ein unverhoffter, einmaliger Gewinn. Eine Rente ist also eine – aus Sicht der neoklassischen Ökonomen überhöhte Faktorentlohnung –, die nicht im Wettbewerbsprozess wegkonkurriert wird.

Diese Begriffsklärung war für die Basis des folgenden Kapitels notwendig. Sie kann aber auch bei der Einordnung des zweiten Kapitels, helfen. Wenn sich Spitzenmanager aufgrund ihrer Machtposition einen Anteil am Kuchen sichern konnten, der weit über das hinausgeht, was nötig wäre, um gute Leute in eine Managerkarriere zu locken, dann machen sie das, was man normalerweise mit einer ökonomischen Machtposition tut, sie sichern sich eine Rente. Da alles nur einmal verteilt werden kann, auch der Unternehmensgewinn, muss das entweder auf Kosten der Aktionäre oder auf Kosten der übrigen Arbeitnehmer gehen. Beide sind ausbeutbar. Aktionäre können als Gruppe ihr Geld nicht aus dem Unternehmen ziehen. Sie können sich nur weigern, neues hineinzugeben. Aktionäre stehen damit gegenüber skrupellosen oder inkompetenten Managern im Extremfall bis zum gesamten Börsenwert des Unternehmens im Risiko. Arbeitnehmer sind oft recht immobil und haben schlechte Alternativen, sodass auch sie von einem Management, das sich einen großen Teil des Kuchens sichert, ausgebeutet werden können.

Der Verteilungskonflikt zwischen Arbeitnehmern und Kapitalseite um den zur Verteilung anstehenden Übergewinn der Unternehmen soll Thema des folgenden Kapitels sein.

Kapitel 4: Macht bei der Arbeit

»Arbeiter neigen dazu, sich zu verbünden, um den Lohn nach oben zu treiben, die Arbeitgeber, um ihn zu drücken. Bei diesen Gelegenheiten versäumen es die Arbeitgeber nie, laut die Unterstützung der öffentlichen Gewalt einzufordern und die rigorose Durchsetzung der Gesetze, die mit solcher Wucht gegen Koalitionen von Dienern, Arbeitern und Tagelöhnern in Stellung gebracht wurden.«

Adam Smith, 1776

Macht bei der Arbeit

Der Reifenfabrikant Firestone musste auf die harte Tour lernen, wie gefährlich es ist, die Lehren der neoklassischen Arbeitsmarkttheorie zu befolgen. Wegen fehlerhafter Firestone-Reifen auf Ford Explorer Geländewagen starben Dutzende Menschen. Der Wert des Unternehmens sank wegen der Schadenersatzzahlungen, wegen der ruinierten Reputation der Marke und der Kosten einer Rückrufaktion um Milliarden Dollar. Grund für die fehlerhaften Reifen war eine vorangegangene Auseinandersetzung zwischen Arbeitern und Management in einer US-amerikanischen Fabrik des Konzerns. Das Management hatte 1994 entschieden, einen Tarifvertrag der Gummi verarbeitenden Industrie nicht mehr anzuwenden und setzte deutliche Gehaltskürzungen und Verschlechterungen für die Mitarbeiter durch, darunter den Übergang zu einem unbeliebten 12-Stunden-Zweischichtbetrieb. Die *Vereinigten Gummiarbeiter Amerikas* riefen daraufhin im Firestone-Werk in Illinois einen Streik aus. Der Streit dauerte insgesamt drei Jahre. Die Fabrikleitung stellte 1000 Streikbrecher ein. Als die Gewerkschaft nach einem Jahr bedingungslos kapitulierte, verkündete das Management, dass es die Streikbrecher behalten und die Streikenden nur nach Bedarf wieder einstellen würde. Erst im Dezember 1996 einigten sich Management und Gewerkschaft auf die Wiedereinstellung aller Streikenden. Es folgte eine Serie von Unfällen mit Firestone-Reifen, die das Unternehmen zwangen, 15 Millionen Reifen zurückzurufen. Den beiden Princeton-Ökonomen Alan Krueger und Alexandre Mas gelang es, den Zusammenhang zwischen der Auseinandersetzung in dem Werk in Illinois und den tödlichen Unfällen nachzuweisen. Auf Grundlage der gerichtlichen Unterlagen stellten sie fest, dass Reifen aus dem Werk in Illinois, die während der Auseinandersetzung produziert worden waren, 15-mal häufiger Defekte aufwiesen als diejenigen, die in den anderen beiden Werken des Konzerns hergestellt worden waren. Alle Beteiligten verloren in dem Streit in Illinois. Der Unternehmenswert gemessen am Aktienkurs sank um 8 Mrd. Dollar auf die Hälfte. Die Unternehmensspitze verlor ihren Job, ebenso wie die Arbeiter, denn das Werk in Illinois wurde schließlich geschlossen.[41]

Dass es teuer werden kann, Arbeiter auf eine Weise zu behandeln, die diese als unfair betrachten, lässt sich auch an Flugverspätungen bei Alaska Airlines sehen. Ein Streit um Gehaltskürzungen für die Piloten der rentablen Airline hatte monatelang massive Verspätungen zur Folge. Dagegen führten Gehaltskürzungen bei anderen Airlines, die Verluste schrieben, nicht zu deutlich erhöhten Verspätungen.[45]

Derartige Beispiele gibt es viele. Dabei ist das, was die betroffenen Arbeitgeber tun, nach neoklassischen Annahmen genau das Richtige. Wenn der Markt so ist, dass man Arbeitskräfte bekommen kann, die die gleiche Arbeit für weniger Geld machen, soll man die Löhne kürzen. Man muss es sogar, weil man sonst von der Konkurrenz des Feldes verwiesen wird. Was die Arbeiter tun, passt dagegen gar nicht ins Schema. Sie schließen sich zusammen, um gegen Lohnkürzungen vorzugehen und riskieren dadurch ihren Arbeitsplatz. Dabei betrachten neoklassische Ökonomen kollektive Aktionen als unvernünftig. Der rationale Mensch lässt die anderen sich zusammenschließen und streiken und streicht die Früchte fremder Aktionen ein, ohne selbst das Risiko zu tragen. Auch haben die Arbeitnehmer gar keinen Grund zur Aufregung. Wenn der Bäcker den Brotpreis anhebt, zünden sie ihm ja auch nicht den Laden an, sondern gehen zur Konkurrenz. Auch, dass die innere Einstellung der Arbeiter eine so große Wirkung auf das Produktionsergebnis hat, passt überhaupt nicht in die neoklassische Theorie. Arbeit ist schließlich ein homogenes Gut mit festen Eigenschaften, und Arbeitsverträge sind klar spezifiziert und gerichtlich durchsetzbar.

Die neoklassische Theorie unterstellt auf beiden Seiten des Arbeitsmarkts den *Homo Oeconomicus*, den streng egoistischen, nur auf sich selbst bezogenen Menschen, der in der eigenwilligen Definition der Ökonomen *rational* ist. Daran glaubt zwar niemand wirklich. Aber die Mehrzahl der Ökonomen, die damit arbeitet, geht davon aus, dass sich die meisten Menschen in Wettbewerbssituationen im Großen und Ganzen so verhalten, als seien sie ein Wesen dieser Gattung. In diesem Kapitel wird zunächst gezeigt, was die moderne ökonomische Verhaltensforschung zur Natur und dem Verhalten der Menschen im Wirtschaftsleben herausgefunden hat und wie sich ihr Verhalten danach unterscheidet, wie stark sie im Wettbewerb stehen. Es wird deutlich werden, dass und warum innerhalb einer Firma nicht die Normen des Wettbewerbs, sondern soziale Normen des fairen Umgangs miteinander dominieren. Zusammen mit der Feststellung aus Kapitel 3, dass es eine Produzentenrente zu verteilen gibt, führt das zu der Feststellung, dass die neoklassischen Annahmen für den Arbeitsmarkt in die Irre führen.

Der Arbeitsmarkt, der sich ergibt, wenn man realistische Annahmen über die Natur des Menschen und die Art ihrer Interaktion trifft, ähnelt der Realität viel mehr als das neoklassische Zerrbild des Arbeitsmarktes. In einem solchen realistischen Arbeitsmarkt werden Arbeitnehmer gleicher Qualifikation an verschiedenen Orten und in verschiedenen Beschäftigungen unterschiedlich bezahlt. Glück spielt oft eine größere Rolle für Karriere und Bezahlung als Qualifikation. Es gibt gute Jobs, die hohe Bezahlung mit selbstbestimmtem, angenehmem Arbeiten verbinden, und schlechte Jobs, die schlechte Bezahlung mit unangenehmen Arbeitsbedingungen und rigiden Vorgaben verbinden. Diskriminierung findet statt. Arbeitgeber und Arbeitnehmer streiten sich um einen möglichst großen Teil des zu verteilenden Gewinn-Kuchens, den es in der Neoklassik gar nicht gibt. Vieles was in realen Arbeitsmärkten passiert, wie etwa die Ausgründung von Betriebsteilen oder das Handeln von Gewerkschaften, lassen sich nur mit diesem Verteilungskampf überzeugend erklären. Die anschließende Betrachtung der arbeitsmarktpolitischen Maßnahmen und Regeln wie Mindestlöhne, Kündigungsschutz, kollektive Verhandlungen und Arbeitslosenversicherung zeigt, dass diese in einem realistischen Modell des Arbeitsmarktes ganz anders wirken als im neoklassischen Zerrbild.

Homo Oeconomicus bei der Arbeit

> *»Der ökonomische Mainstream vertritt die Ökonomie primitiver Völker mit minimaler Marktintegration und minimaler ökonomischer Kooperation. Er taugt daher nicht für die Analyse moderner kapitalistischer Gesellschaften«*
>
> Samuel Bowles, Herbert Gintis, 2006

Mit einer inzwischen kaum noch übersehbaren Menge von Feldstudien und Laborexperimenten haben Ökonomen die Annahme vom Homo Oeconomicus getestet und fast ausnahmslos für falsch befunden. Zur menschlichen Natur gehört ein ausgeprägtes Fairnessempfinden, Solidarität, Zusammenarbeit und der Wunsch nach Vergeltung, wenn jemand diese Normen verletzt.

Zu den dafür gern angewendeten Laborexperimenten gehört das *Ultimatum-Spiel*. Dabei bekommt paarweise jeweils ein Spieler das Recht, einen Betrag von z. B. zehn Euro auf sich und seinen Mitspieler aufzuteilen. Jener hat die Möglichkeiten, die Aufteilung zu akzeptieren oder ihr zu widersprechen. Widerspricht er oder sie, so bekommt keiner etwas. Wenn ein Cent die kleinste Einheit ist, müsste der »rationale« Aufteilungsvorschlag auf 9,99 Euro zu einem Cent lauten und angenommen werden, da ein Cent immer noch besser ist als gar nichts. Nur Kinder spielen aber tatsächlich in etwa so. Erwachsene geben in der Regel mindestens 30 Prozent an den Partner ab. Wenn sie es nicht tun, lehnen diese häufig ab, sodass beide gar nichts bekommen.[18]

Ein verwandtes Spiel ist das *Diktator-Spiel*. Bei diesem legt ein Spieler, der Diktator, die Aufteilung fest. Der Partner muss ohne Einspruchsmöglichkeit nehmen, was er bekommt. Auch bei diesem Spiel gibt der Diktator meist nennenswerte Beträge ab, obwohl er dies nicht müsste. Die abgegebenen Beträge sind allerdings meist kleiner als im Ultimatum-Spiel. [18]

Andererseits zeigt ein einfaches Auktionsspiel, dass Konkurrenz durchaus ein Verhalten hervorbringen kann, wie es zur Annahme des Homo Oeconomicus passen würde. Bei einem solchen Spiel bekommt etwa ein Spieler das Recht, einen Zehn-Euro-Schein zu versteigern. Zehn andere Probanden steigern. Die gleichen Probanden, die im Ultimatum-Spiel ein Angebot von einem Euro als unfair ablehnen würden und lieber mit gar nichts nach Hause gehen, bieten in diesem Spiel freiwillig mehr als neun Euro, um den Zehn-Euro-Schein zu bekommen. Das heißt, sie geben sich mit einem Anteil von weniger als einem Euro zufrieden und akzeptieren, dass der Glückliche in der Versteigerer-Position mehr als neun Euro bekommt.[18]

Das deutsch-amerikanische Ökonomenduo Axel Ockenfels und Gary Bolton ist mit einer Theorie namens ERC, die diese scheinbar widersprüchlichen Ergebnisse unter einen Hut bringt, in Fachkreisen berühmt geworden. ERC steht für Equity (Gleichheit), Reciprocity (Gegenseitigkeit) und Competition (Wettbewerb). Dieser Theorie zufolge sind die Menschen sowohl vom Wunsch motiviert, reicher zu werden oder mehr konsumieren zu können, als auch von dem Bestreben, im Vergleich zu anderen einen fairen Anteil abzubekommen. Die relative Stärke der beiden Motivationen ist bei jedem anders. Dies führt zu den im Labor beobachteten Mustern. Auch die Bescheidenheit der Bieter im Auktionsspiel kann es erklären. Sie würden zwar gern einen größeren Anteil am Kuchen bekommen. Aber wenn sie zum Beispiel nur sechs Euro für den Zehn-Euro-Schein bieten, können sie sicher sein, gar nichts zu bekommen. Dann haben sie nicht nur weniger, als wenn sie den Schein für mehr als neun Euro ersteigern, ihre relative Position ist ebenfalls schlechter. Das ist anders als im Ultimatum-Spiel, wo beide nichts haben, wenn der unfair Behandelte ablehnt. In der Marktkonkurrenz haben die Teilnehmer keine Möglichkeit, größere Gleichheit herzustellen, und agieren daher, als spiele Fairness keine Rolle.[18] Wenn es also innerhalb einer Firma streng wettbewerblich zuginge, dann wäre das Management von Firestone nicht so auf die Nase gefallen.

Wir werden später noch sehen, weshalb das nicht so ist. Zunächst wollen wir uns jedoch der für Ökonomen schwierigen Frage zuwenden, warum Menschen Kosten und Risiken in Kauf nehmen, um mit anderen für gemeinsame Ziele zu kooperieren, anstatt sich als Trittbrettfahrer zu gerieren. Warum riskierten die einzelnen Arbeiter von Firestone ihre Arbeitsplätze, anstatt die anderen streiken zu lassen? Den ersten Teil der Erklärung haben wir in Kapitel 3 gesehen. Es gibt etwas zu verteilen, was man nur bekommt, wenn man Verhandlungsmacht aufbaut. Für die Gruppe ist es also rational zu kooperieren. Aber für den ökonomischen Mainstream sind keine Gruppeninteressen relevant, sondern nur Individualinteressen, denn allein die Individuen sind die Handelnden und Entscheidenden. Und für das Individuum ist Trittbrettfahren rational. Diesen Unsinn bekommen Ökonomiestudenten im ersten Semester beigebracht. Wenn die Mitglieder einer Gruppe solidarisch handeln, wie die Mitglieder einer Gewerkschaft, dann ist das nicht »irrational«, sondern ein Zeichen von Fortschrittlichkeit.[20]

Zum Beleg hat eine Gruppe von unorthodoxen Ökonomen eine Serie Ultimatum-Spiele mit 15 »kleinen« Völkern rund um die Erde durchgeführt. Diese Experimente mit Angehörigen von Kulturen auf unterschiedlichen ökonomischen Entwicklungsstand sind deshalb so interessant, weil sie ein ausgeprägtes Muster in den Ergebnissen aufweisen. Spieler aus Gesellschaften mit höherer Marktintegration und mehr Arbeitsteilung hatten eine ausgeprägtere Tendenz, unfaire Angebote abzulehnen und eine größere Bereitschaft zu teilen. Das ist die Basis für die eingangs zitierte Feststellung von zwei der Experimentatoren, Samuel Bowles und Herbert Gintis, dass die Annahme des Homo Oeconomicus nur für primitive Gesellschaften angemessen ist.[36]

Die Idee des Homo Oeconomicus passt vordergründig gut zur Darwinistischen Weltsicht, allerdings nur zu einer relativ primitiven Version davon, wie sie etwa der britische Biologe Richard Dawkins in seinem Buch »Das egoistische Gen« popularisiert hat. »Wie erfolgreiche Chicago-Gangster haben unsere Gene unter scharfem Wettbewerb überlebt, in manchen Fällen Hunderte von Jahren.

Aus der Art zu schließen, wie natürliche Selektion wirkt, sollte man schließen, dass alles was durch natürliche Auswahlprozesse entstanden ist, egoistisch sein sollte«, lieferte Dawkins eine darwinistische Rationalisierung für die Norm des Homo Oeconomicus. Diese Sicht ignoriert allerdings etwas Wichtiges. Kooperation und Gruppenbildung helfen den Individuen, in einer feindseligen Umgebung zu überleben. Wenn wir tatsächlich die autistischen Wesen wären, die der ökonomische Mainstream annimmt, dann hätten uns wilde Tiere und die Widrigkeiten der Natur wohl schon lange ausgerottet. Charles Darwin dachte bei Selektion auch nicht nur an simple individuelle Selektion. Für ihn war die Selektion von Gruppen genauso wichtig. Nach Darwin breiten sich diejenigen Gruppen aus und verdrängen andere, die einen großen Anteil mutiger, mitfühlender und treuer Mitglieder haben, welche bereit sind, sich gegenseitig zu helfen und vor Gefahren zu warnen.[19] Es ist daher ganz normal, dass sich Normen ausbilden, die Kooperation begünstigen und egoistisches Verhalten zum Schaden der Gruppe ächten.

Als Zwischenresümee lässt sich festhalten, dass es in der Firma etwas zu verteilen gibt, und dass es rational für die Arbeitnehmer als Gruppe ist, sich zusammenzutun, um einen möglichst großen Anteil am Kuchen zu bekommen und zu verteidigen. Es bleibt zu klären, warum der Wettbewerb der Arbeitnehmer untereinander nicht jegliche Machtausübung verhindert. Wenn man etwa bedenkt, dass es in den USA nur sehr geringen und in manchen Bundesstaaten gar keinen Kündigungsschutz gibt, dann hält die Arbeitgeber ja eigentlich nichts davon ab, überall so zu verfahren wie das Firestone-Management und einfach alle Arbeiter, die zu viel vom Kuchen verlangen, durch andere zu ersetzen, die mit weniger zufrieden sind. Das wäre dann das Pendant zum Auktions-Spiel von oben, mit dem Arbeitgeber als Auktionator.

Um zu verstehen, warum das nicht die Norm ist, lohnt es sich, auf die neoklassischen Annahmen zu schauen, die es zur Norm machen würden. In der neoklassischen Lehrbuchökonomie funktioniert der Arbeitsmarkt ebenso wie der Kartoffelmarkt. Nur handeln die Arbeitgeber und Haushalte mit Arbeitseinheiten statt mit dem physischen Produkt Kartoffel, zu einem Preis, der von Angebot und Nachfrage bestimmt wird. Es wird angenommen, dass klar definiert ist, worin eine Einheit von Arbeit einer bestimmten Qualität besteht. Außerdem sollen die üblichen Bedingungen für vollkommene Konkurrenz gelten: Es gibt keine Transaktionskosten, Information ist auf beiden Seiten vollkommen und umsonst, und die Einhaltung von Verträgen kann kostenlos überwacht und durchgesetzt werden.[38]

In einem so beschriebenen neoklassischen Arbeitsmarkt haben Arbeitgeber wie Arbeitnehmer jede Menge annähernd gleichwertiger Alternativangebote, aus denen sie wählen können. Den Arbeitnehmern ist es daher praktisch gleichgültig, ob sie eingestellt werden oder nicht, ob sie ihren Job behalten oder gekündigt werden. Armen Alchian und Harold Demsetz, zwei Ökonomen der marktliberalen Chicagoer Schule machten das in einem Aufsatz von 1972 explizit:

> *»Die Firma hat keine Macht, keine Autorität, keine disziplinarische Befugnis, die in irgendeiner Weise anders ist als bei normalen Verträgen auf dem Markt zwischen zwei beliebigen Leuten. Worin ist dann das Verhältnis zwischen dem Ladenbesitzer und seinem Angestellten anders als zwischen dem Ladenbesitzer und seinem Kunden?«,*

stellten die beiden eine rhetorisch gemeinte Frage.[5]

Das ist offensichtlich eine Karikatur des Arbeitsmarktes. Der Ladenbesitzer hat keine Macht über seine Kunden, weil diese in der Regel annähernd gleich gute Alternativen haben. Innerhalb einer Firma ist dagegen die Machtverteilung klar. Arbeitgeber geben Befehle, Arbeitnehmer führen sie aus. Die Macht zur Erteilung von Befehlen, resultiert aus dem Eigentum der Betriebsmittel, die die Arbeitnehmer brauchen, um produktiv zu sein. Zwar braucht der Arbeitgeber auch Arbeitnehmer, damit seine Betriebsmittel produktiv werden können. Er hat aber in aller Regel viel mehr Alternativen.

Wie wichtig die Betriebsmittel für die Machtverteilung sind, sieht man an den Fällen, in denen physische Betriebsmittel keine große Rolle spielen, weil das Kapital der Firma hauptsächlich in den Köpfen der Mitarbeiter steckt, etwa bei Anwaltskanzleien oder im Investmentbanking. In diesen Branchen sind die erfahrenen Mitarbeiter häufig als Partner Miteigentümer der Firma. Und selbst wenn sie das nicht sind, dann ermöglicht ihnen die Tatsache, dass sie ihr wichtigstes Werkzeug im Kopf haben und jederzeit mitnehmen können, einen hohen Anteil ihrer Wertschöpfung als Lohn für sich zu reklamieren.

Bruce Kaufman von der Georgia State University nennt den vollkommen wettbewerblichen Arbeitsmarkt eine logische Unmöglichkeit. Und das mit gutem Grund. Wenn die Bedingungen für vollkommenen Wettbewerb am Arbeitsmarkt erfüllt wären, gäbe es keine Arbeitsmärkte im üblichen Sinne. Wenn es keine Transaktionskosten gäbe, die Information vollkommen wäre und vollständig spezifizierte Verträge sowohl möglich als auch kostenlos durchsetzbar wären, würde es keine Firmen geben, die Arbeitskräfte anstellten. Es gäbe überhaupt keine Firmen und keinen Arbeitsmarkt. Denn eine Firma dient ja gerade dazu, die Probleme aus unvollkommener Information, Transaktionskosten und der Unmöglichkeit von genau spezifizierten Verträgen zu lösen. Wenn die Bedingungen für vollkommenen Wettbewerb gegeben wären, würden stattdessen selbstständige Einzelunternehmer Zwischenprodukte von anderen selbstständigen Unternehmern kaufen und daraus Endprodukte formen. Es gäbe keinen Grund, einen unzulänglich spezifizierten Arbeitsvertrag aufzusetzen, mit all den Problemen, die das machen kann. Die ganze Volkswirtschaft würde auf dem gleichen Prinzip basieren, nach dem heute schon Dienstleistungen auf Internet-Plattformen versteigert werden. Man beschreibt die Leistung, z.B. wie viele Quadratmeter Wand auf welche Weise zu streichen sind, holt Angebote ein und wählt den Maler aus, der dies am günstigsten anbietet. Wenn es keine Transaktionskosten und ähnliche Komplikationen gäbe, würden die industriellen Unternehmen so auch die Arbeit in ihren Fabriken erledigen lassen. Die Leistungsanbieter würden sich augenblicklich dort materialisieren, wo sie gebraucht werden, die Aufgabe wie ausgeschrieben erledigen und wieder verschwinden. Niemand würde für eine längere Zeit eingestellt, um vage umrissene Aufgaben auf Zuruf zu erledigen. Man sieht also: Die Schlussfolgerungen des neoklassischen ökonomischen Mainstream für den Arbeitsmarkt sind abgeleitet unter Annahmen, welche die Existenz dieses Marktes ausschließen.[38, 39]

Damit ist es leicht, die rhetorische Frage von Alchian und Demsetz zu beantworten, was die Beziehung zwischen Arbeitgeber und Arbeitnehmer von der zwischen Verkäufer und Käufer unterscheidet. Die Annahme der vollständigen Information, vernachlässigbaren Transaktionskosten und vollständigen Verträge ist auf dem Arbeitsmarkt noch viel unrealistischer als auf den meisten Gütermärkten.

Marktkräfte müssen draußen warten

»Nur sozialer Austausch bringt Gefühle von persönlicher Verpflichtung, Dankbarkeit und Vertrauen hervor; rein ökonomischer Austausch tut das nicht.«

Peter M. Blau, 1964

Anstellungsverhältnisse beinhalten komplexe Aufgaben, die man kaum je in einem vollständigen Vertrag vorab beschreiben kann. Während der Bäcker mit dem Kunden leicht jedes Mal einen neuen Vertrag abschließen kann, ist das auf dem Arbeitsmarkt wegen der hohen Transaktionskosten selten sinnvoll. Deshalb sind Arbeitsverhältnisse länger andauernde Beziehungen. Diese langfristigen Beziehungen helfen, das Problem der unvollständigen Information zu lösen. Die Qualität des Gutes Arbeit, das gehandelt wird, ist nämlich erheblich schlechter zu verifizieren als die einer Kartoffel, und sie kann sich ändern, nachdem sie verkauft wurde. Bei jeder Vertragsanbahnung riskiert der Arbeitgeber, dass der Kandidat nachher nicht so gut und hart arbeiten wird, wie das vorher den Anschein hatte. Der Kandidat seinerseits weiß nicht, ob der Arbeitgeber ihm nachher nicht härtere, unangenehmere oder gefährlichere Arbeit zumutet, als er ihm zugesichert hatte. Wenn der Arbeitgeber implizit oder explizit in Aussicht stellt, den Arbeitnehmer bei Bewährung weiterzubeschäftigen, hilft das beiden Seiten, eine Reputation aufzubauen. Dafür muss der Arbeitgeber dem Arbeitnehmer einen Anteil an den Übergewinnen der Firma geben, oder glaubwürdig in Aussicht stellen. Sonst hat der Arbeitnehmer bei schlechter Arbeit nichts zu verlieren und bei guter nichts zu gewinnen. Ein Arbeitgeber, der im Ruf steht, seine Arbeitnehmer nur mit dem von der jeweiligen Marktlage diktierten Minimum zu entlohnen und zu entlassen, wenn sie mehr wollen, kann das nicht glaubwürdig in Aussicht stellen.

Laborexperimente, die das Geben und Nehmen eines Arbeitsverhältnisses simulieren, können zusätzlich dabei helfen zu verstehen, warum die meisten dieser Verhältnisse stärker von Fairnessempfindungen bestimmt scheinen als von Marktkräften. Der Schweizer Ökonom Ernst Fehr ist ein Pionier der Verwendung des sogenannten *Geschenktausch-Spiels* für diesen Zweck. Der Name geht zurück auf einen einflussreichen theoretischen Aufsatz des Nobel-Gedächtnispreisträgers George Akerlof aus dem Jahr 1982 mit dem Titel »Arbeitsverträge als teilweiser Geschenktausch«. Darin untersuchte Akerlof die ökonomischen Folgen davon, dass nicht eine Ware mit dem Namen Arbeit, sondern Menschen mit Gefühlen und Vorlieben Arbeitsverträge abschließen. Nach diesem Modell hängt der Einsatz der Arbeitnehmer davon ab, inwieweit sie die Bezahlung als fair empfinden. Deshalb bezahlen die Unternehmen mehr als den markträumenden Preis, unter anderem mit der Folge, dass Arbeitslosigkeit oder Rationierung von attraktiven Arbeitsplätzen auftritt.[4]

Eine Grundvariante des Geschenktausch-Spiels geht so: Probanden, die als Arbeitgeber eingeteilt sind, bieten den zu Arbeitnehmern erklärten Teilnehmern einen Lohn und erklären, welche »Anstrengung« sie dafür erwarten. Die Anstrengung wird in Form eines finanziellen Beitrags geleistet. Deren Höhe bestimmt über eine vom Experimentator vorgegebene Formel den Ertrag des Arbeitgebers. Das Lohnangebot ist bindend, dagegen ist die geforderte Anstrengung nicht durchsetzbar. Der egoistische Akteur der neoklassischen Theorie würde seine »Anstrengung« auf den niedrigsten zulässigen Betrag beschränken. Unter dieser Annahme lohnen sich für Arbeitgeber nur sehr geringe Lohnangebote. Wenn jedoch Fairness eine Rolle spielt, und die Arbeitnehmer bereit sind, großzügige Lohnangebote freiwillig mit höheren Anstrengungen zu vergelten, könnte es sich für die Arbeitgeber lohnen, Löhne zu bieten, die die Alternativoption der Arbeitnehmer deutlich übersteigen.

Das typische Ergebnis solcher Experimente bestätigt, dass höhere Lohnangebote im Durchschnitt die Arbeitnehmer zu höheren Anstrengungen motivieren. Das widerspricht der fundamentalen neoklassischen Annahme, dass die Qualität des Gutes Arbeit unabhängig von dem Preis ist, den man dafür bezahlt. Die erbrachte Anstrengung ist in der Regel deutlich höher als das vorgeschriebene Minimum. Solange das Spiel als einmalige Interaktion gespielt wird, ist sie allerdings immer noch deutlich niedriger als das Niveau, das den gemeinsamen Ertrag von Arbeitgeber und Arbeitnehmer maximieren würde. Dafür verantwortlich ist ein nennenswerter Anteil von Teilnehmern, die dem neoklassischen Ideal des Homo Oeconomicus nahe kommen und großzügige Behandlung nicht erwidern. Das Verlustrisiko, das die Anwesenheit dieser Arbeitnehmer mit sich bringt, hindert die Arbeitgeber im Experiment, Löhne anzubieten, die hoch genug sind, um sozial eingestellte Arbeitnehmer zu voller Leistung zu animieren.[32]

Doch Experimente, die einem längerfristigen Arbeitsverhältnis näherkommen, zeigen, dass die Chance für den Aufbau einer Reputation den Einfluss von Fairnessempfinden dramatisch erhöhen kann. Denn wenn es sich lohnt, eine entsprechende Reputation aufzubauen, dann handeln selbst die Selbstsüchtigen so, als wären sie sozial eingestellt. Sie wollen auch die attraktiven Lohnangebote bekommen, die nur denen gemacht werden, die großzügige Behandlung durch besondere Leistung erwidert haben.[32]

Fehr und seine Koautoren konnten mit Experimenten sogar zeigen, dass die Möglichkeit zum Reputationsaufbau genügend Motivation liefern kann, damit keine Arbeitslosigkeit als Motivator nötig ist. Sogar, wenn im Labor weniger Arbeiter da waren als Arbeitgeber, also jeder einen Job praktisch sicher hatte, war den Arbeitnehmern ihre Reputation wichtig genug, um großzügige Lohnangebote mit hohem Arbeitseinsatz zu erwidern. Denn wenn sie das nicht taten, versuchte der Arbeitgeber, einen anderen Arbeitnehmer zu finden, und wenn ihm das gelang, war der »Entlassene« als unzuverlässig gebrandmarkt. Er erhielt zwar noch Jobangebote, aber eben nur noch zu niedrigen Löhnen. Bei Vollbeschäftigung ist damit nicht Arbeitslosigkeit das wichtigste disziplinierende Element, sondern eine Dichotomie von guten Jobs, die auf Vertrauen und hohem Einsatz basieren, und schlechten Jobs, die auf Kontrolle basieren.[21]

Die MIT-Professoren Michael Piore und Peter Boeringer behaupteten deshalb schon 1971, dass es eine strikte Trennung zwischen internen und externen Arbeitsmärkten gibt. Sie sagten auch gleich korrekt voraus, dass der neoklassische Mainstream nicht bereit und in der Lage sein würde, solche internen Arbeitsmärkte sinnvoll in seine Modelle zu integrieren. Das wichtigste Merkmal interner Arbeitsmärkte ist nämlich, dass die meisten Arbeiter weit gehend von Marktkräften abgeschottet werden, sobald sie im Unternehmen sind.[54]

An Beweisen dafür mangelt es nicht. Alle Studien in beliebigen Ländern, die die Lohnentwicklung innerhalb von Unternehmen untersucht haben, kamen zu dem Ergebnis, dass Marktkräfte eine geringe Rolle spielen, solange die Existenz des Unternehmens nicht in Gefahr ist. Das hat zwei Aspekte. Zum einen sind Lohnkürzungen sehr selten. Zum anderen ist oft das Gehalt, das man bei Eintritt aushandelt, für lange Zeit bestimmend. Das bedeutet, dass es langfristig für die Bezahlung wichtiger sein kann, ob jemand zur richtigen Zeit an der richtigen Stelle war, als wie qualifiziert und produktiv er oder sie ist. Eine Reihe von Studien hat die große Bedeutung von *Glück* am Arbeitsmarkt bestätigt und damit gezeigt, was der gesunde Menschenverstand ohnehin schon wusste: Die neoklassische Annahme, dass Arbeitnehmer strikt nach Produktivität bezahlt werden, ist falsch. Schulabgänger, die in einer Rezession in den Arbeitsmarkt eintreten, haben deutlich niedrigere Lebenseinkommen als diejenigen, die ihr Arbeitsleben im Boom beginnen. Das ist nur möglich, wenn die Insider weit gehend vom Auf und Ab von Arbeitsangebot und Arbeitsnachfrage abgeschottet sind. Ironischer Weise zeigen das auch die Karrieren von Universitätsökonomen, die so stur an der Annahme vollkommenen Wettbewerbs auf dem Arbeitsmarkt festhielten.

Zur rechten Zeit am falschen Platz: Die Rolle von Firmen und Glück im Werdegang junger Arbeitnehmer (2006),
von Till von Wachter (Columbia Univ.) und Stefan Bender (Institut für Arbeitsmarkt- und Berufsforschung)

Die Autoren analysierten die Daten aller deutschen Lehrlinge, die in den Jahren 1992 bis 1994 ihre Lehre abschlossen. Sie verglichen die Löhne nach fünf Jahren von den zwei Dritteln, die von ihrem Ausbildungsbetrieb übernommen werden, mit dem Drittel, das diesen verließ. Der Unterschied beträgt etwa 10 Prozent zugunsten der Übernommenen und baut sich im Lauf der Zeit nur wenig ab. Allerdings könnte das Ergebnis dadurch verzerrt sein, dass die Auswahl der Übernommenen nicht zufällig ist. Einerseits verlassen manche gute Lehrlinge ihren Betrieb, um eine besser bezahlte Stelle andernorts anzunehmen. Andererseits wollen die Betriebe vor allem die besten Lehrlinge übernehmen. Deshalb schauen die Forscher auf einen Einflussfaktor, der nichts mit der Qualifikation der Einzelnen zu tun hat, nämlich die Marktlage. Wer Pech hat, in einem schlechten Jahr fertig zu werden, in dem weniger Lehrlinge übernommen werden, hat eher das Pech zu den Nicht-Übernommenen zu gehören. Als Indikatoren für gute und schlechte Zeiten nutzen sie einerseits den Anteil der übernommenen Lehrlinge, andererseits den Anteil derer, die im jeweiligen Jahr nach Abschluss der Lehre arbeitslos werden. Das Ergebnis in beiden Varianten: Lehrlinge, die aufgrund schlechter Marktlage nicht übernommen werden, haben einen längerfristigen Einkommensnachteil, der sogar die oben genannten 10 Prozent übersteigt. Für Ausbildungsbetriebe mit mehr als 500 Angestellten ist die Strafe für Pech noch einmal größer.

Kurz- und langfristige Folgen des Schulabgangs in einer Rezession (2006),
von Philip Oreopoulos (Univ. Toronto), Andrew Heisz (Kanadische Regierung) und Till von Wachter (Columbia Univ.)

Die Autoren der Studie untersuchten, wie es sich auf die langfristigen Einkommen und die Art der Arbeitsplätze von Schulabgängern auswirkt, wenn diese in einer Rezession ihre erste Stelle suchen. Dafür hatten sie Daten zahlreicher kanadischer Schulabgänger aus den Jahren 1982 bis 1999 zur Verfügung. Sie stellen fest, dass diejenigen, die in einer Rezession das College verließen, anfänglich große Einkommensnachteile erlitten, die nach etwa zehn Jahren weit gehend verschwunden sind. Die besseren Schulabgänger mussten zwar häufiger die Stelle wechseln als ihre glücklicheren Kollegen, aber sie schafften es doch mit der Zeit in die gleichen Jobs, die auch die Schulabgänger aus besseren Zeiten innehaben. Für die schwächeren Schulabgänger ist das anders. Ihre Berufslaufbahn ist durch das Pech des falschen Abgangsjahrs dauerhaft beschädigt. Sie schaffen es auch nach langer Zeit nicht, zu den ebenso schwachen Abgängern aus wirtschaftlich besseren Jahren aufzuschließen.

Anfängliche Arbeitsmarktbedingungen und langfristige Einkommen von Ökonomen (2006),
von Paul Oyer (Stanford)

Oyer hat an 2400 promovierte Ökonomen untersucht, wie sich die Wirtschaftslage zum Zeitpunkt ihrer Promotion auf ihre Anfangsstellen und ihre langfristigen Einkommen auswirkt. Er stellte fest, dass diejenigen, die in guten Zeiten promovieren, eine bessere Chance haben, eine Stelle an einer renommierten Universität zu erhalten. Das hat dauerhafte Folgen für ihre Karriere, denn diejenigen an renommierten Universitäten sind beim Publizieren iher Forschungsergebnisse erfolgreicher und haben dadurch einen besseren beruflichen Werdegang.

Bleiben die anfänglichen Bedingungen in Betrieben erhalten? (2008),
von Till von Wachter (Columbia Univ.) und Stefan Bender (Inst. für Arbeitsmarkt- und Berufsforschung).

Die beiden Autoren stellen fest, dass vergleichbare Arbeiter, die in deutsche Automobilunternehmen in unterschiedlichen Jahren eintraten, dauerhaft unterschiedliche Lohnprofile aufweisen. Sie erklären dies damit, dass die Arbeiter je nach Arbeitsmarktbedingungen oder Gewinnlage zum Zeitpunkt des Eintritts einen unterschiedlich hohen Anteil des Ertrags der (überdurchschnittlich hohen) Produktivität in diesen Unternehmen bekommen. Sie kommen anhand von zwei verschiedenen Datenquellen zu dieser Schlussfolgerung. Die eine ist eine Auswahl von 55 langfristig stabilen Automobilbauern, die individuell untersucht werden. Die zweite Datenbank umfasst Lohnhöhe und Lohnänderungen von Automobilarbeitern, die ihre Stelle verlieren, wobei die Daten für alle Arbeiter zur Verfügung standen, die irgendwann zwischen 1975 und 2003 in der deutschen Automobilindustrie gearbeitet haben. Die erste Untersuchung ergab, dass ähnliche Unternehmen den Arbeitern mit vergleichbarer Qualifikation je nach Eintrittsjahr unterschiedliche Löhne bezahlen. Die zweite Untersuchung zeigt, dass die Arbeiter mit den höchsten Startgehältern diejenigen sind, die im Falle des Jobverlusts die größten und dauerhaftesten Einkommensverluste hinnehmen müssen. Dies legt den Schluss nahe, dass ein großer Teil des Lohnunterschieds darauf beruht, dass jemand zur richtigen Zeit am richtigen Ort war, und nicht auf Produktivitätsunterschiede. Ein typischer Lohnunterschied zwischen denen mit glücklichem Timing und denen mit Pech beträgt 10 Prozent, und es dauert acht bis neun Jahre, bis die Hälfte dieser Differenz abgebaut ist. Auch der durchschnittliche Einkommensverlust der Entlassenen liegt bei 10 Prozent. Je größer das Unternehmen, desto größer und dauerhafter sind die Einkommensverluste der Entlassenen.

Möglich wird die Existenz *interner Arbeitsmärkte* dadurch, dass die Unternehmen monopolistische Gewinne erzielen, die sie nach Bedarf einsetzen können, um den Einfluss der Marktkräfte auf ihre Arbeitnehmer abzumildern. Dass es möglich ist, erklärt aber noch nicht, warum es geschieht. Hier wird der Mensch als soziales Wesen wichtig. Umfragen zeigen, dass die Arbeitnehmer es als hochgradig unfair betrachten, wenn ihre Löhne aufgrund veränderter Bedingungen am (externen) Arbeitsmarkt verringert werden sollen. Und tatsächlich sind kleine Lohnsenkungen extrem viel seltener als kleine Lohnerhöhungen. Die Löhne werden in der Regel nur gekürzt, wenn dies zwingend notwendig ist oder – in letzter Zeit zunehmend zu beobachten –, wenn sich die Gelegenheit ergibt, sie stark zu senken. Zum Zeitpunkt der Jobsuche, wenn sie noch auf dem externen Arbeitsmarkt sind, ist die Haltung der Arbeitnehmer eine andere. Der psychologischen Forschung des Nobel-Gedächtnispreisträgers, Daniel Kahneman, zufolge, verändert sich das Fairnessempfinden mit dem Eintritt in das Unternehmen. Bevor die Arbeitnehmer in einer andauernden Beziehung mit dem

Unternehmen stehen, akzeptieren sie das Verdikt des Marktes. Sie vergleichen jedes Angebot relativ emotionslos mit den vorhandenen Alternativen. Sobald sie aber drin sind und in einer dauerhaften Beziehung zum Unternehmen stehen, vergleichen sie Veränderungen mit dem Status quo. Sie betrachten es dann als Vertrauensbruch, wenn der Arbeitgeber ihren Lohn kürzen will, nur weil ein Überangebot an Arbeitssuchenden dies möglich macht.[32]

Die Währung der Gegenseitigkeit (2008),
von Sebastian Kube (Max Planck Institut für Kollektivgutforschung, Bonn), Michel André Maréchal (Univ. Zürich) und Clemens Puppe (Univ. Karlsruhe)

Die Forscher stellten in einem Feldversuch Studenten an, um Bücher zu katalogisieren. Dafür lobten sie einen Stundenlohn von 12 Euro aus, also 36 Euro für den dreistündigen Einsatz. Die erste Gruppe bekam genau diese 36 Euro. Die zweite Gruppe wurde bei Arbeitsaufnahme informiert, dass die Entlohnung um 7 Euro oder 19 Prozent auf 43 Euro angehoben wurde. Eine dritte Gruppe erhielt die versprochenen 36 Euro und zusätzlich als Dankeschön für das Erscheinen eine Thermosflasche im Wert von 7 Euro. Die zweite Gruppe, die einen um 19 Prozent erhöhten Lohn bekam, katalogisierte 6 Prozent mehr Bücher als die erste Gruppe, was die Lohnerhöhung für den Arbeitgeber finanziell zu einem schlechten Geschäft machte. Die dritte Gruppe jedoch, die die gleiche Lohnerhöhung in Form eines Sachgeschenks erhalten hatte, leistete 30 Prozent mehr, sodass die Arbeitskosten sogar sanken. Dieser Effekt trat auf, obwohl der Preis des Geschenks klar erkennbar war. Um der Sache weiter nachzugehen, veranstalteten die Autoren noch eine Umfrage unter Studenten. Sie befragten diese, wie sie in einer hypothetischen Situation über die nachträgliche Lohnerhöhung und über das unerwartete Geschenk denken würden. Die Antworten erklären, warum die Teilnehmer im Feldversuch so viel besser auf das Geschenk ansprachen. Die Befragten sagten, dass sie die höhere Lohnzahlung als Vergütung für ihre Mühe betrachten würden. Dagegen würden sie das Geschenk als Signal freundlicher Absichten sehen, das erwidert werden sollte. Das zeigt, dass nicht so sehr der ökonomische Wert des Geschenks von Bedeutung ist, sondern sein sozialer Signalwert.

Die Gründe für Lohnrigidität: Ergebnisse einer Unternehmensbefragung (1997),
von Carl M. Campbell III (Dartmouth College) und Kunal S. Kamlani (ITT)

Campbell und Kamlani befragten 184 Unternehmen, um herauszufinden, warum Löhne so selten gesenkt werden. Die Antworten stützten am ehesten Erklärungsansätze, die auf negativen Wirkungen von Lohnsenkungen auf den Arbeitseifer und auf die ungünstigen Selektionswirkungen abheben. Mit Letzterem ist gemeint, dass die besten Arbeitnehmer das Unternehmen zuerst verlassen, wenn die Löhne gesenkt werden. Die Unternehmensvertreter gingen davon aus, dass Lohnkürzungen eine stärkere Wirkung auf den Arbeitseifer haben als Lohnerhöhungen, und dass gering qualifizierte Arbeitnehmer stärker auf Lohnsenkungen reagieren würden als hoch qualifizierte Arbeitnehmer.

Die meisten Arbeitgeber sind sich des Fairnessempfindens ihrer Mitarbeiter voll bewusst. So hat Truman Bewley von der Berkeley University in Interviews mit vielen hochrangigen Personalmanagern von diesen gehört, dass »Arbeiter viele

Gelegenheiten haben, ihren Arbeitgeber auszunutzen, weshalb es nicht klug ist, sich auf Zwang oder finanzielle Anreize zu verlassen, um die Mitarbeiter zur Leistung zu motivieren.« Die Arbeitgeber glauben, so Bewley, dass andere Motivationsformen nötig seien, und diese hätten meist mit Großzügigkeit zu tun.[13] Großzügigkeit ist schwer vereinbar mit Löhnen, die vor allem von den Marktkräften bestimmt werden.

Laut Bewleys Umfrage wissen und berücksichtigen die meisten Personalchefs, was das Management von Firestone und Air Alaska ignoriert hatte. Die Arbeiter sind bereit, Gehaltskürzungen zu akzeptieren, wenn sie das Gefühl haben, die Kürzungen sind gerechtfertigt, weil die Geschäftslage sehr schlecht ist. Dagegen betrachten sie es als Vertrauensbruch, wenn das Gehalt gekürzt wird, weil der Arbeitsmarkt es erlaubt und das Management den Gewinn steigern will. Wenn sie können, bestrafen sie die Firma für den Vertrauensbruch mit schlechter Leistung.[14, 15]

Der Weg zum größten Gewinn für alle ist nicht leicht zu finden

Die Arbeiter der *Safelite Glass Corporation* sind die unangefochtenen Lieblinge der neoklassischen Arbeitsmarktökonomen. Denn sie haben viel zur Ehrenrettung des Homo Oeconomicus beigetragen. Sie haben auf materielle Anreize so reagiert, wie das der Homo Oeconomicus tun würde, und dem Unternehmen damit zu höheren Gewinnen verholfen. Unter der wissenschaftlichen Begleitung des bekannten Arbeitsökonomen Edward Lazear von der Stanford University wechselte *Safelite Glass* bei der Bezahlung seiner Arbeitnehmer vom Stundenlohn zum Stücklohn. Fortan wurden diese je ausgewechselte Windschutzscheibe bezahlt. Der Erfolg war durchschlagend. Die Anzahl der pro Mitarbeiter und Tag ausgewechselten Windschutzscheiben stieg um fast die Hälfte. Die Bezahlung stieg dagegen im Durchschnitt nur um 7 Prozent, sodass das Unternehmen einen deutlich höheren Gewinn machte. Der Produktivitätsanstieg ging zur Hälfte darauf zurück, dass die einzelnen Mitarbeiter mehr leisteten als vorher. Die andere Hälfte resultierte daraus, dass die weniger produktiven Arbeitnehmer, die mit dem neuen Bezahlsystem schlecht verdienten, bevorzugt abwanderten, während vor allem hoch produktive Arbeitnehmer angelockt wurden.[44]

Dieser Fall ist lehrreich, denn er zeigt, was gegeben sein muss, damit die Motivierung mit materiellen Anreizen funktioniert. Das Unternehmen hatte nicht wie die meisten anderen das Problem, dass jeder Arbeiter verschiedene Leistungen zu erbringen hat, von denen manche messbar sind, andere aber nicht. Das Entfernen und Ersetzen von Windschutzscheiben war klar die dominierende Aufgabe. Noch dazu wurde sie in Einzelarbeit ausgeführt, sodass das verbreitete Problem nicht auftrat, wie die Leistung einer Gruppe auf individuelle Gehälter herunterzubrechen ist. Wenn es keine Teams gibt, können individuelle Anreize keinen Teamgeist schädigen. Auch die Qualitätskontrolle war leicht möglich.

Wenn eine Scheibe bald wieder herausfiel oder brach, war der Schuldige leicht zu ermitteln. Dieser musste sie ohne Bezahlung austauschen und dem Unternehmen auch noch den Materialschaden ersetzen.

Wenn diese speziellen Bedingungen nicht gegeben sind, kann leistungsbezogene Bezahlung mehr schaden als nützen; nicht weil sie nicht wirken würde, sondern weil sie zu gut wirkt. Sie sende ein sehr mächtiges Signal, was gewünscht und honoriert wird, und was nicht. Wenn dieses Signal die Gewichte falsch setzt, kann der Schaden groß sein. Die Arbeiter interessieren sich nicht mehr für die Effizienz der Lagerhaltung und die Qualitätskontrolle, weil sie dafür ja nicht bezahlt werden. Wer will sich schon als Trottel outen, der seine Zeit mit etwas verschwendet, wofür er ausdrücklich nicht bezahlt wird. In Teamarbeit kann die Kooperation leiden, wenn Einzelne zu sehr auf die Anreize reagieren, und nur noch das tun was ihnen selber am meisten nützt. Die anderen machen es dann früher oder später ebenso.[32]

Die Große Finanzkrise ist ein einziger schrecklicher Beleg dafür, was passieren kann, wenn kräftige monetäre Anreize gesetzt werden, ohne deren Nebenwirkungen zu bedenken. Jeffrey Pfeffer von der Stanford University nennt auch das Beispiel des Ölkonzerns Royal Dutch/Shell, dessen Vorstandschef den Hut nehmen musste, als viel zu hohe Schätzungen der Ölreserven aufgedeckt wurden. Damit hatte das Management den Aktienkurs des Unternehmens nach oben getrieben und sich so hohe Wertsteigerungen der Optionen gesichert, mit denen es bezahlt wurde. Nach unten hatten sie monetäre Anreize für die Mitarbeiter so gesetzt, dass diese einen Anreiz hatten, die Reserven möglichst hoch zu schätzen.

In Polizeidistrikten in New Orleans, die dafür belohnt wurden, Schwerkriminalität besonders erfolgreich zu bekämpfen, bestand der Erfolg des Siegerdistrikts darin, noch mehr Verbrechen als andere zu leichten Vergehen umklassifiziert zu haben. Fahrer von Müllautos, die für hohes Arbeitstempo belohnt wurden, überluden ihre Wagen, fuhren verkehrsgefährdend, kümmerten sich nicht um die Wartung und vergaßen gern mal die eine oder andere Mülltonne.[53]

Wenn in größeren Abteilungen oder Teams die Einzelleistung nur ungenau zu messen ist, werden die Verlierer von leistungsbezogener Bezahlung das Ergebnis wahrscheinlich als unfair empfinden. Das kann zu Demotivation, verringerter Arbeitsleistung oder gar Sabotage anderer führen. Oft ist der Verdacht der Unfairness auch gerechtfertigt. Diejenigen, die die Leistung beurteilen, sind selten objektiv. Ihre Wahrnehmung wird von Eigeninteressen gefärbt. So hat eine Studie nachgewiesen, dass Leistungsbeurteilungen stärker als von der objektiven Leistung davon abhingen, ob die jeweiligen Vorgesetzten selbst oder jemand anderes den oder die Mitarbeiterin eingestellt hatte.[52]

Moderne Theorien der Personalführung haben aus solchen Gründen kaum etwas mit den Annahmen und Folgerungen der Lehrbuchökonomie zu tun. Sie betonen die Nachteile, die Leistungskontrollen und das explizite Bezahlen für gemessene Leistung dann haben können, wenn ein großer Anteil der Beschäftigten von sich aus Leistung erbringen will. Wenn man für Leistung bezahlt, sollte man so gut bezahlen, dass man auf intrinsische Motivation zur Leistung verzichten kann, denn diese wird von der Bezahlung für Leistung verdrängt. Jede Facette der Leistung zu prämieren, geht aber oft nicht, oder wäre viel zu teuer. Auch Kontrollen demotivieren die leistungsbereiten Beschäftigten, weil sie als Misstrauensbeweis aufgefasst werden.

Deshalb dezentralisieren moderne Managementsysteme die Sammlung und Verarbeitung von Information und geben den Arbeitnehmern Freiräume, auf diese Informationen so zu reagieren, wie sie es im Interesse des Unternehmens für richtig halten. Diese Strategie verringert die Kontrollkosten. Sie macht den Betrieb allerdings auch anfällig für die Ausnutzung durch Egoisten, die ihre Freiräume für Eigeninteressen missbrauchen. Deshalb ist es unabdingbar, viel für die Identifizierung der Belegschaft mit dem Unternehmen zu tun, wenn man solche Management-Systeme einsetzen will.[11]

Unternehmensberatungen haben einen Satz von Praktiken herausgearbeitet, die erwiesenermaßen helfen, das Ziel einer mit dem Unternehmen verbundenen Belegschaft zu erreichen. Towers Perrin zufolge (inzwischen in Towers Watson umbenannt), die zu den weltweit größten Personalberatungen gehören, sind die wichtigsten Faktoren: eine aufrichtige Sorge der Unternehmensleitung um das Wohlergehen der Mitarbeiter, eine Reputation für soziale Verantwortung, ehrliche Kommunikation und dezentralisierte, team-basierte Entscheidungsprozesse, wo immer das möglich ist.[60]

Solche Praktiken anzuwenden, erscheint in vielen Fällen kaum Kosten zu verursachen. Dennoch sieht die Realität in den meisten Betrieben ganz anders aus. Die Mehrheit der Arbeitnehmer ist unzufrieden mit ihren Arbeitsbedingungen, misstraut den Managern und ist kaum motiviert, sich für das Unternehmen einzusetzen. Für die USA stellte das Conference Board 2004 in einer Befragung fest, dass zwei Drittel der Beschäftigten keine Motivation verspürten, ihren Arbeitgebern beim Erreichen der Unternehmensziele zu helfen. Ein Viertel gab an, ausschließlich wegen des Geldes zur Arbeit zu erscheinen, und die Hälfte verspürte keine Bindung zum Unternehmen. Verschiedene Umfragen über die Jahre zeigen, dass das Engagement der Arbeitnehmer in den letzten Jahrzehnten stark nachgelassen hat. Dabei sieht es in den USA eher noch besser aus als in anderen Ländern.[52]

Eine groß angelegte regelmäßige Studie von Towers Perrin, die *Global Workforce Study*, die auf Befragung vom 90000 Arbeitnehmern weltweit beruht, erlaubt die Ergebnisse in Deutschland mit denen in anderen Ländern zu vergleichen. Mit 17 Prozent ist der Anteil der stark engagierten Arbeitnehmer 12 Prozentpunkte niedriger als in den USA. Während sich in den USA ein Viertel der Arbeitnehmer als nicht dem Unternehmen verbunden bezeichnet, ist es in Deutschland ein Drittel.[60] Arbeitgeber, die solchermaßen demotivierte Arbeitnehmer beschäftigen, geben möglichen Gewinn auf, denn es gibt eine nachgewiesene positive Beziehung zwischen der Qualität des Personalmanagements und dem Unternehmenserfolg.[52] Towers Perrin bezeichnet das Engagement der Beschäftigten gar als einen der wichtigsten Faktoren bei der Bestimmung der Wettbewerbsfähigkeit.[60]

Dieser empirische Befund lässt sich nicht leicht mit der These von den effizienten Märkten vereinbaren. Denn wenn die Märkte effizient wären, sollten nur die besten Praktiken der Unternehmensführung überleben. Die Firmen, die schlechtere Praktiken einsetzen, müssten vom Wettbewerb gezwungen werden, die erfolgreicheren zu imitieren.

Eine Studie von Jeffrey Arthur von der Purdue University kann einen Beitrag zur Erklärung geben. Er verglich die Produktivität von Klein-Stahlwerken, die verschiedene Management-Praktiken einsetzten. Er stellte fest, dass diejenigen, die Praktiken anwendeten, die bekannt dafür sind, das Engagement der Belegschaft zu steigern, eine höhere Produktivität, weniger Ausschuss und weniger Fluktuation bei den Beschäftigten hatten. Dennoch bestanden beide Unternehmenspraktiken nebeneinander, selbst in dieser sehr eng abgegrenzten Branche. Das lässt sich unter anderem damit erklären, dass ein Teil der Vorteile der höheren Produktivität den Arbeitern in Form höherer Löhne zukommt, während die Entscheidungen über die Management-Praktiken allein von der Kapitalseite getroffen werden. Produktivität und Profit sind zwei verschiedene Dinge. Wenn Management und Arbeitnehmer durch fortschrittliche Praktiken eine höhere Produktivität erzielen, gibt es einen größeren Überschuss zu verteilen. Wenn die höhere Produktivität nur erzielbar ist, wenn die Arbeitnehmer höhere (Stunden-) Löhne und damit einen höheren Anteil am Überschuss bekommen, dann verliert der Produktivitätsgewinn für Management und Eigentümer an Attraktivität.[7]

Als weiterer Grund kommt in Frage, dass manche Manager es einfach nicht können oder verstehen. Unglücklicherweise reagieren Arbeitnehmer, die scharf kontrolliert werden und keine Entscheidungsbefugnisse bekommen, so, dass die andere Seite sich in ihrem Vorurteil bestätigt sieht. Wer als nicht vertrauenswürdig behandelt wird, benimmt sich entsprechend. Drei Schweizer und deutsche Ökonomen haben das in Laborexperimenten bestätigt. Diese Experimente simulierten die Entscheidungen, die Arbeitgeber hinsichtlich des Lohnniveaus und des Vertrauens treffen müssen, das sie in ihre Arbeitnehmer setzen wollen, und die Entscheidungen der Arbeitnehmer hinsichtlich ihres Arbeitseinsatzes. In den Laborexperimenten war es für die »Arbeitgeber« optimal, denjenigen »Arbeitnehmern«, die in der Vergangenheit hohen Einsatz gezeigt hatten, einen hohen Lohn anzubieten, ohne ihren Arbeitseinsatz genau zu kontrollieren. Die meisten Arbeitgeber lernten das schnell, aber eine größere Minderheit lernte es nie. Diese Manager boten niedrige Löhne und bekamen dafür geringe Arbeitsleistung. Das bestätigte sie in ihrem Vorurteil, dass man nicht darauf vertrauen kann, dass die Arbeitnehmer ohne Kontrolle Leistung erbringen. Ein interessantes Ergebnis war auch, dass die Mehrheit der Arbeitgeber hohe Löhne nur dann gewährten – und dennoch Gewinne machte –, wenn sie ausreichend Informationen über das Verhalten der Arbeitnehmer in der Vergangenheit bekamen, sodass sie einigermaßen zwischen kooperativen und nicht-kooperativen Arbeitnehmern unterscheiden konnten.[11]

Im Labor entstand ein zweigeteilter Arbeitsmarkt aus guten und schlechten Jobs. Erstere waren gut bezahlt und boten große Entscheidungsspielräume, Letztere waren schlecht bezahlt und streng beaufsichtigt. Andere Kombinationen funktionierten nicht. Für niedrige Löhne bekamen die Arbeitgeber keine von selbst erbrachte hohe Leistung und mussten daher zu Kontrolle greifen. Wenn ein Arbeitgeber hohe Löhne bot, erwies es sich als kontraproduktiv, den Arbeitseinsatz zu kontrollieren, weil dieser Misstrauensbeweis die von den hohen Löhnen herrührende Motivation konterkarierte. Die meisten Arbeitnehmer, die hohe Lohnangebote nicht mit hohem Einsatz erwiderten, landeten in den schlechten Jobs, die anderen in den guten. Aufgrund dieses Zusammenhangs reagierten die meisten Arbeitnehmer sehr kooperativ auf großzügige Lohnangebote.[11]

Neben der Möglichkeit, dass Vorurteile sich selbst erfüllen, bewirkt in der Realität zusätzlich die Komplexität der Unternehmensführung, dass viele Manager eine Ineffizienz der Arbeitsorganisation nicht ohne weiteres erkennen. Wenn zum Beispiel eine entmündigte und demotivierte Belegschaft plötzlich in Teams arbeitet und eigene Entscheidungen treffen soll, dann kann darunter die Produktivität durchaus für eine ganze Weile leiden. Deshalb muss ein Management, das versucht, durch Umorganisation das Engagement der Belegschaft zu stärken, überzeugt sein, von dem was es tut und wo es hin will. Es muss bereit sein, Rückschläge in Kauf zu nehmen.[44, 52]

Den dafür nötigen langfristigen Zeithorizont zu entwickeln, ist nicht leicht für eine Unternehmensführung, die tagtäglich von einem notorisch kurzsichtigen Kapitalmarkt bewertet wird. Die Finanzinstitute, die das Geschehen an den Kapitalmärkten bestimmen, sind in den letzten Jahrzehnten zu den mächtigsten Institutionen geworden. Das hat auch innerhalb der Unternehmen zu einer Machtverschiebung geführt. Diejenigen, wie zum Beispiel die Finanzvorstände, die mit den Finanzmärkten zu tun haben, haben deutlich an Macht gewonnen, zu Lasten der finanzmarktferneren Abteilungen. Der Einfluss von Personalabteilungen, Betriebsräten und Gewerkschaften ging steil nach unten. Personalabteilungen werden sogar bevorzugt in Servicegesellschaften ausgelagert, zusammen mit anderen niedrigen Tätigkeiten wie der Gebäudereinigung. Wenn diese traditionellen Fürsprecher für die Belange der Arbeitnehmer marginalisiert und ausgelagert werden, ist niemand mehr da, der widerspricht, wenn mit dem Ziel der kurzfristigen Kostenersparnis die Bindung und Motivation der Beschäftigten zerstört und die langfristige Rentabilität beschädigt werden.[52]

Oben und unten: Computer und Fertigkeiten auf zwei Stockwerken einer großen Bank (2002),
von David Autor, Frank Levy (MIT) und Richard Murnane (Harvard)

Dieser Aufsatz beschreibt als Fallstudie, wie der Vizepräsident einer großen amerikanischen Bank eine Abteilung reorganisierte. Die Manager fragten in Fokusgruppen die Arbeitnehmer, welche Aspekte ihrer Arbeit sie am meisten störten und welche Veränderungen ihre Arbeitsplätze besser machen würden. Es gab einen Konsens, dass die Arbeit nicht länger nach Art eines Vorgangs aufgeteilt werden sollte, sondern nach Kundenkonten. Dieselben Angestellten sollten in der Lage sein, mit allen Vorgängen umzugehen, seien es Zahlungsstornierungen, Überziehungen oder anderes, die mit einem bestimmten Konto zusammenhingen. Das Management akzeptierte den Vorschlag, obwohl dies beträchtlichen Trainingsaufwand mit sich brachte. Das Ergebnis war eine erhebliche Verbesserung der Produktivität. Vorher hatten 650 Beschäftigte 65000 Vorgänge am Tag bearbeitet. Bald nach der Umstellung erledigten 530 Beschäftigte die gleiche Arbeit. Vorher waren 80 Prozent in der Gehaltsgruppe derer eingestuft, die weder Entscheidungsbefugnisse haben, noch besondere Initiative zeigen, noch andere beaufsichtigen. Kurze Zeit später fiel dieser Anteil auf 65 Prozent. Die meisten Beschäftigten wurden eine Gehaltsklasse hochgestuft, weil sie erfolgreich eine Fortbildung absolviert hatten. Außerdem erweiterte das Management die Gehaltsbandbreite innerhalb jeder Gehaltsgruppe, weil die Beschäftigten nun mehr Möglichkeiten hatten, Engagement und Urteilsvermögen zu zeigen.

Die Akteure an den Finanzmärkten und viele Unternehmensführer scheinen in ihrer Weltsicht von dem inspiriert zu sein, was ökonomische Lehrbücher seit Jahrzehnten lehren und predigen. Was Manager und Analysten als die richtigen Methoden im Personalmanagement ansehen, hat viel mit ihren Annahmen über die Natur des Menschen und das Wesen von Organisationen zu tun. Umfragen haben gezeigt, dass die Ansichten der meisten Manager mit den Annahmen und der Sprache der Ökonomen harmonieren. Sie betrachten die Menschen als egoistisch und arbeitsscheu, sodass finanzielle Anreize und Kontrollen dafür sorgen müssen, dass die Beschäftigten im Sinne des Unternehmens handeln. Diese Menschensicht ist nicht sehr günstig für Personalführungssysteme, die auf gegenseitiges Vertrauen, Respekt und Fairness aufbauen. Noch dazu hat sie, wie bereits erwähnt, die Tendenz, sich selbst zu bewahrheiten.[52]

Eine groß angelegte Befragung von deutschen Managern und Arbeitnehmern stieß auf genau diesen Zusammenhang. Führungskräfte, welche die Arbeitszufriedenheit ihrer Mitarbeiter als besonders wichtig für den Unternehmenserfolg bezeichneten, implementierten oft arbeitnehmerfreundliche Maßnahmen, hatten eine Belegschaft, die sich stark mit dem Unternehmen verbunden fühlte, und sehr wenige entfremdete Arbeitnehmer. Führungskräfte, die der Zufriedenheit der Mitarbeiter keine so große Bedeutung beimaßen, hatten eine weniger engagierte Belegschaft und einen großen Anteil Entfremdeter. Die Manager des ersten Typs waren, gemessen am Unternehmenserfolg, die besseren.[35]

Unternehmenskultur, Arbeitsqualität und Mitarbeiterengagement in den Unternehmen in Deutschland (2005),
von Frank Hauser, Andreas Schubert und Mona Aicher.

Für diese Studie im Auftrag des Bundesarbeitsministeriums wurden gut 37 000 Beschäftigte von 314 repräsentativ ausgewählten Unternehmen befragt, von denen drei Fünftel antworteten. Jeweils eine Führungskraft der obersten Ebene wurde ebenfalls befragt. Zudem wurden Maße für den Unternehmenserfolg analysiert. Es zeigte sich, dass die Unternehmenskultur knapp ein Drittel des Unternehmenserfolgs erklärte. Eine arbeitnehmerorientierte Kultur mit Teamorientierung, Fokus auf Personalentwicklung und Fairness erwies sich als einer der wichtigsten Einflussfaktoren auf das Engagement der Belegschaft und den Unternehmenserfolg. Unternehmen mit einer durchgängig arbeitnehmerorientierten Kultur hatten einen Anteil von 45 Prozent hoch engagierter Beschäftigten und nur 10 Prozent akut Entfremdeter. Dagegen hatten diejenigen mit einer geringen Arbeitnehmerorientierung weniger als halb so viele hoch engagierte Mitarbeiter und fast drei Mal so viele akut Entfremdete. Das Verhältnis von erfolgreichen und nicht erfolgreichen Unternehmen zeigt ein ähnliches Bild. Die erfolgreichen haben einen um 50 Prozent höheren Anteil von hoch engagierten Mitarbeitern und ein Drittel weniger akut Entfremdete. Interessanterweise sagen die Führungskräfte weniger erfolgreichen Firmen häufiger, dass Preise für die Wettbewerbsfähigkeit wichtiger sind als die Motivation der Mitarbeiter. Dagegen bezeichnen die Führungskräfte der erfolgreichen Unternehmen mehrheitlich die Mitarbeitermotivation als wichtigsten Erfolgsfaktor. Das sind klare Indizien dafür, dass die Einstellung der Top-Manager zu den Mitarbeitern ein wichtiger Erfolgsfaktor ist.

Der Verteilungsstreit um die Monopolgewinne

Die Arbeitgeber sind also zur Aufrechterhaltung der Moral und zur Abschottung der Beschäftigten gegen die Marktkräfte gezwungen, einen Teil der monopolistischen Produzentenrente an die Belegschaft weiterzugeben. In welchem Ausmaß das freiwillig geschieht, unterscheidet sich nach Art des verfolgten Personalführungsansatzes, nach den Eigenheiten des Produktionsprozesses und nach der Größe des jeweiligen Betriebs.

Je stärker das Management auf die engagierte Mitarbeit der Belegschaft setzt, desto stärker wird es die Belegschaft am gemeinsam erwirtschafteten Gewinn beteiligen. Dafür ist zum einen wichtig, welche Erfahrungen und Einstellungen die Manager haben, es kann aber auch von der Branche abhängen. Hoch qualifizierte Kreativarbeiter wird man nicht zu einer vollen Ausnutzung ihres Potenzials bewegen können, indem man sie kontrolliert und ihnen genau vorschreibt, was und wie viel sie zu tun haben. Bei einfachen klar strukturierten und leicht messbaren Tätigkeiten ist das eher möglich.

Die Organisation des Produktionsprozesses hat entscheidenden Einfluss auf die Rolle der Eigeninitiative. So war die Automobilindustrie ein Pionier des Taylorismus, bei dem alle Tätigkeiten in Einzelschritte aufgeteilt und mit genauen Vorgaben belegt wurden. Später verstärkte die Branche die Teamarbeit, in der die Mitglieder wieder deutlich mehr unterschiedliche Aufgaben auszuführen hatten und ein beträchtliches Maß an Eigenverantwortung für die Erreichung ihrer Ziele bekamen. Je mehr Raum für Eigeninitiative vorhanden ist, desto eher ist es angezeigt, den Beschäftigten mehr zu bezahlen als unbedingt nötig.

Ein weiterer Grund dafür, dass Unternehmen freiwillig mehr bezahlen als ein hypothetisches Marktminimum liegt darin, dass große Betriebe mehr bezahlen müssen, um ausreichend viele geeignete Arbeiter aus einer weiteren Umgebung oder mit anderen ersten Präferenzen für sich zu gewinnen.

Die Belegschaft gibt sich allerdings nicht unbedingt mit dem Anteil am Unternehmensgewinn zufrieden, den das Management freiwillig an sie abgibt. Die Arbeitnehmer können sich auch zusammenschließen und kollektiv einen höheren Anteil einfordern. Damit ergibt sich ein weiterer Grund für Unterschiede in der Bezahlung von gleich qualifizierter Arbeit. Je nach Unternehmen und Branche sind die Arbeitnehmer unterschiedlich gut organisiert, unterschiedlich streikbereit und haben unterschiedlich großes Drohpotenzial.

Das Drohpotenzial ist tendenziell umso größer, je kapitalintensiver das Produktionsverfahren ist. Wenn wenige Arbeitnehmer mit vielen Maschinen arbeiten, dann können sie das Management gut mit einer Streikdrohung unter Druck setzen. Das Unternehmen verliert viel Geld, wenn viele teure Maschinen still liegen, muss aber auf der anderen Seite, absolut betrachtet, relativ wenig zusätzliche Lohnkosten aufwenden, um die relativ wenigen Arbeitnehmer mit ansehnlichen Lohnsteigerungen zufrieden zu stellen. Wenn dagegen arbeitsintensiv produziert wird, ist es umgekehrt und die Verhandlungsmacht der Gewerkschaften ist entsprechend gering.

Dort, wo die Verhandlungsposition der Gewerkschaften besser ist, haben sie es leichter, die Belegschaft zu mobilisieren und können daher glaubwürdiger mit Streik drohen. Das verstärkt die Unterschiede in der Verhandlungsposition je nach Kapitalintensität zusätzlich.

Die Gründe für eine Beteiligung der Belegschaft am Übergewinn des Unternehmens sind nicht unabhängig voneinander. Wenn zum Beispiel eine Gewerkschaft relativ hohe Löhne durchsetzt, dann kann das für das Unternehmen eine geänderte Arbeitsorganisation attraktiver machen. Solange das Untenehmen die Löhne niedrig halten kann, spricht für den Taylorismus, dass er die Arbeitnehmer austauschbar hält und sie nicht durch hohe Löhne und Prämien motiviert werden müssen, ihr Bestes zu geben. Das kann tayloristische Organisationsformen selbst dann attraktiv machen, wenn Teamwork produktiver wäre. Wenn die Löhne ohnehin erhöht werden müssen, kann dadurch die effizientere Arbeitsorganisation für das Unternehmen lukrativ werden.

Zumeist sind große Betriebe die kapitalintensiveren. Nicht zuletzt deshalb sind sie tendenziell diejenigen, in denen die Gewerkschaften am stärksten sind. Das hilft den kleineren, weniger kapitalintensiven Unternehmen, mit den großen zu konkurrieren, auch wenn ihre weniger kapitalintensiven Produktionsmethoden nicht ganz so effizient sind. Sie gleichen das durch niedrigere Löhne für die Beschäftigten aus. Die großen Unternehmen, die hohe Löhne bezahlen müssen, um ihre Arbeitsplätze zu besetzen und die Gewerkschaften still zu halten, betrachten diese hohen Löhne als Kosten. Aus gesellschaftlicher Sicht sind es dagegen keine Kosten, weil der eine bekommt, was der andere bezahlt. Deshalb ist zu erwarten, dass es aus gesellschaftlicher Sicht zu wenige gute Jobs in hoch produktiven Unternehmen gibt, als es aus technischer Sicht geben sollte.[1]

Die Fähigkeit, höhere Löhne zu bezahlen, ist scheinbar der wichtigste Grund für die in der Realität auftretenden Lohnunterschiede. Das ist daraus ersichtlich, dass die Höhe der Gewinne allein etwa die Hälfte der Unterschiede erklärt. Einer jüngst in Europa durchgeführten Untersuchung zufolge sind die Löhne in einer Branche mit doppelt so hohem Gewinn je Arbeitskraft um 2,2 Prozent bis 3,2 Prozent höher als in der Vergleichsbranche. Die Unterschiede im Gewinn je Arbeitskraft beruhen häufig auf einer kapitalintensiveren Produktion. Die höchsten Löhne bezahlen kapitalintensive Branchen wie Wasser-, Gas- und Stromversorger, gefolgt von der Herstellung von Kohle, Benzin und atomaren Brennstoffen, der (weniger kapitalintensiven, aber lukrativen) Finanzbranche und der Chemie. In diesen Branchen sind die Löhne ungelernter Arbeiter etwa zweieinhalbmal so hoch wie im arbeitsintensiven Hotel- und Gaststättengewerbe. Nach der Höhe des Gewinns je Arbeitskraft ist die Unternehmensgröße der zweitwichtigste Faktor zur Erklärung von Lohnunterschieden.[30]

Die Verhandlungsposition der Arbeiter unterscheidet sich nicht nur nach Berufen oder Branchen. Oft sind persönliche Eigenschaften wie Geschlecht,

Rasse, Familienstand oder Wohnort entscheidend. Es ist möglich, die Verhandlungsmacht von Arbeitnehmern mit bestimmten Eigenschaften anhand der Job-Angebote, die sie akzeptieren, empirisch zu schätzen. Eine Gruppe von US-amerikanischen, französischen und britischen Forschern hat genau dies anhand der Informationen zahlreiche französische Beschäftigte getan. Sie nutzten Daten über deren Pendelzeiten zur Arbeit und die Höhe der Löhne, die in einer groß angelegten Umfrage erhoben worden waren. Die Idee hinter dem Schätzverfahren ist folgende: Jede passende Kombination von Arbeitnehmer und Arbeitsplatz hat einen gewissen Wert, den sich Arbeitgeber und Arbeitnehmer in einem Verhältnis teilen, das von der jeweiligen Verhandlungsmacht bestimmt wird. Wenn die Verhandlungsmacht des Arbeitnehmers 100 Prozent beträgt, erhält er den vollen Wert der Kombination. Arbeitnehmer, bei denen das der Fall ist, können keine Kompensation für einen weiteren Anfahrtsweg bekommen, weil sonst der Wert für den Arbeitgeber negativ würde. Am anderen Extrem liegen Arbeitnehmer mit einer Verhandlungsmacht von 0 Prozent. Ihr geringer Lohn lässt sie gleichgültig, ob sie ein Jobangebot annehmen oder ablehnen. Damit diese Arbeitnehmer einen längeren Anfahrtsweg in Kauf nehmen, müssen sie mit einem höheren Lohn voll für den zusätzlichen Aufwand entschädigt werden. Deshalb kann man die durchschnittliche Veränderung der Lohnhöhe mit der Pendelzeit als Indiz für deren Verhandlungsmacht heranziehen. Je steiler der Lohnanstieg mit zunehmender Pendelzeit, desto geringer ist die Verhandlungsmacht einer Gruppe.[56]

Um zu konkreten Werten für die Verhandlungsmacht zu kommen, legten die Forscher näherungsweise die in der ökonomischen Literatur gebräuchliche Schätzung der Pendelkosten von einem halben Stundenlohn pro Stunde Pendelzeit zugrunde. Sie stellen fest, dass die Verhandlungsmacht der Männer viel größer ist als die der Frauen, wobei diejenige von Frauen mit kleinen Kindern gegen Null geht. Im Durchschnitt bekommen der Schätzung zufolge Arbeitnehmer 42 Prozent des Wertes einer Job-Arbeitnehmer-Paarung. Bei Männern sind es 72 Prozent, bei Frauen nur 16 Prozent. Bei verheirateten Frauen ist die Verhandlungsmacht mit 9 Prozent noch niedriger und bei Frauen mit kleinen Kindern beträgt sie nur knapp 2 Prozent.[56]

Die konkreten Zahlen sind mit etwas Vorsicht zu genießen. Falls sich die Pendelkosten von Männern und Frauen systematisch unterscheiden, könnte die Schätzung die Unterschiede übertreiben. Sie zeigt aber deutlich, dass die Marktkräfte eine Spanne, einen Überschuss der Erträge über die Kosten aller Produktionsfaktoren lassen, den es zu verteilen gilt.

Guter Job, schlechter Job, ohne Job

In der Lehrbuch-Ökonomie gibt es nur Arbeitnehmer, die zum marktüblichen Lohn angestellt sind, und Arbeitslose. In der Realität weiß jeder, dass es gute

Jobs gibt und schlechte Jobs. Es gibt einerseits Arbeitsplätze mit attraktiven Arbeitsbedingungen und gleichzeitig relativ hohen Löhnen und andererseits Arbeitsplätze, die unangenehme Arbeitsbedingungen mit niedrigen Löhnen verbinden. Diese Kombinationen sind so ziemlich das Gegenteil von dem was die Lehrbücher vorsehen. Dort wird, wider alle Lebenserfahrung, so getan, als ob Lohnunterschiede vor allem auch eine Kompensation für unterschiedlich unangenehme Arbeitsbedingungen darstellten.

Große Arbeitgeber bezahlen regelmäßig höhere Löhne und bieten oft überdurchschnittlich gute Arbeitsbedingungen. Im Lichte der obigen Überlegungen ist das auch kein Wunder. Je nachdem, wie gut die Verhandlungsposition der Arbeitnehmervertreter ist und wie sehr der jeweilige Arbeitgeber auf Engagement und Leistungswillen der Arbeitnehmer angewiesen ist, desto höher sind die Löhne der Arbeitnehmer und desto angenehmer sind tendenziell die Arbeitsbedingungen, jedenfalls für Arbeitnehmer, die gern selbstbestimmt arbeiten.

Die Aufteilung in gute Jobs und schlechte Jobs hat wichtige Folgen für die Arbeitsmarktpolitik. Nach der reinen neoklassischen Lehre ist Arbeitslosigkeit entweder freiwillig, ein Übergangsphänomen oder Schuld von Regierungen und Gewerkschaften, die die Arbeitskosten in die Höhe treiben. Dahinter steht die Annahme, dass die Arbeitslosen nur ihre Lohnforderung senken müssen, um eine Anstellung zu finden. Diese Annahme wurde bereits auf vielerlei Weise als falsch entlarvt. Man kann sich einfach nicht in einen guten Job bei einem großen Arbeitgeber »einkaufen«, indem man anbietet, die gleiche Arbeit für ein Drittel weniger zu tun. Das Hindernis ist nicht in erster Linie das Gesetz oder die Gewerkschaften, auch wenn diese dazu beitragen mögen. Der Grund ist, dass viele Arbeitgeber, insbesondere diejenigen, die die guten Jobs anbieten, kein Interesse an solchen Angeboten haben. Das haben die Umfragen von Bewley gezeigt. Die Norm ist, dass die guten Jobs knapp und rationiert sind. Wer nicht besonderes Glück hat, bekommt keinen, auch wenn er oder sie ebenso qualifiziert ist, wie diejenigen, die drin sind. Wer keinen der guten Jobs bekommt, muss sich mit einem Job im weniger attraktiven Sekundärmarkt zufriedengeben.

Was passiert nun, wenn zum Beispiel die Währung aufwertet und die Exporte sinken? Dann gehen Jobs im primären Arbeitsmarkt verloren. Die Entlassenen können sich nicht durch Lohnverzicht wieder einkaufen, weil die Arbeitgeber in den großen Unternehmen ihre Arbeitskräfte von den Marktkräften weit gehend abschirmen. Deshalb müssen die überzähligen Arbeiter des primären Arbeitsmarkts auf den sekundären Markt gehen, wo die schlechteren Jobs angeboten werden. Aber dieser Markt leidet ebenfalls unter der Rezession. Das bedeutet, dass die Niedriglöhner im Sekundärmarkt sich nun unter doppeltem Lohndruck sehen. Sie sollen ihre Löhne so weit senken, dass sie nicht nur ihre Stellen trotz Rezession behalten können, sondern auch noch genug Arbeitsnachfrage für diejenigen schaffen, die der Primärmarkt nach unten durchgereicht hat.

In einer offenen Ökonomie mit Exporten kann die Exportnachfrage die Lösung bringen, wenn die Löhne tief genug fallen. Sie kann es, muss es aber beileibe nicht. So kommt es durchaus nicht selten vor, dass der Wechselkurs aufwertet, wenn die Löhne sinken oder nur maßvoll steigen und damit die Kostensenkung für Exporteure zunichte macht. Doch das Hauptproblem ist, dass es vor allem die Arbeiter mit den schlecht bezahlten Jobs sind, die den größten Lohndruck spüren. Diese Arbeiter kommen ziemlich schnell an die Grenze, ab der sie sich und ihre Familien nicht mehr menschenwürdig versorgen können, wenn ihre Löhne den Arbeitsmarkt in einer Rezession zum Ausgleich bringen sollen. Wenn es keine Arbeitslosenunterstützung gibt, können sie den Arbeitsmarkt nicht verlassen und müssen sogar noch weitere Familienmitglieder auf den Arbeitsmarkt schicken. Deshalb gibt es auch bei sehr niedrigen Löhnen keine Garantie, dass der Arbeitsmarkt Angebot und Nachfrage in Einklang bringt. Die Neoklassik bietet nicht etwa einen alternativen Mechanismus an, der das Problem beseitigen könnte. Nein, das Problem wird einfach zur Seite geschoben, indem unrealistischer Weise angenommen wird, dass die Arbeiter nicht von ihrer Arbeit leben müssen, weil sie Reserven haben, oder sich genügend Geld leihen können.[39]

Wie wir gesehen haben, ist damit zu rechnen, dass in einer Laissez-faire-Wirtschaft zu wenige hoch bezahlte, gute Jobs geschaffen werden, weil diejenigen, die über deren Schaffung befinden, die Löhne der Arbeitnehmer allein als Kosten betrachten. Ein Mangel an guten Jobs bedeutet, dass die Arbeitslosen keinen großen Anreiz haben, nach besseren Jobs zu suchen, da die Chancen, einen zu bekommen, gering sind. Stattdessen geben sie sich mit einem der vielen schlechten Jobs zufrieden. Darunter leidet auch der Anreiz, sich durch Bildung und Weiterbildung für einen guten Job zu qualifizieren. Das wiederum macht es für die Anbieter guter Jobs, schwerer, geeignetes Personal zu finden – ein sich selbst verstärkender Teufelskreis.[1]

Dies ist ein Beispiel dafür, wie das neoklassische Denken in eindeutigen, stabilen Gleichgewichten in die Irre führen kann. Von dem einen Gleichgewicht mit vielen schlechten Jobs zu dem anderen mit vielen guten Jobs zu kommen, kann große Gewinne für große Teile der Bevölkerung mit sich bringen. Die neoklassische Gleichgewichtsökonomik kann zu dieser Problemstellung jedoch nichts beitragen, weil sie die Unterscheidung von guten und schlechten Jobs nicht kennt. Das führt etwa dazu, dass sie Hilfen für Anbieter guter Jobs generell als verzerrende Subventionen verdammt. Direkte oder indirekte staatliche Subvention von Großbetrieben, die gute Jobs anbieten, wird meist, und oft auch zu Recht, auf die große wirtschaftliche und politische Macht der Großunternehmen zurückgeführt – und verurteilt. Mit ins Bild gehört jedoch auch, dass Politiker und Wähler sich bewusst sind, dass die Arbeitsstellen, welche die Großbetriebe anbieten, zumeist deutlich besser und auch besser bezahlt sind als der Durchschnitt. Das macht die Unterstützung solcher Betriebe oft recht populär, selbst bei denen, die nicht persönlich profitieren.

In vielen Entwicklungsländern tritt das Problem verschärft auf. Dort gibt es sogenannte *Sweatshops*, eine extreme Form von schlechten Jobs in ausbeuterischen Betrieben. Die Arbeitszeit geht an die Grenze der Belastbarkeit, die

Arbeitsbedingungen und die Arbeitssicherheit sind sehr schlecht, es gibt keinerlei Arbeitnehmerrechte oder -vertretung. Dass Menschen in solchen Betrieben arbeiten, ist schon für sich ein Beweis, dass die guten Stellen rationiert sind. Andernfalls würde sich niemand die sehr schlechten Bedingungen zu geringer Bezahlung zumuten.[25]

Weil selbst ausbeuterische Betriebe den Arbeitern mehr bezahlen als diese ohne Arbeit zur Verfügung hätten, ist unter Ökonomen die Einstellung verbreitet, dass ein Verbot schädlich wäre und nur zu höherer Arbeitslosigkeit führen würde. Nancy Chau von der Cornell University in New York hat jedoch die Bedingungen analysiert, die gegeben sein müssen, damit in einer Branche eines Landes nebeneinander *Ausbeuterbetriebe* und Betriebe existieren können, die anständige Löhne bezahlen, und kam zu einem anderen Ergebnis. Eine dieser Bedingungen ist, dass die beiden Betriebstypen mit unterschiedlichen Produktionsmethoden arbeiten, wobei die in den Ausbeuterbetrieben weniger effizient ist. Damit die Betriebe trotzdem profitabel sind, geben die Eigner einen geringeren Teil des gemeinsam erwirtschafteten Überschusses an die Arbeiter ab. In neoklassischen Modellen gibt es diese Möglichkeit nicht, da es keinen Überschuss gibt, und daher auch keine Ausbeuterbetriebe geben kann.

Nur Arbeitslose finden sich zur Arbeit in diesen Betrieben bereit, und zwar nur, wenn sie die Hoffnung aufgegeben haben, rechtzeitig einen anständigen Job zu finden. Wenn sie einmal in einem solchen Betrieb angeheuert haben, machen es die vielen Überstunden, Erschöpfung, Gesundheitsprobleme und ähnliche Erschwernisse oft unmöglich, effektiv nach einem vernünftigen Job zu suchen. Damit die Ausbeuterbetriebe neben den besseren Betrieben existieren können, muss der Produktivitätsvorteil der Letzteren sich in einem moderaten Rahmen halten. Das ist der Hauptgrund dafür, dass Ausbeuterbetriebe im Wesentlichen ein Phänomen unterentwickelter Ökonomien sind, in denen unzureichende Infrastruktur und andere Defizite die Profitabilität auch der fortgeschritteneren Unternehmen nach oben begrenzen.

Ausbeuterbetriebe – ebenso wie die schlechten Jobs in einer fortgeschrittenen Volkswirtschaft – können sich umso eher halten, je mehr es davon gibt. Denn je mehr es davon gibt, desto geringer ist der Anteil der vernünftigen Jobs. Je geringer dieser Anteil, desto eher sehen Ausbeuterbetriebe wie die Norm aus, und desto weniger lohnend scheint es für einen Arbeiter, die Suche nach einem anständigen Job fortzusetzen.[25]

Zum Glück ist es möglich, aus diesem Teufelskreis auszubrechen. Dazu trägt neben der Verbesserung der Schulbildung unter anderem die Steigerung der Profitabilität von Betrieben bei, die anständige Arbeitsplätze anbieten, zum Beispiel indem man die Infrastruktur und das Rechtswesen verbessert. Ein anderer Weg ist die Durchsetzung von Mindeststandards für die Arbeitsbedingungen, ein dritter, der Ausbau der sozialen Absicherung und schließlich noch die Verbesserung des Zugangs zu Krediten. Dadurch wird zum einen die Attraktivität der guten Jobs erhöht, zum anderen wird es den Arbeitern ermöglicht, eine

Durststrecke zu überstehen, bis sie eine gute Stelle gefunden haben. Insofern können die Anbieter guter Stellen diese leichter mit qualifizierten Arbeitskräften besetzen.

Eine gewisse Vorsicht ist beim Kampf gegen als ausbeuterisch eingestufte Arbeitsverhältnisse allerdings geboten. Kostspielige Verbesserungen der Arbeitsbedingungen in Betrieben, die nicht zur untersten Kategorie der Arbeitgeber gehören, können kontraproduktiv sein, weil sie deren Position gegenüber den Ausbeuterbetrieben verschlechtern. Deshalb ist es für Regulierer oder besorgte Konsumenten wichtig, den richtigen Vergleich anzustellen, wenn es darum geht, bei wem höhere Standards durchgesetzt werden sollten. Sobald die Arbeitsbedingungen in einer bestimmten Fabrik schlechter sind, als es der Norm in entwickelten Volkswirtschaften entspricht, aber deutlich besser als bei den unattraktivsten Arbeitgebern der Region, könnte der Kampf für bessere Arbeitsbedingungen für die Arbeiter der Region leicht nach hinten losgehen. Der Druck sollte immer zuerst und vor allem auf die Betriebe ausgeübt werden, die die schlechtesten Bedingungen anbieten.

Das war der Fall, als in den 1990er-Jahren Aktivisten in den USA und anderen Industrieländern eine Kampagne starteten, um die Bedingungen der Arbeiter in Entwicklungsländern zu verbessern, die für internationale Schuh- und Bekleidungskonzerne fertigten. Ein besonderes Ziel war der Sportartikel-Konzern Nike, dessen Zulieferer in Indonesien besonders wenig Respekt für die geltenden Mindestlöhne zeigten. Reebok und Adidas gehörten ebenfalls zu den Zielen von Konsumentenboykotten. Die Kampagnen waren ziemlich erfolgreich. Die betroffenen Konzerne setzten bei ihren Zulieferern bessere Löhne und Arbeitsbedingungen durch. Dennoch interessierten sich Ökonomen viele Jahre lang vermutlich nicht dafür, weil man mit Studien über Entwicklungsländer normalerweise wenig akademische Meriten verdienen kann. Als Ann Harrison von der Weltbank und Jason Scorse vom kanadischen Monterey Institute die Folgen der Kampagne in einer Studie untersuchten, die es 2010 ins *American Economic Review* schaffte, stellten sie überwiegend positive Effekte fest. Die Kampagne führte zu großen Lohnerhöhungen für die Arbeiter in den Zulieferbetrieben der betroffenen Konzerne. Die Gewinne fielen, die Investitionen gaben etwas nach, und einige kleine Betriebe wurden geschlossen, aber die Autoren fanden keinen nennenswerten Effekt auf die Beschäftigung in den betroffenen Regionen.[34]

Als 2010 eine Serie von Selbstmorden der Arbeiter im größten taiwanischen Zulieferunternehmen Foxconn des Computerherstellers Apple für unangenehme Publicity sorgte und die schlechten Arbeitsbedingungen und extrem niedrigen Löhne dort der Weltöffentlichkeit bewusst machte, sah sich Foxconn – nicht zuletzt auf Druck ihres Hauptabnehmers – plötzlich in der Lage, die Löhne zunächst um 30 Prozent und dann im Juni nochmals um 66 Prozent zu erhöhen. Streikende Arbeiter in der ganzen Region hatten nicht geschafft, was die berechtigte Sorge von Apple um den Wert seiner hochpreisigen Marke herbeiführte.

Teile und herrsche – lagere aus und kürze

Als Henry Ford in den 1920er-Jahren eine Fabrik baute, in die Rohmaterialen für Stahl an einem Ende hineingingen und am anderen Ende fertige Automobile herauskamen, war das revolutionär. Seither ist diese integrierte Produktionsform völlig aus der Mode gekommen. Wie Thomas Holmes und John Snider von der Universität Minnesota feststellen, würde sich heutzutage jeder Automobilhersteller oder jedes andere Industrieunternehmen der Lächerlichkeit preisgeben, wenn es darüber nachdenken würde, seinen eigenen Stahl zu produzieren. Stattdessen haben zum Beispiel die Ford Motor Company und General Motors die eigene Produktion von Autoteilen in eine separate Gesellschaft ausgelagert. Weltweit beziehen die großen Automobilhersteller einen Großteil ihrer Teile von externen Zulieferern.[37]

Der Grund für diesen starken Trend zum *Outsourcing* hat seine Wurzeln im Verteilungsstreit um die *Produzentenrente*. Die Aufspaltung der Produktion ist im Wesentlichen ein Instrument, um den Anteil der Arbeitnehmer zu senken. Denn die Löhne, die ein Unternehmen zahlen muss, steigen mit der Größe und Kapitalintensität des Unternehmens. Es geht beim Outsourcen nicht in erster Linie um größere Flexibilität und größere Effizienz des Produktionsprozesses. Was man auf diese Weise gewinnen kann, dürfte in aller Regel durch höhere Verwaltungs- und Abstimmungskosten überkompensiert werden. Vielmehr wird die Senkung der Lohnkosten dadurch erreicht, dass kapitalintensive Produktionsteile von den arbeitsintensiven getrennt werden, und gleichzeitig ein Teil der Arbeitnehmer vom internen auf den externen Arbeitsmarkt verlagert wird.

Arbeitsintensive Aufgaben, wie Reinigungsdienste oder die arbeitsintensive Herstellung von Teilen werden ausgegliedert, während die Endfertigung am Band, in der viele teure Maschinen und Roboter, aber relativ wenige Arbeitskräfte eingesetzt werden, im Unternehmen verbleibt. Dadurch verschlechtert sich die Verhandlungsposition der Arbeitnehmer. Streiks sind in den ausgegliederten Produktionslinien, wo besonders viele Arbeitnehmer beschäftigt sind, kein großes Problem, weil wenig teures Kapital dadurch stillgelegt wird. Das gilt jedenfalls so lange, wie die Gewerkschaften es nicht schaffen, durch Streiks bei den Zulieferern die Endfertigung lahm zu legen. Letzteres ist dann schwierig, wenn es genügend Wettbewerb unter den Zulieferern gibt. Dann droht den Arbeitnehmern von Zulieferern, in denen zu viel gestreikt wird, bald der Arbeitsplatzverlust wegen Auftragsmangel. Auf der anderen Seite ist der Widerstand der Unternehmensleitung gegen Lohnerhöhungen bei den arbeitsintensiven Zulieferern besonders groß, weil die Lohnsumme dort entscheidend für die Wettbewerbsposition ist.

Die Verhandlungsposition der Arbeitnehmer im Stammunternehmen verbessert sich durch die Ausgliederung der arbeitsintensiven Produktionsteile. Denn dort steigt die Kapitalintensität. Eine gegebene prozentuale Lohnerhöhung zieht eine geringere Erhöhung der Gesamtkosten nach sich, während die Kosten eines

Streiks durch die Auslagerung meist nicht nennenswert reduziert werden. Deshalb wird das Kernunternehmen in der Regel weniger hart verhandeln, um die Löhne der verbleibenden Beschäftigten niedrig zu halten. Im Ergebnis steigen die Löhne im Kernunternehmen, während sie in den ausgelagerten Produktionsteilen fallen. Der Nettoeffekt ist, wie sich mathematisch zeigen lässt, immer eine fallende Lohnsumme.[37]

In der Praxis dürfte zumindest für eine längere Übergangszeit die Auslagerung von Betriebsteilen auch die Löhne der verbleibenden Arbeitnehmer niedrig halten. Häufig wird die Drohung mit weiteren Auslagerungen in Tarifverhandlungen als Drohkulisse eingesetzt. Da es für Arbeitgeber – abgesehen von den Lohnzahlungen – oft billiger ist, die Leistungen inhouse zu erstellen, verzichten sie gegen Lohnzugeständnisse meist gern auf die Auslagerung.

Das Prinzip der je nach Kapitalintensität von Arbeitsplätzen unterschiedlichen Verhandlungsmacht wird hin und wieder auch von den Vertretern derjenigen Berufsgruppen in einem Unternehmen genutzt, die aufgrund ihrer geringen Zahl und Position an den Schalthebeln der Kapitalgüter eine besonders gute Verhandlungsposition haben. So streikten 2001 die in der Pilotenvereinigung Cockpit organisierten Piloten der Lufthansa wochenlang für die Durchsetzung einer Gehaltserhöhung von 30 Prozent. Die Fluggesellschaften auf der anderen Seite verselbstständigen wegen Unterschieden in der Kapitalintensität zunehmend ihre Kurzstreckenflieger. Die in die Regionalfluggesellschaften ausgelagerten Piloten haben weniger Verhandlungsmacht und werden schlechter bezahlt. Denn auf den kurzen Routen werden kleinere, billigere Maschinen eingesetzt. Die Produktion ist also deutlich weniger kapitalintensiv. Wenn die Piloten einer solchen Gesellschaft streiken, geht den Aktionären nicht so viel Geld verloren. Im Februar 2010 begannen die Lufthansapiloten einen Streik, um sich gegen diese Tendenz zur Auslagerung zur Wehr zu setzen. Diesen Streik gaben sie allerdings bald wieder auf.

In großen kapitalintensiven Unternehmen ist der Gewerkschaftseinfluss in aller Regel groß. In den ausgegliederten Betriebsteilen haben die Gewerkschaften und Betriebsräte dagegen oft einen schweren Stand. Weil ihre Verhandlungsmacht viel geringer ist, haben sie es viel schwerer, die Belegschaft zu organisieren. Arbeitgeber, die Produktionsteile auslagern, setzen die Arbeitnehmer also nicht nur in eine schlechtere Verhandlungsposition, sondern vermindern darüber hinaus deren Organisationsfähigkeit.[37]

Ausgegliederte Arbeitnehmer, die vorher einen Anteil am Monopolgewinn des Unternehmens bekamen, finden sich nach der Ausgliederung als Angestellte eines Unternehmens wieder, das entweder Verrechnungspreise bezahlt, die keinen derartigen Gewinn erlauben, oder das in so scharfem Wettbewerb steht, dass keine Gewinne anfallen. Sie haben keine Verhandlungsmacht, weil es nichts zu verteilen gibt. So versuchte in den USA General Motors, nachdem es seine arbeitsintensive Teileproduktion in die Tochtergesellschaft Delphi ausgegliedert hatte, die Löhne dort um 30 Prozent zu kürzen. Einer anderen zu diesem Zwecke gegründeten Tochtergesellschaft, American Axle, gelang es sogar, die Löhne um ein Drittel zu senken. Die Stundenlöhne für Reinigungspersonal konnte der Automobilproduzent durch Fremdvergabe von 28 Dollar die Stunde auf 12 Dollar drücken.[37]

Auch für die deutsche Automobil- und Telekommunikationsindustrie stellte eine Studie fest, dass Auslagerung der Teileproduktion die Lohnkosten beträchtlich reduzierte. Die Fallstudien in dem Aufsatz zeigen auch auf, wie die Aufspaltung großer Arbeitgeber in vertikal verbundene Unternehmen die Verhandlungsmacht der Arbeitnehmerseite beträchtlich schwächte. Zwar versuchten die Arbeitnehmervertreter ihre verbleibende Verhandlungsmacht in den Kernunternehmen einzusetzen, um eine wirksame Vertretung auch in den neuen Töchtern aufzubauen. Dies war aber oft nur begrenzt erfolgreich und konnte nicht verhindern, dass der Prozess der Tarifverhandlungen immer weniger koordiniert stattfand.[27]

Für die USA hat eine wissenschaftliche Studie bewiesen, was eigentlich jeder weiß, was es aber nach der neoklassischen Theorie nicht geben sollte. Reinigungs- und Wachpersonal, das bei einem externen Unternehmen angestellt ist, wird viel schlechter bezahlt als Kräfte, die die gleiche Arbeit als Arbeitnehmer eines Industrieunternehmens tun. Das trifft sowohl im Durchschnitt zu als auch für einzelne Arbeitnehmer, die (vorübergehend) ausgelagert werden und später wieder direkt vom Industrieunternehmen angestellt werden. Unternehmen, die höhere Löhne bezahlen, gehören eher zu denen, die solche Dienstleistungen auslagern. Die Gewerkschaftsdichte ist in den Dienstleistungsgesellschaften viel niedriger als in den Unternehmen, denen sie ihre Dienstleistungen verkaufen. All das ist schwer vereinbar mit dem Modell des vollkommenen Wettbewerbs, aber es passt sehr gut zu einem Modell, in dem lokale Monopolisten Übergewinne erwirtschaften und diese nach Maßgabe der Verhandlungsmacht auf Arbeitnehmer und Kapitalseite aufgeteilt werden. Die Verhandlungsposition wird dabei maßgeblich von den gesetzlichen Rahmenbedingungen bestimmt.[29]

Dir Reform des *Arbeitnehmerüberlassungsgesetzes* in Deutschland im Jahr 2003 (Hartz I) erleichterte es den Unternehmen beträchtlich, Produktionsteile in tatsächlich oder formal selbstständige Gesellschaften auszulagern oder auf Leiharbeitskräfte zurückzugreifen. Davon wurde reger Gebrauch gemacht. Für die *Leiharbeiter* ist das an den Zahlen leicht ablesbar. Von etwas über 300 000 Leiharbeitern in den ersten Jahren des Jahrtausends stieg deren Anzahl bis 2008 auf fast 800 000. Das ist nur die Spitze des Eisbergs, denn gleichzeitig wurden immer mehr Betriebsteile in rechtliche selbstständige Tochterunternehmen ohne Tarifbindung ausgelagert. Das dürfte erheblich dazu beigetragen haben, dass die Löhne in Deutschland trotz der sich belebenden Konjunktur inflationsbereinigt stagnierten, wodurch die Lohnquote bis 2008 auf das historische Tief von 65 Prozent sank. Umgekehrt stieg der Anteil der Vermögenseinkommen, der sich mit der Lohnquote zu 100 Prozent des Volkseinkommens summiert auf ein historisches Hoch.

Weil Outsourcing die Löhne der in arbeitsintensiven Produktionszweigen Beschäftigten drückt, sind diese die Verlierer eines technischen Fortschritts, der Outsourcing erleichtert hat. Dazu gehören vor allem neue Informationstechnologien und Fortschritte im Logistikwesen, die die Trennung von Aufgaben erleichtert haben, die man früher viel besser an einem Ort konzentriert erledigen konnte. In Ländern wie Deutschland, wo Outsourcing von rechtlichen Hürden behindert wurde, waren die Beschäftigten in arbeitsintensiver Produktion auch die Verlierer der gesetzlichen Änderungen, die Outsourcing erleichterten.

Der Trend zur Auslagerung verstärkt die Trennung in gute und schlechte Jobs. Immer weniger glückliche Arbeitnehmer in den verbleibenden guten Jobs sowie die Manager werden immer besser bezahlt, während die einfachen Arbeiter mit immer weniger auskommen müssen. Der Trend bedeutet auch, dass Ressourcen aufgewendet werden, um sich einen größeren Teil des Kuchens zu sichern. Separate Organisationen müssen aufgebaut und verwaltet werden. Dienstleistungs- oder Zulieferverträge müssen verhandelt und laufend überwacht werden. Rechnungen müssen geschrieben werden und zusätzliche Transport- und Kommunikationskosten fallen an. All diese Kosten werden aufgewendet, um Einkommen von den Arbeitnehmern auf die Unternehmenseigner und die am Gewinn beteiligten Manager umzuleiten. Das stellt keinen gesellschaftlichen Gewinn dar. Der Nettoeffekt dürfte daher oft eine Verminderung der Summe aus Löhnen und Gewinnen sein.[37]

Wie man von Diskriminierung profitiert

Im vollkommenen Wettbewerb sollte wirtschaftliche Diskriminierung allenfalls ein Randphänomen darstellen. Eine Frau mit höheren Fähigkeiten als ein männlicher Konkurrent sollte diesen im Wettbewerb um eine attraktive Stelle schlagen. Dasselbe gilt für Angehörige einer benachteiligten Minderheit. Wenn nicht, dann schadet sich das diskriminierende Unternehmen selbst und bekommt die Quittung durch einen Verlust von Marktanteilen an nicht-diskriminierende Konkurrenten. Auf Grundlage dieser Überlegungen hat der Träger des Nobel-Gedächtnispreises, Gary Becker, unter Ökonomen die Zuversicht verbreitet, dass freie Märkte, wenn man sie ungehindert ihr Werk tun lässt, Diskriminierung weit gehend ausrotten würden.[12]

Das scheint auch von der Richtung her zu stimmen. Die Langsamkeit allerdings, mit der es stattfindet, zeigt, wie weit vom (fragwürdigen) Ideal des vollkommenen Wettbewerbs die reale Wirtschaft entfernt ist. Die OECD stellte 2008 in ihrem *Arbeitsmarktausblick* fest, dass 20 Prozent weniger arbeitswillige Frauen als Männer eine Stelle haben, und dass sie im Durchschnitt 17 Prozent weniger verdienen. In Deutschland sind es nach einer Studie der Hans-Böckler-Stiftung im Auftrag des Familienministeriums sogar mehr als 20 Prozent. Die OECD hat ökonometrisch untersucht, wie die relativen Arbeitsmarktaussichten von Frauen und der Regulierungsgrad von Produkt- und Arbeitsmärkten in verschiedenen Ländern in Beziehung stehen. Die Beziehung ist da, aber sie ist sehr lose. Wenn alle OECD-Länder ihre Märkte auf das Niveau des Landes mit der wettbewerbsfreundlichsten Regulierungsstruktur bringen würden, fiele nach dieser Rechnung der Lohn- und Beschäftigungsabstand zwischen den Geschlechtern um bescheidene ein bis drei Prozentpunkte.[49]

Dieses Ergebnis überrascht nicht, wenn man bedenkt, dass auch bei der wettbewerbsfreundlichsten Regulierung die Auswahl der Arbeitnehmer zwischen verschiedenen Stellen, die für ihre Qualifikation, Vorlieben und Wohnorte in Frage kommen, sehr begrenzt ist. Wenn unter solchen Umständen Firma A aktiv gegen Frauen diskriminiert, braucht auch die eigentlich nicht diskriminierende Firma B Frauen nicht den gleichen Lohn zu bezahlen wie Männern. Das kann einfach das Ergebnis der Gehaltsverhandlungen sein. Männer haben die Alternative A, Frauen haben diese nicht und haben daher eine schlechtere Verhandlungsposition. Wenn jeder Arbeitnehmer sehr viele Alternativen hätte, würde das kaum ins Gewicht fallen. Da es in der Praxis meist nur einige wenige sind, spielt es eine große Rolle. Für die Unternehmen insgesamt ist dieser Zustand Gewinn steigernd, weil er die Verhandlungsmacht eines wesentlichen Teils der Arbeitnehmerschaft verschlechtert. Es ist daher nicht wahrscheinlich, dass sich eine mächtige, finanzkräftige Lobby formiert, um gegen eine derartige Diskriminierung vorzugehen. Das würde die Löhne der Frauen erhöhen, ohne die der Männer notwendigerweise in gleichem Ausmaß zu senken.[16]

Arbeitsmarktpolitik in neuem Licht

Jede Einschränkung der individuellen Vertragsfreiheit ist in einer Welt des vollkommenen Wettbewerbs ineffizient und schädlich. Soweit der Arbeitsmarkt davon betroffen ist, führen Eingriffe in die Vertragsfreiheit entweder zu geringeren Löhnen oder höherer Arbeitslosigkeit. Das ist das Gedankengut, dem die Feindschaft des neoklassisch geprägten ökonomischen Mainstream gegen Arbeitsmarktregulierung zugrunde liegt. Die Standardempfehlung der Ökonomen zur Senkung der Arbeitslosigkeit besteht darin, solche Eingriffe in den freien Markt wie kollektive Lohnverhandlungen, Mindestlöhne, Kündigungsschutz, Mutterschutz und Mindesturlaub abzubauen.

Die Realität ist aber nicht von vollkommenem Wettbewerb, sondern von Unternehmen mit Marktmacht geprägt. Die Frage ist dann: Gelten die üblichen Ökonomenempfehlungen mit kleinen Einschränkungen auch in einer solchen Welt? Oder wirken arbeitsmarktpolitische Maßnahmen und Institutionen in der Realität ganz anders als im abstrakten Modell der Neoklassik? Wie wir sehen werden, ist Letzteres oft der Fall.

Die neoklassischen Idealbedingungen für einen gut funktionierenden Arbeitsmarkt waren bis vor etwa 100 Jahren recht gut erfüllt. Bis dahin hatten Arbeitnehmer wenig Rechte, abgesehen vom Recht zu kündigen, wenn sie sich unfair behandelt fühlten. In Europa waren die Arbeitsbedingungen und das Arbeitsrecht nur sehr locker reguliert, in den USA und in vielen anderen Ländern gab es praktisch keine Regeln. Kinderarbeit wurde in den USA erst 1938 verboten. Für die klassischen Ökonomen, von Adam Smith über John Stuart Mill bis Karl Marx war das noch ein problematischer Zustand, weil er oft dazu führte, dass die Löhne nicht ausreichten, um eine Familie zu ernähren. Die Arbeitsbedingungen waren sehr hart. Wer sich bei der Arbeit verletzte, konnte einfach entlassen werden. Sogar berühmte frühe neoklassische Ökonomen wie Arthur Pigou und Alfred Marshall kritisierten diesen Zustand, obwohl ihre theoretischen Modelle sie eigentlich prädisponierten, den Ergebnissen des freien Marktes zu trauen. Doch zu sehen, wie Millionen Arbeiter in tiefer Armut lebten, während einige Kapitalisten unglaublich reich wurden, nahmen sie als ein Indiz, dass etwas nicht in Ordnung war. Das lag wohl daran, dass Verteilungsfragen vor gut 100 Jahren noch nicht säuberlich abgetrennt und in die dritte Reihe der ökonomischen Anliegen verbannt worden waren.[58]

Heute denken Ökonomen anders. Die stärker regulierten europäischen Arbeitsmärkte werden von Mainstream-Ökonomen als ineffizient betrachtet, weil sie staatlich verursachte *Rigiditäten* aufweisen, wie etwa Kündigungsschutz, Mindestlöhne und Zwangsabgaben zur Sozialversicherung. All das wird als Verzerrung der Marktkräfte betrachtet. Ein gesetzlicher Mindestlohn oder von Gewerkschaften ausgehandelte Löhne sind in der Sicht des ökonomischen Mainstream falsche Löhne, weil die neoklassischen Annahmen sicherstellen, dass der freie Markt die richtigen Löhne findet. Die Arbeit wird mit dem entlohnt, was sie für den Arbeitgeber wert ist. Dieser bezahlt für jede zusätzliche Arbeitsstunde, was er netto aus dem Verkauf der hergestellten Produkte erlöst. Wenn der Lohn künstlich nach oben getrieben wird, liegt er oberhalb dieses Wertgrenzprodukts einer zusätzlichen Arbeitsstunde und diese wird nicht mehr nachgefragt. Die Arbeiter, die das betrifft, haben weniger Arbeit oder werden arbeitslos. Dieses Problem wird noch verstärkt dadurch, dass die Arbeiter zu den künstlich erhöhten Lohnsätzen in der neoklassischen Theorie mehr arbeiten wollen. Die Diskrepanz zwischen Angebot und Nachfrage nach Arbeit wird also auch von der Angebotsseite größer.

Diese Argumentation wird auch in umgekehrter Richtung gern verwendet. Wenn es unfreiwillige Arbeitslosigkeit gibt, dann ist das angeblich ein Beweis dafür, dass die Löhne zu hoch sind. Würde man sie senken, würden die Haushalte weniger Arbeit anbieten und die Produzenten mehr Arbeit nachfragen. Nach dieser Argumentation sind die Leidtragenden von künstlich erhöhten Löhnen die Arbeiter mit der geringsten Produktivität, wie Berufsanfänger, gering Qualifizierte, bestimmte Minderheiten und benachteiligte Gruppen. Deshalb stellen Ökonomen Mindestlöhne und gewerkschaftliche Forderungen nach Lohnerhöhungen häufig als unsozial dar.

Auch arbeitsrechtliche Vorschriften wie Mindest-Kündigungsfristen, vorgeschriebene Krankenversicherung und Mindesturlaub sind vielen Ökonomen generell suspekt. Wenn diese Vergünstigungen den Beschäftigten so viel wert wären, wie sie die Arbeitgeber kosten, so das Argument, würde der Wettbewerb schon dafür sorgen, dass sie auch ohne Vorschrift angeboten werden. Wenn also gesetzliche Vorschriften notwendig sind, muss man den Verdacht haben, dass sie weniger wert sind, als sie kosten und so nur künstlich die Arbeitskosten in die Höhe treiben. Die Vorherrschaft dieser Sichtweise hat dazu beigetragen, dass in den letzten drei Jahrzehnten weltweit eine Tendenz zur Deregulierung der Arbeitsmärkte um sich griff.

Dieser Konsens wird im Arbeitsmarktbericht der OECD von 1994 zusammengefasst. Darin empfiehlt die Industrieländerorganisation den Regierungen, die Arbeitsmärkte zu deregulieren, die Flexibilität der Arbeitszeit zu erhöhen, Löhne und Arbeitskosten stärker auf die Marktkräfte reagieren zu lassen sowie den Kündigungsschutz und die finanzielle Absicherung der Arbeitslosen zu reduzieren.[49]

Bis heute nutzen Wirtschaftspolitiker in Europa, wie Vertreter der Europäischen Zentralbank, vieler nationaler Regierungen und der meisten EU-Institutionen den Ausdruck »Strukturreformen« als nicht weiter erklärte Kurzformel für diese Art von Deregulierungspolitik. Sie nehmen mit gutem Recht an, dass jeder weiß, was damit gemeint ist, und dass sie sich daher die unappetitlichen Details sparen können. Der dahinter stehende Konsensus unter den Ökonomen aus den 1980er-und 1990er-Jahren ist zwar zerbröselt. Aber in wirtschaftspolitischen Zirkeln ist das noch nicht angekommen.

Gewerkschaften tun mehr als Arbeitsplätze vernichten

Wie wir schon gesehen haben, macht es mangelnde Information unmöglich, die Aufgaben, die ein Arbeitnehmer erledigen soll, im Arbeitsvertrag detailliert zu regeln. Vielmehr einigen sich die Vertragsparteien in eine dauerhafte, lose spezifizierte Vertragsbeziehung einzutreten, in der der Arbeitgeber Befehle gibt und der Arbeitnehmer diese ausführt. Arbeitssuchende würden von einem uneingeschränkten Befehlsrecht der Arbeitgeber abgeschreckt. Deshalb haben beide Seiten ein Interesse daran, die Befehlsgewalt auf das zu begrenzen, was für einen effizienten Produktionsprozess nötig ist. Es wäre jedoch sehr aufwändig, wenn jeder Arbeitgeber mit jedem Beschäftigten im Einzelfall aushandeln müsste, wo die Befehlsgewalt der Vorgesetzten endet. Gesetzlich vorgeschriebene oder kollektiv vereinbarte Mindeststandards für den Arbeitnehmerschutz können daher die Vertragsanbahnungskosten erheblich verringern. Bis zu einem gewissen Grad ist das im Interesse aller wohlmeinenden Arbeitgeber.

Doch auch darüber hinaus behindert unvollkommene Information, dass im freien Spiel der Kräfte verlässlich gute Verträge geschlossen werden. »Gesetzliche Einschränkungen der Vertragsfreiheit können die Effizienz steigern«, wie Phillipe Aghion von Harvard und Benjamin Hermalin von Berkeley in ihrem provokant betitelten Aufsatz gezeigt haben. Das geht frontal gegen das Bauchgefühl der allermeisten Ökonomen. Diese würden sagen, Restriktionen sind entweder nicht bindend und daher nutzlos, oder sie sind bindend und verhindern dann manche Verträge, die beide Seiten für vorteilhaft halten. Dieses Urteil setzt allerdings voraus, dass beide Seiten in den Vertragsverhandlungen ihre wirklichen Vorlieben offenbaren können. Das ist aber gerade bei Arbeitsverträgen aufgrund des unterschiedlichen Wissenstands der beiden Parteien sehr oft nicht der Fall. Der Arbeitgeber hat eine Vorliebe für bestimmte Typen von Arbeitnehmern. Er erwartet aber nicht, dass der Bewerber ihm ehrlich (entgegen seinem Eigeninteresse) Auskunft darüber gibt, zu welchem Typ er gehört. Daher wird er versuchen, aus dem Verhandlungsverlauf zu schließen, zu welchem Typ der Arbeitnehmer gehört. Der Bewerber weiß das. Das verzerrt das Ergebnis der Vertragsverhandlungen.[3]

Eine Bewerberin wird daher, wenn sie klug ist und begrenzte Verhandlungsmacht hat, immer ihre Arbeitsbereitschaft übertreiben, jedenfalls dann, wenn diese nicht ohnehin deutlich überdurchschnittlich ist. Sie wird darauf verzichten, mehr Urlaub und kürzere Arbeitszeiten im Austausch gegen weniger Gehalt vorzuschlagen, um nicht als arbeitsscheu und unambitioniert zu gelten. Sie wird selbstverständlich nicht versuchen, einen großzügigen Mutterschutz auszuhandeln, weil ihr das nichts nützt, wenn sie dadurch den Job ohnehin nicht bekommt. Sie wird auch nicht auf besonders großzügige Gesundheitsleistungen bestehen, weil sonst die Gegenseite vermuten könnte, ihre Gesundheit sei angeschlagen. Wenn sie stattdessen auf all das verzichtet und mehr Geld haben will, hat das keine negativen Auswirkungen auf ihre Beurteilung durch die Gegenpartei. Kluge Kandidaten werden also ihre wahren Präferenzen nicht offenbaren. Deshalb kann in einem völlig freien Prozess individueller Vertragsverhandlungen auch nichts herauskommen, was die Präferenzen beider Seiten optimal berücksichtigt.

Aus der Perspektive des Arbeitgebers manifestiert sich das in Form dessen, was Ökonomen *adverse Selektion* nennen. Arbeitgeber, die weniger bezahlen, aber dafür mehr Freizeit und bessere Gesundheitsleistungen anbieten, riskieren, wenn andere das nicht tun, dass sie für faulere und gesundheitlich weniger robuste Arbeitnehmer besonders attraktiv sind. Dagegen können diejenigen, die auf besonders lange Arbeitszeiten im Gegenzug für hohe Bezahlung beharren, darauf hoffen, einen überdurchschnittlich hohen Anteil der besonders engagierten und leistungsfähigen Arbeitnehmer für sich zu gewinnen. Das kann ohne Weiteres so weit gehen, dass dadurch die Arbeitszeiten in allen Betrieben länger sind, als dies die meisten Beschäftigten gerne hätten. Konkurrenten können diese ineffiziente Vertragsgestaltung nur schwer für sich nutzen und damit beseitigen. Wenn sie weniger lange Arbeitszeiten mit etwas niedrigerem Gehalt anbieten, werben sie zuerst die weniger Arbeitswilligen ab, für die das Angebot besonders attraktiv ist. Im Endeffekt gilt die übliche Annahme nicht, dass Arbeitgeber Nebenleistungen dann und nur dann anbieten, wenn sie den Arbeitnehmern mehr bringen, als sie die Arbeitgeber kosten. Ebenso wenig werden die Arbeitsbedingungen auf einem liberalisierten Arbeitsmarkt notwendigerweise den Präferenzen beider Parteien entsprechen.

Es gibt im Wesentlichen zwei Wege, mit dem Problem umzugehen. Zum einen können Gewerkschaften für die gesamte Arbeitnehmerschaft eines Betriebs, einer Branche oder einer Volkswirtschaft jene Vertragsbedingungen aushandeln, bei denen am ehesten adverse Selektion ein Problem ist. Eine Gewerkschaft, die über Arbeitszeiten und Jahresurlaub verhandelt, kann wenigsten im Durchschnitt die Präferenzen der Arbeitnehmer viel besser in die Verhandlung einfließen lassen als der einzelne Arbeitnehmer. Je höher die Verhandlungsebene, also Branche statt Betrieb, Nation statt Branche, in desto größerem Maß wird dadurch das Problem der adversen Selektion gelöst. Denn eine Gewerkschaft, die auf Betriebsebene verhandelt, kann zwar ehrlich die Präferenzen der Mitglieder vertreten. Die Betriebe, die in Konkurrenz stehen, haben aber immer noch mit dem Problem der adversen Selektion zu kämpfen, wenn sie nachgiebig sind. Sie werden daher stärker auf längere Arbeitszeiten und geringere Sozialleistungen drängen, als dies etwas ein Branchenverband tun müsste, der die Bedingungen für alle Wettbewerber festlegt. Gleichzeitig geht mit der Zentralisierung allerdings eine Durchschnittsbildung über immer mehr Beschäftigte einher, deren Präferenzen über einen Kamm geschoren werden und tendenziell dadurch an Wohlfahrt verlieren. Oft dürfte daher die effizienteste Lösung bei Verhandlungen auf Branchenebene liegen, weil das entscheidende Problem der adversen Selektion zwischen Betrieben unterschiedlicher Branchen mangels direkten Wettbewerbs viel weniger ausgeprägt ist.

Das Problem der asymmetrischen Information und der adversen Selektion kann erklären, warum Amerikaner so viel weniger Urlaub und so viel längere Wochenarbeitszeiten haben als Europäer. Der amerikanische Arbeitsmarkt kommt dem deregulierten neoklassischen Ideal viel näher als die europäischen. In den meisten europäischen Ländern gibt es Mindesturlaub und maximale Arbeitszeiten, die von Gewerkschaften oder dem Gesetzgeber durchgesetzt wurden. Diese sind zumeist in der Bevölkerung populär. Für Amerikaner hat die vergleichsweise höhere Anzahl von freien Tagen der Europäer – nach meiner Einschätzung – einen höheren Stellenwert, als ihre im Durchschnitt höheren Löhne. Die große Freiheit der Vertragsgestaltung, welche die Amerikaner haben, könnte ihnen in Wirklichkeit schaden, weil sie dadurch nicht das bekommen, was sie möchten.

Es gibt speziell bei der Entscheidung zwischen mehr Urlaub und höherem Einkommen ein weiteres Problem, das durch kollektive Verhandlung gelöst werden kann. Das Streben der Menschen nach mehr Einkommen wird zu einem großen Teil vom Wunsch getrieben, durch zur Schau gestelltes Einkommen sozialen Status zu erwerben. In einem berühmten Laborexperiment wurden Teilnehmer gefragt, was ihnen lieber wäre, eine Situation in der sie 100 000 Dollar verdienen und alle anderen 200 000 Dollar oder eine Situation in der sie 50 000 Dollar verdienen und alle anderen 25 000 Dollar. Eine Mehrheit wählte die zweite Option, obwohl sie in dieser nur halb so hohe Konsummöglichkeiten hätten wie in der ersten.[59] In der Fachsprache sind Einkommen und Konsum in starkem Maße positionale Güter. Bei (bezahltem) Urlaub ist das anders. Er entfaltet seinen Wert vor allem aus der Nutzung, nicht daraus, mehr davon zu haben als andere. Wenn die Arbeitnehmer also individuell entscheiden müssen, auf wie viel Urlaub sie verzichten wollen, um ein höheres Gehalt zu bekommen, dann gibt es ein ineffizientes Rennen um höheres Einkommen. Dabei ist am Ende bei allen der Urlaubsanspruch zu niedrig, während sie von dem höheren Einkommen wenig haben, weil es bei allen gestiegen ist, sodass sich der erhoffte Statusgewinn nicht einstellt. Ein gesetzlich vorgeschriebener Mindesturlaub oder kollektive Verhandlungen über Arbeitszeitfragen können diesen ineffizienten Wettbewerb verhindern. Obwohl, oder gerade weil sie die individuelle Vertragsfreiheit verringern, verbessern sie die Situation der Betroffenen.[43]

Mindestfakten über Mindestlöhne

> *»An Orten und in Berufen, in denen die Löhne niedrig sind, weil gering qualifizierte Arbeiter ›ausgebeutet‹ werden, indem ihnen nicht bezahlt wird, was ihre Arbeit wert ist, gibt es keinen Grund anzunehmen, dass Arbeitsplätze verloren gehen, wenn man die Arbeitgeber zwingt, mehr zu bezahlen.«*
>
> A.C. Pigou, 1920

Ein schwer wiegender Eingriff in die Vertragsfreiheit sind Mindestlöhne. Deshalb war das Verdikt der Ökonomen darüber lange Zeit eindeutig. Sie zerstören Arbeitsplätze. Das Argument: Ein Arbeitnehmer, der einen geringen Lohn bekommt, ist wenig produktiv. Schreibt man seinem (potenziellen) Arbeitgeber vor, ihm einen hohen Lohn zu bezahlen, wird er diesen Arbeitnehmer nicht (mehr) beschäftigen und dieser wird arbeitslos. Natürlich baut dieses Urteil auf dem Modell des vollkommenen Wettbewerbs mit vollkommener Information auf, in dem jeder Arbeitnehmer genau das erhält, was seine Arbeit (genauer: eine weitere Stunde davon) wert ist. Es gibt in diesem Modell keine Gewinne, die Arbeitgeber mit ihren Arbeitnehmern teilen könnten. Sie bezahlen schon das Maximum. Wenn sie mehr bezahlen müssen, lohnt sich das Arbeitsverhältnis für die Arbeitgeber nicht mehr.

In der Frühzeit der Neoklassik war die Einstellung der Ökonomen noch eine andere. Der US-Ökonom Robert Prasch machte sich die Mühe, die wichtigsten ökonomischen Fachzeitschriften von 1912 bis 1923 dahingehend auszuwerten. Er stellte einen sehr weit gehenden Konsens zugunsten von Mindestlöhnen unter amerikanischen Ökonomen fest. Dieser Konsens schloss berühmte frühe Neoklassiker ein wie John Bates Clark und Alfred Marshall. Marshall schrieb, »wenn ein Mindestlohn durchgesetzt werden könnte, wären seine Vorzüge so groß, dass man ihn leicht gutheißen könnte«. Sein ebenso berühmter Kollege A.C. Pigou zeigte ebenfalls beträchtliche Skepsis gegenüber der Idee, dass der Wettbewerb Ausbeutung der Arbeiter verhindere, wie die eingangs zitierte Aussage von ihm zeigt. Es gab einige britische Ökonomen, die entschieden gegen Mindestlöhne waren, aber der einzige bekannte amerikanische Ökonom, der sich dagegen aussprach war Laurence Laughlin von der Universität Chicago.[55]

Der Grund dafür, dass damals der Ökonomenkonsens ein anderer war, liegt darin, dass man sich der Nachfragermacht auf dem Arbeitsmarkt damals noch voll bewusst war. Im frühen 20. Jahrhundert galt es noch als offensichtlich, dass die Verhandlungsmacht sehr ungleich zwischen Arbeitgebern und Arbeitnehmern verteilt war. Das Axiom der vollständigen Konkurrenz hatte den Wirklichkeitssinn noch nicht völlig verdrängt. Ökonomen, die Löhne bezahlten, die nicht ausreichten, um eine Familie zu ernähren, wurden von Ökonomen als Schmarotzer an der Gesellschaft betrachtet. Denn wer von seiner Arbeit nicht leben konnte, musste auf andere Mittel zurückgreifen, seien es Almosen, andere Familienmitglieder oder Kriminalität. Letztlich, so die Sichtweise, bezahlte also die Gesellschaft einen Teil der Arbeitskraft, die das Unternehmen in Anspruch nahm. Ökonomen betrachteten es damals noch als erstrebenswert, dass die Manager zu gleichen Bedingungen miteinander konkurrieren müssen und keiner sich einen unlauteren Vorteil verschaffen kann, indem er die Löhne unter das Existenzminimum senkt.[55]

Erst der Übergang zu einem axiomatischen Ansatz der Ökonomie in den 1930er-Jahren, der mehr auf logische Stringenz als auf Realitätsnähe Wert legte, beseitigte die mehrheitliche Unterstützung der Ökonomen für Mindestlöhne.

Es sollte sechs Jahrzehnte dauern, bis Mitte der 1990er-Jahre eine nennenswerte Anzahl prominenter Ökonomen zur alten Sichtweise zurückkehrte. Dahinter steht die vorsichtige Abkehr vom Axiom der vollständigen Konkurrenz. Für viele Ökonomen reicht es nicht mehr aus, zu wissen, was wäre wenn der Wettbewerb vollkommen wäre, sondern sie wollen die Realität verstehen und beeinflussen.

Wie schon gesehen, beschränken Arbeitgeber, die den Lohn nicht als gegeben annehmen, ihre Arbeitsnachfrage, um den Lohn nicht nach oben zu treiben. Wenn ein Mindestlohn durchgesetzt wird, der (moderat) höher ist, als der Lohn, den solche Firmen von sich aus bezahlen, entfällt ein Grund für die Nachfragezurückhaltung. Da sie ihrer bestehenden Belegschaft ohnehin mehr bezahlen müssen, können sie auch gleich die zusätzlichen Arbeitnehmer einstellen, die sie zu diesem höheren Lohn bekommen können.

Ein weiterer positiver Effekt kann hinzukommen. Ein Betrieb, der seine Mitarbeiter besser bezahlt, hat wahrscheinlich eine stärker engagierte Arbeitnehmerschaft und geringere Fluktuation. Wenn die Produktivität als Folge der Lohnerhöhung steigt, ist der Anstieg der Lohnkosten geringer als die Lohnerhöhung.

Es gibt natürlich auch einen gegenläufigen Effekt. In dem Ausmaß, wie die Lohnsteigerung nicht durch Produktivitätseffekte aufgefangen wird, wird es weniger rentabel, einen neuen Betrieb in einem Niedriglohnsektor zu gründen, wenn man Mindestlöhne zahlen muss. Es ist daher möglich, dass weniger neue Betriebe gegründet werden. Es gibt also zwei gegenläufige Effekte von Mindestlöhnen auf die Beschäftigung. Welcher überwiegt und in welchem Ausmaß, sind empirische Fragen. In Großbritannien hat sich eine beträchtliche empirische Evidenz angesammelt. Hier wurde 1999 ein Mindestlohn von 3,60 Pfund pro Stunde eingeführt, der in mehreren Stufen bis Oktober 2009 auf 5,80 Pfund (7,25 Euro) angehoben wurde. Die Anhebungen wurden entsprechend den Empfehlungen einer wissenschaftlichen Kommission umgesetzt, die laufend untersuchte, ob es Indizien dafür gab, dass der Mindestlohn schon so hoch war, dass er negative Beschäftigungswirkungen nach sich zog. So ziemlich jede bekannte empirische Methodik wurde in Großbritannien dafür angewandt. Bisher zeigten all diese Studien, dass der Beschäftigungsverlust per Saldo gering oder inexistent war.[47]

Warum hat sich der britische Mindestlohn kaum auf die Beschäftigung ausgewirkt? (2007),
von David Metcalf (London School of Economics)

Metcalf, ein langjähriges Mitglied der britischen Niedriglohnkommission, die helfen soll, das angemessene Niveau des Mindestlohns zu finden, liefert einen Überblick über die empirischen Belege zur Beschäftigungswirkung. Die Ergebnisse ähneln sich, wie schon der Titel des Aufsatzes suggeriert. Die Beschäftigungswirkungen sind gering. Auf der höchsten Ebene haben Ökonomen die Beschäftigungsentwicklung in Großbritannien insgesamt und in acht Niedriglohnbranchen verglichen. Zwischen März 1999, also direkt vor Einführung des Mindestlohns, und März 2006 stieg die Beschäftigung in den Niedriglohnbranchen von 6,3 Mio. auf 6,7 Millionen. Ihr Anteil und der Gesamtbeschäftigung blieb praktisch unverändert.

Als der Mindestlohn eingeführt wurde, blieben 16- bis 17-Jährige ausgenommen, aber 18- bis 21-Jährige fielen darunter. Wenn der Mindestlohn negativ auf die Beschäftigung wirken sollte, hätte das die 18- bis 21-Jährigen besonders treffen müssen. Tatsächlich fiel aber der Beschäftigungsanteil der 16-bis 17-Jährigen, während jener der 18- bis 21-Jährigen stieg. Das könnte noch mit der Bevölkerungsentwicklung erklärbar sein. Doch die Analyse der Wahrscheinlichkeit einer Beschäftigung nach Altersgruppen und Geschlecht, zeigte, dass die Einführung des Mindestlohns nirgends statistisch signifikante Auswirkungen hatte.

Mehrere Studien machten sich zunutze, dass die Löhne in armen Regionen stärker von der neuen Regelung betroffen waren als diejenigen in reicheren Regionen. Eine Studie ermittelte, dass die regionale Beschäftigungsentwicklung unabhängig davon war, wie groß der Anteil der Beschäftigten unterhalb des neuen Mindestlohns gewesen war. Auch für Individuen in besonders stark betroffenen Gruppen, wie Frauen, Geringqualifizierte und Berufsanfänger, zeigten sich keine Unterschiede in der Veränderung der Beschäftigungswahrscheinlichkeit zwischen armen und reichen Regionen. Auch eine Studie, die die Gründung und Schließung von Betrieben betrachtete, stellt fest, dass die Nettozunahme der Betriebe in den armen Regionen nur wenig niedriger war als in den reichen. Eine weitere Studie stellte fest, dass in einer besonders vom Mindestlohn betroffenen Branche, dem Einzelhandel, die Beschäftigungsentwicklung in den armen Regionen gleich gut war wie in den reichen. In einer anderen stark betroffenen Branche, dem Gastgewerbe, war die Beschäftigungsentwicklung in den armen Regionen schlechter. Der Unterschied war aber gering. Eine hypothetische Verdopplung des Durchschnittslohns führte zu einem Beschäftigungsrückgang von 4 Prozent.

Betriebe, die 1998 ein Viertel oder mehr der Belegschaft unterhalb des künftigen Mindestlohns bezahlten, hatten bis 2004 die gleiche Schließungswahrscheinlichkeit wie andere Betriebe. Die Wahrscheinlichkeit, dass sie die Beschäftigung nach Einführung des Mindestlohns um mehr als ein Viertel senkten, war bei den Niedriglohnbetrieben sogar geringer, die Wahrscheinlichkeit, dass sie sie um mindestens ein Viertel erhöhten, war größer.

Andere Forscher analysierten Daten aus einer Finanzdatenbank, um die Entwicklung der Gewinne und Schließungsraten von 1000 Firmen im Niedriglohnbereich zu ermitteln. Sie stellen nach Einführung des Mindestlohns keinen Unterschied in der Schließungswahrscheinlichkeit im Vergleich zu Firmen mit höheren Durchschnittslöhnen fest. Die Gewinne fielen allerdings in den besonders vom Mindestlohn betroffenen Firmen um etwa 10 Prozent.

Eien Studie der Pflegeheimbranche schließlich, in der 1998 noch ein Drittel der Beschäftigten weniger als den künftigen Mindestlohn verdient hatte, stellte keinen statistischen Zusammenhang zwischen dem Anteil der Niedriglöhner und der Schließungswahrscheinlichkeit in den nächsten dreieinhalb Jahren fest. Je höher allerdings der Anteil der Niedriglöhner war, desto geringer war in der Folge der Beschäftigungszuwachs. In Pflegeheimen dürfte die Beschäftigung von allen Branchen am stärksten auf den Mindestlohn reagieren, weil Pflegeheime Kostensteigerungen nicht ohne weiteres weitergeben können, da die Preise von den lokalen Behörden festgelegt werden. Vermutlich mussten die Kunden durch schlechtere Pflege büßen.

Das Ausbleiben der gefürchteten negativen Beschäftigungseffekte führte zu einem Wandel in der politischen Einstellung gegenüber dem Mindestlohn in Großbritannien. 1991 hatte der konservative Arbeitsminister Michael Howard noch erklärt, ein Mindestlohn würde bis zu zwei Millionen Jobs kosten. Bis zum Jahr 2005 hatte sich jedoch ein sehr weit gehender politischer Konsens zugunsten eines ambitionierten Mindestlohns herausgebildet, sodass sogar der konservative Schattenkanzler Oliver Letwin ankündigte, dass eine von ihm geführte Regierung die Empfehlung zu einer weiteren Erhöhung des Mindestlohns umsetzen würde. Der britische Mindestlohn ist eingebunden in eine arbeitsmarktpolitische Strategie, die darauf abzielt, möglichst viele Menschen in Beschäftigung zu bringen. Zu der Strategie gehören auch Lohnsubventionen für Geringqualifizierte. Der Mindestlohn soll verhindern, dass Arbeitgeber diese Subventionen ausnutzen, indem sie im Gegenzug die Löhne senken.[47]

Für die USA haben andere Studien keine oder sogar leicht positive Beschäftigungswirkungen von Mindestlöhnen festgestellt. Dazu gehört die berühmte Studie von David Card und Alan Krueger über die Fast-Food-Branche in den beiden benachbarten Bundesstaaten New Jersey und Pennsylvania, nachdem New Jersey den Mindestlohn um 20 Prozent auf 5,05 Dollar angehoben hatte. Trotz dieser Verteuerung der Arbeitskraft wuchs die Beschäftigung bei den Bulettenbrätern in New Jersey danach stärker als in Pennsylvania, wo der Mindestlohn bei nur 4,25 Dollar geblieben war. Die Studie löste eine äußerst hitzige Debatte und einen Verriss von David Neumark und William Waescher aus. Mit ihrer Replik behielten Card und Krueger jedoch die Oberhand. Ihr Ergebnis wird heute in der Ökonomenszene weithin als korrekt akzeptiert.[23, 48]

Ihre akademischen Gegenspieler, David Neumark und Koautoren, setzten dem jedoch eine Reihe von Studien entgegen, in denen sie negative Auswirkungen von Mindestlöhnen feststellten, insbesondere auf die Beschäftigungschancen von Teenagern in Frankreich. Jugendliche Arbeiter ohne viel Berufserfahrung sind tendenziell weniger produktiv als etwas erfahrenere Arbeitnehmer. Da der französische Mindestlohn zu den ambitioniertesten der Welt gehört und nur geringe Abschläge für Berufsanfänger unter 18 Jahren vorsieht, ist durchaus plausibel, dass der Mindestlohn für viele aus dieser Gruppe die Arbeitsmarktchancen verschlechtert.

Als Zwischenresümee lässt sich festhalten, dass Mindestlöhne weit oberhalb der Marktlöhne sehr wahrscheinlich viele Stellen kosten, während Mindestlöhne, die moderat oberhalb der niedrigsten Marktlöhne angesetzt sind, den Niedriglohnbeziehern große Einkommensgewinne bringen, ohne in größerem Ausmaß Arbeitsplätze zu kosten.[47] Die empirische Evidenz deutet darauf hin, dass Produktivitätssteigerungen einen Teil der höheren Lohnkosten absorbieren. Von den verbleibenden Kosten wird ein Teil auf die Konsumenten überwälzt und ein Teil durch niedrigere Gewinne absorbiert. Letzteres scheint allerdings nicht so weit zu gehen, dass es in größerem Maße zu Betriebsaufgaben oder Verzicht auf Neugründungen führen würde. Vielmehr scheint es, als zwinge der Mindestlohn vor allem Unternehmen, die zuvor auf Kosten der Beschäftigten exzessive Gewinne gemacht haben, einen Teil davon in Form höherer Löhne abzugeben.[28]

Diese Schlussfolgerung ist für die Mehrzahl der traditionell arbeitgeberfreundlichen Ökonomen nicht leicht zu akzeptieren. Sie versuchen stattdessen, die sich sammelnden Belege so gut wie möglich zu ignorieren. Ein unrühmliches Beispiel ist der *Sachverständigenrat zur Begutachtung der gesamtwirtschaftlichen Entwicklung*, auch die *Fünf Weisen* genannt. In ihrem Bericht von 2004 setzt sich der Rat unter Federführung des Arbeitsmarktexperten Wolfgang Franz ausführlich mit dem Thema Mindestlöhne auseinander und befindet: »Die Befürchtung beschäftigungsfeindlicher Wirkungen eines gesetzlichen Mindestlohns ist aus theoretischer Sicht und durch empirische Studien gut begründet.« Auf dieser Basis lehnte der Rat auch 2005 die in Deutschland zunehmend politisch diskutierten Mindestlöhne als »untaugliches, sogar kontraproduktives Mittel« ab. Nachdem mein Handelsblatt-Kollege Olaf Storbeck und ich in einem Zeitungsartikel darüber berichtet hatten, dass der Rat die Literaturlage stark verzerrt dargestellt und die wichtigsten Studien unterschlagen hatte, führte das in dem Gremium zu hitzigen Diskussionen (»Sind Mindestlöhne besser als ihr Ruf?«, Handelsblatt 06.03.2006). Es befasste sich erneut mit dem Thema und kam zu dem Schluss, »dass für die Vereinigten Staaten keine gesicherten negativen Beschäftigungseffekte mehr festzustellen sind«, dass aber eine Übertragung dieses Befunds auf Deutschland nicht in Frage komme. Relevant sei allein der Vergleich mit Frankreich. Die Belege aus Großbritannien hielten die Experten erneut für nicht der Rede wert.[57]

Bisher ging es nur um die direkten Effekte von Mindestlöhnen auf die betroffenen Branchen, Unternehmen und Arbeitnehmer. Daneben haben Lohnuntergrenzen aber auch eine Wirkung auf die Wirtschaftsstruktur, die noch wichtiger sein kann als diese direkten Effekte. Sie können den Mix von guten und schlechten Jobs zugunsten der Ersteren verändern. Eine moderate Lohnuntergrenze, die Löhne verbietet, die nicht zum Leben reichen, macht das Leben für die Anbieter schlechter Jobs schwerer und für die Anbieter guter Jobs leichter. Sie müssen sich weniger Niedriglohnkonkurrenz erwehren und die Arbeitnehmer bekommen in der Breite einen größeren Anreiz, sich für die guten Jobs zu qualifizieren. Damit diese positive Langfristwirkung durchschlagen kann, ist es wichtig, dass man es mit der Lohnuntergrenze nicht übertreibt. Allmähliche Anhebungen von einem relativ niedrigen Niveau erlauben es der Wirtschaft, sich an die neuen Gegebenheiten anzupassen. Unter dieser dynamischen Betrachtung ist selbst ein Anstieg der Arbeitslosigkeit als Folge eines Mindestlohns kein Beweis für dessen Ineffizienz. Neben der Verbesserung der Position der Geringverdiener steht diesem Nachteil auch eine möglicherweise langfristig bessere Wirtschaftsstruktur mit einer höheren Produktivität, weniger schlechten und mehr guten Jobs entgegen.[1]

Daron Acemoglu vom MIT in Cambridge und Robert Shimer von der Universität Chicago haben gezeigt, dass dieser Effekt nicht pure Theorie sein muss. Sie haben den Arbeitsmarkt für Schulabgänger in den USA in einem vereinfachten theoretischen Modell, aber mit Zahlenverhältnissen aus dem realen Leben nachgebildet. Zu diesen Verhältnissen gehört die Wirkung von großzügigerer Absicherung auf die Suchzeit der Arbeitslosen und auf die Qualität der Jobs, die sie annehmen. In diesem Modell führte eine Verbesserung der sozialen Absicherung gegenüber dem Status-quo der 1990er-Jahre zu einem Anstieg der Arbeitslosigkeit. Sie führte aber dennoch zu einer höheren Produktion und einer höheren Lohnsumme, weil der Anteil der besser bezahlten, produktiveren Jobs stieg.[2]

Eines ist allerdings klar. Da ein Mindestlohn immer dazu führt, dass der Anteil der Arbeitnehmer an den Gewinnen der Unternehmen steigt, werden die meisten Unternehmen dagegen sein, selbst viele von denen, die im Wettbewerb mit Niedriglohnunternehmen profitieren. Sie bekommen zwar einen größeren Teil vom Kuchen, aber der Kuchen für die Unternehmen insgesamt schrumpft.

Zur Abwehrfront der Neoklassik gegen Lohnuntergrenzen gehört die Behauptung, dass es Kräfte gibt, die von selbst verhindern, dass die Löhne ins Bodenlose fallen. Das Argument lässt sich umkehren. Weil der Arbeitsmarkt von selbst nicht in der Lage ist, ein aus den Fugen geratenes Gleichgewicht wieder herzustellen, sind Mindestlöhne nötig. So geht die neoklassische Theorie als Normalfall davon aus, dass bei sinkenden Löhne, die Haushalte ihr Arbeitsangebot reduzieren. Diese Gegenkraft ist allerdings ein Artefakt. Sie resultiert aus der impliziten oder manchmal auch expliziten Annahme, dass die Haushalte genug finanzielle Reserven haben, oder dass sie sich genug Geld leihen können, um unbefristet auf bessere Zeiten zu warten. Beides ist unrealistisch. In Wirklichkeit können die Menschen, die mit der Ware Arbeit untrennbar verknüpft sind, selten frei entscheiden, ob sie ihre Arbeit zum angebotenen Preis verkaufen wollen oder nicht. Sie (und ihre Familien) müssen davon leben. Arbeitskraft kann man nicht lagern. Die meisten können, wie schon der klassische Ökonom Adam Smith im 18. Jahrhundert feststellte, nicht lange durchhalten, ohne ihre Arbeitskraft zu verkaufen. Wenn sie eine Zeitlang keinen Abnehmer für ihre Arbeit finden, schlägt dies voll und unwiederbringlich auf das Einkommen durch. Wenn die Zeit länger andauert ist ihre Existenz und die ihrer Familien gefährdet. Das gilt zumindest im neoklassischen Idealzustand des Laissez-faire ohne staatliche Eingriffe. Ein Arbeiter, der keine finanzielle Unterstützung erhält, wird nach relativ kurzer Zeit jede Arbeit zu jedem Preis annehmen müssen.

Die Notwendigkeit für die Arbeiter, von ihrem Arbeitseinkommen zu leben, stellt die neoklassische Arbeitstheorie und die davon abgeleiteten Empfehlungen stärker infrage, als es auf den ersten Blick den Anschein haben mag. In der neoklassischen Ökonomie gibt es immer ein einziges Gleichgewicht von Angebot und Nachfrage. Sie findet dieses Gleichgewicht, indem sie Angebots- und Nachfragekurven zeichnet, die sich in einem einzigen Punkt schneiden: beim gleichgewichtigen Preis und der gleichgewichtigen Menge. Das Angebot an Arbeitsleistungen steigt mit dem Preis, die Nachfrage fällt mit dem Preis, wird dabei angenommen. Betrachten wir uns das einmal in der Realität am Beispiel eines Arbeiters, der gerade genug verdient, um seine Familie zu ernähren, eine einfache Wohnung zu bezahlen und die Kinder zur Schule zu schicken. Nun fällt der Marktlohn aus irgendeinem Grund. Das bedeutet, dass der Arbeiter nicht mehr genug verdient, damit er und seine Familie anständig davon leben können. Anstatt, wie vom neoklassischen Normalfall vorgesehen, sein Arbeitsangebot einzuschränken, werden er und seine Frau versuchen, länger zu arbeiten, um den Einkommensrückgang auszugleichen. Wenn nötig, nehmen sie die Kinder von der Schule, damit diese helfen, die Familie zu ernähren. Damit wird das Arbeitsangebot umso größer, je weiter der Lohn sinkt. Die Unternehmen bekommen einfacher Arbeitskräfte, sodass sie den Lohn immer weiter senken können. Das während der Großen Depression in den USA erlassene Verbot der Kinderarbeit diente gerade dazu, diesen Teufelskreis zu durchbrechen.[39, 40]

Man könnte versucht sein anzunehmen, dass das Argument nur für die Ärmsten in unterentwickelten Volkswirtschaften einschlägig ist. Tatsächlich hat die empirische Forschung jedoch festgestellt, dass die Menschen oft weniger – zumindest aber nicht mehr – arbeiten, wenn ihr Stundenlohn steigt. Das kann erklären, warum trotz einer Vervielfachung der (preisbereinigten) Löhne seit der Industriellen Revolution die Arbeitszeiten deutlich gesunken sind. Es passt auch zu der Beobachtung, dass die Arbeitszeiten in reichen Ländern kürzer sind als in armen. Ohne dies hier im Detail ausführen zu wollen: Es gibt auch keine Garantie, dass die Arbeitsnachfrage sich so ordentlich verhält, wie von der neoklassischen Theorie angenommen. Denn diese Theorie ignoriert Auswirkungen von Lohnänderungen auf das Einkommen und damit die Güternachfrage, welche wiederum die Arbeitsnachfrage beeinflusst. Wenn die Arbeitsangebots- und Nachfragekurven sich so ungezogen verhalten können, dann gibt es nicht den einen, gleichgewichtigen Lohn, bei dem Vollbeschäftigung herrscht. Denn Kurven, die nicht kontinuierlich fallen bzw. steigen, können sich mehr als einmal schneiden. Vollbeschäftigung kann bei hohen und bei niedrigen Löhnen gegeben sein. Umgekehrt kann hohe Arbeitslosigkeit sowohl mit hohen als auch mit niedrigen Löhnen einhergehen, so wie dies in der Realität überall zu beobachten ist.[40]

Ein Beweisfetzen zur langfristigen Elastizität des Arbeitsangebots (2010), von Orley C. Ashenfelter (Univ. California), Kirk B. Doran (Univ. Notre Dame) und Bruce Schaller (US-Verkehrsministerium)

Der Versuch eines Tests der neoklassischen Annahme, dass der Arbeitsmarkt so funktioniert wie jeder normale Gütermarkt, wird dadurch erschwert, dass die meisten Arbeitnehmer sich nicht ohne Weiteres aussuchen können, wie viel sie arbeiten. Außerdem lässt sich von außen oft nicht feststellen, ob die Arbeitnehmer Lohnänderungen als vorübergehend oder dauerhaft betrachten. Nur im letzten Fall haben sie einen Grund, ihr Arbeitsangebot nachhaltig anzupassen. Ashenfelter, Doran und Schaller haben einen raffinierten Weg gefunden, diese Probleme zu umgehen. Sie haben Daten ausgegraben, die angeben, wie viele Meilen New Yorker Taxifahrer in einer Reihe von Jahren gefahren sind, und wie viel Geld sie damit verdient haben. Aufgezeichnet wurden die Daten bei den regelmäßigen Inspektionen der Taxis. Die Wirtschaftsforscher untersuchten, was jeweils passierte, nachdem die Regulierungsbehörde die Taxigebühren anhob, de facto also den Stundenlohn der Taxifahrer nachhaltig erhöhte. Die Daten zeigen, dass die Fahrer im Durchschnitt ihre Arbeitszeit (die gefahrenen Meilen) reduzierten, wenn der Erlös je Stunde (dauerhaft) anstieg. Ein Anstieg der Vergütung um 10 Prozent führte dazu, dass die Fahrer im Durchschnitt ihre Arbeitszeit um 2 Prozent senkten.

Als Resümee sei noch einmal festgehalten. Ein moderater Mindestlohn verbessert auf jeden Fall die Verhandlungsposition der Arbeitnehmer. Er kann die Effizienz der Produktion erhöhen und die Wirtschaftsstruktur verbessern. Außerdem hilft er in Krisenzeiten Abwärtsspiralen von Löhnen, Preisen und Nachfrage zu vermeiden.

Geld für Nichts: Arbeitslosenversicherung

Als Adam Smith, Arthur Pigou oder Karl Marx beklagten, dass die Arbeitgeber die Arbeiter ausbeuteten, die hungrig und verzweifelt an die Fabriktore klopften, da gab es kein Arbeitslosengeld und nur eine minimale soziale Sicherung. Für den Großteil der Weltbevölkerung, die in Entwicklungsländern lebt, ist das heute immer noch der traurige Normalzustand. In modernen Industrieländern dagegen bekommen die meisten Arbeitslosen staatliche Unterstützungsleistungen, von der man einigermaßen leben kann. Das hat nicht einfach nur eine soziale Funktion. Es ist vielmehr ganz entscheidend dafür, wie gut die Verhandlungsposition der Arbeitnehmer ist. Denn, welchen Anteil die Arbeitnehmer von den gemeinsam erwirtschafteten Überschüssen erhalten, bemisst sich nach ihren Alternativen. Minimal qualifizierten Arbeitern muss der Arbeitgeber mindestens das bieten, was sie als Arbeitslose bekommen würden: Wenn sie einen

Anreiz haben sollen, sich für das Unternehmen einzusetzen und bei ihm zu bleiben, etwas mehr. Zuallererst ist es damit nicht der Markt, sondern die Großzügigkeit der Absicherung von Arbeitslosen, die das Lohnniveau am unteren Ende bestimmt.

Die soziale Absicherung erlaubt es den Arbeitslosen, nicht gleich die erstbeste Stelle zum erstbesten Lohn zu nehmen, die ihnen angeboten wird. Sie können es sich leisten, eine Weile nach einer Stelle zu suchen, die zu ihren Fähigkeiten und Vorlieben passt und anständig bezahlt ist. Das ist eine ganz andere Perspektive auf die soziale Sicherung, als Ökonomen sie normalerweise haben. Arbeitsmarktforscher wissen schon lange, dass die durchschnittliche Dauer der Arbeitslosigkeit umso länger ist, je großzügiger die soziale Sicherung ausfällt. Ökonomen betrachten das normalerweise als eine ineffiziente Verzerrung des Kalküls der Arbeitslosen. Diese ziehen das Nicht-Arbeiten zu niedriger Sozialhilfe dem Arbeiten zu höherem Lohn vor, was eine Verschwendung von Arbeitskraft darstellt. Wenn man gewöhnt ist, Arbeit als homogenes Gut und alle Arbeitsplätze als von gleicher Art zu betrachten, kann man das auch gar nicht anders sehen. Wenn man dagegen realistischerweise davon ausgeht, dass es gute und schlechte Jobs, passende und weniger gut passende gibt, dann ist eine Verlängerung der Arbeitslosigkeit genau das, was soziale Sicherung bewirken sollte. Das hilft nicht nur den Arbeitslosen, einen passenden, anständig bezahlten Job zu finden. Es hilft auch der Gesellschaft, denn ein Arbeitnehmer, der entsprechend seiner Qualifikation eingesetzt wird, erwirtschaftet einen höheren Überschuss und zahlt mehr Steuern als jemand, der aus sozialer Not heraus jede gering qualifizierte Stelle annehmen muss.[26]

Bis hierher ist das Theorie. In der Praxis kann es ebenso gut sein, dass doch die Faulheit derer, die fürs Nichtstun bezahlt werden, den Ausschlag gibt. Doch um das festzustellen, gibt es ja empirische Wirtschaftsforschung. Und die hat, zumindest für die USA festgestellt, dass die Faulheit kein wichtiger Faktor ist. Denn bei Arbeitnehmern, auf die die neoklassische Annahme zutrifft, dass sie auch ohne staatliche Hilfen genug Geld haben, um eine längere Arbeitslosigkeit zu überbrücken, verlängert sich die Arbeitslosigkeit als Folge höheren Arbeitslosengeldes nicht. Je mehr der Arbeitslose auf die Hilfe angewiesen ist, desto stärker tritt der Effekt auf; so wie das sein sollte, wenn die Versicherung ihre Funktion erfüllt. Ein Vergleich von Arbeitnehmern, die für den Arbeitsplatzverlust eine Abfindung bekommen hatten, mit anderen Arbeitnehmern die dieses Polster nicht hatten, zeigte den gleichen Effekt wie ihn Arbeitslosengeld hat. Diejenigen mit Abfindungen ließen sich deutlich mehr Zeit bei der Jobsuche, obwohl sie in der Zwischenzeit ihr eigenes Geld ausgaben.[26]

Die Ökonomie des blauen Briefs

Noch sind dauerhafte Arbeitsverhältnisse in den meisten Ländern des europäischen Kontinents die Norm. Kündigungsschutzgesetze erschweren es den Arbeitgebern, sich von ihren Arbeitnehmern ohne einen sehr guten, objektiven Grund zu trennen. In den USA und anderen angelsächsischen Ländern kann Arbeitnehmern viel leichter gekündigt werden. In den USA etwa gibt es eine lange gesetzliche Tradition wonach Arbeitgeber und Arbeitnehmer ein Arbeitsverhältnis jederzeit ohne wichtigen Grund beenden können, soweit der individuelle Arbeitsvertrag dies zulässt.

Doch selbst in den USA haben Gesetzgeber und Gerichte dem jederzeitigen Kündigungsrecht gewisse Grenzen gezogen. Gewerkschaften haben für ihre (nicht mehr allzu vielen) Mitglieder ausgehandelt, dass diese nur mit gutem Grund entlassen werden dürfen. Die Gesetzgeber der meisten Bundesstaaten haben bestimmte Gruppen unter besonderen Schutz vor Diskriminierung gestellt. In vielen Staaten – aber nicht in allen – sind auch Beschäftigte, die kriminelle Handlungen im Betrieb anzeigen, sich weigern, einen Meineid zu leisten, oder die ihrer Schöffen-Pflicht bei Gericht nachkommen, davor geschützt, deswegen gekündigt zu werden. Dagegen gibt es nur elf Bundesstaaten, die Arbeitnehmer vor grob unfairen Kündigungen schützen, etwa wenn Vertriebsmitarbeitern gekündigt wird, kurz bevor eine größere Prämie zur Auszahlung ansteht. Zahlenmäßig am wichtigsten ist die *Doktrin des impliziten Vertrags*, die in den meisten Bundesstaaten gilt. Sie greift, wenn die Arbeitnehmer aufgrund von Handeln oder Aussagen des Arbeitgebers annehmen dürfen, nur mit wichtigem Grund gekündigt zu werden. In drei Staaten, Florida, Georgia und Rhode Island, ist das Kündigungsrecht überhaupt nicht eingeschränkt. Nur zehn Staaten haben alle drei der oben genannten Einschränkungen. Umfragen haben gezeigt, dass sich die meisten Amerikaner nicht bewusst sind, wie gering ihr Schutz vor jederzeitiger Kündigung tatsächlich ist.[9]

Weil die Regeln in den USA so unterschiedlich sind und es in der Summe in den vielen Bundesstaaten relativ viele Änderungen gab, ist das Land ein ideales Pflaster um die Wirkung von Kündigungsschutz auf die Beschäftigung zu untersuchen. Denn eine angenommene negative Beschäftigungswirkung ist der Hauptgrund, warum die meisten Ökonomen gegen weit reichenden Kündigungsschutz sind. Sie gehen davon aus, dass Arbeitgeber, die ihre Arbeitnehmer nicht leicht wieder los werden, weniger gern einstellen. Die meisten Studien stellten für die USA geringe oder gar keine negativen Beschäftigungswirkungen von verstärktem Kündigungsschutz fest.[9] In anderen Ländern sind die empirischen Ergebnisse ähnlich.[58]

Noch interessanter sind die Ergebnisse von Studien, welche die Auswirkungen auf die Löhne untersucht haben. Denn die neoklassische Theorie und ein Modell mit Verhandlungsmacht kommen hier zu unterschiedlichen Vorhersagen. Das neoklassische Modell sagt voraus, dass die Arbeitnehmer als Konsequenz von mehr Kündigungsschutz entweder niedrigere Löhne in Kauf nehmen müssen, oder dass steigende Arbeitslosigkeit schließlich die Löhne drückt. Im Gegensatz dazu geht ein Machtmodell davon aus, dass verbesserter Kündigungsschutz die Verhandlungsposition der Beschäftigten verbessert und ihnen dadurch erlaubt, höhere Löhne durchzusetzen. (Diese Möglichkeit gibt es im neoklassischen Modell nicht, weil es nichts zu verteilen gibt.) Den empirischen Studien zufolge, senkte verbesserter Kündigungsschutz die Beschäftigung ein wenig, während das Lohnniveau unverändert blieb. Das scheint darauf hinzudeuten, dass sowohl die Mechanismen des neoklassischen Modells als auch die des Machtmodells eine Rolle spielen und sich bei der Auswirkung auf die Lohnhöhe kompensieren.[9]

Theoretisch ist es nicht wirklich überraschend, wenn Kündigungsschutz nur geringe negative Wirkungen auf die Beschäftigung hat. Man kann zwar davon ausgehen, dass er die Arbeitgeber beim Einstellen zurückhaltender werden lässt. Aber auf der anderen Seite hindert er sie auch daran, Arbeitsverhältnisse aufzuheben, was für sich genommen die Beschäftigung erhöht.

Ein neoklassischer Ökonom lässt sich davon nicht beeindrucken. Für ihn oder sie ist die Aufrechterhaltung dieser Arbeitsverhältnisse ineffizient. Der Arbeitnehmer hat annahmegemäß kaum etwas davon, weil sein Arbeitsleid den Lohn aufwiegt, während der Arbeitgeber mehr bezahlen muss, als er zurückbekommt. Per Saldo kostet das Arbeitsverhältnis also mehr, als es bringt. Man muss schon annehmen, dass das Arbeitsverhältnis für den Arbeitnehmer eine Rente abwirft, um dem Schutz vor Kündigung überhaupt etwas Positives abzugewinnen.

Ökonomischen Laien fällt diese Annahme nicht schwer. Selbst in den USA mit ihrem hoch flexiblen Arbeitsmarkt sind die Verluste der Arbeitnehmer aus Entlassungen enorm. Mehr als ein Drittel derer, die bei Massenentlassungen ihren Job verlieren, sind zwei Jahre später immer noch ohne Beschäftigung. Weitere 13 Prozent derer, die eine Vollzeitstelle verloren haben, haben später nur noch Teilzeitjobs. Und die, die einen neuen Vollzeitjob finden, verdienen im Durchschnitt 13 Prozent weniger als im alten Job. Nimmt man noch die zwischenzeitlichen Lohnsteigerungen der Nicht-Entlassenen mit ins Bild, so beträgt der Einkommensverlust sogar 17 Prozent. Ein Verlust von 17 Prozent für die glückliche Hälfte, die wieder einen Vollzeitarbeitsplatz findet und deutlich mehr für die andere Hälfte, deutet auf eine sehr beträchtliche Arbeitnehmerrente als Normalfall hin.[31]

Bestehende Arbeitsverhältnisse werfen also im Durchschnitt eine hohe Rente für die Arbeitnehmer ab. Über eine Entlassung wird aber nur von Seiten des Arbeitgebers entschieden, der nur seine eigene Seite der Gleichung in Betracht zieht. Es gibt viele Fälle, in denen der Arbeitnehmer von einer Fortsetzung des Arbeitsverhältnisses mehr gewinnen würde, als die andere Seite verlieren würde. Das sind die Fälle, in denen es sich aus gesellschaftlicher Sicht lohnt, das Arbeitsverhältnis zu bewahren.[58]

Wenn Arbeitsplatzsicherheit für die Arbeitnehmer so wichtig ist, wie das den Anschein hat, dann braucht sich der Staat nicht einzumischen, sagt das Bauchgefühl des traditionellen Ökonomen. Sie können es sich einfach in die Arbeitsverträge schreiben lassen. Aber das funktioniert aus den eingangs aufgeführten Gründen asymmetrischer Information nicht gut. Arbeitnehmer, die Kündigungsschutz verlangen, setzen sich dem Verdacht aus, dass sie schon davon ausgehen, dass ihr Arbeitgeber sie bald wieder los werden will. Arbeitgeber fürchten, gerade für faule und renitente Arbeitnehmer besonders attraktiv zu werden, wenn sie großzügigen Kündigungsschutz bieten.[58, 46]

Wegen dieses Problems kann man nicht einmal davon ausgehen, dass die Arbeitgeber ohne Koordination das Niveau an Kündigungsschutz anbieten, das für sie selbst gut ist. Das mag auf den ersten Blick erstaunlich sein, aber auch für Arbeitgeber bringt es Vorteile, sich in Sachen Entlassung die Hände zu binden. Wenn die Beschäftigten nicht ständig Ausschau nach neuen Jobs halten, können sie sich stärker auf ihre Arbeit konzentrieren. Auch werden sie sich kaum mit den Zielen des Unternehmens identifizieren und sich diesem gegenüber loyal verhalten, wenn dieses deutlich macht, dass es keinerlei Loyalität und Verpflichtung gegenüber dem Arbeitnehmer hat. Wenn es darum geht, sich Kenntnisse und Fertigkeiten anzueignen, werden Arbeitnehmer, die jederzeit gekündigt werden können, vor allem darauf achten, dass diese ihnen dabei helfen, einen guten neuen Job zu bekommen. Wenn sie sich sicher fühlen, verliert das an Bedeutung und sie sind eher bereit, sich Kenntnisse und Fertigkeiten anzueignen, die vor allem der Firma nützen. Aus diesen Gründen haben selbst viele amerikanische Unternehmen ihren Beschäftigten versprochen, sie nur mit gutem Grund zu entlassen, obwohl sie nicht dazu verpflichtet sind.[58] Das ist der Hintergrund für die Doktrin vom impliziten Vertrag. Sie verpflichtet Firmen von Rechts wegen, implizite Versprechen einzuhalten, mit denen sie sich die Loyalität ihrer Beschäftigten gesichert haben.

Mit Blick auf langfristige Wirkungen des Kündigungsschutzes wird gern argumentiert, dass der Anstieg der Arbeitslosigkeit in Europa in den 1980er- und 1990er-Jahren auf den ausgeprägten Kündigungsschutz zurückzuführen sei, den Arbeitnehmer hier genießen. Das ist nicht so einfach vom Tisch zu wischen. Gute empirische Belege dafür gibt es allerdings auch nicht. Und das Argument krankt an einer Schwäche. Europas Arbeitnehmer waren schon deutlich früher deutlich besser vor Kündigung geschützt als amerikanische. Tatsächlich wurde gerade ab den 1970er- Jahren der Unterschied geringer, weil zunehmend Gerichte und Bundesstaaten in den USA das Recht zur jederzeitigen Kündigung einschränkten. Daran, dass in vielen europäischen Staaten die Arbeitslosigkeit höher ist als in den USA, gibt es wenig zu deuteln. Das Problem für Arbeitsmarktökonomen, traditionelle wie alternative, ist jedoch, dass sie nicht erklären können, warum die Arbeitslosigkeit in manchen europäischen Ländern sehr niedrig blieb, während sie in anderen kräftig anstieg. Zur ersten Gruppe gehören etwa Portugal und die Niederlande, zur zweiten die jeweils benachbarten Länder Spanien und

Deutschland, die in vielem ganz ähnliche Regeln und Arbeitsmarktinstitutionen hatten, wo die Arbeitslosigkeit aber früher und stärker anstieg. Die gängigen Modelle können das nicht erklären, wie selbst einer der führenden Ökonomen auf dem Gebiet, Olivier Blanchard, unumwunden einräumt. Es scheint so, als ob komplexe Beziehungsmuster und schwer zu durchschauende Rückkopplungen eine Rolle spielen, die allenfalls durch genaues Studium der jeweiligen historischen Entwicklung zu verstehen sind.[17]

Bis hierher ging es nur um die monetären Vorzüge und Kosten des Kündigungsschutzes. Dieser Kosten-Nutzenvergleich im engen ökonomischen Sinne ist aber nicht unbedingt ausschlaggebend. Daneben hat Arbeitsplatzsicherheit für die Begünstigten einen beträchtlichen nicht-monetären Wert. Menschen, die oft den Arbeitsort wechseln oder zumindest davon ausgehen, dass sie dies tun müssen, können keine so stabilen Beziehungen aufbauen wie diejenigen, die erwarten, in einer langfristigen Arbeitsbeziehung zu stehen. Wie die psychologische Forschung hinreichend belegt hat, und wie es die in jüngster Zeit populär gewordene Glücksforschung der Ökonomie bestätigt, gehören gute zwischenmenschliche Beziehungen zu den wichtigsten Bestimmungsfaktoren eines guten, befriedigenden Lebens.[43] Ökonomen ziehen diesen großen und offensichtlichen Wert jedoch kaum je in Betracht, weil er nicht in das Konzept der Konsummaximierung passt und weil er schwer zu quantifizieren ist.[58]

Eine jüngst veröffentlichte Studie von Alberto Alesina von Harvard und internationalen Koautoren zieht solche Aspekte mit in Betracht und kommt zu interessanten Ergebnissen. Die Studie erklärt die große Unterstützung von Kündigungsschutzgesetzen bei den Wählern damit, dass diese sich nicht übertriebenen Anforderungen an ihre Mobilität aussetzen wollen, die ihre sozialen Bindungen beschädigen. Für Menschen mit starken familiären Bindungen ist ein beruflich bedingter Ortswechsel mit großen Nachteilen verbunden. Das können Unternehmen mit regionaler Nachfragemacht am Arbeitsmarkt ausnutzen, indem sie die Löhne der wenig mobilen Arbeitnehmer drücken. Die Autoren zeigen, dass tatsächlich die politische Unterstützung für Kündigungsschutz umso größer ist, je wichtiger den Menschen familiäre Bindungen sind. Das gilt sowohl im Vergleich zwischen Staaten als auch zwischen Individuen. In Ländern, in denen die Bürger Umfragen zufolge familiären Beziehungen eine höhere Bedeutung bemessen, sind die Bürger Kündigungsschutzgesetzen und Ähnlichem gegenüber positiver eingestellt. Unter den Bürgern sind es die familiär orientierten, die weniger mobil sind, weniger verdienen und Regulierung am stärksten befürworten. Das kann erklären, warum Arbeitsmarktreformer (d.h. Deregulierer) in Europa regelmäßig von den Wählern abgestraft werden. Die bei Ökonomen populäre Erklärung für die politische Unterstützung von Arbeitsmarktregulierung lautet dagegen, dass mithilfe der Regulierung die Mehrheit der *Insider* auf Dauerarbeitsplätzen ihre Renten bewahren wollen, zu Lasten der *Outsider* und Neuzugänge am Arbeitsmarkt. Die Theorie klingt plausibel, krankt aber daran, dass die Unterstützung für Arbeitsmarktregulierung nicht auf die Insider beschränkt ist, sondern auch Arbeitslose und Jugendliche mit einschließt.[6] Offenbar ziehen die Outsider die etwas geringe Chance auf einen gut bezahlten Dauerarbeitsplatz der etwas größeren Chance auf einen schlecht bezahlten Job ohne Arbeitsplatzsicherheit vor.

Es gibt es einen sich selbst verstärkenden Mechanismus. Starke familiäre Bindungen führen zu stärkerer Arbeitsmarktregulierung, die es erleichtert, familiäre Bindungen aufrecht zu erhalten. Umgekehrt senken schwächere soziale Bindungen die Unterstützung für Arbeitsmarktregulierung. Geringere Regulierung wiederum erhöht die Mobilitätsanforderungen und macht es schwieriger, soziale Bindungen aufrechtzuerhalten.

Arbeiterfreundliche Politik führt zu mehr arbeiterfreundlicher Politik

Wir sind es gewohnt, verschiedene Schutzregeln für Arbeitnehmer als unabhängig voneinander oder gar als Substitute zu betrachten. So könnte man etwa meinen, dass Schutz vor unbegründeten Entlassungen wichtiger ist, wenn die soziale Absicherung von Arbeitslosen so schwach ist wie etwa in den USA und weniger wichtig, wenn das Sicherheitsnetz so gut ist wie in Europa. In der Realität gehen jedoch meist ausgeprägter Kündigungsschutz und gute soziale Sicherung Hand in Hand. Das hat einen Grund. Wenn nämlich die Absicherung großzügig ist, kostet jeder, der arbeitslos wird, den Staat viel Geld, welches der Staat durch Anreiz verzerrende Steuern aufbringen muss. Rechnet man diese Kosten der Arbeitslosigkeit zu den Renten hinzu, welche entlassenen Arbeitnehmern verloren gehen, so vergrößert sich der Anteil derjenigen Arbeitsverhältnisse, deren Bewahrung unter Einrechnung aller Kosten und Erträge sich lohnt. Anders ausgedrückt: Der Abstand zwischen dem Saldo aus Kosten und Erträgen, die der Arbeitgeber ins Kalkül nimmt, und den gesellschaftlichen Kosten und Erträgen, wird größer.[58]

Es gibt noch eine weitere positive Rückkopplung. Die bessere soziale Absicherung der Arbeitslosen verbessert die Verhandlungsposition der Arbeitnehmer. Das sollte wiederum zu einem größeren Anteil der Arbeitnehmer am gemeinsam erwirtschafteten Überschuss führen, also zu größeren Renten für die Arbeitnehmer. Auch auf diesem Wege erhöht sich der Abstand zwischen dem Arbeitgeberkalkül bei Entlassungen und dem gesellschaftlichen Kalkül. Der Anteil gesellschaftlich ineffizienter Kündigungen, die durch ein Kündigungsschutzgesetz verhindert werden, steigt daher mit der Großzügigkeit der sozialen Sicherung.

Der Konsens gegen die Arbeitnehmerinteressen bröckelt

Seit den späten 1970er-Jahren sind die arbeitsmarktspolitischen Empfehlungen des ökonomischen Mainstream in vielen Ländern zunehmend in die Tat umgesetzt worden. Die Arbeitsmärkte wurden dereguliert. In den USA ließ man den Mindestlohn von der Inflation erodieren. Der Kündigungsschutz wurde aufgeweicht, Outsourcing und Leiharbeit gefördert oder zumindest erleichtert. Gewerkschaften wurde das Leben schwerer gemacht, Arbeitslose wurden gezwungen, schneller einen neuen Job anzunehmen, anstatt länger nach dem passenden zu suchen.

Dieser Konsens der Wirtschaftspolitiker zugunsten deregulierter Arbeitsmärkte ist weder theoretisch noch empirisch fundiert. Theoretisch lösen sich die Argumente für Deregulierung schnell auf, wenn man die unrealistischen Annahmen der neoklassischen Ökonomie aufgibt. Empirisch haben Studien zu den Auswirkungen von Arbeitsmarktregulierung und sozialer Sicherung von Arbeitslosen nur eine sichere Wahrheit hervorgebracht: Das Ausmaß an Regulierung und Kollektivierung des Arbeitsmarktes und der sozialen Sicherheit beeinflusst die Einkommensverteilung stark. Je deregulierter und marktgetriebener der Arbeitsmarkt ist, desto konzentrierter ist das Einkommen auf wenige Großverdiener und Kapitalbesitzer. Dagegen haben Bemühungen zu beweisen, dass bestimmte Arbeitsmarktinstitutionen und -regeln schlecht für Wachstum und Beschäftigung sind, wenig belastbare Ergebnisse gebracht.

Das hat die OECD dazu veranlasst, in ihrem Beschäftigungsausblick von 2004 das eigene Urteil zu den negativen Effekten von Mindestlöhnen auf den Status einer »Plausibilität« herunterzustufen und zuzugeben, dass die Evidenz bescheiden ist. Bis zum Jahr 2007 hat sich die Einstellung der Organisation dann nochmals geändert. Nach dem neuen Verdikt der OECD wird die Behauptung, dass nur Länder mit marktorientierter Politik, begrenzter sozialer Sicherung und geringer Regulierung niedrige Arbeitslosigkeit und hohe Produktivitätsfortschritte erzielen können, nicht durch empirische Belege gestützt. Vielmehr betont die OECD nun, dass die Arbeitsmarktinstitutionen von europäischen Ländern mit niedriger Arbeitslosigkeit sich stark voneinander unterscheiden. Das legt den Schluss nahe, dass es kein eindeutiges Richtig oder Falsch gibt, wenn es darum geht, die Arbeitslosigkeit zurückzudrängen. Nach der neuen Einschätzung der OECD hat strenger Kündigungsschutz für normale Arbeitsverhältnisse nur geringe negative Auswirkungen auf die Produktivität und wirken sich anspruchsvolle Mindestlöhne und großzügige soziale Absicherung sogar positiv aus.[49]

Dieser Sinneswandel wirft die Frage auf, wie so ein allumfassender Konsens der Ökonomen in Bezug auf die richtige Arbeitsmarktpolitik ohne nennenswerte empirische Belege überhaupt entstehen konnte. Die Antwort dürfte in den verteilungspolitschen Konsequenzen dieses Dogmas liegen. Sie sind eindeutig und begünstigen ausnahmslos die Kapitalseite und die Bezieher hoher Einkommen zu Lasten der einfachen Arbeiter.[33] Sie begünstigen also die, auf deren Urteil es ankommt, wenn es darum geht, wer etwas von Wirtschaft versteht und wer Forschungsgelder und gut dotierte Aufträge bekommt.

Die alternative Sichtweise auf den Arbeitsmarkt, die hier vorgestellt wurde, sollte nicht als eine Rechtfertigung für jede Art und Intensität von Regulierung gelesen werden. Sie liefert lediglich – als Gegenpol zu dem einseitigen Konsens des wirtschaftspolitisch aktiven ökonomischen Mainstream – eine Begründung, warum ein gewisses Maß an Regulierung gut und nötig ist. Man kann alles übertreiben. Wenn man Mindestlöhne ohne Rücksicht auf die Produktivität der jeweiligen Arbeitnehmer zu hoch ansetzt und die soziale Sicherung übertreibt, werden die Gegenargumente der neoklassischen Ökonomie dominant. Das Gleiche gilt für die Arbeitsplatzunsicherheit. Wenn es praktisch unmöglich wird, Leistungsverweigerer zu entlassen, dann verbessert das zwar die Verhandlungsposition der Arbeitnehmer, aber es hat auch offensichtliche Konsequenzen für die Produktivität und damit für das was verteilt werden kann.

Zwischen den Extremen völliger Deregulierung und völliger Ausschaltung des Marktes ist es nicht in erster Linie eine Frage der ökonomischen Vernunft, wo das rechte Maß ist. Es ist vielmehr eine Frage der Abwägung der Interessen von Kapitaleignern und Arbeitern, die das bestimmt. Diese Abwägung wird auf der politischen Bühne ausgetragen, aber ihre Ergebnisse manifestieren sich in den Marktergebnissen. Eine Verschlechterung der Verhandlungsposition der Arbeitnehmer, etwa indem die Gewerkschaften geschwächt werden, der Kündigungsschutz gelockert oder die soziale Sicherung abgebaut wird, wird zu niedrigeren Löhnen und höheren Gewinnen führen, die wiederum dem Management erlauben, sich höhere Boni zu gewähren.

Anstatt ihre Verteilungsinteressen offen zu vertreten, geben jedoch alle Seiten vor, es ginge ihnen nur um das Beste für das Land unter ökonomischen Erwägungen, als ob die ökonomische Theorie ein objektiver Schiedsrichter bei solchen Verteilungskämpfen sein könnte. Bei der Auswahl unter den Arrangements, welche die empirische Evidenz nicht als klar ineffizient ausscheiden lässt, geht es letztlich um das Urteil jedes Wählers, wessen Bedürfnisse er oder sie für dringlicher hält und in was für einer Gesellschaft er oder sie leben will.[39]

Kapitel 5:
Die Ökonomie der Mächtigen

»Wissenschaften sind Verschwörungen gegen die Laienschaft.«
George Bernard Shaw, 1906

Die Ökonomie der Mächtigen

Dass Macht im modernen ökonomischen Mainstream praktisch nicht mehr vorkommt, entbehrt nicht einer gewissen Ironie. Immerhin dreht sich in diesem Theoriegebäude alles um die Frage, wie die Menschen ihre Ressourcen einsetzen, um ihre Ziele zu erreichen. Man muss schon in einer anderen Welt leben, um zu leugnen, dass Macht für viele Menschen ein wichtiges Ziel ist. Von daher sollte auch der Einsatz von Vermögen, Wissen und besonderen Fähigkeit für das Erlangen von Macht ein interessantes Thema für die ökonomische Theorie sein. Ein Blick auf deren Entwicklung zeigt auch, dass es Zeiten gab, in denen dies der Fall war. Irgendwann ist die Macht von den Radarschirmen der Ökonomie verschwunden. Oder besser: Sie wurde davon getilgt. In diesem Kapitel wird es darum gehen, wie das geschah und welche gesellschaftlichen Umstände dafür verantwortlich waren. Drei Entwicklungen, von denen die erste in der zweiten Hälfte des 19. Jahrhunderts und die letzte in den 1950er-Jahren einsetzte, waren dafür besonders wichtig. Das war zum einen als Grundlage der *Marginalismus*, ein wichtiges Element der Neoklassik, dann das Dogma, dass man Bedürfnisse verschiedener Menschen nicht vergleichen darf, und schließlich, die *Rational Choice-Bewegung*.

Jede dieser dogmatischen Revolutionen der Ökonomie hatte eine sozialpolitische oder geopolitische Funktion. Mit dem Aufstieg der USA zur dominierenden Weltmacht des Westens wurde auch die Ökonomie zunehmend in den Dienst dieser Weltmacht gestellt. Dazu trug nicht zuletzt bei, dass die USA die führenden Fachzeitschriften und die führenden ökonomischen Fakultäten der Welt haben. Auch auf die Art, wie ökonomischer Erfolg statistisch gemessen wird, konnten die USA beträchtlichen Einfluss nehmen, und so sicherstellen, dass nur die Erfolgsdimensionen prominente Beachtung fanden, in denen die USA gut abschneiden und die zu den dortigen wirtschafts- und gesellschaftspolitischen Grundvorstellungen passen.

Auf der Suche nach der verlorenen Macht – eine kleine Doktrinengeschichte

> *»Tatsachen dringen nicht bis in die Welt vor, in der unsere Überzeugungen leben, sie haben sie nicht hervorgerufen, sie können sie auch nicht zerstören.«*
>
> Marcel Proust

Als Adam Smith (1723–1790) sein berühmtes Werk »Reichtum der Nationen« schrieb, hatten große Teile der britischen Bevölkerung kaum genug Geld für ausreichende Ernährung, Unterkunft und Schulbildung. Für die klassischen Ökonomen war es normal, sich über die Einkommens- und Machtverteilung auszulassen. Die Machtverteilung galt als entscheidend für die Aufteilung der Erlöse auf Kapitalbesitzer und Arbeiter. Für Smith war klar, dass die Arbeiter in der schlechteren Position waren, weil sie es sich erstens nicht leisten konnten, ein Arbeitsangebot auszuschlagen, zweitens die Arbeitgeber sich regelmäßig absprachen, um die Löhne zu drücken, und drittens der Staat als Verbündeter der Arbeitgeber verhinderte, dass sich die Arbeiter ebenfalls zusammentaten.

Ein anderer berühmter klassischer Ökonom, David Ricardo (1772–1823) entwickelte eine Arbeitswertlehre, mit der er zu dem Ergebnis kam, dass die Arbeiter nicht den vollen Ertrag ihrer Arbeit bekamen. Im Vorwort zu seinen »Prinzipien der Politischen Ökonomie und Besteuerung« nannte er die Verteilungsfrage eines der grundlegendsten Probleme der Ökonomie. John Stuart Mill (1806–1873) betonte ebenfalls die unangemessene Einkommensverteilung, die der Markt hervorbrachte und die Notwendigkeit staatlicher Intervention.

Heute ist die Verteilungsfrage klar in die zweite oder dritte Reihe delegiert, und mit ihr auch die Machtfrage. Die meisten Ökonomen halten sie eher für ein weltanschauliches als ein ökonomisches Problem.

Wie die marginale Revolution den Untersuchungsgegenstand einengte

Eine wichtige Etappe auf dem Weg dahin war die *Grenznutzentheorie*, die der deutsche Statistiker und Ökonom Hermann Heinrich Gossen (1810–1858) erstmals 1854 präsentierte. Er interessierte sich für eine Frage, die später zur alleinigen Essenz der Ökonomie hochstilisiert werden sollte: Wie bilden sich Preise, und wie werden Güter verschiedenen Nutzern und Nutzungsarten zugeteilt? Gossen wurde erst beachtet, als er im Zuge der sogenannten marginalen Revolution außerhalb Deutschlands wiederentdeckt wurde. Sein Kernsatz wird heute als erstes Gossensches Gesetz gelehrt und besagt, dass der Konsum eines Gutes mit zunehmender Menge einen immer geringeren Zusatznutzen oder *Grenznutzen* oder auch *marginalen Nutzen* abwirft. Der Grenznutzen wurde zu einer entscheidenden Zutat für die Beantwortung der oben aufgeworfenen Frage. Im damaligen Deutschland gab es aber in der Führungsschicht niemanden, der eine Verwendung für eine Theorie hatte, die sich vor allem als geistige Unterfütterung für freie und offene Märkte eignete. Es war die Hochzeit der Reaktion, kurz nach der gescheiterten März-Revolution von 1848. Alle Opposition zur Monarchie wurde unterdrückt, einschließlich bourgeoiser Aktivitäten, die die Dominanz des Adels schwächen konnten.

Erst in den 1870er-Jahren, als die industrielle Revolution in Großbritannien schon weit gediehen war, lösten die Briten William Stanley Jevons (1835–1882) und Alfred Marshall (1842–1924), der Österreicher Carl Menger (1840–1921) und der in Lausanne lehrende Franzose Leon Walras (1834–1910) die marginale Revolution aus. Eine selbstbewusste und reiche Händlerschicht, die sich in Großbritannien einer schwachen Monarchie gegenübersah, konnte eine Theorie, die die Tugenden des freien Kapitalismus gegen marxistische Angriffe verteidigte, gut gebrauchen. Wenige Jahre vorher, 1867, war der erste Band von Karl Marx bedrohlichem und einflussreichem Werk »Das Kapital« erschienen.

Die Marginalisten bestritten, dass allein die Produktionskosten die Preise bestimmen, wie die Klassiker annahmen, und verschoben den Fokus stattdessen auf die Verbraucherperspektive und den Grenznutzen. Wenn man bedenkt, dass es die Produktionstechnologien waren, die sich während der industriellen Revolution so stark veränderten und die Gesellschaft umformten, so ist diese Verschiebung des Fokus weg von der Produktion recht erstaunlich.

Dem *Marginalismus* zufolge werden die verfügbaren Güter so auf die verschiedenen Nutzer und Verwendungsformen aufgeteilt, dass sie den größten Grenznutzen stiften. Die Produktionsseite und soziale Interaktion nahmen die frühen Marginalisten aus dem Bild, indem sie Beispiele wählten wie Robinson Crusoe auf seiner Insel, der einen vorgegebenen Vorrat von Gütern auf Nutzungsformen aufteilen muss. Wenn die Protagonisten dieser Beispiele etwas produzierten, dann waren sie gleichzeitig Konsumenten und Produzenten dieser Güter, sodass die Frage der Aufteilung einer Produzentenrente sich nicht stellte. So fing die Ökonomie an, sich von den drängenden sozio-ökonomischen Fragen der Zeit abzuwenden und unbelastet davon ein neues Theoriegebäude zu errichten. Von den gesellschaftlichen Fragen wurde der Fokus auf die Individuen, die »Atome der Gesellschaft« verschoben. Die neue Ökonomie strebte danach, universelle Gesetze nach Art der naturwissenschaftlichen Gesetze zu entwickeln. Damit trat sie in Konkurrenz zur damals noch vorherrschenden historischen Schule, die ohne allzu viel theoretisches Gerüst die konkreten Gegebenheiten der Ökonomie analysierte.

Die *Einkommensverteilung* musste im Marginalismus als gegeben unterstellt werden und konnte also nicht weiter analysiert werden. Andernfalls hätte ein Rückkopplungseffekt die Theorie ad absurdum geführt. Denn im Marginalismus bestimmt der Grenznutzen der Konsumenten über deren Zahlungsbereitschaft die Preise. Die Preise, vor allem der Preis für Arbeit, bestimmen aber umgekehrt die Einkommensverteilung mit. Und die Einkommensverteilung hat Einfluss auf die Zahlungsbereitschaft und damit die Preise. Diese Komplizierung der Realität wurde durch die geeignete Wahl der Beispiele oder per Annahme einfach ignoriert. In der neuen marginalistischen Ökonomie wurden also von vornherein die gesellschaftlich besonders interessierenden und umstrittenen Fragen ausgeblendet.

Mit der Einkommensverteilung als gegeben angenommen, zeigten die Marginalisten mit Hilfe einer Reihe zusätzlicher Hilfsannahmen, dass die Zuordnung aller Güter und Produktionsfaktoren in einer freien Marktwirtschaft optimal ist. Alle Preise und Mengen finden danach zu einem Gleichgewicht, in dem die Arbeiter für jede zusätzliche Arbeitsstunde genau den Wert ihrer Leistung erhalten. Dieses Ergebnis war natürlich genau das Richtige, um der marxistischen Ausbeutungsbehauptung etwas entgegenzusetzen.

Das *Gleichgewicht*, zu dem die Marktwirtschaft angeblich strebt, ist nicht leicht zu finden. Der richtige Preis kann nämlich nicht einfach unabhängig auf jedem Markt und für jedes Gut ermittelt werden. Er muss gleichzeitig festgelegt werden, mit allen Rückkopplungen zwischen den Märkten, die das so schwierig machen. Leon Walras war der erste, der es versuchte. Er formulierte eine große Zahl von miteinander verbundenen Gleichungen, die die ganze Wirtschaft modellierten. Doch auf dem Weg zum gesuchten Gleichgewicht stieß er auf einen großen Stolperstein. Das System war zu komplex, um es zu lösen. Walras musste feststellen, dass es nicht einmal eine Garantie dafür gab, dass ein Gleichgewicht existiert, in dem alle Gleichungen gleichzeitig gelöst sind, und wenn es existiert, gibt es keine Garantie, dass es das einzige ist und dass es stabil ist. Das ist bis heute der unbefriedigende Stand der Dinge, auch wenn das nicht der Eindruck ist, den die gleichgewichtsliebende moderne Ökonomie vermittelt.

Da er sein System nicht lösen konnte, bot Walras wenigstens eine theoretische Methode zum Finden des Gleichgewichts an. Er erfand den Auktionator, der so lang auf allen Märkten für alle Güter Preise ausruft, bis Angebot und Nachfrage überall im Gleichgewicht sind. Wenn ein geänderter Preis bei einem Gut die Nachfrage bei anderen ändert, muss immer wieder neu ausgerufen werden, bis es hoffentlich irgendwann klick macht und alle zufrieden sind. Die Methode ist rein theoretisch, weil nicht gehandelt werden darf, bevor alle Preise auf allen Märkten gleichzeitig im Gleichgewicht sind, was in der Realität unmöglich ist. Wenn zu »falschen« Preisen gehandelt wird, gibt es keine Garantie, dass das System zu einem Gleichgewicht findet. Kenneth Arrow und Gerard Debreu haben später zwar bewiesen, dass es ein eindeutiges Gleichgewicht geben kann, der Beweis hätte aber eigentlich eher als Beweis des Gegenteils in die Annalen eingehen sollen, denn die Bedingungen sind extrem anspruchsvoll und kaum je erfüllt.

Den Neoklassikern reichte jedoch die theoretische Möglichkeit eines Gleichgewichts. Es wurde zur festen Routine vor Beginn jeder Analyse einfach den Satz zu schreiben, dass man annimmt, dass die *Arrow-Debreu-Bedingungen* für ein Gleichgewicht erfüllt sind. Es gibt in der Realität nichts, was diese Annahme rechtfertigt, aber sie ist praktisch und unabdingbar für die Art von Gleichgewichtsanalyse, die sich zum ökonomischen Mainstream entwickelte. Macht und Geschichte haben in dieser Gleichgewichtsanalyse keinen Platz. Unabhängig davon, von welcher Ausgangslage das System startet, es findet immer zum Gleichgewicht.

Auf der Produktionsseite trafen die Marginalisten Annahmen, die denen auf der Konsumseite entsprachen und sicherstellten, dass das System zum Gleichgewicht streben würde. Auch das geschah ohne Rücksicht auf die Realität, wie wir in Kapitel 3 schon gesehen haben. Ausgerechnet mitten in der industriellen Revolution und der beginnenden Massenproduktion nahmen die Neoklassiker an, dass die Produktionskosten für eine zusätzliche Produkteinheit mit zunehmender Produktionsmenge steigen. Aber ohne diese Annahme hätte man nicht zeigen können, dass Arbeit mit ihrem Wertgrenzprodukt entlohnt und damit fair behandelt wird.

Nicht zuletzt wegen ihrer an die Naturwissenschaften erinnernde Exaktheit in den Ergebnissen, gelang es der Neoklassik, die historische Schule bzw. deren angelsächsischen Ableger, die *Institutionalisten*, an Bedeutung einzuholen und im Verlauf des frühen 20. Jahrhunderts zu überholen. Die Politik half mit. In Amerika wurden einige führende Protagonisten der institutionellen Schule sozialistischer Tendenzen beschuldigt. Manchen zerbrach darüber ihre akademische Karriere, andere konnten sie gerade noch retten. Zu den prominentesten Opfern gehörten Richard T. Ely von der University of Wisconsin, Edward Ross von Stanford und Edward Bemis aus Chicago. Alle drei wurden um die Wende des 19. und 20. Jahrhunderts beschuldigt, das Denken ihrer Studenten mit Ideen zu vergiften, die gegen das Privateigentum und Unternehmensinteressen gerichtet seien. Eli und Ross mussten ihre Unis verlassen, hatten aber einflussreiche Unterstützer und konnten ihre Karrieren retten. Bemis geriet in Vergessenheit. Der Ökonomenverband *American Economic Association* (AEA) gründete zwar ein Komitee, das den erzwungenen Rücktritt von Ross unter dem Aspekt der akademischen Freiheit untersuchen sollte. Das Thema war aber so heikel, und das Komitee offenbar so besorgt darum, wichtige kommerzielle Gönner der Universitäten nicht zu verprellen, dass es nie einen formellen Bericht vorlegte und die AEA nicht einmal die Existenz des Komitees öffentlich zugab.[6]

Ein anderes Opfer, das erst durch seine Verfolgung Prominenz erlangte, war Scott Nearing. Er wurde 1915 auf Betreiben des von Wirtschaftsvertretern dominierten Kuratoriums wegen seines sozialen Aktivismus von der University of Pennsylvania entfernt.

Auch wenn John Bates Clark und andere frühe Neoklassiker nach einer Theorie strebten, die den Kapitalismus als gutes und gerechtes Wirtschaftssystem erscheinen ließ, interessierten sie sich sehr für die Lage der Benachteiligten. Die meisten frühen Neoklassiker waren, was Robert Cooter und Peter Rappoport »Welfaristen« nennen. Francis. Y. Edgeworth, Alfred Marshall, Irving Fisher, Arthur C. Pigou und John Bates Clark teilten den damaligen Konsens unter den

Ökonomen, dass Umverteilung von den Reichen zu den Armen geboten war, um die Wohlfahrt zu steigern. Die Verteilung der Markteinkommen betrachteten sie allerdings als zwingend und sakrosankt. Die nötige Umverteilung sollte außerhalb der Marktsphäre geschehen.[12, 29]

Der Hauptgrund hinter diesem Konsens war die Idee des abnehmenden Grenznutzens. Je mehr jemand von einem Gut hat, desto weniger würdigt er eine zusätzliche Einheit. Die frühen Neoklassiker befanden sich noch in der Tradition des *Utilitaristen* Jeremy Bentham (1748–1832). Sie argumentierten, dass der Reiche, dem ein Taler weggenommen wird, diesen kaum vermissen werde, während ihn der Arme, der damit seinen Kindern etwas zu essen kaufen könnte, ihn sehr schätzen würde. Wenn dringendere Bedürfnisse durch eine Umverteilung von Geld befriedigt werden können, dann steigt die Wohlfahrt, lautete der welfaristische Konsens jener Zeit. Seine Vertreter gingen nicht davon aus, dass man den (Grenz-)Nutzen der Einzelnen vergleichen könne, wohl aber den von statistisch beobachtbaren Gruppen wie Arme versus Reiche. Bentham und die anderen Welfaristen waren sich bewusst, dass »Charakter nicht zu durchschauen ist«, aber sie argumentierten, dass große und systematische Unterschiede im Charakter zwischen Reichen und Armen so unwahrscheinlich seien, dass man einen kleineren Fehler machte, wenn man (im Durchschnitt) gleichen Charakter annahm, als wenn man annähme, sie seien in irgend einer speziellen Weise sehr unterschiedlich. Das ist nichts anderes als die Anwendung des Statistikerprinzips, wonach man annimmt, dass die Dinge gleich sind, solange man keinen Anhaltspunkt hat, dass sie in einer wichtigen Dimension verschieden sind.[1, 11]

Damals ging es den Ökonomen noch um materielle Wohlfahrt – oder Bedarfsbefriedigung – ein Konzept, das für heutige Ökonomen, die nur noch in Präferenzen zu denken gelernt haben, nicht ganz leicht zu verstehen ist. Während moderne Ökonomen alle Präferenzen gleich achten, wurde damals auch von Ökonomen noch ein Unterschied gemacht, zwischen den wichtigsten Bedürfnissen nach Nahrung und Unterkunft, den weniger wichtigen und den frivolen. Die damaligen Ökonomen hätten sich kein Urteil zugetraut, ob ein Theaterticket oder ein Schmuckstück mehr Nutzen stiftet, aber beim Vergleich von ausreichend Nahrung und einem zusätzlichen Theaterbesuch hatten sie keinen Zweifel.[12, 29]

Wie wir in Kapitel 3 gesehen haben, ignorierte der Mainstream zwar Vilfredo Paretos Warnungen, dass die neoklassische Verteilungstheorie bei unvollkommenem Wettbewerb nicht funktioniere. Dagegen stürzte sich der Mainstream mit Begeisterung auf eine andere Feststellung Paretos, wenn auch mit etwas Verzögerung. Um die Jahrhundertwende hatte sich Pareto enttäuscht vom Sozialismus abgewendet, nachdem er zuvor noch exilierte Sozialisten bei sich aufgenommen hatte. Er begann, die Slogans, mit denen die Sozialisten die Massen hinter sich versammelten als zynische Instrumente zu sehen, mit denen eine neue Elite an die Macht kommen und deren Privilegien genießen wollte. Pareto stimmte der

Marxschen Theorie des Klassenkampfs zu, kritisierte aber das Versprechen einer künftigen klassenlosen Gesellschaft als leeres Wunschdenken. Er lieferte die Argumente, die dazu führen sollten, dass die Verbindung zwischen der neoklassischen Theorie und der utilitaristischen Umverteilungsidee gekappt wurde.[16]

Ihr sollt nicht vergleichen – die ordinalistische Revolution

Pareto attackierte die Vorstellung, das individuelle Nutzen aufsummiert werden könnten, um zu einem Urteil über die soziale Wohlfahrt zu kommen. Er argumentierte, dass Reiche und Arme sich grundsätzlich unterscheiden könnten, so dass es unmöglich wäre, ihre tatsächlichen »Nutzen« zu vergleichen. Es sei weder nötig noch möglich, Nutzen zu vergleichen. Alles was für eine aussagekräftige ökonomische Theorie nötig sei, sei die Annahme, dass die Menschen in der Lage sind, verschiedene Alternativen nach ihrer Vorzugswürdigkeit zu ordnen, ohne Urteil darüber, um wie viel besser die eine Option ist als die andere. Pareto zufolge konnte man nur sagen, dass ein Zustand aus gesellschaftlicher Sicht besser war als der andere, wenn ihn alle vorzogen oder zumindest indifferent waren. Sobald einer sich schlechter stellte, konnte man kein eindeutiges Urteil mehr fällen, weil sein Verlust nicht mit dem Gewinn der anderen vergleichbar war. Während Paretos Lebzeiten hatte dieser Gedanke wenig Einfluss, aber er sollte als *Pareto-Kriterium* im Zuge der dogmatischen Revolution der 1930er-Jahre Berühmtheit und bis heute andauernden Einfluss erlangen.[16]

An der Spitze des Angriffs auf die umverteilungsfreundlichen Ideen der frühen Neoklassiker stand der britische Ökonom Lionel Robbins (1898–1984), Dekan der ökonomischen Fakultät an der London School of Economics. In seinem Aufsatz »Essay on the Nature and Significance of Economic Science« von 1932 kritisierte Robbins die bis dahin vorherrschende, auf wirtschaftspolitische Ziele fokussierte Definition von Ökonomie und warf eine alternative Definition in den Raum, die sich allein auf den Umgang mit dem Knappheitsproblem bezog. »Ökonomie ist die Wissenschaft, die analysiert, wie die Menschen knappe Ressourcen mit alternativen Nutzungsmöglichkeiten einsetzen, um ihre Ziele zu erreichen.« Es sollte also nicht mehr darum gehen, ob und warum die Armen (nicht) genug zum Leben hatten, sondern nur noch darum, wie sie ihr weniges Geld und ihre Arbeitskraft einsetzten. Diese sehr enge Definition wird heute noch von vielen Lehrbüchern verwendet. Ohne dies explizit zu sagen, war mit dieser Neudefinition ein Wechsel des Untersuchungsobjekts verbunden von der Deckung von (objektiv erfassbarem) Bedarf zur Erfüllung von individuell verspürten Wünschen oder Präferenzen. Die neue Definition machte Angebot und Nachfrage nach Operntickets zu einem genauso lohnenden Objekt der ökonomischen Forschung wie die Deckung des Bedarfs nach Unterkunft und Verpflegung. Robbins unterschied nicht zwischen den beiden Konzepten und nannte beides »Nutzen«, wie das heute noch die Norm ist. Wie Pareto bestand er darauf, dass es keine verlässliche Methode gebe, den Nutzen zweier Individuen zu vergleichen, und nannte ein entsprechendes Unterfangen unwissenschaftlich. In Robbins präferenzbezogenen Beispielwelt hätten die Welfaristen diesem auch ohne weiteres zugestimmt. Robbins nutzte konkret benannte Individuen wie Jack und Joe, die sich in ihrem Einkommensniveau nicht notwendigerweise nennenswert unterschieden, um die Möglichkeit des Nutzenvergleichs ad absurdum zu führen. Gruppen wie reich und arm kamen in seinen Beispielen nicht vor. Mit Robbins Neudefinition von Ökonomie und mit dem dogmatischen Verbot des Nutzenvergleichs, das sich immer mehr durchsetzte, wurde die theoriebasierte Unterstützung der frühen Neoklassiker für Umverteilung getilgt und der Weg für eine zunehmend mit den Interessen der Reichen und Mächtigen harmonierende Ausrichtung des Fachs bereitet.[12] Ein Aufsatz wie der von Irving Fisher von 1927, ein Koryphäe der Ökonomie in seiner Zeit, mit dem Titel »eine statistische Methode, um den Grenznutzen zu messen und die Gerechtigkeit der progressiven Steuer zu testen«, war danach nicht mehr veröffentlichungsfähig.[15]

Im Jahr 1934 entwickelten John Hicks und R.G.D. Allen eine neue Werttheorie, die gänzlich ohne den Rückgriff auf Grenznutzen *des Konsums* auskam, und damit Verteilungsfragen endgültig aus dem Kern der Ökonomie wegdefinierte. Die beiden setzten an die Stelle des Grenz*nutzens* die *Grenzrate der Substitution* zwischen Gütern. Vorher hatte es geheißen, dass ein Hungriger aus dem Verzehr des ersten Apfels mehr Nutzen zieht als aus dem Verzehr des fünften. In der neuen Einkleidung hieß es nun, dass er bereit ist, für den ersten Apfel mehr von einem anderen Gut aufzugeben als für den fünften. Wenn man für das zweite Gut das generische Gut Geld einsetzt, dann sieht das Konzept sehr ähnlich aus, wie das Grenznutzenkonzept. Es gibt aber einen wichtigen Unterschied. Wenn die Frage so formuliert ist, dann ist man nicht mehr versucht zu schließen, dass der Apfel für den Armen wertvoller ist als für den Reichen. Der Arme wird nicht notwendigerweise bereit sein, mehr Geld für einen Apfel aufzugeben als der Reiche, eher im Gegenteil. Da er viel weniger Geld hat, wird er es eher für kalorienreichere Nahrungsmittel einsetzen. Weil der Hungernde nicht nur das Nahrungsmittel dringender braucht als der Satte, sondern auch das Geld, gibt es keinen Grund anzunehmen, dass sich die Grenzrate der Substitution von reich und arm unterscheidet. Mit dem Siegeszug dieser neuen Konzeption war damit die Frage, die die Ökonomen zuvor umgetrieben hatte, nicht einmal mehr sichtbar. Verteilungsfragen hatten keinen Platz mehr in der sogenannten *neuen Wohlfahrtsökonomie*.

Der Preis für diesen puristischen Wandel hin zum Verbot jeglicher interpersoneller Nutzenvergleiche war die akute Gefahr für die Ökonomie, wirtschaftspolitisch völlig irrelevant zu werden. Wenn Nutzenvergleiche nicht erlaubt waren, gab es kaum eine bedeutsame wirtschaftspolitische Maßnahme, die man als wohlfahrtssteigernd bezeichnen durfte. Gegner der Neudefinition der Ökonomie versuchten schnell, diese Schwäche auszubeuten und verwiesen etwa auf das Beispiel der britischen *Getreidegesetze* aus dem frühen 19. Jahrhundert. Diese schrieben protektionistische Zölle auf Getreide zum Schutz der Besitzer von Agrarland in Großbritannien vor. Sie gingen zu Lasten der armen Stadtbevölkerung und der an Hungersnöten leidenden Iren, denen billiges ausländisches Getreide vorenthalten wurde. Es war unangenehm für die Vertreter der neuen Ökonomierichtung, dass ihre Konzeption ihnen nichts an die Hand gab, um diese Gesetze, deren Abschaffung von praktisch der gesamten Ökonomenzunft gefordert und begrüßt worden war, zu beurteilen. Stattdessen zogen sie sich auf die Ideologie zurück. Was die Freiheit der Märkte förderte, war gut, alles andere schlecht. Fünf Jahrzehnte nach seinem Angriff auf Nutzenvergleiche schrieb Robbins:

> *»Ich sollte nicht versuchen, die Abschaffung der Getreidegesetze auf der Grundlage des Saldos aus dem Gewinn der Konsumenten und dem Verlust der Produzenten zu rechtfertigen. Ich wäre nicht in der Lage, dies zu tun, ohne Vergleiche, die, um es milde auszudrücken, hoch spekulativ wären. Ich würde meine Rechtfertigung auf den generellen Nutzen gründen, den die Ausweitung der Märkte und die daraus folgende Vergrößerung der Wahlfreiheit mit sich bringt.«*[30]

Nicholas Kaldor (1906–1986), ein eher links orientierter ungarischer Ökonom, der ebenfalls an der London School of Economics lehrte, verfiel auf einen Trick, um doch eine Theorie zu den Getreidegesetzen zu liefern. Er sollte später zusammen mit einem ähnlichen Kniff von Hicks als *Kaldor-Hicks-Kriterium* gelehrt werden. Er argumentierte, dass der monetäre Gewinn der Armen von der Abschaffung der Getreidegesetze so groß wäre, dass diese damit leicht die Landbesitzer für ihren Verlust entschädigen könnten oder dass es sich für sie lohnen würde, den Landbesitzern ihren Widerstand abzukaufen. Wenn also theoretisch eine Verbesserung möglich wäre, die dem Pareto-Kriterium genügte, dann war eine Maßnahme zu begrüßen. Ob die Kompensation der Verlierer tatsächlich stattfand, war dafür nicht entscheidend.

Letztlich nimmt das Kaldor-Hicks-Kriterium an, dass ein Dollar dem Armen gleich viel wert ist wie dem Reichen, denn getreu der von Hicks eingeführten Konzeption von der Grenzrate der Substitution wird darin Geld nicht weiter in einen zugrunde liegenden Nutzen der Bedarfsbefriedigung übersetzt. Das macht das Effizienzurteil abhängig von der Einkommensverteilung, ohne dass dies wahrgenommen würde. Wenn die hungernden Iren so arm sind, dass sie auch theoretisch keine nennenswerten Beträge zu Bestechung oder Kompensation der Landbesitzer aufbringen können, dann bleibt die Abschaffung der Getreidegesetze »ineffizient«, selbst wenn sie Hunderttausende vor dem Hungertod retten könnte. Wenn sie weniger arm wären, hätten sie dagegen eine bessere Chance nach dem Kaldor-Hicks-Kriterium die Verbilligung der Getreideimporte zu bekommen. Auch das aktuellere Beispiel der Aids-Medikamente aus Kapitel 3 verdeutlicht, dass das Kaldor-Hicks-Kriterium die fundamentale Schwäche der Wohlfahrtsurteile nach Robbins und Pareto nicht lösen kann. Wenn man das begrenzte Angebot an Aids-Medikamenten an der Zahlungsbereitschaft der nicht Versorgten misst, dann zählen die verlorenen Leben derer nicht viel, die mit weniger als einem Dollar am Tag leben und sterben müssen. Schließlich ist ihre »Bereitschaft« für die Verlängerung des eigenen Lebens zu zahlen sehr gering. Beurteilt man die Lage dagegen nach den gesunden Lebensjahren, die zu gegebenen Kosten bewahrt werden könnten, dann ist der gegenwärtige Zustand, extrem unbefriedigend.

Kenneth Arrow zementierte später mit einem Trick den Ausschluss von Verteilungsfragen aus dem Kern der Ökonomie. Um darum herumzukommen (oder zu verbergen), dass man wirtschaftspolitisch eigentlich zu nichts mehr etwas Fundiertes sagen konnte, schlug er in einer für die US-Marine erstellten Studie »Behavior Under Uncertainty and Its Implications for Policy« den Trick des *repräsentativen Agenten* vor, der inzwischen in fast alle gesamtwirtschaftlichen Modelle Einzug gehalten hat. Dieser Trick beinhaltet, dass man annimmt, alle Konsumenten und alle Produzenten hätten die gleichen Bedürfnisse und Vorlieben. Per Definition haben damit Verteilungswirkungen von Maßnahmen keine Bedeutung mehr für deren Beurteilung.

Implizit wurde das plausible und offen ausgesprochene Verteilungsurteil, wonach ein Armer eine zusätzliche Konsummöglichkeit nötiger braucht als der Reiche, ersetzt durch die versteckte und hochgradig unplausible Annahme, das der zusätzliche Dollar für den Armen und den Reichen das Gleiche bedeutet. »Im Endeffekt wurde mehreren Generationen von Ökonomen beigebracht, in ihrer Arbeit so zu tun, als ob Wissenschaftlichkeit in der Ökonomie bedeutet, dass ein Dollar für den Armen und den Reichen gleich viel wert ist, während es unwissenschaftlich sei, davon auszugehen, dass der Arme den Dollar mehr schätzt«, schreiben dazu Daniel Cooter und Peter Rappoport, die zu den Wenigen gehören, die sich mit dem Siegeszug des Ordinalismus kritisch auseinandergesetzt haben. Bis heute gibt es diesen fundamentalen Unterschied zwischen dem (impliziten) Verteilungsurteil der Ökonomen und dem von normalen Menschen. Um ökonomischen Sachverstand zugesprochen zu bekommen, muss man dem allgemeinen Volksempfinden abschwören, dass der Arme den zusätzlichen Euro stärker schätzt und nötiger braucht als der Reiche.[12]

Die Ökonomie im Kalten Krieg der Ideologien

> *»Wenn wir in dem Krieg der Ideologien erfolgreich sein und die Anständigen in den feindlichen Ländern für uns gewinnen wollen, müssen wir zuerst den Glauben in die traditionellen Werte von individueller Freiheit, Wahrheit und Demokratie zurückgewinnen.«*
>
> Friedrich August von Hayek[2]

Die den 1930er-Jahren auf Betreiben von Robbins, Hicks und anderen zur Neuen Wohlfahrtsökonomie umgeformte neoklassische Theorie hatte etwas, was sie sehr attraktiv machte. Es war die Zeit der Großen Depression. Der Kapitalismus war in der Defensive, die Intelligenzija des Westens von ihrem Wirtschaftssystem entfremdet. Die Unterstützung für den Kommunismus wuchs und wurde von führenden Ökonomen teils als Versuchung, teils als akute Bedrohung für das westliche Wirtschaftssystem empfunden.[2]

Für Joseph Schumpeter, der berühmt dafür wurde, Unternehmertum und Fortschritt als Prozess der kreativen Zerstörung zu beschreiben, war klar, dass »unvermeidlich irgend eine Form von Sozialismus aus dem ebenso unvermeidlichen Zerfall der kapitalistischen Gesellschaft« hervorgehen werde. Selbst Frank Knight von der Chicago-Schule, die für ihr kompromissloses Eintreten für freie Märkte berühmt wurde, äußerte ernste Zweifel: »Ökonomie und Politik, die auf wettbewerblichen Massenabsatz setzen, sind bankrott. Es ist nur eine Frage welcher Nachfolger sich die Konkursmasse zu einem nominellen Preis schnappt«, schrieb er 1933 in einem Aufsatz und spekulierte, dass die Eliten in einem kommunistischen System vielleicht die Kontrolle ausüben könnten, die die Märkte bräuchten. Die Kritiker des Kapitalismus attackierten seine Tendenz zu einer sehr ungleichen Einkommensverteilung und stellten in Aussicht, dass eine wohlmeinende sozialistische Regierung bessere Ergebnisse bringen würde. Eine neue ökonomische Doktrin, die Effizienz über alles stellte und Verteilungsfragen in den Hintergrund schob, war daher nützlich, die Problemstellung so umzuformulieren, dass der Kapitalismus bei der Lösung eine gute Figur machte. Die Möglichkeit in Frage zu stellen, die verschiedenen Verteilungszustände normativ zu vergleichen, definierte die Dimension weg, in der man den Sozialismus stärker einschätzte.[2]

Der heraufziehende zweite Weltkrieg verhalf der neuen Interpretation der Ökonomie als Wissenschaft der Zuordnung knapper Ressourcen zusätzlich zum Durchbruch. Die Verteilungsfrage verlor in der Kriegsvorbereitung stark an Bedeutung, während die Konzentration auf den Ressourceneinsatz sehr gut zu den Prioritäten der aufrüstenden Regierungen passte. Für viele Jahre würde der beste Beitrag eines Ökonomen für seine Nation darin bestehen, sicherzustellen, dass die vom Militär benötigten Ressourcen freigeschaufelt und effizient eingesetzt würden.

Bald nachdem Deutschland besiegt war, brach der ideologische Kampf zwischen Kapitalismus und Kommunismus erneut mit Macht aus. Im Kalten Krieg der Wirtschaftsideologien wurden ökonomische Forschung und Lehre als wichtige Waffe angesehen. Wie wichtig, kann man etwa anekdotisch daran sehen, dass die Leitung eines Camps für deutsche Kriegsgefangene in Kansas das *American Economic Review* an die Insassen verteilte. Es sicherte sich sogar die Genehmigung dafür, die Artikel ins Deutsche zu übersetzen, um sicherzugehen, dass sie auch verstanden wurden. Auch die Entwicklung des ökonomischen Lehrstoffs wurde nicht dem Zufall überlassen. Sicherheitsbehörden standen in engem Kontakt mit der *American Economic Association* und mit den Dekanen der wichtigen Wirtschaftsfakultäten. Das *Office of Strategic Services* (OSS), der

Vorläufer der *Central Intelligence Agency* (CIA) rekrutierte viele der einflussreichsten Professoren, darunter fünf frühere Präsidenten der *American Economic Association(AEA)* und einen späteren Gewinner des Nobel-Gedächtnispreises. Es sollte zum normalen Prozedere werden, dass die AEA-Offiziellen und Dekane dem CIA halfen, ihre besten Doktoranden anzuwerben.[6, 37]

Um 1950 erreichten Bemühungen der AEA zur Reform des ökonomischen Lehrstoffs ihren Höhepunkt. Sie gingen zurück auf das Jahr 1943, als ein spezielles Komitee der AEA in einem Bericht feststellte, dass Kriegsministerium und Marine auf Änderungen des Lehrplans bestanden, einem Begehren, dem nach Einschätzung des Komitees entsprochen werden sollte. Die AEA bekam auch eine wichtige Rolle dabei, die Ökonomenausbildung in den von Kriegszerstörung heimgesuchten Ländern in Übersee neu aufzubauen. Die USA lieferten kostenloses Unterrichtsmaterial und Ausgaben des *American Economic Review.*, zusammen mit Barspenden für die Universitätsbibliotheken und Listen empfohlener Literatur zur Anschaffung.[6]

Gleichzeitig waren die Jahrzehnte des Kalten Krieges keine gute Zeit für ökonomische Forschung die in irgendeiner Weise in eine linke Agenda passte, etwa indem sie Verteilungsfragen thematisierte. Dies zu tun, schadete nicht nur der eigenen akademischen Karriere, sondern auch den Studenten. Der Historiker Michael Bernstein führt als Beispiel dafür an, wie Raymond Saulnier, der Vorsitzende des Rats der Wirtschaftssachverständigen (Council of Economic Advisors) der US-Regierung von 1956 bis 1961, bis hinunter zu den einfachen Ökonomen des Stabs auf umfangreichen Kontrollen ihres akademischen Hintergrundes bestand. Er wollte unbedingt vermeiden, dass Ökonomen eingestellt wurden, »die für Leute gearbeitet haben, mit denen etwas nicht in Ordnung ist«. Nur in seltenen Fällen wurde für die Säuberung der Fakultäten von linksgerichteten oder unorthodoxen Elementen auf offene Schikane oder Schlimmeres zurückgegriffen. Das war gar nicht nötig. Denn in den Sozialwissenschaften ist es nicht wirklich möglich, akademisches Wirken von den eigenen politischen Überzeugungen zu trennen. Oppositonelle Ökonomen konnte leicht auf der Basis nicht-erfüllter Qualitätsstandards die Promotion oder Festanstellung verweigert werden und der Abdruck ihrer Schriften in den Fachzeitschriften abgelehnt werden. Nicht nur die Karrieren von linksgerichteten Ökonomen fielen der Tendenz zum Opfer, alles abseits des neoklassischen Mainstreams als unwissenschaftlich abzuqualifizieren. Schon in den späten 1950er-Jahren hatten die Werke von dezidiert nicht-linken, aber eben auch nicht neoklassischen Ökonomen wie Joseph Schumpeter oder Karl Polanyi ihren Platz in den Lehrplänen verloren. Wie John Kenneth Galbraith es ausdrückte: »Die Fähigkeit, Entscheidungen über fachliche Kompetenz so zu fällen, dass sie scheinbar professionell und wissenschaftlich daherkamen, erlaubte es amerikanischen Ökonomen wie fast keiner anderen Gruppe von Wissenschaftlern, ihre Institutionen gründlich von denen zu säubern, deren Arbeit ihre Autorität, ihren Einfluss und ihre tiefsten ideologischen Überzeugungen in Frage stellte.«[6]

Die Nutzung als Waffe im ideologischen kalten Krieg hatte eine tiefgreifende Wirkung auf die ökonomische Lehre. Der heutige ökonomische Mainstream, oft kurz Neoklassik genannt, ist in Wirklichkeit eine Kombination einer speziellen, reformierten Form der Neoklassik mit einer liberalistischen Variante der *Theorie rationaler Entscheidungen* (*Rational Choice*), eine Ideologie, die während des kalten Krieges entwickelt und als Definition objektiver Sozialwissenschaft präsentiert wurde. Die Geschichtswissenschaftlerin Sonja Amadae, die ein einfühlsames Buch über den geopolitischen Hintergrund des Rational-Choice-Liberalismus geschrieben hat, nennt ihn den »Dreh- und Angelpunkt des ideologischen Siegs des Westens über den Sowjetkommunismus«. Sein Erfolg rührte daher, dass er diskreditierte, was die andere Seite als eigene Stärke betrachtete und sich stattdessen auf die Stärken des westlichen Kapitalismus konzentrierte. Im Gefolge von Pareto, Robbins und Hicks trat er an, streng wissenschaftlich zu zeigen, dass Begriffe wie »die Allgemeinheit«, »das öffentliche Interesse« oder »allgemeine Wohlfahrt« beliebig und bedeutungsleer waren. [2]

Im Zentrum dieser Bemühungen stand eine herausragende Institution des Kalten Krieges, die RAND Corporation. Sie hatte zu Beginn einen starken ingenieurwissenschaftlichen Schwerpunkt, aber schon gegen Ende der 1950er-Jahre waren Ökonomen die dominierende Fachrichtung. Die Abkürzung RAND steht für Research and Development (Forschung und Entwicklung). Sie wurde 1946 als gemeinsames Unternehmen des Flugzeugbauers Douglas Aircraft Corporation und der US-Luftwaffe gegründet, um ziviles Know-how für den Kalten Krieg anzuwerben. 1948 wurde sie in eine unabhängige gemeinnützige Organisation umgewandelt. H. Rowan Gaither Jr., ein prominenter Rechtsanwalt und Investmentbanker aus San Francisco, dessen Familie die Pacific National Bank besaß, ermöglichte die Gründung mit einem Überbrückungskredit und warb dann die großzügige Unterstützung von der Ford Stiftung ein, der lange Zeit reichsten US-Stiftung mit sehr engen Beziehungen zum CIA.[31, 37]

Die beiden Institutionen sollten fortan eng verzahnt arbeiten. Gaither nahm in beiden eine wichtige Rolle ein. Henry Ford II beauftragte ihn, ein Papier zu den Zielen der Stiftung zu schreiben und machte ihn später zu deren Präsidenten. Dies gab Gather die Gelegenheit, seine Vision einer Gesellschaft, die von einer apolitischen, technokratischen Elite regiert wird, sowohl in den Zielen der Ford Stiftung als auch in die Forschungsprioritäten von RAND zu verankern. »Parteipolitische Kontroversen durch objektive Fakten zu ersetzen«, wurde damit eine Zielsetzung, die die Ford Stiftung, RAND und die von beiden kräftig geförderte Theorie der rationalen Entscheidung einen sollte. Eine Schwesterorganisation von RAND, das *Center for the Advanced Study of the Behavioral Sciences* auf dem Campus der Stanford University, ebenfalls finanziert von der Ford Stiftung trug auch zur Formulierung und Verbreitung von Rational Choice bei.[2]

Die Stiftung und ihre Schützlinge waren so erfolgreich mit dieser Agenda, dass Präsident Dwight Eisenhower in seiner Abschiedsrede 1961 die Machtübernahme durch den militärisch-industriellen Komplex beklagen sollte und dabei seiner Sorge Ausdruck gab, dass die »Politik zum Handlanger einer wissenschaftlich-technologischen Elite werden könnte«.[6]

Den stramm konservativen Gaither vom Wert der eigenen Forschungsarbeit zu überzeugen und ins RAND oder eine Schwesterorganisation eingeladen zu werden, war der Hauptpreis für ambitionierte Wirtschaftsforscher in dieser Zeit. Sie konnten bei guter Bezahlung in einer angenehmen campusartigen Atmosphäre forschen und hatten dabei keinerlei Lehrverpflichtungen. Die wichtigsten Werke des Rational-Choice-Ansatzes wurden entweder am RAND oder in enger Verbindung mit der Organisation und intensiver Diskussion mit seinen Forschern entwickelt. Das berühmteste ist Kenneth Arrows »Social Choice and Individual Values« von 1951 mit dem berühmten Unmöglichkeits-Theorem – einer der meistzitierten ökonomischen Texte überhaupt. Weitere extrem einflussreiche Werke waren »An Economic Theory of Democracy« von Arrows Schüler Anthony Downs (1957) und »The Logic of Collective Action« von Mancur Olson (1965). Etwas schwächer, aber doch vorhanden ist die Verbindung zu RAND bei James Buchanan und Gordon Tullock und ihrem »Calculus of Consent« von 1962. [2]

Arrows Unmöglichkeitstheorem setzte fort und vervollständigte, was Lionel Robbins angefangen hatte: die Diskreditierung der Tradition der Wohlfahrtsökonomie, durch die sich der Inhalt dessen, was als Ökonomie galt, völlig änderte. Gleichzeitig, und ziemlich explizit so formuliert, attackierte er konkurrierende Schulen wie den Marxismus, den klassischen Utilitarismus und den Keynesianismus. Das Theorem bestand in dem eleganten logischen Beweis, dass »rationale« kollektive Entscheidungen unmöglich waren, wenn einige harmlos anmutende Bedingungen erfüllt waren. »Rational« in seinem Sinne setzt unter anderem voraus, dass die Vorlieben zwischen Alternativen transitiv sind. Das bedeutet, dass wenn A dem B vorgezogen wird und B gegenüber C vorgezogen wird, dann muss A auch C vorgezogen werden. Dass das bei Gruppenentscheidungen nicht gewährleistet ist, war kein wirklich neues Ergebnis, wie Kritiker bald abfällig anmerken sollten. Es war vielmehr eine Wiederentdeckung und Generalisierung dessen, was der französische Mathematiker, Philosoph und Politiker Marquis de Condorcet (1743–1794) auf weniger elegante Weise dargelegt hatte, des *Condorcet-Paradoxons.* Condorcet hatte gezeigt, dass wenn (mindestens) drei Wähler paarweise zwischen jeweils zwei von (mindestens) drei Alternativen abstimmen, rotierende Mehrheiten herauskommen können, bei denen das Ergebnis von der Reihenfolge der Abstimmungen abhängt.

Eine wichtige Bedingung für die Gültigkeit von Arrows Theorem ist, dass die Intensität der Präferenzen zwischen Individuen nicht in die Entscheidung eingeht. Wir werden im folgenden Kapitel sehen, dass gerade im Kontext kollektiver Wahlentscheidungen die Annahme der Nichtvergleichbarkeit von Nutzen ohne Rechtfertigung ist. Dennoch bekam Arrow, als einer der einflussreichsten Ökonomen des 20. Jahrhunderts, den Nobel-Gedächtnispreis dafür, dass er erfolgreich allen seriösen Ökonomen die Diskussion über gesellschaftliche Wohlfahrt verbot, weil sie der Strenge logischer Analyse nicht standhalte.

Ironischer Weise hatte Arrow selbst klargestellt, dass sein Ergebnis für alle Mechanismen zur vergleichender Bewertung gesellschaftlicher Zustände zutrifft, nicht nur für die demokratische Entscheidungsfindung, sondern auch für die Märkte. Es gab danach keine seriöse Grundlage für die Behauptung, dass freier Austausch auf Märkten die soziale Wohlfahrt maximiert. Nicht zuletzt wegen der Art, wie er seine Ergebnisse präsentierte, wurde dieser Teil des Ergebnisses sehr wenig beachtet und schnell wieder vergessen. Das Unmöglichkeitstheorem wurde ausschließlich benutzt, um alle Ökonomierichtungen als unwissenschaftlich zu diskreditieren, die Rechtfertigungen für ein Eingreifen des Staates in die Wirtschaft liefern. [2]

James Buchanan, der 1954 am RAND geforscht und bis 1958 dort als Berater tätig war, baute zusammen mit Gordon Tullock auf Arrows einflussreichen Artikel auf und trieb die Vorherrschaft der Individuen noch weiter. Für ihn verbot sich die Diskussion einer Rationalität von Gruppenentscheidungen, weil Gruppen keine »organische Existenz« hatten, abseits ihrer individuellen Mitglieder. Die *Gesellschaft* hat danach keine eigenständige Bedeutung, wenn die privaten Ziele und Werte der Mitglieder Bestand haben sollen. Jede Gruppenentscheidung, die Individuen einschränkt, ist für Buchanan und Tullock ein Übel, das so weit wie möglich zu vermeiden ist. 1967 gründeten die beiden die *Public Choice Society*, die enge Kontakte mit RAND-Forschern pflegte und sehr erfolgreich dabei war, diese Ansichten in der Ökonomenszene zu verbreiten. [2]

Mancur Olson schrieb mit »The Logic of Collective Action« einen weiteren grundlegenden Text der Theorie der Rationalen Erwartungen. Darin kontert er jede Theorie, die davon ausgeht, dass Gruppen zusammenarbeiten, um gemeinsame Ziele zu erreichen. Während frühere Theoretiker solches Handeln von Gruppenmitgliedern als rational betrachtet hatten, erklärten Olson und die Rational Choice-Bewegung es für irrational. Rational ist es für die Individuen danach nur, ihre egoistischen Interessen zu verfolgen. Rationale Individuen würden die anderen Gruppenmitglieder die Arbeit tun lassen und als Trittbrettfahrer profitieren, mit dem Ergebnis, dass keiner etwas für die Gruppe tut – es sei denn es gibt irgendeine Form von Zwang. Auf diese Weise gab Olson jeder Gruppenaktivität, sei sie von Regierungen oder den Gewerkschaften – ein beliebtes abschreckendes Beispiel von Olson – einen autoritären Unterton und rückte es in die Nachbarschaft sozialistischer Kommandowirtschaft.[2] Die staats- und gewerkschaftsfeindliche Grundeinstellung sehr vieler Mainstream-Ökonomen hat ihre Wurzeln in dem extrem erfolgreichen Netzwerk der Rational Choice- und Public Choice-Bewegungen und ihren mächtigen und finanzkräftigen Unterstützern.

Zusammengefasst kann man sagen: Es war kein wissenschaftlicher Fortschritt oder neue Methoden, welche den Wandel von der klassischen Ökonomie und der institutionellen/historischen Schule hin zur frühen neoklassischen und dann zum anti-kollektivistischen modernen Mainstream hervorbrachten. Es war das Ergebnis einer Neudefinition dessen, womit sich Ökonomie befassen sollte und wie *rationales* Verhalten auszusehen hat. Diese Umdefinition hatte sehr vorhersehbare Konsequenzen dafür, welche Politik und welches Wirtschaftssystem die Ökonomie unterstützen würde.

Häresie ist etwas für die niederen Organe

> *»Dieser Aufsatz wirft eine grundsätzliche Frage auf. Das Ergebnis wäre selbstverständlich wert, im Economic Journal abgedruckt zu werden, wenn es zuträfe. Leider bin ich davon nicht überzeugt.«*
>
> Anonymer Gutachter für das *Economic Journal*

> *»Die wichtigsten Ideen dieses Aufsatzes sind aus der Literatur bekannt. Es gibt vielleicht den einen oder anderen neuen Gedanken. Aber das reicht nicht für eine Veröffentlichung.«*
>
> Gutachter des *American Economic Review* zum selben Aufsatz

Was als gute Forschung anerkannt wird, bestimmen die Herausgeber der führenden Fachzeitschriften. Fünf Zeitschriften ragen heraus, von denen die drei einflussreichsten aus den USA kommen, das von der American Economic Association seit 1911 herausgegebene *American Economic Review*, sowie das *Quarterly Journal of Economics (Harvard)* und das *Journal of Political Economy* (University of Chicago). Alle ernsthaften Fachzeitschriften lassen eingereichte Aufsätze von anonymen Gutachtern beurteilen, um ein hohes Qualitätsniveau sicherzustellen. Der Herausgeber, normalerweise ein Ökonom mit Koryphäenstatus, trifft eine Vorauswahl und gibt einen Aufsatz im günstigen Fall weiter an Gutachter für eine gründliche Inspektion. Die führenden Zeitschriften akzeptieren deutlich weniger als 10 Prozent der eingereichten Beiträge. Für Ökonomen, die die Orthodoxie herausfordern, ist es alles andere als einfach, zu diesem Zehntel zu gehören. Die Herausgeber werden tendenziell Aufsätze als wenig überzeugend betrachten, die Theorien grundsätzlich in Frage stellen, auf denen sie ihre Karrieren aufgebaut haben. Und selbst, wenn sie sie näher in Betracht ziehen, bekommen den Aufsatz Gutachter, die sich in aller Regel dem gleichen Mainstream verbunden fühlen. Wenn eine Forschungsrichtung eine solche Dominanz erlangt hat wie die neoklassische Ökonomie, ist das fast unvermeidlich.

Die Gutachter und Herausgeber der großen Journals waren sich zudem – vor allem in der formativen Phase des neuen Mainstream – durchaus bewusst, was die gesellschaftlichen Folgerungen bestimmter Theorien sind und haben das bei ihren Entscheidungen berücksichtigt. Die (freundlich erzählte) Geschichte des amerikanischen ökonomischen Denkens von Michael Bernstein zitiert einen Briefwechsel vom ersten Herausgeber des *American Economic Review* (AER), Davis Dewey, als dieser über die Veröffentlichung eines Artikels zu »Kapital und Gewinne« zu entscheiden hatte. Er erhielt zwei Gutachterberichte, einen positiven und einen negativen. Thomas Carver von Harvard schrieb, dass »in Anbetracht der schnellen Zunahme sozialistischen Gedankenguts es eminent wichtig ist, dass diese Frage ›Ist der Zins verdient?‹ voll und ganz analysiert wird. Von der Antwort wird die ganze Frage der sozialistischen Politik abhängen.« Er war begeistert davon, dass der Autor die Frage mit ja beantwortete. Dagegen stützte Frank Fetter von Princeton seine Einschätzung auf fehlende diplomatische Qualitäten des Stücks. Er schrieb, das Papier sei nicht akzeptabel, weil es die Diskussion unnötig aufheizen könnte und Wasser auf die Mühlen von »Gewerkschaftern und radikalen Agitatoren« sein könnte.[6]

In der Frühphase des AER war es verbreitet, dass Ökonomen, die als Vertreter von Wirtschaftsverbänden arbeiteten, als Gutachter für Aufsätze wirkten wie »Lohnstreitigkeiten und ungerechtfertigte Profite«. Der Direktor der Nationalen Vereinigung der Bekleidungsfabrikanten konnte an diesem Aufsatz keinen Gefallen finden und riet deshalb von einer Veröffentlichung ab. Alles links vom immer weiter nach rechts rückenden ökonomischen Mainstream hatte schlechte Karten. Kurz nach dem Ende des Zweiten Weltkriegs lehnte etwa der Herausgeber des AER, Paul Homan, einen Aufsatz ab, weil er bei einem Abdruck fürchtete, »noch ein Dutzend Stücke über reformierten und unreformierten Marxismus« zu erhalten und Ablehnung als »einzigen Weg, die erwartete Flut einzudämmen,« sah. [6]

Amerikanische Ökonomie als Exportschlager

Die USA gaben den Einfluss auf die Ausbildung von Ökonomen nicht wieder auf, den sie nach dem Krieg bekommen hatten, als sie die ökonomischen Fakultäten in weiten Teilen Europas und Asiens von Grund auf neu aufbauen halfen. Washington ist sich seit jeher bewusst, welchen Wert Universitäten haben, die weltweit bei der höheren Ökonomenausbildung eine Führungsrolle innehaben, mit Lehrplänen, die die amerikanische wirtschaftspolitische Agenda stützen. Eine Studie der US-Haushaltsbehörde zur Kontrollierbarkeit internationaler Organisationen von 1957 hebt ausdrücklich auf die Vorteile ab, wenn der ausländische Stab solcher Organisationen eine Ausbildung an amerikanischen Universitäten erhält. Im Fall des Internationalen Währungsfonds und der Weltbank werden diese Vorzüge besonders deutlich. De facto gehört zu den Aufnahmekriterien für den Stab dieser mächtigen internationalen Organisationen ein Doktorandenstudium an einer der führenden US-Universitäten oder an der London School of Economics als einziger internationaler Ausnahme. Der Anteil ausländischer Studenten ist in den führenden Doktorandenprogrammen der USA sehr hoch, sodass die dortigen Lehrpläne die fachliche Sozialisation von vielen ausländischen Studenten formen, die oft zur Elite ihres Landes gehören.[26] Die lateinamerikanische Führungsschicht mit Geldern der Ford-Foundation an die marktfundamentalistische Universtität Chicago zu holen, um sie dort in Ökonomie auszubilden, war nur die sichtbarste Initiative in dieser Richtung.[37]

Die Veröffentlichungspolitik der führenden Fachzeitschriften stellt darüber hinaus sicher, dass nur Entwicklungen im Fach, die in die Forschungsagenda der dominanten Nation passen, eine Chance haben, einflussreich zu werden. Sie bewirkt, dass die Wirtschaftsforscher sich vor allem mit Fragen beschäftigen, die für die industrialisierte Welt im Allgemeinen und für die USA im Besonderen interessant sind, und dass sie das mit einer Grundeinstellung tun, die den Interessen der USA gegenüber zumindest nicht unfreundlich ist. Ausländische Forscher beklagen sich immer wieder, dass sie keine faire Chance haben, in die führenden Zeitschriften zu kommen. Diese Klage ist sehr berechtigt. Nach einer Analyse von zwei Weltbank-Ökonomen druckten die fünf Spitzenzeitschriften in den 20 Jahren bis 2004 ganze 39 Aufsätze zu Indien, 65 Aufsätze zu China, aber 2383 Aufsätze über die US-Wirtschaft. Auch in den Fachzeitschriften insgesamt ist die Konzentration auf die USA ausgeprägt. Von 76000 Aufsätzen in 202 untersuchten Zeitschriften, die sich mit empirischen Daten eines einzelnen Landes befassten, betraf knapp die Hälfte die USA. Von den vielen Studien über die USA wurden 6,5 Prozent in den fünf Top-Journals veröffentlicht. Von den Studien über andere Länder, von denen es ohnehin viel weniger gab, schafften es nur 1,5 Prozent in die Top Fünf. Selbst wenn man noch einen großzügig kalkulierten Qualitätsfaktor für die US-Fakultäten mit in Betracht zieht, lautet das

Erfolgsverhältnis immer noch 1,5 Prozent für außeramerikanische Forschung zu 4,1 Prozent für Forschung über die USA.[13]

Aus den frühen Jahren des AER ist bekannt, dass die Fokussierung auf die USA und auf Beiträge von US-Ökonomen zumindest damals gewollt war. Seinerzeit hatten die USA noch nicht die dominierende Stellung in der Ökonomie erreicht, die sie heute haben. Einmal lehnte Gründungsherausgeber Dewey einen Aufsatz mit der Begründung ab: »Es ist besser, nicht zu viel Platz auf diesem Gebiet an einen Ausländer abzugeben. Wenn der Aufsatz von einem Amerikaner geschrieben wäre, wäre ich geneigt, ihn wohlwollend in Betracht zu ziehen.« Mit dem Ziel, ein amerikanisches Netzwerk von Autoren zu kultivieren, fragte er regelmäßig bei den (rein-amerikanischen) Mitgliedern seines Herausgeber-Beirats nach Empfehlungen für geeignete Autoren. [6]

Wer die Macht hat, hat das Maß

Die Ökonomen haben sich nicht darauf beschränkt, Verteilungsfragen aus dem eigenen Erkenntnisbereich zu verdrängen. Sie haben auch dafür gesorgt, dass als wirtschaftspolitischer Erfolg nur gemessen wird, was in das Schema eines streng selbstbezogenen Homo Oeconomicus passt, dessen vorrangiges Ziel die Maximierung der eigenen Konsummöglichkeiten ist. Das *Bruttoinlandsprodukt (BIP)* als mit weitem Abstand wichtigstes Wohlstandsmaß erfüllt diese Bedingung in hervorragender Weise. Dabei handelt es sich um den Wert aller in einer Volkswirtschaft in einem Quartal oder Jahr hergestellten Güter und Dienstleistungen. (Güter, die als Vorprodukte in die Produktion eines anderen eingehen, werden nur einmal gezählt.)

Das BIP gehorcht dem Verbot von Nutzenvergleichen, oder genau genommen: Es folgt der impliziten Annahme, dass jeder Dollar bei einem Armen oder einem Reichen gleich viel Nutzen stiftet. Zunehmende oder abnehmende Konzentration von Vermögen und Einkommen wird nicht sichtbar. Wenn das chinesische BIP um 10 Prozent wächst, dann kann das bedeuten, dass die Armut massiv zurückgeht. Es kann aber auch sein, dass die wenigen Superreichen noch viel reicher werden, während auf dem Land Hungersnöte ausbrechen.

Weil es keine prominenten alternativen Erfolgsmaße gibt, muss sich auch eine Politik, die den Mensch als soziales Wesen begreift, und versucht, auf verschiedenen Dimensionen das Beste zu erreichen, am Maßstab des BIP-Wachstums messen lassen. Dabei sehen diese Politiken dann oft schlecht aus. Eine Regierung etwa, der es gelingt, den sozialen Zusammenhalt zu stärken und damit unter anderem die Kriminalität zu drücken, senkt dadurch das Wachstum. Denn wenn weniger Leute ins Gefängnis wandern und weniger Geld für Sicherungsanlagen und Wachpersonal ausgegeben wird, sinkt das BIP. Umgekehrt wird eine Politik, welche die Normen der Gegenseitigkeit durch anonyme Markttransaktionen und Mobilitätszwang ersetzt, durch den Ausweis steigender Wachstumszahlen belohnt. Denn steigende Kriminalität, Umweltverschmutzung, lange Pendelzeiten, Staus und all die damit zusammenhängenden Reparatur- und Vermeidungskosten erhöhen das BIP. Die für die Bürger daraus resultierenden hohen sozialen und psychologischen Kosten, tauchen in keiner prominenten Statistik auf.

Von dieser Art zu messen, profitieren vor allem diejenigen, bei denen das meiste des zum vorrangigen Politikziel ausgerufenen Geldes hängen bleibt, also die Reichen und Gutverdiener. Auf internationaler Ebene profitieren vor allem die, die ohnehin eine entsprechende Politik verfolgen wollen. Unter den größeren Ländern sind die USA beim Bruttoinlandsprodukt je Einwohner oder je Beschäftigten (Produktivität) unangefochtene Spitzenreiter. Das ist ein sehr nützlicher Status, denn hohes Wachstum lockt Auslandskapital in die eigenen Finanzmärkte und die Wirtschaft. Damit kann ein Land nachhaltig mehr ausgeben, als es produziert und sich zu sehr niedrigen Zinsen verschulden. Und schließlich wird der Wachstumsführer international zum Vorbild und kann so »weiche« Macht ausüben. Weil den USA das gelang, versuchen die Europäer seit den 1990er-Jahren, dem Erfolgsmodell der USA nachzueifern. Die europäischen Regierungen verabschiedeten deshalb im Jahr 2000 die Lissabon-Strategie, mit der sie bis 2010 die USA in Sachen Produktivität wieder überholen wollten. In Deutschland verabschiedete die rot-grüne Bundesregierung die Agenda 2010, mit weit gehenden Strukturreformen am Arbeitsmarkt, die das Land dem amerikanischen Ideal näher bringen sollten.

Bevor wir uns der Frage zuwenden, wie das BIP zur international dominierenden Messzahl für wirtschaftspolitischen Erfolg wurde, hier ein paar alternative Statistiken. Die USA sind zwar nach der BIP-Statistik (angeblich) die bei weitem reichste große Volkswirtschaft. Aber nach dem *Index der menschlichen Entwicklung* (*Human Development Index*), den das *Entwicklungsprogramm der Vereinten Nationen* (UNDP) regelmäßig veröffentlicht, lagen die USA 2007/2008 auf Rang zwölf. Der Index kombiniert Maße zum Durchschnittseinkommen mit solchen für die Lebenserwartung und die Bildung. Obwohl die USA mehr als jedes andere Land für ihr Gesundheitssystem ausgeben, sind die Bürger Umfragen zufolge extrem unzufrieden damit und müssen viele Millionen Amerikaner ohne Krankenversicherung auskommen. Die durchschnittliche Lebenserwartung ist niedriger als in den meisten anderen Industrieländern. Nach einer ökonometrischen Schätzung verursacht der überdurchschnittlich schlechte Gesundheitszustand der Amerikaner pro Person und Leben Zusatzausgaben von 18000 Dollar (die positiv in das BIP eingehen).[27]

In einer vergleichenden Untersuchung der UNICEF zur Lebensqualität von Kindern in 21 Industrieländern landeten die USA in Sachen Sicherheit und Gesundheit der Kinder auf dem letzten Platz, weit hinter ärmeren Ländern wie Griechenland, Ungarn und Tschechien. In Sachen familiäre Geborgenheit und Umgang mit Gleichaltrigen waren die USA vorletzte, in Sachen materielle Ausstattung auf Platz 17, in Sachen Bildung die Nummer 12.[35] Obwohl die USA in Bezug auf das Durchschnittseinkommen die Spitzenposition einnehmen, lebt dort ein größerer Anteil der Bevölkerung in absoluter Armut als in vielen europäischen Ländern und in Kanada. Dabei ist absolute Armut für alle Länder mit dem gleichen Einkommensbetrag (kaufkraftbereinigt) definiert, der 40 Prozent des Medianeinkommens in den USA entspricht.[34]

Der Anteil der Bevölkerung im Gefängnis, ist in den USA fünf bis zehn Mal so hoch wie in Europa. Atemberaubende 2,3 Prozent der männlichen Bevölkerung im erwerbsfähigen Alter waren im Jahr 2008 Gefängnisinsassen.[32] Rechnet man dazu noch das Gefängnispersonal hinzu, dann saßen rund drei Prozent der männlichen Erwerbspersonen entweder im Gefängnis oder beaufsichtigten die Gefangenen. Das sollte man im Blick behalten, wenn man die Arbeitslosigkeit in den USA mit der in Europa vergleicht. Die USA entlasten ihre Arbeitslosenzahlen dadurch, dass sie einen sehr hohen Anteil ihrer demotivierten und schlecht ausgebildeten Unterklasse im Gefängnis verwahren. Von den jungen Männern schwarzer Hautfarbe ist das nach einem Bericht des *PEW Center of the States* immerhin mehr als jeder Zehnte.

Die Einkommensungleichheit in den USA ist höher als in jedem anderen Industrieland. In Frankreich und Deutschland haben diejenigen am unteren Ende der oberen 10 Prozent (1. Perzentil) ein Einkommen, das etwa drei Mal so hoch ist, wie das derer am oberen Ende der unteren 10 Prozent (10. Perzentil). In Großbritannien ist das Verhältnis gut vier zu eins, in den USA mehr als fünf zu eins.[33]

Die frühen Neoklassiker oder Welfaristen, denen es vor allem um die ungedeckten materiellen Bedarfe ging, hätten geurteilt, dass die Wirtschaft der USA deutlich weniger erfolgreich ist als die von weiten Teilen Europas. Sie hätten auch die passenden Statistiken gehabt, mit denen sie hätten argumentieren können. Ebenso wie die Ökonomen waren die Statistiker bis zum frühen 20. Jahrhundert vor allem mit der Charakterisierung der Lebensbedingungen der Menschen befasst. Führende Statistiker fassten das Leiden der Armen in Zahlen und erzielten damit teilweise durchschlagende politische Wirkung. In England etwa hatten Statistiken einen wesentlichen Anteil daran, dass das Parlament bahnbrechende Gesetze zum Gesundheits- und Arbeitsschutz verabschiedete.[36]

Weil heute Statistiken dieser Art tief im Schatten des BIP-Wachstums stehen, sehen moderne konventionelle Ökonomen und große Teile der politischen Entscheidungsträger – trotz der gravierenden Mängel der USA auf diesen Gebieten – das Land als das große Vorbild, dem es ähnlicher zu werden gilt. Ein Schelm wer Böses dabei denkt. Es war nicht einfach Glück, das dazu führte. Vielmehr haben die USA ihren Einfluss als dominierende Macht des Westens auch auf die Statistik ausgeübt, als nach dem zweiten Weltkrieg die Weichen für unser heutiges System der Volkswirtschaftlichen Gesamtrechnung gestellt wurden. Darüber gibt es nicht viel zu lesen. Es ist kein Thema für höfliche Konversation und wer interessiert sich schon für so ein scheinbar trockenes Thema wie Statistik. Aber in dem Buch des britischen Statistikhonoratioren Michael Ward »Quantifying the World« finden sich versteckt auf 300 Seiten akademischer Aufarbeitung der Erfolge (und Schwächen) des UN-Statistikprogramms einige interessante Feststellungen: »In dieser frühen Phase hatte alles, was die USA als Weltmacht und anerkannte statistische Autorität sagten oder taten, großen Einfluss auf die Daten-Politik der UN.« Die – in den USA entwickelten – Konzepte Wertschöpfung, Wachstum, Bruttosozialprodukt und Bruttoinlandsprodukt wurden schnell zu den Messlatten ökonomischen Fortschritts. Gleichzeitig gab es einen Generalverdacht gegen ›soziale Maßstäbe‹ und verbrämte Kritik an allen Statistiken, die sozialen Fortschritt oder Gleichheit messen sollten«, so Ward. Ihren Einfluss übten die USA sowohl über die Statistikbehörde der UN als auch über die in Washington beheimateten und unter amerikanischer Kuratel stehenden internationalen Finanzorganisationen Weltbank und Internationaler Währungsfonds (IWF) aus. »Trotz ihrer regelmäßigen Interaktion mit der Wissenschaft und obwohl mit dem dortigen Denken in Sachen Entwicklung vertraut, waren weder die UN noch die Bretton-Woods-Institutionen (IWF und Weltbank) bereit, Konzepte in Betracht zu ziehen, die einem Anhänger der liberalen Marktideologie schädlich erscheinen konnten, oder die existierende Weltordnung und Machtverteilung hinterfragten«, schreibt Ward.[36]

Es war nicht schwer, die Entwicklung der statistischen Standards zu steuern. Eine Handvoll UN-Technokraten trafen weit gehend unbeachtet in den Hinterzimmern die grundlegenden Entscheidungen. Die Dokumentation, wie und warum bestimmte statistische Initiativen in den entscheidenden Gremien abgelehnt oder auf die lange Bank geschoben wurden, ist rudimentär. Im Sinne einer scheinbaren Objektivität ging die Organisation allen Diskussionen um die Philosophie der Zahlen aus dem Weg. »Bestimmte« amerikanische Politiker glaubten Ward zufolge, »dass der Kapitalismus unterminiert und die amerikanische Lebensart bedroht werden könnten, wenn man Ideen nachgäbe, die der Politik auch eine soziale Dimension zuschreiben.« Denn soziale Ideen bedrohten die traditionelle puritanische Sichtweise, wonach ausschließlich jeder selbst Herr über die eigene Wohlfahrt ist. Das UN-Sekretariat befürchtete, jeder Versuch soziale Maße einzuführen, könnte als »politische Bewertung« von Mitgliedsregierungen gesehen werden. Regierungen blockierten die Entwicklung von sozialen Indikatoren, weil sie fürchteten, daraus könnten Zielgrößen abgeleitet werden.[36]

Insbesondere für IWF und Weltbank sollte es sich als wichtig und nützlich erweisen, dass es international keine prominenten sozialen Indikatoren gab. »Weil die Arbeit im New Yorker UN-Hauptquartier an sozialen Indikatoren in der zweiten Hälfte der 1980er-Jahre eingestellt wurde, hatte die UN wenig oder gar nichts, was sie dem konzertierten Druck der Bretton-Woods-Institutionen entgegensetzen konnte, als diese in Entwicklungsländern strukturelle Anpassungen mit beträchtlichen sozialen Kosten durchsetzen«, beschreibt Ward die handgreiflichen politischen Folgen.[36]

Das *Entwicklungsprogramm der UN*, das UNDP, stieß schließlich 1990 in die Lücke und begann regelmäßige *Berichte zur menschlichen Entwicklung* (HDR) und darin einen *Index zur menschlichen Entwicklung* zu veröffentlichen, der als alternative Rangliste auf beträchtliche Resonanz stieß. Auf Beschwerden einiger Länder wurde die *Statistische Kommission*, eine Art Oberaufsicht über das Statistikprogramm der UN auf den Plan gerufen. Sie berief eine Expertengruppe ein, die die Initiative der UN-Tochterorganisation genau beleuchten sollte, ein einmaliger Vorgang. Der HDR überlebte jedoch und gewann zunehmend öffentliche Aufmerksamkeit.[36]

Der schöne Schein der Zahlen gegen die schnöde Realität

Dass die USA angeblich so reich sind und trotzdem so viel mehr Arme haben als viele europäische Länder, liegt neben der im Bruttoinlandsprodukt ausgeblendeten sehr ungleichen Einkommensverteilung noch an etwas anderem: Die führende Wirtschaftsmacht hat nicht nur großen Einfluss darauf genommen, mit welchem Maß die Wohlfahrt der Länder gemessen wird, sondern auch darauf, wie genau diese Messlatte angelegt wird. Es gibt deutliche Anzeichen, dass die USA gar nicht so viel reicher sind als andere Länder, wie das die offiziellen Zahlen zum Bruttoinlandsprodukt glauben machen. Dazu tragen »Messprobleme« und Messverfahren bei, die sich einseitig zugunsten der USA auswirken.

Der an der Universität Zürich lehrende Volkswirt Jochen Hartwig weist in einer wissenschaftlichen Studie darauf hin, dass die Öffnung der Produktivitätsschere zwischen den USA und Europa in den 1990er-Jahren zeitlich mit einer Serie von statistischen Neuerungen in den USA zusammenfällt. Diese haben die Europäer nur zum Teil und mit Verzögerung nachvollzogen. Nach seiner Analyse dieser Neuerungen kommt Hartwig zu dem Schluss, dass der größte Teil des amerikanischen Produktivitätsvorsprungs in der zweiten Hälfte der 1990er-Jahre »ein statistisches Artefakt« ist. Würde man mit den gleichen Methoden messen wie vorher, wären die Produktivität und der Vorsprung der USA deutlich geringer.[20] Der kanadische Statistiker Erwin Diewert von der University of British Columbia, einer der international führenden Experten für Volkswirtschaftliche Gesamtrechnung, bestätigt, dass die methodischen Änderungen der letzten Jahrzehnte fast ausnahmslos die Inflation gedrückt und die gemessene Produktion erhöht haben. Dabei hatten die USA immer die Nase vorn. »Die USA haben mit ihren Neuerungen in den letzten 30 Jahren international die Agenda der Statistiker dominiert«, so Diewert auf Anfrage.

Als mit Abstand wichtigste Wirtschaftsmacht konnten und können die USA dafür sorgen, dass die verwendeten Messmethoden die US-Wirtschaft in einem günstigen Licht erscheinen lassen. Fast ausnahmslos führen die neuen Methoden, denen die US-Statistiker den Weg bereitet haben, dazu, dass die gemessene Führungsrolle der USA größer wird. »Die USA stimmen ihre statistischen Neuerungen international nicht ab, sie vollziehen sie und informieren bestenfalls hinterher«, berichtet Norbert Räth, der beim Statistischen Bundesamt für die volkswirtschaftliche Gesamtrechnung zuständig ist. Die übrige Welt kommt dann in den Gremien zusammen, um darüber zu debattieren, wann und wie genau man die geänderten Methoden zum Standard erheben will.

Weil die USA zum Beispiel abweichend vom internationalen Standard ihre hohen und stark wachsenden Ausgaben für Waffensysteme beharrlich als Investitionen verbuchen, haben die Standardsetter bei der Uno 2009 gegen europäische Einwände entschieden, dass dies künftig internationale Konvention sein soll. In Europa wird das ab 2014 umgesetzt. Bis dahin gelten in Europa Ausgaben für Waffensysteme als Staatsverbrauch. Verbuchung als Investition bedeutet, dass die Ausgaben nicht nur einmal gezählt werden, wenn etwa ein Flugzeugträger angeschafft wird, sondern danach Jahr für Jahr noch einmal die »Leistungs«-Abgabe, also die Abschreibungen. Die Doppelzählung liegt daran, dass beim *Brutto*inlandsprodukt wegen der Bruttorechnung Abschreibungen nicht abgezogen werden. Selbst wenn die Europäer ab 2014 nachziehen, führt die Methode dazu, dass das amerikanische BIP stärker aufgebläht wird, als etwa das deutsche, da die USA im Verhältnis zur Wirtschaftsleistung ein Mehrfaches für Waffen ausgeben. Nimmt man die gesamten Militärausgaben als Anhaltspunkt, so wäre es das Dreifache.

Zu den Neuerungen gehört auch ein umstrittenes Verfahren bei der Inflationsmessung, das in Deutschland bis heute nicht angewendet wird: die sogenannte *quadratische Gewichtung*. Diese sorgt dafür, dass, wenn innerhalb einer Gütergruppe ein Gut besonders stark im Preis steigt, das Gewicht dieses Gutes bei der Berechnung der Teuerung automatisch reduziert wird. Das betrifft etwa die Preissteigerung von Boskop-Äpfeln relativ zu Golden Delicious oder von verschiedenen Sorten Brot. Gerechtfertigt wird dies damit, dass ja der Konsument die Möglichkeit habe von den sich stärker verteuernden Sorten auf die sich weniger verteuernden auszuweichen. Berechnungen der amerikanischen Statistikbehörde BLS zufolge, senkt allein dieses neue Rechenverfahren die Inflationsrate um 0,3 Prozentpunkte.[19] Wenn die Inflationsrate sinkt, wächst das *reale* oder *preisbereinigte* Bruttoinlandsprodukt. Wirtschaftswachstum wird in aller Regel preisbereinigt angegeben.

Die wichtigste Neuerung, die die USA eingeführt haben, ist die Qualitätsbereinigung nach dem *hedonischen Verfahren* bei der Inflationsmessung. Dabei wird zum Beispiel durch Zerlegung in Einzelaspekte wie Schnelligkeit, Speicherplatz und Ausstattung rechnerisch ermittelt, was den Preis eines PCs im Vergleich zum Preis anderer bestimmt. Wenn die Modelle wechseln, und der neue Computer schneller und mit mehr Extras und Speicherplatz ausgestattet ist als der alte, dann wird anhand der hedonischen Korrektur zum Beispiel errechnet, dass der neue zwanzig Prozent mehr wert ist als der alte. Wenn er zum gleichen Preis zu haben ist wie der alte, dann erfassen die Statistiker eine Preissenkung um 20 Prozent.

Ihren größten Einfluss übt die Hedonik aber nicht bei den Verbraucherpreisen aus, denn der Anteil von Computern und Ähnlichem in den Warenkörben der

Verbraucher ist gering. Den größeren Einfluss hat sie auf das reale Wirtschaftswachstum und die Produktivität. So hat die hedonische Qualitätsbereinigung maßgeblichen Anteil daran, dass die US-Statistik für die Jahre 1990 bis 2000 einen Anstieg der Arbeitsproduktivität, also der Ausbringung je Arbeitsstunde, in der Computer produzierenden Industrie um knapp 1500 Prozent und in der Halbleiterproduktion von 1000 Prozent ausweist. Zum Vergleich: Im gesamten verarbeitenden Gewerbe stieg die Produktivität um 45 Prozent. Von 2000 bis 2004 hat sich die gemessene Produktivität in der US-Computerproduktion nochmals knapp verdoppelt. Dieser rasante Produktivitätsanstieg liegt daran, dass man einen Computer, der im Jahr 1990 z.B. 1000 Dollar kostete, nach den Annahmen der Statistik heute für weniger als 50 Dollar kaufen könnte. Damit kann aber kein Computer gekauft werden, etwa 500 Dollar muss man schon ausgeben. Ein Computer, der heute für 500 Dollar über den Ladentisch geht, wird bei der Produktionszählung so gerechnet wie zehn Computer 1990. Da die Informationstechnologie und Unterhaltungselektronik in den USA einen höheren Anteil an der Wirtschaftsleistung aufweist als in Deutschland und den meisten anderen europäischen Ländern, wirkt sich diese massive statistische Produktionsaufblähung selbst bei inzwischen vergleichbaren Messverfahren stärker positiv aus. Bei der hedonischen Preisbereinigung haben die meisten Länder im Prinzip nachgezogen. Nach übereinstimmender Einschätzung der Experten verwenden die USA jedoch deutlich mehr Mühe darauf und wenden das Verfahren breiter an.

Die hedonische Qualitätsbereinigung bläst im Zusammenwirken mit einem kaum beachteten statistischen Erfassungsproblem Wirtschaftsleistung und Produktivität kräftig auf. US-Firmen haben einen großen Teil der Produktion von Hochtechnologiegütern ins Ausland verlagert. Sie beziehen aus China, Indien und vielen anderen Ländern Vorprodukte und Dienstleistungen, wie zum Beispiel Programmierarbeit. In den USA erledigen sie oft nur noch Endfertigung, Marketing und Vertrieb. Im Prinzip müsste der hedonischen Aufblähung der Produktionswerte von Computern, Halbleitern und Software ein ähnlich aufgeblähter Abzugsposten auf der Importseite gegenüberstehen. Aber eben nur im Prinzip. In der Praxis lässt sich das BIP nämlich auch dadurch steigern, dass man sich darauf konzentriert, zu messen (und aufzublähen), was das BIP erhöht und das zu vernachlässigen, was das BIP senkt. So gehörte das *Programm zur internationalen Preismessung* bei der US-Statistikbehörde BLS, die für die Importpreise zuständig ist, in den letzten Jahren zu den am stärksten von Budgetkürzungen betroffenen Bereichen. Trotz der großen Schwierigkeiten und Lücken bei der Messung in diesem Bereich, und trotz des starken Anstiegs der zu messenden Importe, wurde hier kräftig Personal abgebaut. Die heimische Preisstatistik, die mit der personalintensiven hedonischen Qualitätsbereinigung einen wertvollen Beitrag zur Senkung der Inflation und zur Erhöhung des Wachstums leistet, wurde dagegen von den Kürzungen ausgenommen.

Dabei gehört der internationale Handel mit Dienstleistungen wie Call Centern oder Softwareprogrammierung zu den am schwierigsten zu messenden

Größen überhaupt. Das zuständige statistische Amt der USA hat bis heute keine Preisstatistik für Importe unternehmensnaher Dienstleistungen. »Entsprechende Bemühungen mussten wir wegen der Budgetkürzungen einstellen«, berichtet der Leiter des Programms für internationale Preise beim BLS auf Anfrage. Diese Importe hedonisch so aufzuwerten wie das Endprodukt, scheitert also schon an den Daten. Das heißt: Wenn Microsoft ein neues, hoffentlich verbessertes Betriebssystem verkauft, wird die reale Produktion durch Qualitätsbereinigung kräftig aufgewertet. Die importierten Dienstleistungen, die maßgeblich in dieses Produkt eingehen, erfahren diese Aufwertung nicht. Der gesamte Gewinn an Produktqualität, den die indischen Programmierer hervorbringen, wird den Marketing- und Vertriebsanstrengungen in den USA zugeschrieben. Wenn Apple seinen *iPad* oder sein *iPhone* millionenfach verkauft, passiert Ähnliches.

»Das BLS bemüht sich sehr, zu einer besseren Erfassung der Importpreise zu kommen, aber die Schwierigkeiten, mit denen das Amt zu kämpfen hat, sind überwältigend«, sagt die US-Statistikexpertin Susan Houseman. Houseman hat Belege zusammengetragen, dass die US-Importstatistik einen hohen Anteil der tatsächlichen Importe nicht erfasst, und dass Preisrückgänge der importierten Zwischenprodukte nicht angemessen berücksichtigt werden.[22] Beides hat den Effekt, dass die preisbereinigten Importe, die bei der Ermittlung des Bruttoinlandsprodukts einen Abzugsposten darstellen, deutlich zu niedrig ausgewiesen werden. »Das Zusammentreffen von massiver hedonischer Qualitätsbereinigung und großen Erfassungsproblemen im Import macht die Wertschöpfungsergebnisse im Bereich Informationstechnologie anfällig für große Verzerrungen«, beschreibt die Expertin das Problem.

Dieses Messproblem könnte eine Erklärung für ein Phänomen sein, über das Wirtschaftsexperten schon lange sinnieren, nämlich, dass den offiziellen Statistiken zufolge die Produzenten von Computern und Halbleitern, für mehr als die Hälfte des industriellen Produktivitätsfortschritts in den USA verantwortlich sind, obwohl sie nur einen kleinen Teil der Arbeitnehmer beschäftigen. Kann es tatsächlich sein, dass nicht der Einsatz von Computern für das Produktivitätswunder der USA verantwortlich ist, sondern vor allem die Produktion von Computern und Halbleitern? Sehr plausibel ist das nicht. Entweder die Computer sind tatsächlich so viel nützlicher als früher, dann müssten sie die Produktivität in den Anwenderbranchen kräftig nach oben treiben. Wenn das nicht der Fall ist, dann ist das ein Hinweis darauf, dass die Produktivität der Computerbranche durch überzogene Hedonik und Untererfassung der Importe viel zu hoch ausgewiesen wird.

Es gibt noch mehr gute Gründe, am Ausmaß des Produktivitätsfortschritts durch bessere Computer zu zweifeln. Ein Unternehmen oder Haushalt, die nur deshalb neues Equipment brauchen, weil das alte aufgrund raffinierter Produktstrategien der Produzenten schon bald nicht mehr dem aktuellen Standard entspricht, empfände es als Hohn, wenn die Statistiker diese für ihn ärgerliche und reale Ausgabe dann auch noch durch hedonische Bereinigung auf einen

Bruchteil zusammenschnurren lassen. Sehr kurze Produktzyklen mögen für die Produzenten gewinnmaximierend sein, produktiv sind sie nicht. Wenn man zudem bedenkt, was Computernutzer, meist Unternehmen, 1990 mit der teuren Rechnerkapazität für 1000 Dollar machten, stellt sich die Frage, ob ein PC für 500 Dollar, den ein Teenager nutzt, um zu chatten und Computerspiele zu spielen, tatsächlich so produktiv ist wie zehn Rechner damaligen Standards.

Suspekt ist vielen Experten auch die hohe Leistung des zweiten großen Produktivitätstreibers der US-Wirtschaft, des Handels. Nach offizieller statistischer Lesart sind die dortigen großen Einkaufszentren wie Wal-Mart sehr viel effizienter als traditionelle Kaufhäuser und Einzelhändler. Den Statistiken zufolge stieg die Produktivität im Großhandel der USA von 1995–2005 um 6,8 Prozent pro Jahr, in der EU nur um 2,4 Prozent. Beim Einzelhandel waren es jährlich 3,1 Prozent in den USA und nur 1,5 Prozent in der EU. Allerdings ist die reale Produktionsleistung des Handels gar nicht direkt zu messen. Sie wird als Differenz zwischen Einkauf und Verkauf ermittelt. Das macht die Sache kompliziert und fehleranfällig, wenn die Verkaufspreise in größerem Umfang qualitäts- und preisbereinigt werden. Die USA wenden hier nach Auskunft des Statistischen Bundesamts ein anderes, einfacheres Verfahren an als die Europäer. Es führt dazu, dass ein Einzelhändler, der einen Karton verkauft, in dem ein Computer ist, eine höhere Wertschöpfung zugewiesen bekommt, als einer, der eine Kiste mit einem Fahrrad verkauft, auch wenn Aufwand und Handelsspanne gleich sind. Ökonomen, die angetreten sind, in diesem Bereich größere Verzerrungen fundiert nachzuweisen, hatten aber bisher keinen Erfolg.[21] Doch dass der Wal-Mart-Konzern bei seinem Versuch, in Deutschland Fuß zu fassen, so kläglich scheiterte, mutet in Anbetracht des Produktivitätswunders, den Einkauf, Logistik und Verkaufsorganisation dieses Unternehmens darstellen sollen, ziemlich seltsam an.

Statistik-Experten betrachten die Messreformen der letzten Jahrzehnte ganz überwiegend als Verbesserungen. Auch der kanadische Experte Erwin Diewert verteidigt sie. Für jede einzelne Änderung lassen sich gute Argumente vorbringen. Das gilt auch für den von den USA forcierten Trend, immer mehr Ausgaben als Investitionen zu buchen, der zunehmend zu den erwähnten Doppelzählungen der Abschreibungen führt. Die USA profitieren davon stärker als andere Länder, weil sie mehr für Software, Waffensysteme sowie Forschung und Entwicklung ausgeben, die als Investitionen eingestuft werden. Als Verbesserung wird weithin auch die BIP-Verkettung gesehen, die ebenfalls die USA zuerst eingeführt haben. Dabei werden als Messlatte für die Preisbereinigung nicht mehr die Preise eines festen Basisjahres genommen, sondern jeweils die Preise des Vorjahres. Allein das hat einer Rückrechnung zufolge in den USA zu jährlichen Wachstumssteigerungen zwischen 0,1 und 0,4 Prozent geführt.[20]

Die Verzerrung der Statistik entsteht dadurch, dass andere Reformen nicht stattfinden, die die Messung ebenfalls verbessern würden, dabei aber das gemessene Wachstum senken würden. Während die Statistiker vor allem in den USA größtes Augenmerk auf die Qualitätsbereinigung von Gütern mit starkem technischem Fortschritt legen, werden Qualitätsaspekte in anderen Bereichen oft eklatant außer Acht gelassen. Das führt zu teilweise haarsträubenden Ergebnissen. So wird Produktion und Produktivität in der Gesundheitsbranche nicht mehr daran gemessen, wie viele Arzt- und Pflegerstunden als Input aufgewendet werden, sondern allein an den Fallzahlen, also wie viele Geburten, Blinddarmoperationen und andere Behandlungen ausgeführt werden. Das klingt im Prinzip ganz vernünftig, krankt aber sehr daran, dass die Qualität der Versorgung völlig ignoriert wird. In der US-Presse gab es in den letzten Jahren eine Vielzahl von Berichten, in denen unter Überschriften wie »Blutige Entlassung« skandalisiert wurde, dass die Krankenhäuser – unter dem Druck der Kassen – ihren Patienten immer weniger Pflege zukommen lassen. Eine ähnliche Entwicklung ist in Deutschland zu beobachten. Wenn also ein Krankenhaus eine Wöchnerin standardmäßig nach drei Tagen entlässt, wo vorher sechs Tage im Krankenhaus üblich waren, dann verzeichnen die Statistiker dies eins zu eins als Produktivitätsgewinn. Weil das Krankenhaus nun in der gleichen Zeit und mit ähnlichem Personaleinsatz doppelt so viele Geburten abwickeln kann, wird das als doppelt so hohe Produktion und Produktivität gerechnet. Die Statistiker der USA haben diese Berechnungsweise schon 1997 eingeführt, verräterischer Weise fast zur selben Zeit, als sie bei den Preisen für Informationstechnologie anfingen, großes Gewicht auf die Qualitätsbereinigung zu legen. Deutschland hat 2005 nachgezogen. Ähnliches findet im Bildungswesen statt. Begründet wird das damit, dass man nur über diese Art der Produktionsberechnung Produktivitätsfortschritt im öffentlichen Dienst und im Gesundheitswesen ausweisen kann. Im Klartext: Wenn es darum geht, möglichst hohe Produktivitätsfortschritte auszuweisen, muss die andernorts so hoch gehaltene Qualitätsbereinigung hintenan stehen.

Wenn man all dies weiß, dann wundert man sich nicht mehr so sehr, warum es in einem so reichen Land so viele sehr Arme leben. Wenn der Reichtum zu einem guten Teil aus statistisch aufgeblähten Bits und Bytes und ähnlichen Luftbuchungen besteht, dann hat vor allem die ärmere Hälfte der Bevölkerung recht wenig davon. Bits und Bytes kann man nicht essen, auch nicht, wenn sie hedonisch aufgewertet werden. Dafür müssen dann schon die Suppenküchen herhalten, deren Kundschaft sich in wenigen Jahren verdoppelt hat.

Die sich selbst erfüllenden Prophezeiungen der Ökonomie

»Die Theorien der Sozialwissenschaften können die Wirklichkeit beeinflussen. indem sie verändern, wie wir über uns denken und wie wir handeln.«

F. Ferraro, J. Pfeffer und R. Sutton, 2003[14]

Eine einflussreiche Wissenschaft wie die Ökonomie bestimmt nicht nur das vorherrschende Denken. Sie kann auch die Realität, die sie erklären will, verändern. Annahmen über das menschliche Handeln, die eigentlich falsch waren, können wahr werden, wenn die verzerrte Analyse geglaubt wird und die Menschen danach handeln: entweder, weil sie das für die Norm halten, oder weil sie durch von diesem Denken inspirierte Anreize dazu gebracht werden.[7, 14] Eine Vielzahl von Studien hat nachgewiesen, dass Ökonomen Werte haben, die sich vom Durchschnitt der Bürger systematisch unterscheiden.[10, 14, 17, 25] Eine Gruppe von Forschern führte eine Serie von zwölf Experimenten durch, bei denen die Probanden ein *Public-Goods-Game* genanntes Spiel spielten. Dabei sind die Teilnehmer aufgerufen, einen selbst zu wählenden Teil des Geldes, das sie vom Experimentator bekommen, in einen gemeinsamen Topf der Gruppe zu werfen. Der Experimentator gibt dann z.B. 50 Prozent der Summe im Topf dazu und dann wird das Ganze, ohne Rücksicht darauf, wer wie viel gegeben hat, auf alle Gruppenmitglieder verteilt. Teilnehmer, die sich gegenseitig vertrauen, würden sich als Gruppe am besten stellen, wenn jeder alles in den Topf gäbe. Der Homo Oeconomicus würde nichts geben und als Trittbrettfahrer hoffen, dass die anderen möglichst viel geben. Die Experimentatoren stellten jedoch fest, dass die Teilnehmer beträchtliche Summen in den Topf legten. Die einzige Ausnahme waren Ökonomen im Doktorandenstudium. Bei ihnen war der Anteil der Trittbrettfahrer viel höher als bei allen anderen Teilnehmergruppen.[25]

Am Ende wurden die Teilnehmer gefragt, was sie als fairen Beitrag für das öffentliche Gut (den gemeinsamen Topf) betrachteten. Etwa drei Viertel der Nicht-Ökonomen sagten, »die Hälfte oder mehr« der eigenen Grundausstattung, ein Viertel sagte »alles«. Eine zweite Frage lautete: »Spielte Fairness eine Rolle bei ihrer Entscheidung?« Diese Frage beantworteten fast alle Nicht-Ökonomen mit »ja«. Die Antworten der Ökonomen auf beide Fragen ließen sich dagegen nicht vernünftig zusammenfassen. Mehr als ein Drittel wollte die Frage nicht beantworten, was ein fairer Anteil wäre, oder gab sehr komplexe, nicht kodierbare Antworten. Von denen, die antworteten, sagten die meisten, dass wenig oder gar kein Beitrag »fair« sei. Auf die zweite Frage antwortete nur etwa die Hälfte der Ökonomen, das Fairness eine Rolle bei ihrer Entscheidung gespielt habe.[25]

Die Volkswirte und Betriebswirte, die an solchen Experimenten teilnahmen, kamen meist dem für die Gruppe ungünstigen Trittbrettfahrergleichgewicht recht nahe, in dem niemand etwas in den Topf legt. Krankenschwestern dagegen erreichten viel häufiger das günstige Gleichgewicht, in dem alle oder die meisten größere Beträge in den Topf legten.[9] Ein *Gefangenendilemma-Spiel* mit Ökonomiestudenten und Studenten anderer Fachrichtungen zeigte das gleiche Muster. Bei diesem paarweise gespielten Spiel ist es wie beim *Public-Goods-Spiel* günstig für das Paar, wenn beide miteinander kooperieren. Jeder Einzelne stellt sich auf jeden Fall besser, wenn er rein egoistisch handelt. Nur 40 Prozent der Ökonomen taten, was für beide gemeinsam das Beste war, bei den anderen Studenten waren es 60 Prozent. Während in den anderen Disziplinen der Anteil derer, die ihren egoistischen Vorteil verfolgten mit zunehmender Studiendauer abnahm, war bei den Ökonomen das Gegenteil der Fall.[17]

Die unterschiedliche Haltung der Ökonomen zu Egoismus, Kooperation und Fairness kann man auf zwei Arten erklären. Entweder wählen egoistische, unkooperative Menschen bevorzugt das Studienfach Ökonomie, oder aber das Studium mit seiner Annahme vom Homo Oeconomicus färbt auf die Werte der Studenten ab. Beide Erklärungsansatze scheinen ihre Berechtigung zu haben. Wichtig daran ist weniger, woher die Unterschiede rühren, als vielmehr die Unterschiede selbst. Wenn nämlich die spezielle Weltsicht der Ökonomen die wirtschafts- und sozialpolitischen Entscheidungsträger und die Bevölkerung überproportional beeinflussen kann, so kann das Rückkopplungen auslösen, die diesen Einfluss selbstverstärkend machen. Wenn zum Beispiel aufgrund des Ökonomenrats die öffentliche Unterstützung für Umverteilung zugunsten der Armen zurückgeht, führt das zu weniger Umverteilung. Und dieser Rückgang der Umverteilung nährt, wie Ökonomen gezeigt haben, einen weiteren Rückgang der Umverteilung.

Dieser überraschende Rückkopplungseffekt basiert auf der Idee, dass die Menschen einen Anreiz haben, ihre Wahrnehmung der Realität und ihre Verhaltensnormen den Umständen anzupassen. Der Glaube an eine gerechte Welt, in der jeder erfolgreich sein kann, hat eine Funktion als Motivationsinstrument. Benachteiligte Amerikaner, die ihren Kindern erzählen, dass sie wahrscheinlich ihren fairen Anteil am Erfolg nicht bekommen werden, egal wie hart sie arbeiten, tun ihnen damit einen Bärendienst. Wenn diese keine Motivation haben, alles für den Erfolg zu tun, werden sie auf jeden Fall arm bleiben. Das ist in einem Land mit geringen sozialen Leistungen für Arme und Arbeitslose ein besonders unattraktives Schicksal. Sie helfen ihnen mehr, wenn sie ihnen einschärfen, dass jeder bekommt, was er verdient – selbst wenn es nicht wahr ist – und dass es eine Schande ist, von der Wohlfahrt zu leben.[5]

In einem europäischen Wohlfahrtsstaat kann man seinen Kindern eher reinen Wein einschenken. Das könnte erklären, warum die US-Amerikaner so hartnäckig an den Tellerwäscher-Mythos glauben, dass in ihrer Gesellschaft der soziale Hintergrund die Zukunftschancen viel weniger bestimmt als in anderen Ländern. Die Wirklichkeit sieht ganz anders aus. So sind Studien, die den Zusammenhang zwischen den Einkommen von Vätern und Söhnen international verglichen haben, jeweils zu dem Ergebnis gekommen, dass dieser Zusammenhang ausgerechnet in den USA am engsten ist. Der sogenannte *Korrelationskoeffizient* betrug etwa 0,5 Prozent. Das heißt, dass die Hälfte des Einkommensvorteils des Vaters im Durchschnitt auf den Sohn übertragen wird. In Ländern mit Koeffizienten um 0,2 Prozent, wie Deutschland oder Dänemark haben die Nachkommen einer armen Familie eine gute Chance, innerhalb von zwei Generationen zum Einkommensdurchschnitt aufzuschließen. In den USA dauert das 75 bis 100 Jahre.[32] Doch die Ungleichheit dort und der Mangel an sozialer Absicherung nähren den Glauben an den Mythos und unterminieren die öffentliche Unterstützung für Umverteilung.[5]

Dieser theoretisch von den französischen Ökonomen Roland Benabou und Jean Tirole abgeleitete Rückkopplungseffekt, kann erklären helfen, warum Europa und die USA, trotz ihrer kulturell so ähnlichen Bevölkerungen, sich in Sachen Umverteilung so unterschiedlich entwickelt haben. Forscher der London School of Economics haben die These in der Praxis überprüft und Belege gefunden. Sie werteten Meinungsumfragen in Großbritannien aus und stellten fest, dass die Antworten auf Fragen zur Fairness und zur Verantwortung für das eigene Schicksal tatsächlich von der Entwicklung der Umverteilungsintensität beeinflusst scheinen. Nach den zunächst heftig umstrittenen Sozialreformen und der Rückführung der Umverteilung unter Margaret Thatcher wurden die Briten immer mehr überzeugt, dass großzügige Sozialleistungen für die Armen und Arbeitslosen diese faul machen würden und dass große Einkommensunterschiede nötig wären, um den Leuten einen Anreiz zu Studium und harter Arbeit zu geben.

Ein zweiter Rückkopplungseffekt dürfte ebenfalls zur Erklärung beitragen, warum in der Realität mehr Ungleichheit zu weniger Umverteilung führt. Wenn die Reichen relativ reicher werden, haben sie mehr Mittel und einen stärkeren Anreiz, in eine Abwehr von Umverteilung zu investieren. Sie geben mehr Geld aus, um die öffentliche Meinung so zu beeinflussen, dass sie gegenüber Ungleichheit toleranter wird.[18] Den ökonomischen Mainstream zu fördern und dessen Vertretern die notwendigen Mittel zu geben, ist in dieser Hinsicht eine gute Investition.

Damit sind zusammenfassend alle Zutaten da, damit die umverteilungsfeindliche, anti-kollektive Ausrichtung des ökonomischen Mainstreams einen starken Einfluss auf die Gesellschaft ausüben kann. Je erfolgreicher sie ist, desto geringer wird der Widerstand gegen weitere Veränderungen in die gleiche Richtung.

Eine wichtige Rolle spielt dabei die Tatsache, dass ökonomische Theorien auch beeinflussen können, was als sozial akzeptables Verhalten gilt. In seinem Buch »The Vote Motive« schreibt etwa Gordon Tullock: »Der durchschnittliche Mensch ist zu etwa 95 Prozent selbstsüchtig im engen Sinne des Wortes.« Solche Überzeugungen, vorgetragen von einflussreichen Wissenschaftlern können dazu führen, dass die Öffentlichkeit selbstsüchtiges Verhalten verstärkt als normal betrachtet. Und tatsächlich scheint die Tendenz der Ökonomen, sozial orientiertes Verhalten mit Irrationalität gleichzusetzen, zunehmend auch in der allgemeinen Öffentlichkeit Einzug zu halten. Die meisten Leute rechtfertigen sich, wenn sie die Norm des Eigeninteresses verletzten. In Forschungsexperimenten, bei denen die Teilnehmer einen Teil ihrer Vergütung für Aktionen verschiedener Interessengruppen spenden konnten, zeigte sich, dass sie zögerten, öffentlich eine Aktivität zu begünstigen, an der sie kein eigenes Interesse hatten, wie etwa ein Mann, der eine Frauengruppe unterstützt. Anonym fiel ihnen das viel leichter. Offenbar wollten sie sich nicht dem Urteil auszusetzen, irrational zu sein. Dazu passt das Ergebnis von Umfragen, die zeigen, dass Amerikaner die Verfolgung des Eigeninteresses als immer stärker verbreitet, also zunehmend als normal betrachten.[28]

Schon die Ausdrucksweisen und Konzepte der Ökonomen beeinflussen Vorlieben und Handeln der Menschen. Das Vokabular der Ökonomen beschreibt bevorzugt den Austausch zwischen egoistischen Menschen. Dieses Vokabular liefert für andere Menschen den Rahmen, innerhalb dessen sie über wirtschaftliche Fragen nachdenken. Ein raffiniertes Experiment hat gezeigt, wie wichtig die Wortwahl für das Denken und Handeln sein kann. Die Teilnehmer spielten das *Gefangenen-Dilemma-Spiel*. Das ist das schon erwähnte Spiel, bei dem zwei Spieler jeweils einen individuellen Anreiz haben, selbstsüchtig zu handeln. Sie stellen sich aber viel besser, wenn beide kooperieren. Der einen Hälfte der Teilnehmer wurde das Spiel als *Wall-Street-Spiel* vorgestellt, der anderen Hälfte als *Gemeinschaftsspiel*. Im ersten Fall war beiderseits selbstsüchtiges Verhalten die Norm, im zweiten Fall war Kooperation die Regel.[24]

Sogar noch subtilere Signale können unser Verhalten merklich beeinflussen, wie eine andere clevere Studie gezeigt hat: Die Teilnehmer erhielten zehn Dollar und durften entscheiden, wie viel davon sie ihrem jeweiligen Partner abgeben wollten. Der Partner konnte ablehnen, dann bekam keiner etwas (Ultimatum-Spiel). Ein Teil der Probanden hatte einen Bleistift und einen Rucksack im Blickfeld, ein anderer Teil sah eine Aktentasche und einen teuren Schreibfüller. Hatten die Teilnehmer Objekte im Blick, die nichts mit dem Geschäftsleben zu tun hatten, teilten alle 50 zu 50. Bei denen, die den Aktenkoffer anschauten, war nur ein Drittel so großzügig.[33]

Als Resümee kann man festhalten: Die These, dass nur individueller Egoismus rational ist, während es irrational ist, im Gruppeninteresse zu handeln, ist keine rein semantische Übung. Dass die einflussreichste Sozialwissenschaft mit dieser Definition von Rationalität arbeitet, hat dazu beigetragen, die Vertretung von Gruppeninteressen schwerer zu machen und zu diskreditieren. Das trifft die Interessen großer Gruppen am stärksten, wie etwa Gewerkschaften, die auf den Solidaritätsgedanken angewiesen sind.

Wes Brot ich ess, dess Lied ich sing

»Der Parlamentarier, der jeden Vorschlag der Monopolisten unterstützt, ihr Monopol zu stärken, erwirbt sich den Ruf, etwas von Wirtschaft zu verstehen und erfreut sich großer Beliebtheit und Einflusses bei reichen und wichtigen Männern.«

Adam Smith, 1784

Was Adam Smith in der zweiten Ausgabe seines Werkes »Wohlstand der Nationen« über Parlamentarier und ihren Anreiz schrieb, den Wünschen der Wirtschaftsmächtigen nachzukommen, gilt Wort für Wort auch für Ökonomen, bis heute. Die Kombination von Rational Choice und reformierter neoklassischer Theorie, die den heutigen Mainstream bildet, ist äußerst attraktiv für alle, die sich unter dem Status quo gut stellen und die sich mit noch weniger Regierungseinfluss und noch weniger kollektivem Handeln noch besser stellen würden. Die Konzentration der Ökonomen auf freiwilligen Austausch schützt diejenigen, die reich geworden sind, vor Verschlechterung aufgrund kollektiver Aktionen und staatlichem Zugriff.

Die beiden europäischen Ökonomen Christian Arnsperger und Yanis Varoufakis beschreiben die Mischung aus Dogma und Selbstzensur, die das vorherrschende Paradigma der Ökonomie beschützt folgendermaßen:

»Wenn eine wissbegierige Wissenschaftlerin, die die Techniken der Neoklassik gemeistert hat, anfängt Zweifel zu bekommen und die grundlegenden Axiome zu hinterfragen, stellt sie letztlich die Vorherrschaft ihrer Disziplin in Frage. Sie erhält dann jede Menge gut gemeinten Rat. In den guten Zeitschriften zu veröffentlichen, ist schwer genug. Aufsätze zu veröffentlichen, die die grundlegenden Axiome anzweifeln, ist deutlich schwerer. Man muss schon ein ziemlicher Narr sein, um eine hart erkämpfte akademische Karriere in Gefahr zu bringen, nur um dem Wahrheitsgehalt eines Glaubenssatzes auf den Zahn zu fühlen.«[3]

Sie liefern eine zusätzliche Erklärung, warum es nicht mehr Dissens gibt, der schließlich das Dogma schleifen würde. Der Status quo ist hochgradig günstig für die Mainstream-Ökonomie und ihre Vertreter. Ihr Einfluss ist viel größer als der jeder anderen Sozialwissenschaft. Forschungsgelder fließen reichlicher als in den benachbarten Disziplinen und die Bezahlung ist besser. Einfache und klare Antworten geben zu können, welche denen, die über die Verteilung der finanziellen Mittel verfügen, nicht gegen den Strich gehen, ist dem eigenen Einfluss und der Attraktion von Forschungsgeldern zuträglicher als über grundsätzliche methodische Fragen zu diskutieren. Keiner, der das tut, macht sich im Fach beliebt. Macht- und Verteilungsfragen aus den Gleichungen herauszuhalten hilft beträchtlich, die Sponsoren nicht vor den Kopf zu stoßen.

Im Zusammenhang mit der *Subprime-Krise* hat ein Ökonom an der Penn State University of Pennsylvania, Devesh Kapur, das Schweigen des Establishments über die mächtigen Anreize zugunsten bestimmter Forschungsergebnsisse gebrochen. In einem Meinungsbeitrag für die *Financial Times* (24.06.2009) stellt er fest, dass die intellektuelle Unterfütterung der Entwicklungen, die in die Krise führten, alle aus den führenden Wirtschafts- und Finance-Fakultäten der USA kamen, sei es nun Finanzinnovation, Finanzderegulierung, Kapitalverkehrsliberalisierung oder die Förderung von Aktienoptionen für Führungskräfte. Er lenkt die Aufmerksamkeit auf den Umstand, dass die Ökonomen, die diese Unterfütterung lieferten, sehr von den Entwicklungen profitierten, die sie förderten. Der immer größer und profitabler werdende Finanzsektor gab in Form von Forschungsgeldern und Rednergagen durchaus etwas von dem Reichtum an seine intellektuellen Sponsoren ab. Viele dieser Ökonomen haben ausgeprägte Geschäftsinteressen, die von Aufsichtsrats- und Beraterposten in Finanzinstituten bis zu Partnerschaften in Hedge-Fonds reichen. »Die Chance, zu einem lukrativen Vortrag bei der Citicorp eingeladen zu werden, wäre gering gewesen, wenn man in den 1980er-Jahren für Schuldenverzicht gegenüber Krisenstaaten eingetreten wäre, in den 1990er-Jahren gegen Kapitalverkehrsliberalisierung oder gegen Aktienoptionen um die Jahrtausendwende«, stellt Kapur fest. Man kann hinzufügen: Wer eine dieser Ansichten hatte und versucht hat, einen guten Job in der Hochschulforschung zu bekommen, der hatte geringe Chancen. Kapur kritisiert, dass die Ökonomie, was die Offenlegung von Interessenkonflikten angeht, weit hinter den naturwissenschaftlichen Disziplinen liegt. Über dieses Thema wird in der Ökonomie noch nicht einmal geredet.

Ein seltener Fall, in dem diese Interessenkonflikte offen zu Tage traten, ist der Streit um das geplante *Milton-Friedman-Institut* an der Universität Chicago. Sehr viele nicht-ökonomische Fakultätsmitglieder unterzeichneten eine Petition gegen diese Namenswahl, weil der Name Friedman mit einer extrem konservativen gesellschaftlichen Agenda verbunden sei. Sie fürchteten, die Agenda des Instituts würde dadurch in die Richtung der umstrittenen Ansichten des Namensgebers gelenkt. Nach monatelangen heftigen Auseinandersetzungen unter den Professoren drückte der Träger des Nobel-Gedächtnispreises, James Heckman, als einziger renommierter Ökonom der Fakultät eine gewisse Sympathie für die Idee eines anderen Namens aus. In einem Interview mit der Studentenzeitung *Chicago Maroon* (14.10.2008) beschrieb er sehr offen das Hauptargument für den Namen. Es würde sehr viel mehr Geld in das Institut fließen, wenn es mit Namen und Agenda von Milton Friedman verbunden wäre. Auf die Frage, ob die Meinungen der von dieser Agenda angesprochenen Geldgeber die Forschung des Instituts beeinflussen könnten, sagte Heckman: »Ja, das gilt für jedes Institut. Man gibt sich ein Leitbild, eine Aufgabe, wirbt bei Geldgebern und diese erwarten, dass dem Leitbild gefolgt wird. Es ist sehr selten, dass die Leute reinen Wissenserwerb finanzieren.«

Die Art, wie ökonomische Theorien aussortiert, zum Austrocknen liegen gelassen oder gehegt und gepflegt werden, sorgt dafür, dass niemand bewusst befangene Forschung betreiben muss, und doch eine sehr parteiische Wissenschaft dabei herauskommt. Die klugen und erfolgreichen Mainstream-Ökonomen, die ehrlich überzeugt sind, dass ihr Ansatz richtig ist, sind zu Recht stolz auf ihren Erfolg. Sie übersehen aber nur allzu leicht, dass sie bei gleicher Intelligenz und Strebsamkeit viel weniger erfolgreich wären, wenn sie das Pech hätten, eine andere Weltanschauung verinnerlicht zu haben.

Kapitel 6: Staatsmacht, wirtschaftliche Macht und wer kontrolliert hier eigentlich wen?

»Demokratie ist nichts anderes als das Regiment des Mobs. Einundfünfzig Prozent der Menschen können darin den anderen neunundvierzig ihre Rechte wegnehmen.«

Thomas Jefferson

»Wenn Freiheit und Gleichheit vor allem in der Demokratie zu finden sind, wie viele meinen, so werden sie am besten erreicht, wenn alle gleichermaßen umfassend an der Regierung teilhaben.«

Aristoteles

Staatsmacht, wirtschaftliche Macht und wer kontrolliert hier eigentlich wen?

Als die siegreichen französischen Revolutionäre die Monarchie stürzten, waren sie umsichtig genug, es mit der Demokratie nicht zu übertreiben. Nur Männer ab 25, die einen gewissen Besitzstand hatten, bekamen das Wahlrecht. In den USA begrenzten die Gründerväter das Wahlrecht auf Grundbesitzer und verboten zur Sicherheit per Verfassung die Erhebung von Einkommenssteuern. Nur Steuern auf Grundbesitz und einheitliche Pro-Kopf-Steuern sollten erlaubt sein. In Großbritannien war in den 1830er-Jahren nur jeder siebte männliche Bürger wahlberechtigt und selbst 1884 hatten erst 60 Prozent der männlichen Hälfte der Bevölkerung das Wahlrecht. In Preußen führte Friedrich Wilhelm IV. nach der Revolution von 1848 ein *Dreiklassenwahlrecht* für die Wahlen zum Abgeordnetenhaus des Preußischen Landtags ein, das bis 1918 galt. Die Bürger wurden nach der Steuerbelastung sortiert. Von oben herab wählten diejenigen, die ein Drittel des Steueraufkommens bestritten, ein Drittel der Abgeordneten, das nächste Drittel wählte ein weiteres Drittel der Abgeordneten und der große Rest der Bevölkerung, der das übrige Steueraufkommen erbrachte, wählte ebenfalls ein Drittel. Dem Online-Lexikon Wikipedia zufolge bestand 1849 die erste Klasse von Wählern aus 4,7 Prozent der Bevölkerung, die zweite aus 12,7 Prozent und die dritte aus 82,6 Prozent. Die Reichen in der ersten Klasse hatten also ein Stimmengewicht, das 17-mal so hoch war wie das der Bevölkerungsmehrheit in der dritten Klasse.

Diese Verknüpfung von Reichtum, Steuerlast und Wahlrecht, die im Übergang zur Demokratie gang und gäbe war, macht deutlich, was im Zusammenhang mit der Macht der Finanzbranche in Kapitel 1 schon aufschien: Privater Reichtum, wirtschaftliche und staatliche Macht überlappen sich. Anders ausgedrückt: Wirtschaftliche und politische Eliten eines Landes stehen in enger Beziehung miteinander und überschneiden sich. Manchmal ist es sogar ein und dieselbe. Wenn es also darum geht, ob und wie wirtschaftliche Macht reguliert und begrenzt werden kann, führt kein Weg daran vorbei, zu klären, wie sich die beiden Machtsphären gegenseitig beeinflussen.

Die Geschichte lebt

»Wer die Vergangenheit nicht kennt, ist dazu verurteilt, sie zu wiederholen«.
George Santayana

Das Zusammenspiel von wirtschaftlicher und politischer Macht ist äußerst komplex und mit der in der Ökonomie üblichen geschichtslosen Gleichgewichtsanalyse nicht zu erfassen. Die Geschichte lehrt, dass es für den Auf- und Abstieg von Imperien, Regierungsformen und Wirtschaftsformen oft entscheidend darauf ankommt, wie die großen Ereignisse und Entwicklungen das eingespielte Zusammenwirken der Machtsphären verändern. Es ist sehr schwer, solche komplexen Systeme zu prognostizieren, aber wer die Geschichte analysiert, der kann viel darüber lernen, worauf es ankommt.

Daron Acemoglu und Simon Johnson vom MIT in Cambridge (USA) sowie James Robinson von Harvard gehören zu der noch kleinen, aber wachsenden, neuen Klasse von Ökonomen, die Geschichte, Macht und die Bedeutung von Eliten wiederentdeckt haben. In einer Serie von einflussreichen Artikeln haben sie demonstriert, wie viel davon abhängt, wer an wichtigen Weggabelungen der Geschichte die Macht hatte, die Spielregeln in Wirtschaft und Politik zu bestimmen. Damit können sie erklären, warum Volkswirtschaften von einem ähnlichen Entwicklungsstand aus auf sehr unterschiedliche Entwicklungspfade eingeschwenkt sind.

Ein Beispiel dafür ist der Aufstieg Europas vom 16. bis zum 19. Jahrhundert von einer technischen und kulturellen relativ rückständigen Region zur mit Abstand reichsten und wirtschaftsstärksten Weltregion. Eine wichtige Rolle spielten hierbei der Kolonialismus und der Sklavenhandel. Sie machten Länder, die im atlantischen Handel aktiv waren, sehr reich, und gaben einigen von ihnen, insbesondere Großbritannien und den Niederlanden, einen großen Entwicklungsschub. Andere, insbesondere Spanien und Portugal, wurden zwar zwischenzeitlich auch sehr reich, erlebten aber langfristig bei weitem keine so positive wirtschaftliche Entwicklung. Die Gründe dafür sind in der Regierungsform zu finden. Alle vier Länder waren Monarchien. Aber während die Herrschaft der Königshäuser in Spanien und Portugal absolut war, gab es in England und den Niederlanden schon deutliche Grenzen für die Macht der Monarchen. Hier produzierte der Kolonialhandel eine recht große Klasse reicher und einflussreicher Händler. Diese setzten ihre Reichtümer ein, um Bemühungen zu unterstützen, die Macht der Krone noch weiter zurückzudrängen. In England finanzierten sie den siegreichen Bürgerkrieg der parlamentarischen Koalition gegen König Charles I. und halfen, die Bürgerrechtscharta *Bill of Rights* in der Glorreichen Revolution von 1688/89 durchzusetzen. Dadurch sicherten sie ihren Reichtum gegen den Zugriff des Königshauses. In den Niederlanden setzten die reichen Händler ihr Geld ein, um eine Revolte gegen die Habsburg-Monarchie zu finanzieren, eine unbeliebte Regierung, die die Bürger des Landes mit hohen und je nach Geldbedarf stark schwankenden Steuern belegte.[2]

In Spanien und Portugal hatte die Krone dagegen das Heft fest in der Hand und sorgte dafür, dass nur sie und eine kleine Klasse von Günstlingen von der Ausbeutung der lateinamerikanischen Kolonien profitierten. Der Reichtum in ihren Kassen zementierte die Macht der Monarchen. Ein Großteil der Gold- und Silberschätze aus Lateinamerika wurde dafür ausgegeben, überall in Europa Krieg zu führen, anstatt in die streng reglementierte eigene Wirtschaft zu fließen. Während also der Reichtum aus den Kolonien in England und den Niederlanden die Entstehung von marktwirtschaftlichen Institutionen wie Eigentumsrechten und freiem Handel begünstigte, bewirkte er in Spanien und Portugal das Gegenteil. Sobald der Reichtum aus den Kolonien versiegte, versanken Spanien und Portugal in relativer Armut und Rückständigkeit.[2]

Diese historischen Erfahrungen dürften die klassischen Ökonomen in England maßgeblich beeinflusst haben, als sie die Bedeutung eines offenen wirtschaftlichen Systems für die wirtschaftliche Entwicklung betonten. Ein rigides System, mit dem eine festgefügte (adlige) Elite sicherstellt, dass sie ihre Privilegien und Pfründe behält und keine konkurrierende Klasse hochkommt, ist eine extreme ungünstige Ausgangsbasis für wirtschaftliche Entwicklung. Ein marktwirtschaftliches System, in dem es viele zu etwas bringen können, und man dafür etwas bieten muss, was andere haben wollen, ist dafür viel besser geeignet.

Die Konsequenzen einer radikalen Reform: die Französische Revolution (2009), von Daron Acemoglu und Simon Johnson (MIT), Davide Cantoni und James A. Robinson (Harvard)

Eine Revolution kann die wirtschaftliche und politische Macht einer alten Elite zerstören und damit einen von Besitzstandswahrungsinteressen unbelasteten Neuanfang ermöglichen. Das hat ein Team von Ökonomen am Beispiel der Französischen Revolution von 1789 eindrucksvoll demonstriert. Napoleon exportierte die im revolutionären Frankreich nach dem Sturz der Monarchie geschaffenen Gesetze und Institutionen, indem er weite Teile Europas besetzte. Die französischen Invasoren schliffen die gesetzlichen und wirtschaftlichen Barrieren, welche Adel, Klerus und Gilden errichtet hatten, und führten den Grundsatz der Gleichheit vor dem Gesetz ein. Bis dahin war Europa von einem Land besitzenden Adel und einer urbanen Oligarchie regiert worden, die den Handel und die Landwirtschaft kontrollierten. Adel und Klerus waren häufig von der Steuerpflicht gegenüber dem Staat ausgenommen, durften die Bauern unter ihrer Kontrolle besteuern und hatten ihre eigene Gerichtsbarkeit. Fast alle wichtigen Berufe wurden von Gilden kontrolliert, die den Zugang eng begrenzten. Ihre Statuten schrieben den Mitgliedern die Herstellung traditioneller Produkte vor und verboten oft sogar die Anwendung neuer Produktionsverfahren. Viele Städte wurden über Generationen von wenigen Familien kontrolliert. Diese konnten große Reichtümer ansammeln und waren in der Lage, Wettbewerber daran zu hindern, sich zu etablieren.

Verschiedene Gegenden Europas – auch einige Regionen Deutschlands – kamen zu unterschiedlichen Zeiten und für unterschiedlich lange Zeit unter französische Besatzung. Die Ökonomen stellten fest, dass Gegenden, die früher und länger den neuen Regeln und Institutionen ausgesetzt waren, später die stärkste Verstädterung und das größte Wirtschaftswachstum erlebten, insbesondere nach 1850. In diesen Gegenden etablierten sich unter den neuen Regeln neue, offenere Eliten. Diese verteidigten das liberalere Regime gegen Versuche, die alte Ordnung wiederherzustellen, selbst nachdem die Franzosen geschlagen worden waren. Als sich neue industrielle Gelegenheiten auftaten, waren diese Regionen besser in der Lage, sie zu ergreifen. In den Regionen dagegen, die dem neuen Rechtssystem nur kurz oder gar nicht ausgesetzt gewesen waren, wurde die alte, rigide Ordnung schnell wieder hergestellt. Diese Regionen machten den Wandel der Industrialisierung nur verzögert mit und erlebten eine schwächere Wirtschaftsentwicklung.

In Zeiten der teils absoluten, teils begrenzten Monarchie fürchteten die wirtschaftlich Erfolgreichen und Mächtigen vor allem den Staat, der sie durch Steuern und auf anderem Wege enteignen könnte. Je reicher und mächtiger die wirtschaftliche Elite und je domestizierter der Adel wurde, desto weniger war der Staat, mit dem man sich arrangiert hatte, eine Gefahr. Stattdessen hatten die Reichen zunehmend den gewaltsamen Umsturz, die Machtergreifung durch die verarmten Arbeiter zu fürchten. Die Lehren der frühen Neoklassiker trugen dem durchaus Rechnung. Einerseits entwickelten sie eine Theorie, die explizit dem marxistischen Ausbeutungsvorwurf die These der fairen Einkommensverteilung entgegensetzte, die dem Beitrag zur Produktion folgte. Andererseits befürworteten sie Umverteilung. Im Kontext der damaligen politischen Struktur mit einer sehr geringen politischen Macht der besitzlosen Arbeitnehmer war dieses Plädoyer für Umverteilung nicht etwas, was sich an Arbeiter richtete, die diese hätten einfordern können, sondern ein Plädoyer an Bürgertum und Industrielle, klug genug zu sein, etwas vom eigenen Reichtum abzugeben und so die Revolutionsgefahr zu bannen. Selbst autoritäre, antisozialistische Politikern wie Otto von Bismarck (1815–1898) sahen es als ratsam an, den Weg in den Wohlfahrtsstaat anzutreten, um die Sozialisten in Schach zu halten. Dazu führte er eine arbeitgeberfinanzierte Kranken-, Unfall- und Rentenversicherung ein.

Bis zu den 1930er-Jahren, als Lionel Robbins und seine Mitstreiter die Ökonomie in eine umverteilungsfeindliche oder zumindest verteilungsdesinteressierte Wissenschaft umdefinierten, die sich nur noch mit der Effizienz der Ressourceneinsatzes befassen sollte, war das allgemeine Wahlrecht in fast allen Industrieländern eingeführt. Gewaltsame sozialistische Revolution war nicht mehr die größte Bedrohung. Die Gefahr hatte sich darauf verlagert, dass die Wähler sozialistische Parteien an die Regierung brachten, welche die Reichen teilenteignen konnten. Der Staat, der in der absoluten Monarchie der Feind des emporkommenden Bürgertums gewesen war, und sich später zu einem Alliierten der Wirtschaftsmächtigen entwickelt hatte, war wieder zurück in der Rolle des (potenziellen) Gegners. Den Ökonomen die Nutzenvergleiche zu untersagen, mit denen sie sozialistischen Parteien Munition lieferten, und den Staat als freiheitsfeindliche Institution zu diskreditieren, harmonierte in einem solchen Umfeld voll mit den Interessen der Eliten.

Politik für eine apolitische Zunft

> *»Ökonomen fühlen sich am Wahltag ein wenig wie Juden an Weihnachten. Wenn sie teilnehmen, fühlen sie sich als würden sie die Ihren verraten. Wenn sie die Extravaganz boykottieren, fühlen sie sich dem Rest der Gesellschaft entfremdet.«*
>
> A. Edlin, A. Gelman, N. Kaplan, 2007

Das Verbot interpersoneller Nutzenvergleiche machte es den Ökonomen unmöglich, eine vernünftige Theorie zu entwickeln, die erklärte, warum und welche Wahlprogramme die Menschen wählen. Sie begnügten sich mit dem ziemlich primitiven und von der Realität nicht gestützten Ansatz, wonach eine Mehrheit minderbemittelter Bürger immer für sehr hohe Steuern stimmen würde, um sich den Reichtum der Wohlhabenden anzueignen. Für den Zweck, Argumente gegen einen starken Staat mit weit gehenden Steuerbefugnissen zu liefern, genügte diese von der *Theorie der Rationalen Erwartungen* und der *Public-Choice-Bewegung* weiter beförderte These. Allerdings muss sich der ökonomische Mainstream als Folge dieser Herangehensweise an die Demokratie intellektuell ziemlich verrenken. Seit Anthony Downs 1957 »An Economic Theorie of Democracy« publiziert hat, kämpfte er mit der Frage, warum die Menschen wählen gehen. Schließlich ist der Aufwand, zum Wahllokal zu gehen und dort womöglich in langen Schlangen anzustehen, beträchtlich. Dagegen ist die Wahrscheinlichkeit, dass das Votum eines einzelnen Wählers in einer nationalen oder selbst in einer regionalen Wahl das Wahlergebnis entscheidet, vernachlässigbar gering. Für den Homo Oeconomicus ist es daher unsinnig, wählen zu gehen. Die Tatsache, dass dennoch so viele Menschen dies tun, scheint ein Beweis dafür zu sein, dass mit der These etwas nicht stimmt, wonach kollektive Aktion ohne Zwang nicht möglich ist. Die Ökonomen haben allerdings ein – wenn auch für normale Menschen wenig überzeugendes – intellektuelles Schlupfloch aus der Zwickmühle gefunden. Sie verweisen darauf, dass viele Menschen den Wahlakt genießen, anstatt ihn als Aufwand zu betrachten. Deshalb definierten sie den Wahlgang einfach als Akt des Konsums, etwa so wie die Menschen es genießen, beim Stammtisch ihre Meinung zur Politik von sich zu geben. Dabei hat der Wähler gar nicht die Absicht, etwas zu bewirken. Es geht ihm nur um die Meinungsäußerung zur eigenen Unterhaltung. In der Sichtweise der Rational-Choice-Vertreter sind kollektive Entscheidungen ohnehin irrational und die Funktion von Wahlen besteht nur darin, besonders schlechte Regierungen abzulösen.

Es gibt jedoch auch eine andere, weniger zynische Sichtweise von Wahlen und Demokratie. Man muss nur akzeptieren, dass der Mensch ein soziales Wesen ist, und schon wird es leicht zu verstehen, warum die Menschen wählen gehen, selbst wenn sie nur einer oder eine von Millionen Wählern sind. Zusammen mit zwei Politikwissenschaftlern hat der Berkely-Ökonom Aaron Edlin den einfachen und überzeugenderen Weg aus dem Dilemma aufgezeigt. Nimmt man realitätsnah an, dass den Menschen auch das Wohlergehen der Gemeinschaft der Mitbürger am Herzen liegt, dann ist ihre Chance, bei einer nationalen Wahl den Ausgang zu bestimmen, zwar immer noch sehr gering. Andererseits ist aber die Bedeutung der Wahl für den Einzelnen auch entsprechend groß. Denn der Wahlausgang betrifft das Wohlergehen einer ganzen Nation, oder manchmal, wie zum Beispiel bei Wahlen in einem mächtigen Land, das Wohlergehen der ganzen Welt. Wenn etwa ein Wähler glaubt, dass der Wahlsieg einer bestimmten Partei einen großen Krieg oder eine globale Wirtschaftskrise wahrscheinlicher macht als der einer anderen, dann reicht auch das Millionstel eines Prozents an Chance, den Wahlausgang zu entscheiden, um den Aufwand des Wahlgangs locker zu rechtfertigen. Auch wenn nur das Schicksal des eigenen Landes auf dem Spiel steht, funktioniert das Kalkül. Man interessiert sich vielleicht nicht so sehr für das Wohlergehen derer, die für eine konkurrierende Partei stimmen, da diese ja bekommen, was sie wollen. Aber typischerweise haben nur etwa zwei Drittel der Bürger das Wahlrecht, und von diesen geht nur zwischen der Hälfte und drei Vierteln wählen. Zählt man alle zusammen, die entweder nicht wählen dürfen oder nicht wählen gehen und diejenigen, die für die gleiche Partei sind, wie ein bestimmter Wähler, dann gibt es sehr viele Menschen, für deren Wohlergehen sich dieser Wähler mit verantwortlich fühlen kann, ohne unangemessen paternalistisch zu sein.[6;7]

Für die US-Präsidentschaftswahlen haben die drei Wissenschaftler auf Basis von Meinungsumfragen ausgerechnet, welche Chancen Bürger verschiedener Bundesstaaten hatten, die Wahl zu entscheiden. Sie gingen von eins zu 30 000 in Colorado bis eins zu 6 000 000 in New Mexico. Doch es genügt selbst in New Mexico, wenn ein Wähler den Gewinn aus der Wahl des besseren Kandidaten mit zwanzig Dollar je US-Bürger ansetzt, und schon ist der Gang zur Wahlurne für einen Altruisten vergleichbar mit einer Spende von 100 Dollar für einen guten Zweck. In den meisten anderen Bundesstaaten ist es ein Vielfaches davon. Selbst ein Ökonom muss also kein schlechtes Gewissen wegen Irrationalität haben, wenn er zur Wahl geht.[6, 7]

Unter der Annahme, dass die Menschen wider alle Ökonomenvernunft wählen gehen, analysieren die Ökonomen Wahlen zumeist mithilfe des von Duncan Black zuerst formulierten, aber von Anthony Downs popularisierten *Medianwählertheorems*. Nach diesem Theorem gewinnt bei einer Wahl mit zwei Kandidaten und einer zu entscheidenden Angelegenheit der Kandidat, dessen Position am nächsten bei der Präferenz des Medianwählers liegt. Der Streitpunkt kann zum Beispiel sein, wie hoch ein Steuersatz sein soll. Beide Kandidaten maximieren ihre Chancen, wenn sie sich genau diesen Satz zu eigen machen, den der Medianwähler präferiert. Der Medianwähler ist der, zu dem es gleich viele andere gibt, die einen höheren Satz vorziehen, wie solche, die einen niedrigeren Satz vorziehen. Nehmen wir an, der vom Medianwähler präferierte Satz liege bei 40 Prozent. Wenn Partei 1 diesen Steuersatz vorschlägt, und Partei 2 stattdessen 42 Prozent, dann gewinnt Partei 1. Denn die Hälfte der Wähler will 40 Prozent oder weniger, und für diejenigen, die Sätze zwischen 40 Prozent und 41 Prozent bevorzugen, ist ebenfalls Partei 1 näher an der eigenen Präferenz. Wenn die Einkommensverteilung nicht völlig gleichmäßig ist, hat der Medianwähler immer ein Einkommen, das niedriger ist als der Durchschnitt. Da nur die Präferenz des Medianwählers zählt, müssen die Reichen nach diesem Theorem in der Demokratie immer mit Teilenteignung durch Steuern rechnen.

Der eine große Nachteil des Medianwählertheorems ist, dass die Bedingungen für seine Anwendung in der repräsentativen Demokratie nicht gegeben sind. Hier wird immer über ein ganzes Bündel von Politiken abgestimmt, nicht über einen eindimensionalen Entscheidungsraum. Es ist zwar generell akzeptiert, dass das Theorem bei vieldimensionalen Entscheidungen nicht funktioniert. Aber aus Mangel an einer für sie akzeptablen Alternativtheorie tun viele Ökonomen bei politökonomischen Fragestellungen einfach so, als sei das Medianwählertheorem trotzdem anwendbar.

Das Medianwählertheorem respektiert das Verbot des Nutzenvergleichs. Es spielt für die Wahlentscheidung keine Rolle, wie viel weiter der eine Kandidat von der ersten Präferenz des Wählers weg ist als der andere. Die Wohlfahrt des Reichen, dem im Extremfall alles weggenommen wird, zählt genauso wenig wie die des ganz Armen, der ebenfalls weit weg vom Medianwähler ist. Wer diese Theorie im Kopf hat – und leider ist das unter Ökonomen sehr verbreitet – der muss notwendiger Weise ein großes Misstrauen gegen den demokratischen Prozess hegen und ist schnell für Arrangements zu haben, die den Wähler in wirtschaftlichen Fragen entmündigen.

Diese Einschätzung steht und fällt mit dem Dogma, dass die Intensität von Präferenzen nicht gemessen und verglichen werden kann und daher in keine ökonomische Theorie eingehen darf. Aber gerade bei Wahlen in einer repräsentativen Demokratie ist überhaupt nicht einzusehen, warum die Intensität von Wählerpräferenzen keine Rolle spielen sollte. Die Wähler geben ihr Verdikt danach ab, welche Partei in der Vergangenheit über alle Politikbereiche hinweg ihren Präferenzen am besten entsprochen hat oder in Zukunft nach ihrer Einschätzung am besten entsprechen wird. Wenn sie die vielfältigen Politikbereiche in der Zusammenschau bewerten, geben sie natürlich einer großen Abweichung zur eigenen Präferenz in einem Politikbereich, der ihnen wichtig ist, eine größere Bedeutung als einer kleinen Abweichung in einem weniger bedeutsamen Politikbereich. Wenn der Prozess ideal funktioniert, dann wird eine stimmenmaximierende Regierung versuchen, die Politik umzusetzen, die den gewichteten Präferenzen der Wähler am besten entspricht. Dabei gibt sie Präferenzen, die sie für intensiv hält, ein größeres Gewicht als solchen, die sie für weniger intensiv und weniger wahlentscheidend hält.

Natürlich ist es nicht leicht, diese Abwägung vorzunehmen, da die Politiker nicht in die Köpfe der vielen Wähler blicken können. Aber aus langjähriger Erfahrung und mit Hilfe von Meinungsumfragen bekommen sie mit der Zeit ein gutes Gespür dafür, womit man Wahlen gewinnt und womit man sie verliert.

Seine Politik nach diesem Gespür auszurichten, wird gerade von Ökonomen gern als Populismus diskreditiert, weil es meist von den Empfehlungen der Ökonomen ziemlich weit abweicht. In einer positiven Wendung bedeutet Populismus aber einfach, das zu tun, was das Volk will.

Die Theorie hinter dem skizzierten Mechanismus heißt *Probabilistische Wahltheorie.* Sie gewinnt, seit sie Anfang der 1980er-Jahre formuliert wurde, allmählich Anwender und Einfluss in der Ökonomie. *Probabilistisch* oder *wahrscheinlichkeitsbezogen* heißt sie, weil sie die Intensität von Präferenzen daran misst, wie sehr diese die Wahrscheinlichkeit beeinflussen, für welche Partei ein Wähler stimmt. Im Gegensatz zur Medianwählertheorie nimmt diese Theorie nicht an, dass eine Partei jeden Wähler gewinnen kann, indem sie ihm nur minimal Besseres anbietet als die Konkurrenten. Vielmehr haben die Wähler ideologische Vorlieben für die eine oder andere Partei, die von programmatischen Nachteilen kompensiert werden können. Die Parteien können jeweils nur die Wahrscheinlichkeit, gewählt zu werden, beeinflussen. Je mehr Vorteile sie einem Wähler bieten, desto größer wird die Wahrscheinlichkeit, von diesem gewählt zu werden. Deshalb versuchen die Parteien im Prinzip, etwas zu maximieren, was dem Ideal der Welfaristen ziemlich gut entspricht, die Summe der Nutzen der Wähler. Alternativ kann man auch sagen: Sie minimieren die Summe der Abweichungen der Wahlprogramme von den Präferenzen der Wähler. Dabei werden die Abweichungen mit der Intensität der Präferenzen gewichtet.[5, 11]

Betrachtet man die Umverteilungsfrage im Lichte dieser Theorie, sieht es gar nicht mehr so schwierig aus, die Grenznutzen des Einkommens interpersonal zu vergleichen. Das Ausmaß der Umverteilung, das die Parteien in einer eingespielten und gut funktionierenden Demokratie für optimal halten, um gewählt zu werden, kann man als gute erste Nährung dafür betrachten, wie viel mehr *per Saldo* der zusätzliche Euro eines Armen wert ist als der eines Reichen. *Per Saldo,* weil dabei schon berücksichtigt ist, dass man Einkommen nicht ohne Effizienzverluste umverteilen kann. Was dem einen weggenommen wird, kommt nicht eins zu eins bei einem anderen an. Die Reibungsverluste liegen in administrativen Kosten der Umverteilung ebenso wie in Anreizschäden bei denen, denen etwas weggenommen wird und bei denen, die etwas bekommen, ohne etwas dafür leisten zu müssen. Sie können auch darin liegen, dass die Reichen eventuell allein die Tatsache, etwas weggenommen zu bekommen, als nutzenmindernden Affront betrachten und die Armen vielleicht den geschenkten Euro weniger würdigen als den selbst verdienten.

Ein Beispiel für ein aktuelles Forschungspapier, das die Probabilistische Wahltheorie benutzt, ist »The Political Economy of Nonlinear Capital Taxation« von Emmanuel Farhi von Harvard und Iván Werning vom MIT. Sie erlaubt ihnen zu erklären, warum progressive Steuern stimmenmaximierend sind, ein Ergebnis, das herzuleiten traditionelle politökonomische Modelle sich schwer tun.[10]

Die Probabilistische Wahltheorie legt eine Einstellung gegenüber der Staatsmacht nahe, die sich stark von der fundamentalen Skepsis der Rational-Choice-

Bewegung unterscheidet. Während Letztere die Regierung als notorisch mangelhaftes, notwendiges Übel betrachtet, dem man nur so viel Macht zugestehen sollte, wie unbedingt nötig, kann die Theorie des Probabilistischen Wählens ableiten, wie das demokratische System idealer Weise funktionieren sollte, und Maßnahmen vorschlagen, um diesem Ideal näher zu kommen.

Wie man mit Stimmen und Geld politische Protektion erkauft

Der demokratische Prozess, wie ihn die Grundform der Probabilistischen Wahltheorie beschreibt, ist ein Ideal, dem man sich höchstens annähern kann. In der Realität gibt es jede Menge Verzerrungen. Menschen und Institutionen mit Geld und gut organisierte Interessengruppen können politischen Einfluss ausüben, der weit über ihren Anteil an den Stimmen hinausgeht. Am sichtbarsten wird das, wenn Wirtschaftsgrößen selbst in die Politik gehen und dort einflussreiche Ämter bekleiden, wie etwa der Geschäftsmann und Medienmogul Silvio Berlusconi, der sein Geld und seinen medialen Einfluss einsetzte, um Premierminister Italiens zu werden. Das ermöglichte ihm unter anderem, Gesetze so zu ändern, dass er vor Anklagen wegen Wirtschaftsvergehen sicher war. Ein anderes Beispiel ist Dick Cheney, der vom Amt des US-Verteidigungsministers in das des Aufsichtsratschefs des großen Energie- und Rüstungskonzerns Halliburton und von dort in die Vizepräsidentschaft der USA wechselte. Das Volumen der Regierungsaufträge für Halliburton entwickelte sich in dieser Zeit extrem günstig.

Alternativ können Leute und Institutionen mit Geld dieses auch einsetzen, um das direkte materielle Interesse von Politikern zu befriedigen und sich so Vorteile zu erkaufen. Dieser Weg steht vor allem großen finanzkräftigen Unternehmen und Unternehmensverbänden offen. So ist es leider fast die Norm, dass hochrangige Politiker und Bürokraten, deren Entscheidungen maßgeblichen Einfluss auf die Gewinne von Unternehmen ausüben, nach dem Ende ihrer Laufbahn gut bezahlte Berater- oder Aufsichtsjobs bei diesen bekommen. Jeder Politiker oder einflussreiche Bürokrat weiß schon während seiner Amtszeit, dass seine Chancen, auf diese Weise wohlhabend zu werden, nicht gerade steigen, wenn er sich den Ansinnen großer finanzkräftiger Konzerne gegenüber allzu verschlossen zeigt. Die öffentliche Meinung kann dem wenig entgegensetzen, weil der entsprechende Politiker (oder Bürokrat) zu diesem Zeitpunkt nicht mehr an Wählerstimmen interessiert ist. An prominenten Beispielen mangelt es nicht. Der Chefvolkswirt der Europäischen Zentralbank, Otmar Issing, ging unmittelbar nach seinem Ausscheiden als Berater zu Goldman Sachs, so wie Dutzende ehemalige hochrangige Politiker und Bürokraten sich bei der großen Investmentbank ihr reichliches »Gnadenbrot« verdienen. Der Präsident der US-Notenbank, Alan Greenspan, arbeitet unter anderem als Berater für Pimco, den weltgrößten Anleihefonds. Bundeswirtschaftsminister Werner Müller wurde Vorstand der Ruhrkohle AG. Bundeskanzler Gerhard Schröder heuerte beim russischen Konzern Gazprom an, nachdem dieser noch kurz nach Schröders Wahlniederlage mit einer Milliardenbürgschaft der Bundesregierung begünstigt worden war – ohne Wissen Schröders, wie uns versichert wird.

Dieser allgegenwärtige Interessenkonflikt für Politiker und Bürokraten wäre relativ leicht zu entschärfen. Es müsste ihnen nur für ein, zwei Jahre nach ihrem Ausscheiden verboten werden, bezahlte Tätigkeiten für Organisationen anzunehmen, die in ihren Einflussbereich fielen. Sie sollten im Gegenzug so gut bezahlt werden, dass sie unter Einrechnung des möglichen Verkaufs von Memoiren und ähnlicher harmloser Tätigkeiten auch ohne solche problematischen Einnahmen ein Wohlstandsniveau erreichen können, das ihrem Einsatz und ihrer Position angemessen ist.

Die Hauptwährung im politischen Geschäft ist und bleibt aber die Wählerstimme, denn ohne diese werden Politiker nicht einflussreich. Diese zu erhalten, können Interessengruppen und Institutionen Politikern helfen, indem sie ihnen Geld für Werbekampagnen geben. Das setzt voraus, dass die Wähler in Abweichung von der traditionellen ökonomischen Theorie unvollkommen informiert sind oder keine festgefügten Präferenzen haben. Beides ist realistisch. Diese Möglichkeit der Beeinflussung hat den Effekt, dass Parteien, die finanzkräftige Institutionen oder Interessengruppen begünstigen, damit ihre Wahlchancen erhöhen. Das ist eine sehr relevante Verzerrung des demokratischen Prozesses. In den USA haben die 50 mit Wahlspenden großzügigsten Branchen im Wahlzyklus 2005/2006 den Kongressabgeordneten 444 Millionen Dollar an Wahlkampfspenden zukommen lassen. Die Finanzbranche und die Gesundheitsindustrie waren am großzügigsten, da diese hoch profitablen Branchen sowohl besonders viel Geld für Spenden als auch besonders viel zu verlieren hatten.[3]

In Deutschland geben zwar viele Unternehmen und Verbände größere Spenden an mehrere der etablierten Parteien, sodass alle einen gewissen Anreiz haben, diesen Unternehmen und Branchen wohlwollend gegenüberzutreten. Aber es zeigt sich doch ein deutliches Gefälle von den konservativen Parteien zu den Parteien weiter links, die naturgemäß weniger unternehmensnah sind. Letztlich erfüllt die Praxis von Parteispenden, soweit sie dazu dienen, Parteien für günstige Entscheidungen zu belohnen oder zu solchen zu animieren, die gleiche Funktion wie im 19. Jahrhundert das Wahlrecht nach Wohlstand oder Grundbesitz beziehungsweise das Dreiklassenwahlrecht. Sie schaffen einen Rückkopplungseffekt, bei dem wirtschaftlich Erfolgreiche die Spielregeln stärker beeinflussen können als die weniger Erfolgreichen. Das fördert eine Tendenz zur Konzentration wirtschaftlicher und politischer Macht. Je stärker die Möglichkeit beschnitten wird, Parteien über einheitliche Mitgliedsbeiträge hinaus Geld zukommen zu lassen, desto weniger tritt dieser Rückkopplungseffekt auf und desto näher dürfte das Ergebnis des politischen Wettbewerbs am unverzerrten Wählerwillen sein.

Neben Geld für Wahlwerbung können Interessengruppen Politikern auch direkt Stimmen anbieten, indem sie den Menschen in ihrem Einflussbereich offene Wahlempfehlungen oder gefärbte politische Information zukommen lassen. Diese Möglichkeit ist wichtig, um zu verstehen, warum manche Institutionen weniger Geldspenden an die Politik geben, als man andernfalls erwarten sollte. Matilde Bombardini von der Universität von British Columbia und Francesco Trebbi von der Universität Chicago haben die beiden Einflussmöglichkeiten in ein Modell integriert und daraus interessante Erkenntnisse abgeleitet. Ein wichtiger Punkt ist, dass eine Institution oder Gruppe mit vielen Mitgliedern einerseits mehr von günstigen politischen Entscheidungen profitiert und daher mehr Spenden geben sollte. Andererseits hat diese Institution oder Gruppe mehr potenzielle Wählerstimmen anzubieten, was Geld als Einflussmedium ersetzen kann. Eine Analyse von realen Interessengruppen zeigte, dass es in allen Bundesstaaten der USA eine hügelförmige Kurve gibt. Die Wahlkampfspenden steigen ausgehend von kleinen Mitgliederzahlen zunächst an, erreichen dann bei einer mittleren Mitgliederzahl ihr Maximum und sinken danach mit steigender Mitgliederzahl. Ein Beispiel ist der Einzelhandelsriese Wal-Mart. Das Geld, das das Unternehmen in den verschiedenen Bundesstaaten der Politik spendet, folgt in Abhängigkeit von der Anzahl der Mitarbeiter im betreffenden Bundesstaat genau diesem Verlaufsmuster.[3]

Die Vorstellung, dass Unternehmen oder Unternehmensverbände die Wahlentscheidung ihrer Mitarbeiter beeinflussen können, ist mehr als nur eine Hypothese. Es gibt sogar einen Markt für Instrumente, die diese Einflussnahme erleichtern. So liefert in den USA die *Nationale Vereinigung der industriellen Erzeuger* ihren Mitgliedsbetrieben Informationen und Auswertungswerkzeuge an, mit denen sie ihre Mitarbeiter darüber informieren können, welcher Parlamentarier wie votiert hat bei für Unternehmen oder Branche wichtigen Abstimmungen.[3]

Die Austauschbarkeit von direkter Wählerbeeinflussung und Wahlkampfspenden kann sogar für eine Schätzung genutzt werden, wie viel eine zusätzliche Wählerstimme kostet. In den USA kommen Bombardini und Trebbi auf eine Spanne von 100 Dollar in ländlichen Regionen und bis 400 Dollar in Großstädten, wobei der Unterschied aus den Werbekosten resultiert. Andere Studien haben Kosten je zusätzlicher Stimme in ähnlicher Größenordnung ermittelt.[3]

Lange Zeit war die Analyse des Gebens und Nehmens zwischen Unternehmen und Politikern auf Anekdoten und theoretische Überlegungen begrenzt. In den letzten Jahren haben einige Ökonomen das Thema systematisch untersucht und dabei festgestellt, dass politische Verbindungen für Unternehmen und ihr Management beträchtliche Bedeutung haben. Eine dieser Studien zeigte, das politisch verbundene Firmen im Krisenfall sehr viel eher auf eine staatliche Rettungsaktion hoffen können.[9] Eine andere zeigte, dass in vielen Ländern ein sehr großer Anteil von Unternehmen enge personelle Verflechtungen mit der Regierung aufweist, und dass diese den Unternehmenswert deutlich positiv beeinflussen.[8] Eine weitere Studie befasste sich mit dem Zusammenhang von Wahlkampfspenden, Aufsichtsintensität und Qualität der Rechnungslegung. Sie stellte fest, dass die eifrigsten Wahlkampfspender von der Aufsichtsbürokratie sehr nachsichtig behandelt wurden und häufig in Bilanzskandale verwickelt waren. Beispiele sind Enron, Global Crossing, Halliburton, Harken, Arthur Andersen, Fannie Mae und Freddie Mac. Je weniger korrekt die Rechnungslegung war, desto mehr spendeten die betreffenden Unternehmen.[4] In Anbetracht der hohen Ausgaben der Finanzindustrie für Wahlkampfspenden und Lobbying in den Jahren vor der Subprime-Krise wundert man sich unter diesem Blickwinkel nicht mehr über das ansonsten schwer zu erklärende Totalversagen der Aufsichtsbehörden.

Politisch verbundene Unternehmen (2006),
von Mara Faccio (Purdue Univ.)

Die Ökonomin Faccio untersuchte mehr als 20000 börsengelistete Unternehmen in 47 Ländern auf ihre politischen Verbindungen hin. Sie definierte sie als politisch verbunden, wenn mindestens ein Aktionär mit mindestens 10 Prozent der Aktien oder ein Spitzenmanager als Parlamentarier oder Minister amtierte oder mit einem solchen eng verwandt ist. Politische Spenden blieben in dieser Studie außer Betracht. Unter dieser engen Definition von politischen Verbindungen weisen drei Prozent der Unternehmen Verbindungen zur politischen Führung auf. Je größer die Unternehmen, desto weiter verbreitet sind sie. Entsprechend stellen die politisch verbundenen Unternehmen immerhin 7,7 Prozent der Marktkapitalisierung in den betrachteten Ländern. Wenn ein großer Aktionär oder Spitzenmanager in die Politik geht, steigen Aktienkurs und Börsenwert des betroffenen Unternehmens deutlich. Bei einem Großaktionär ist der Effekt stärker als bei einem Spitzenmanager. Wenn umgekehrt Spitzenpolitiker als Aufsichtsräte oder Manager zu Unternehmen gehen, wirkt sich das nicht auf den Aktienkurs auf. Das würde zu einer Hypothese passen, wonach die Politiker für günstige Entscheidungen in der Vergangenheit oft durch eine gut dotierte Position in der Zukunft belohnt werden. Wenn die positiven Wirkungen der Patronage schon in der Vergangenheit lagen, kann der Aktienmarkt nicht mehr positiv reagieren.

Plötzliche Todesfälle: eine Bestandsaufnahme politischer Verbindungen (2009),
von David C. Parsley (Vanderbilt Univ.) und Mara Faccio (Purdue Univ.)

Mit dieser Studie gehen Faccio und ihr Koautor Parsley den umgekehrten Weg, um die Bedeutung politischer Verbindungen zu quantifizieren. Sie untersuchen, was mit dem Unternehmenswert passiert, wenn dem Unternehmen unerwartet ein Protektor wegstirbt. Im Vergleich zur obigen Studie nutzen sie diesmal eine sehr weite Definition von politischen Verbindungen. Sie betrachten alle Unternehmen mit Hauptsitz im Heimatort eines einflussreichen Politikers als Kandidaten für eine politische Vorzugsbehandlung. Sie finden für 121 plötzliche Todesfälle von einflussreichen Politikern seit 1973 alle nötigen Informationen, zwei Drittel davon in Industrieländern. Die Analyse ergibt einen Wertverlust der Aktien der Unternehmen in der Heimatstadt von durchschnittlich 1,7 Prozent. Da diese Definition von politischen Verbindungen sehr weit und unpräzise ist, kann man sie als Untergrenze des wahren Wertes von politischen Verbindungen betrachten. In Ländern, in denen Korruption verbreitet ist, ist der Einfluss stärker. Nach Unternehmensarten sind es vor allem die Unternehmen, die seit längerer Zeit unter dem dominanten Einfluss einer Familie stehen, die besonders unter dem plötzlichen Tod eines politischen Protektors leiden. Das erscheint plausibel, da es für Unternehmen in Familienbesitz leichter ist, langfristig gute Beziehungen zu Politikern aufzubauen. Kleine Unternehmen leiden überdurchschnittlich stark unter dem plötzlichen Tod eines einflussreichen Politikers aus ihrem Heimatort. Die Autoren vermuten, dass dies daran liegt, dass große Unternehmen unabhängig von solchen regionalen Verbindungen die Ressourcen haben, Verbindungen aufzubauen, und sich dabei mehrere Kandidaten und Parteien gewogen machen können.

Politische Verbindungen, SEC-Aufsicht und Qualität der Bilanzierung (2009), von Maria M. Correia (London School of Economics)

Die Autorin untersuchte, ob amerikanische Unternehmen und Manager, die durch Spenden und Lobby-Ausgaben politische Verbindungen aufgebaut haben, von der Börsenaufsicht SEC weniger scharf überwacht und bei Verstößen bestraft werden. Sie stellt fest, das Unternehmen mit schlechter Bilanzqualität mehr für Wahlkampfspenden und Lobbying ausgeben. Sie erhöhen gerade in den Jahren, in denen ihre Bücher Fehler aufweisen, ihre politischen Ausgaben und bedenken in dieser Zeit bevorzugt Politiker in Kongress-Ausschüssen mit engeren Verbindungen zur SEC. Diese politischen Ausgaben erkaufen scheinbar eine nachsichtige Behandlung durch die SEC. Je mehr Geld die Unternehmen für politische Zwecke ausgeben, desto weniger wahrscheinlich wird es, dass sie ihre Bilanz auf Initiative der SEC korrigieren müssen oder dass sie einen *Comment-Letter* von der SEC bekommen, eine Sanktion mit unangenehmer Öffentlichkeitswirkung. Es macht es auch weniger wahrscheinlich, dass ein Unternehmen zum Ziel einer formellen SEC-Untersuchung wird, und wenn dies doch passiert, sind die Strafen für die politisch freigiebigen Unternehmen tendenziell geringer.

Es fehlt nicht an konkreten Einzelfällen für die Stützung der These, dass man sich mit politischen Ausgaben nachlässige und nachsichtige Aufsicht kaufen kann. In der Presse und vor Gericht gab es immer wieder den Vorwurf, dass die politisch berufenen SEC-Oberen Druck auf den Stab ausgeübt haben, damit diese politisch gut vernetzte Firmen und Personen nicht allzu hart angehen. Ein SEC-Insider behauptete, dass Pequot Capital Management von John Mack, CEO der Investmentbank Morgan Stanley und ein großzügiger Wahlkampfspender, Insiderinformationen bekam und damit einträgliche Investitionen tätigte. Der Senat kritisierte nach einer Untersuchung, dass die SEC nicht genügend Interesse an dem Fall gezeigte habe und übermäßig nett zu dem Beschuldigten (Mack) gewesen sei. Die Behördenspitze verzögerte Macks Verhör über ein Jahr lang, bis die Vorwürfe gerade verjährt waren, und entließ den Mitarbeiter, der die Vorwürfe gemacht hatte. Dem Senat zufolge gab es nie eine glaubwürdige und ernsthafte Untersuchung. Im Fall des blendend vernetzten Großbetrügers Bernard Madoff, auch ein großer Wahlkampfspender, ignorierte die SEC jahrelange konkrete und hartnäckig vorgetragene Betrugsvorwürfe von Marktteilnehmern.[4]

Die verfügbare empirische Evidenz deutet darauf hin, dass politische Verbindungen umso verbreiteter und wertvoller sind, je weniger rechtliche Hürden effektiv die Einflussnahme privater Interessen auf Politiker und Bürokraten behindern und je weniger die Öffentlichkeit Kontrolle ausübt, weil entweder die Wahlbeteiligung gering ist oder weil die Medien die Wähler schlecht informieren. Das spricht gegen die vor allem in den USA traditionell verbreitete Sichtweise, man könne das Problem entschärfen, indem man die Regierungsmacht begrenzt und für Laisser-faire eintritt. Dahinter steht die Idee, dass ein schwacher Staat in den Händen von Interessengruppen besser ist als ein starker Staat in den

Händen von Interessengruppen. Doch eine kapitalistische Marktwirtschaft ohne staatliche Regulierung und Umverteilung fördert die Konzentration von Macht und Reichtum. Die Reichen und Mächtigen werden immer einen Weg finden, ihre Macht zu vergrößern, wenn die Regierung schwach ist. Je mächtiger die Wirtschaftseliten relativ zu den politischen Instanzen werden, desto schwieriger wird es, ihren Einfluss auf den Staat zu begrenzen.

Umgekehrt ist ein starker Staat, der vielfältig in die Wirtschaft eingreift, in keiner Weise allein schon eine Garantie dafür, dass mächtige Wirtschaftsinteressen die Spielregeln nicht im eigenen Sinne beeinflussen können und dadurch immer mächtiger werden. Er leistet das nur, wenn der demokratische Prozess gut funktioniert, die Bürger hinreichend informiert sind und Interessengruppen sich nicht zu leicht im Hintergrund Einfluss verschaffen können. Simple Maßnahmen wie die Begrenzung von Wahlkampfausgaben der Parteien können schon einiges bewirken.

Auch wenn der demokratische Prozess immer von denen mit finanzieller oder medialer Macht oder gut organisierten Interessengruppen verzerrt werden kann, so sollte man doch nicht vergessen, dass er im Kern eine egalitäre Veranstaltung ist, bei der im Prinzip jeder das gleiche Stimmengewicht hat. Es ist nur die Kombination einer durch freie Marktwirtschaft sicher gestellten offenen Wirtschaftselite und einer durch echte Demokratie gewährleisteten offenen politischen Elite, die steigenden Wohlstand mit einer angemessenen Teilhabe aller gewährleisten kann. Freie Marktwirtschaft ohne einen starken demokratischen Staat führt leicht zu immer größerer Machtkonzentration in der Wirtschaft, deren Elite sich irgendwann den Staat untertan und die Demokratie zur Farce macht. Ein starker Staat ohne freie Marktwirtschaft führt leicht zu einer Erstarrung der wirtschaftlichen Strukturen, zu wirtschaftlicher Stagnation oder ökonomischem Niedergang.

Literaturempfehlungen

Einige Artikel, Berichte und Bücher, auf die ich zurückgegriffen habe, enthalten deutlich mehr Informationen und Einsichten in die Bedeutung von Macht in der Wettbewerbswirtschaft, als ich sie in diesem Buch präsentieren konnte. Deshalb will ich im Folgenden eine Reihe gut zugänglicher Überblicksartikel und besonders wichtiger Bücher und Aufsätze hervorheben.

Kapitel 1: Geld ist Macht

Murray Rothbards »Mystery of Banking« ist fast ein Muss für alle, die verstehen wollen, wie das Bankwesen funktioniert, nicht nur für diejenigen, die seine libertäre Grundeinstellung teilen. Es ist frei im Internet verfügbar. Irving Fishers Büchlein »100%-Money« von 1936, auch als Neuauflage in deutscher Übersetzung, erklärt in gut verständlicher Sprache, woran unser Bankensystem krankt. Für Menschen mit ökonomischer Vorbildung ist auch das im Sommer 2010 erschienene Buch von Joseph Huber »Monetäre Modernisierung« lesenswert, weil es die Schwächen und Profiteure unserer Geldordnung beim Namen nennt und eine praktikable Alternative vorschlägt.

Im Internet kann Louis Brandeis Büchlein »Other People's Money« frei heruntergeladen werden, dass trotz oder gerade wegen seiner fast 100 Jahre sehr interessant ist. Wer denkt, dass die jüngsten Machenschaften der Investmentbanken eine neue Entwicklung sind, der wird darin eines anderen belehrt. Das Arbeitspapier »Finance and Inequality« von Asli Demirguc-Kunt und Ross Levine liefert einen hervorragenden Überblick über das von der traditionellen Ökonomie völlig vernachlässigte Thema, wie Finanzsystem und Regulierung auf die Einkommensverteilung wirken. Das wird wohl vor allem Ökonomen interessieren.

Fast alles, was man über die Geschichte und die Deformation des Geschäftsmodells der Ratingagenturen wissen muss, findet man in Frank Partnoys »The Siskel and Ebert of Financial Markets: Two Thumbs Down for Credit Rating Agencies« (Siskel und Ebert waren bekannte Film-Kritiker in den USA). Neuer, aber im Gegensatz zu Partnoys Aufsatz nicht kostenlos im Internet verfügbar, ist der Aufsatz von Lawrence White im *Journal of Economic Perspectives* zum selben Thema. Wer geneigt ist, den Regulierern in Sachen Finanzkrise Fahrlässigkeit zuzubilligen, sollte Ross Levines Arbeitspapier »Autopsy of the U.S. Financial System« lesen. Um allerdings umfassend zu verstehen, was in der Subprime-Krise passiert ist, muss man auch William Blacks (frei verfügbaren) Konferenzaufsatz »Epidemics of Control Fraud …« in die Literaturliste aufnehmen. Er ist mit der Detailkenntnis eines früheren Finanzinspektors und der Rigorosität eines hervorragenden Ökonomen geschrieben.

Ein nicht unwichtiger Aspekt politischer Macht in der Finanzbranche ist in diesem Buch dem Kürzungszwang zum Opfer gefallen: der oft übersehene große Gewinn, den die Finanzinstitute ziehen, wenn Rentensysteme (teil-) privatisiert werden und die Branche dadurch die Verfügungsgewalt über und Gebühren für viele Milliarden Euro bekommt. Wie schwach die ökonomischen Argumente dafür sind, und wie wenig es möglich ist, auf diesem Wege den Problemen der alternden Gesellschaft zu entgehen, kann man unter anderem bei Gebhard Kirchgässner nachlesen in »Die Krise der Wirtschaft: Auch eine Krise der Wirtschaftswissenschaften?« in *Perspektiven der Wirtschaftspolitik* von 2009 oder ausführlicher in dem von Gary Burtless in englischer Sprache verfassten und im Internet verfügbarem Arbeitspapier »Lessons of the Financial Crisis for the Design of National Pension Systems«. Dass fast die ganzen Subventionen für die Riester-Rente in Form von überdurchschnittlichen Gebühren und unterdurchschnittlichen Renditen der Kunden an die Finanzbranche fließen, hat Andreas Oehler von der Universität Bamberg in seinem im Internet verfügbaren Gutachten »Alles »Riester«? Die Umsetzung der Förderidee in der Praxis« nachgewiesen.

Der Bericht »In Praise of Unlevel Playing Fields« von der Warwick Commission, einem internationalen Gremium hervorragender Akademiker und Praktiker besticht mit seiner klaren Analyse grundlegender Fehler des bisherigen Regulierungsansatzes, insbesondere des Versuchs der Regulierer, überall *fairen Wettbewerb* herzustellen. Wer sich dafür interessiert, wie man durch verbessertes Regelwerk Rentensparer und andere Investoren davor schützen kann, übervorteilt zu werden, findet in Luigi Zingales Aufsatz »The Future of Securities Regulation« viel mehr interessante Vorschläge, als ich in diesem Kapitel wiedergeben konnte.

Kapitel 2: Die Macht der Manager

Der Aufsatz von Michael Jensen und Kevin Murphy »Remuneration« gibt ein gutes Gefühl für das Dilemma von Ökonomen, die eingestehen müssen, dass die Spitzenmanager im gegenwärtigen System viel zu wenig kontrolliert werden, und welch schreckliche Folgen das haben kann, die aber Korrekturen seitens des Staates aus ideologischen Gründen ablehnen. Das Buch »Pay without Performance« von Lucian Bebchuk and Jesse Fried, auch verfügbar als kürzerer Aufsatz im *Journal of Economic Literature,* ist bereits ein Klassiker. Es ist ihm gelungen, das Thema Managermacht auf die Agenda der Ökonomie zu setzen. Die beiden Artikel von James Westphal und Koautoren liefern eine interessante soziologische Sichtweise auf das Problem der sich gegenseitig schützenden und sehr nachsichtig kontrollierenden Angehörigen der Wirtschaftselite.

Kapitel 3: Marktmacht

Dieses Kapitel stützt sich unter anderem auf Steve Keens exzellente Darlegung der Schwächen der neoklassischen Produktions- und Verteilungstheorie in »Debunking Economics«. Darin erklärt er, unter anderem anhand der Ausführungen von Pierro Sraffa, ausführlicher, als dies hier möglich war, wie die neoklassische Theorie der Einkommensverteilung ihren eigenen Annahmen widerspricht. Kein Ökonom sollte darauf verzichten, Sraffa zu lesen, entweder direkt oder über eine derartige, gute Sekundärliteratur. Die Darstellung der Verbindung von Einkommensverteilung und Produktionseffizienz stützt sich vor allem auf Moshe Adlers »Economics for the Rest of Us«. Chad Syverson hat mit verschiedenen Koautoren eine ganze Reihe wichtiger Studien dazu verfasst, wie Wettbewerb und Marktzugang unter realen Bedingungen funktionieren.

Kapitel 4: Macht bei der Arbeit

Die Artikel von Bruce Kaufman, von denen zwei im Literaturverzeichnis aufgeführt sind, sollte jeder lesen bevor er oder sie sich daran machen, Angebots- und Nachfragekurven für den Arbeitsmarkt zu zeichnen und den gleichgewichtigen Lohn zu ermitteln. Kaufman arbeitet auch hervorragend heraus, wo die Unterschiede zwischen der neoklassischen Arbeitsmarkttheorie und der institutionalistischen Sichtweise liegen. Die Aufsätze von Daron Acemoglu und von Bhaskar, Manning und To zeigen mit dem theoretischen Instrumentarium des ökonomischen Mainstreams, dass es auf dem Arbeitsmarkt viel komplizierter zugeht, als der Mainstream annimmt, vor allem, weil es gute und schlechte Jobs gibt. Truman Bewleys Interviews mit Personalmanagern zur Lohnpolitik der Unternehmen sind ein mächtiges Gegenmittel gegen unrealistisches Theoretisieren auf diesem Gebiet. David Metcalf liefert in »Why has the British Minimum Wage had Little or No Impact on Employment?« eine umfassende Übersicht über die empirische Evidenz zum vermutlich am besten untersuchten Mindestlohn der Welt. »A Behavioral Account of the Labor Market« von Fehr, Goette und Zehnder bietet eine umfassende und gut eingeordnete Zusammenschau der Ergebnisse der empirischen Forschung zur Bedeutung von Fairness auf dem Arbeitsmarkt. Das Wichtigste zu Outsourcing findet man in Thomas Holmes und Thornton Sniders »Theory of Outsourcing and Wage Decline«. Die Effizienzargumente zugunsten von Kündigungsschutz analysiert am zugänglichsten Patrick Schmitz in seinem Aufsatz aus dem Jahr 2004.

Kapitel 5: Die Ökonomie der Mächtigen

Zu den gesellschaftspolitischen Hintergründen der ökonomischen Doktrinenentwicklung gibt es in der Mainstream-Literatur sehr wenig, sodass ich nicht wirklich auf weiterführende Literatur aus diesem Umfeld verweisen kann. Eine Ausnahme ist das Buch des Columbia-Professors Moshe Adler »Economics for the Rest of Us«, und der Aufsatz von Cooter und Rappoport von 1984 »Were the Ordinalists Wrong about Welfare Economics«. In der marxistischen Literatur, die auf diesem Gebiet sicherlich einiges zu bieten hat, kenne ich mich nicht aus. Wer mehr zur Ökonomenlehre als Waffe im kalten Krieg der Wirtschaftssysteme erfahren möchte und bereit ist, sich durch etwas zu viele Seiten zu arbeiten, sei auf Sonja Amadaes verdienstvolles Werk »Rationalizing Capitalist Democracy« verwiesen. Ein guter Versuch, die Essenz des neoklassichen Ansatzes herauszuarbeiten ist der in der Internet-Fachzeitschrift *Post-autistic Economic Review* (heute *Real World Economic Review*) veröffentlichte Aufsatz von Christian Arnsperger und Yanis Varoufakis »What is Neoklassical Economics?«

Kapitel 6: Staatsmacht, wirtschaftliche Macht und wer kontrolliert hier eigentlich wen?

Das Buch von Peter Coughlin liefert eine gute Erläuterung der Theorie des Probabilistic Voting, mit der sich jeder Ökonom auseinandersetzen sollte, der bisher mit dem Medianwählertheorem abgespeist wurde. Weniger Anspruchsvolle sind auch mit den kurzen und einfachen Erläuterungen in meinem kleinen Aufsatz in *Public Choice* ganz gut bedient. Wer sich, über das in diesem Kapitel besprochene hinaus, für die Unterscheidung von faktischer politischer Macht und formeller politischer Macht von Eliten interessiert, wird – auf formal anspruchsvollem Niveau – gut mit dem Aufsatz von Daron Acemoglu und James Robinson »Persistence of Power, Elites and Institutions« im *American Economic Review von* 2008 bedient. Zum Thema Übertreibung der Produktivität der US-Wirtschaft ist über die im Kapitel angeführte Literatur hinaus aktuell noch als NBER Working Paper 15592 der Aufsatz »Effects of Terms of Trade and Tariff Changes on the Measurement of U.S. Productivity Growth« von Robert Feenstra u.a. erschienen. Die Autoren errechnen, dass ein Viertel der Produktivitätsbeschleunigung allein auf eine nicht erfasste Verbilligung von IT-Importen zurückgeht und damit eine Schimäre ist.

Literaturverzeichnis

Kapitel 1

1) Adrian, Tobias/Shin, Hyun Song (2009): »The Shadow Banking System: Implications for Financial Regulation«, Federal Reserve Bank of New York, Staff Report 382.

2) Augar, Philip (2005): »The Greed Merchants: How the Investment Banks Played the Free Market Game«, Harper Collins.

3) Barber, Brad M./Lee, Yi-Tsung/Liu, Yu-Jane/Odean, Terrance (2009): »Just How Much Do Individual Investors Lose by Trading?« Review of Financial Studies, Bd. 22, S. 609–632.

4) Barber, Brad M./Lehavy, Reuven/Trueman, Brett (2007): »Comparing the Stock Recommendation Performance of Investment Banks and Independent Research Firms«, Journal of Financial Economics, Bd. 85, S. 490–517.

5) Bhardwaj, Geetesh/Gorton, Gary B./Rouwenhorst, K. Geert (2008): »Fooling Some of the People All of the Time: The Inefficient Performance and Persistence of Commodity Trading Advisors«, NBER Working Paper 14424.

6) Bebchuk, Lucian/Cohen, Alma/Spaman, Holger (2010): »The Wages of Failure: Executive Compensation at Bear Stearns and Lehman 2000–2008«, Harvard Law School Olin Discussion Paper 667.

7) Benmelech, Efraim/Moskowitz, Toby (erscheint demnächst): »The Political Economy of Financial Regulation: Evidence from U.S State Usury Laws in the 19th Century«, Journal of Finance.

8) Black, William (2010): »Epidemics of ›Control Fraud‹ Lead to Recurrent, Intensifying Bubbles and Crises«, Paper presented at the Murphy Conference on Corporate Law, Fordham Law School, March 12.

9) Bodnaruk, Andriy/Massa, Massimo/Simonov, Andrei (2009): »Investment Banks as Insiders and the Market for Corporate Control«, Review of Financial Studies, Bd. 22, S. 4989–5026.

10) Brandeis, Louis D. (1913): »Other People's Money«, The Louis Brandeis Collection, frei im Internet.

11) Bruhn, Miriam/Love, Inessa (2009): »The Economic Impact of Banking the Unbanked: Evidence from Mexico«, World Bank Policy Research Working Paper 4981.

12) Brunnermeier, Markus/Pedersen, Lasse H. (2005): »Predatory Trading«, Journal of Finance, Bd. 60, S. 1825–1863.

13) Burgess, Robin/Pande, Rohini, (2005): »Can Rural Banks Reduce Poverty? Evidence from the Indian Social Banking Experiment«, American Economic Review, Bd. 95, S. 780–795.

14) Cai, Fang (2010): »Trader Exploitation of Order Flow Information during the LTCM Crisis«, Journal of Financial Research, Bd. 32, S. 261–284.

15) Cain, Daylian/Loewenstein, George/Moore, Don (2005): »The Dirt on Coming Clean: Perverse Effects of Disclosing Conflicts of Interest«, Journal of Legal Studies, Bd. 34, S. 1–25.

16) CapQM (2009) »Kapitalanlagekosten der privaten Haushalte in Deutschland: Gegenwärtige Situation und Entwicklungsszenarien«, Hamburg.

17) Carlson, Mark/Hale, Galina (2006): »Rating Agencies and Sovereign Debt Roll-Over«, Topics in Macroeconomics, Bd. 6, Article 8.

18) Chen, Joseph/Hanson, Samuel/Hong, Harrison/Stein, Jeremy C. (2008): »Do Hedge Funds Profit from Mutual-Fund Distress?« NBER Working Paper 13786.

19) Cramer, James J. (2002): »Confessions of a Street Addict«, Simon and Schuster.

20) Degeorge, Francois/Derrien, Francois/Womack, Kent (2007): »Analyst Hype in IPOs. Explaining the Popularity of Book-building«, Review of Financial Studies, Bd. 20, S. 1021–1058.

21) Demirguc-Kunt, Asli/Levine Ross (2009): »Finance and Inequality: Theory and Evidence«, Annual Review of Financial Economics Bd. 1, S. 287–318.

22) Dichev, Ilia D. (2007): »What Are Stock Investors' Actual Historical Returns? Evidence from Dollar-Weighted Returns«, American Economic Review, Bd. 97. S. 386–401.

23) Dittmann, Ingolf/Maug, Ernst/Schneider, Christoph (2010): »Bankers on the Boards of German Firms: What They Do, What They Are Worth, and Why They Are (Still) There«, Review of Finance, Bd. 14, S. 35–71.

24) Dreilichman, Mauricio/Voth, Hans-Joachim (2009): »Lending to the Borrower from Hell: Debt and Default in the Age of Philip II, 1556–1598«, CEPR Discussion Paper 7276.

25) Farhi, Emmanuel/Tirole, Jean (2009): »Collective Moral Hazard, Maturity Mismatch and Systemic Bailouts«, NBER Working Paper 15138.

26) Ferguson, Niall (1998): »The House of Rothschild: Volume 1: Money's Prophets: 1798–1848«, Penguin.

27) Ferguson, Niall (1998): »The House of Rothschild: The World's Banker 1849–1999«, Penguin.

28) Ferguson, Niall (2009): »The Ascent of Money«, Penguin Group.

29) Ferreira, Miguel A./Matos, Pedro (2007): »When Banks are Insiders: Evidence from the Global Syndicated Loan Market«, Arbeitspapier.

30) Fisher, Irving (2007/1936): »100 Prozent-Money – 100 Prozent Geld«, Gauke.

31) Gaspar, José-Miguel/Massa, Massimo/Matos, Pedro (2006): »Favoritism in Mutual Fund Families? Evidence on Strategic Cross-Fund Subsidization,« Journal of Finance, Bd. 61, S. 73–104.

32) Gottschalg, Oliver/Phalippou, Ludovic (2009): »The Performance of Private Equity Funds«, Review of Financial Studies, Bd. 22, S. 1747–1776.

33) Gowan, Peter (2009): »Crisis in the Heartland: Consequences of the New Wall Street System«, Real World Economics Review, Bd. 50, S. 101–117.

34) Huber, Joseph (2007): »Der 100 Prozent-Ansatz als wegweisende Pionierleistung«, Nachwort zu Fisher: (2007/1936)[30].

35) Igan, Deniz/Mishra, Prachi/Tressel, Thierry (2009): »A Fistful of Dollars: Lobbying and the Financial Crisis«, IMF Working Paper 09/287.

36) Ivashina, Victoria/Sun, Zheng (2009): »Institutional Stock Trading on Loan Market Information«, Harvard Business School Working Paper 08-050.

37) Johnson, Simon (2009): »The Quiet Coup«, The Atlantic Monthly, May.

38) Kaplan, Herbert H. (2006): »Nathan Mayer Rothschild and the Creation of a Dynasty: The Critical Years, 1806–1816«, Stanford University Press.

39) Karlan, Dean/Zinman Jonathan (forthcoming): »Expanding Credit Access: Using Randomized Supply Decisions to Estimate the Impacts«, Review of Financial Studies.

40) Kendall, Jake/Mylenko, Nataliya/Ponce, Alejandro (2010): »Measuring Financial Access Around the World«, World Bank Working Paper.

41) King, Michael R. (2009): »Time to Buy or Just Buying Time? The Market Reaction to Bank Rescue Packages«, BIS Working Paper 288.

42) Kubik, Jeffrey D./Hong, Harrison G. (2003): »Analysing the Analysts: Career Concerns and Biased Earnings Forecasts«, Journal of Finance, Bd. 58, S. 313–351.

43) Laeven, Luc/Valencia, Fabian (2008): »Systemic Banking Crises: A New Database«, IMF Working Paper.

44) Levine, Ross (2010): »An Autopsy of the U.S. Financial System«, NBER Working Paper 15956.

45) Liu, Xiaoding/Ritter, Jay R. (2010): »The Economic Consequences of IPO Spinning«, Review of Financial Studies, Bd. 23, S. 2024–2059.

46) Malmendier, Ulrike/Shanthikumar, Devin (2009): »Do Security Analysts Speak in Two Tongues?« NBER Working Paper 13570.

47) Massa, Massimo/Rehman, Zahid (2008): »Information Flows within Financial Conglomerates: Evidence from the Banks-Mutual Funds Relationship«, Journal of Financial Economics, Bd. 89, S. 288–306.

48) McGuire, Patrick (2009): »Bank Ties and Firm Performance in Japan: Some Evidence Since FY 2002«, BIS Working Paper 272.

49) Minsky, Hyman (1986): »Stabilizing an Unstable Economy«, Yale University Press.

50) Nettels, Curtis P. (1962): »The Emergence of a National Economy 1715–1815«, Holt Rinehart and Winston.

51) Partnoy, Frank (1999): »The Siskel and Ebert of Financial Markets? Two Thumbs Down for the Credit Rating Agencies«, Washington University Law Quarterly, Bd. 77, S. 619–723.

52) Partnoy, Frank (2009/1997)): »F.I.A.S.K.O«, Second Edition, Profile Books.

53) Phalippou, Ludovic (2009): »Beware of Venturing into Private Equity«. Journal of Economic Perspectives, Bd. 23, S. 147–166.

54) Piketty, Thomas (1997): »The Dynamics of the Wealth Distribution and the Interest Rate with Credit Rationing, Review of Economic Studies, Bd. 64, S. 173–189.

55) Rajan, Raghuram/Ramcharan, Rodney (2008): »Landed Interests and Financial Underdevelopment«, NBER Working Paper 14347.

56) Ritter, Jay R. (2008): »Forensic Finance«, Journal of Economic Perspectives, Bd. 22, S. 127–147.

57) Rothbard, Murray, N. (2008/1985): »The Mystery of Banking«, Second Edition. Ludwig von Mises Institute, Auburn, frei im Internet.

58) Schularick, Moritz/Taylor Alan M. (2009): »Credit Booms Gone Bust: Monetary Policy, Leverage Cycles and Financial Crises, 1870–2008«, NBER Working Paper 15512.

59) Warwick Commission (2009): »In Praise of Uneven Playing Fields«, The Warwick University, frei im Internet.

60) Westphal, James D./Clement, Michael B. (2008). »Sociopolitical Dynamics in Relations between Top Managers and Security Analysts: Favor Rendering, Reciprocity, and Analyst Stock Recommendations.« Academy of Management Journal, Bd. 51, S. 873–897.

61) White, Lawrence J. (2010): »The Credit Rating Agencies«, Journal of Economic Perspectives, Bd. 24, S. 211–226.

62) Yam, Joseph C.K. (2000): »Capital Flows, Hedge Funds and Market Failure: A Hong Kong Perspective«, in: Gruen, David, and Luke Gower (ed.): Capital Flows and the International Financial System, J.S. McMillan Printing Group, S. 164–179.

63) Zingales, Luigi (2009): »The Future of Securities Regulation«, Journal of Accounting Research, Bd. 47, S. 391–426.

Kapitel 2

1) Acharya, Viral V./Myers, Stewart C. /Rajan, Raghuram (2009): »The Internal Governance of Firms«, NBER Working Paper 15568.

2) Bebchuk, Lucian A. (2007): »The Myth of the Shareholder Franchise«, Virginia Law Review, Bd. 93, S. 675–732.

3) Bebchuk, Lucian A./Cohen, Alma/Ferrell, Allen. (2009): »What Matters in Corporate Governance«, Review of Financial Studies, Bd. 22, S. 783–827.

4) Bebchuk, Lucian, A./Fried, Jesse M. (2003): »Executive Compensation as an Agency Problem«, Journal of Economic Perspectives, Bd. 17, S. 71–82.

5) Bebchuk, Lucian, A.,/Fried, Jesse M. (2004): »Pay Without Performance: The Unfulfilled Promise of Executive Compensation«, Harvard University Press.

6) Bebchuk, Lucian A./Grinstein, Yanif/Peyer Urs (erscheint demnächst): »Corporate Governance and the Timing of Option Grants«, Journal of Finance.

7) Becht, Marco/Bolton, Patrick/Röell, Ailsa (2007): »Corporate Governance and Control«, in: Handbook of Law and Economics Hrsg.: A. M. Polinsky/Shavell, S.

8) Becht, Marco/Franks, Julian/Mayer, Colin/Rossi, Stefano (2009): »Returns to Shareholder Activism: Evidence from a Clinical Study of the Hermes U.K. Focus Fund«, Review of Financial Studies, Bd. 22, S. 3093–3129.

9) Benmelech, Efraim/Kandel, Eugene/Veronesi, Pietro (2008): »Stock-Based Compensation and CEO (Dis) Incentives«, NBER Working Paper 13732.

10) Borokhovich, Kenneth, A./Brunarski, Kelly R./Parrino, Robert (1997): »CEO Contracting and Antitakeover Amendments«, Journal of Finance, Bd. 52, S. 1495–1517.

11) Burns, Natasha/Kedia, Simi (2006): »The Impact of Performance-based Compensation on Misreporting«, Journal of Financial Economics, Bd. 79, S. 35–67.

12) Cohen, Lauren/Frazzini, Andrea/Malloy, Christopher (2008): »Hiring Cheerleaders: Board Appointments of ›Independent‹ Directors«, NBER Working Paper 14232.

13) Edmans, Alex (2007): »Does the Stock Market Fully Value Intangibles? Employee Satisfaction and Equity Prices«, Arbeitspapier.

14) Fernandes, Nuno/Ferreira, Miguel A./Matos, Pedro/Murphy, Kevin J., (2009): »The Pay Divide: (Why) Are U.S. Top Executives Paid More?«, European Corporate Governance Institute Working Paper, 255/2009.

15) FitzRoy, Felix/Kraft, Kornelius (2005): »Co-determination, Efficiency and Productivity«, British Journal of Industrial Relations, Bd. 43, S. 233–247.

16) Fried, Jesse (1998): »Reducing the Profitability of Corporate Insider Trading Through Pre-trading Disclosure«, Southern California Law Review, Bd. 71, S. 303–392.

17) Frydman Carola/Jenter, Dirk (2010): »CEO Compensation«, Rock Center for Corporate Governance Working Paper 77.

18) Garvey, Gerald, T./Milbourn, Todd T. (2006): »Asymmetric Benchmarking in Compensation: Executives Are Rewarded for Good Luck but Not Penalized for Bad«, Journal of Financial Economics, Bd. 82, S. 197–225.

19) Gompers, Paul/Ishii, Joy, L./Metrick, Andrew (2003): »Corporate Governance and Equity Prices«, Quarterly Journal of Economics, Bd. 118, S. 107–155.

20) Hatzell, Jay C./Starks, Laura T. (2002): »Institutional Investors and Executive Compensation«, Journal of Political Economy, Bd. 98, S. 225–263.

21) Hayes, Rachel M./Schaefer, Scott (1999): »How much are differences in managerial abilities worth?« Journal of Accounting and Economics, Vol. 27, S. 125–148.

22) Heron, Randall, A./Lie, Erik (2007): »Does Backdating Explain the Stock Price Pattern around Executive Stock Option Grants?« Journal of Financial Economics, Bd. 83, S. 271–295.

23) Heron, Randall, A./Erik Lie (2009): »What Fraction of Stock Option Grants to Top Executives Have Been Backdated or Manipulated?« Management Science 55, pp. 513–525.

24) Hwang, Byoung-Hyoun/Kim, Seoyoung (2009): »It Pays to Have Friends«, Journal of Financial Economics, Bd. 93, S. 138–158.

25) Jensen, Michael C./Murphy, Kevin (1990): »Performance Pay and Top Management Incentives«, Journal of Political Economy, Bd. 98, S. 225–263.

26) Jensen, Michael C./Murphy, Kevin J. (1990): »CEO Incentives: It's Not How Much You Pay, But How«, Harvard Business Review, Bd. 68, S. 138–153.

27) Jensen, Michael C./Murphy, Kevin J./Wruck, Eric G. (2004): »Remuneration: Where We've Been, How We Got to Here, What Are the Problems, and How to Fix Them«, European Corporate Governance Institute Working Paper 44/2004.

28) Kang, Qiang/Mitnik, Oscar (2008): »Not So Lucky Any More: CEO Compensation in Financially Distressed Firms«, IZA Discussion Paper 3857.

29) Kuhnen, Camelia M./Niessen, Alexandra (2009): »Is Executive Compensation Shaped by Public Attitudes?« Arbeitspapier.

30) Kuhnen, Camelia, M./Zwiebel, Jeffrey (2008): »Executive Pay, Hidden Compensation and Managerial Entrenchment«, Arbeitspapier.

31) Levy, Frank S./Peter Temin (2007): »Inequality and Institutions in 20th Century America«, MIT Working Paper.

32) Liu, Crocker/Yermack, David (2008): »Where Are the Shareholders' Mansions? CEOs' Home Purchases, Stock Sales, and Subsequent Company Performance«, Arbeitspapier.

33) Masulis, Ronald, W./Wang, Cong/Xie, Fei (2007): »Corporate Governance and Acquirer Returns«, Journal of Finance, Bd. 62, S. 1851–1889.

34) Muller, Karl A. III/Neamtiu, Monica/Riedl, Edward J. (2009): »Insider Trading Preceding Goodwill Impairments«, Arbeitspapier.

35) Murphy, Kevin, J./Sandino, Tatiana (erscheint demnächst): »Executive Pay and ›Independent‹ Compensation Consultants«, Journal of Accounting and Economics.

36) Narayanan, M.P./Nejat, Seyhun, H. (2008): »The Dating Game: Do Managers Designate Option Grant Dates to Increase Their Compensation?« Review of Financial Studies, Bd. 21, 1907–1945.

37) Nguyen, Dang Bang (2008): »Does the Rolodex Matter? Corporate Elite's Small World and the Effectiveness of Boards of Directors«, Arbeitspapier.

38) Nguyen, Dang Bang/Nielsen, Kasper Meisner (2010): »What Death Can Tell: Are Executives Paid for Their Contributions to Firm Value?« Arbeitspapier.

39) Piketty, Thomas/Saez, Emmanuel (2006): »The Evolution of Top Incomes: A Historical and International Perspective«, American Economic Review, Bd. 96, S. 200–205.

40) Ritter, Jay R. (2008): »Forensic Finance«, Journal of Economic Perspectives, Bd. 22, S. 127–147.

41) Salas, Jesus M. (2010): »Entrenchment, Governance, and the Stock Price Reaction to Sudden Executive Deaths«, Journal of Banking and Finance, Bd. 34, S. 656–666.

42) Sommer, Ulrich/Hofbauer, Andreas/Konold, Dominik (2009): »Praxisprobleme bei der Bewertung anteilsbasierter Vergütung nach IFRS 2«, KoR – Zeitschrift für internationale und kapitalmarktorientierte Rechnungslegung. Nr. 12, S. 682–688.

43) Westphal, James, D./Khanna, Poonam (2003): »Keeping Directors in Line: Social Distancing as a Control Mechanism in the Corporate Elite«, Administrative Science Quarterly, Bd. 48, S. 361–398.

44) Westphal, James, D./Stern, Ithai (2006): »The Other Pathway to the Boardroom: Interpersonal Influence Behavior as a Substitute for Elite Credentials and Majority Status in Obtaining Board Appointments«, Administrative Science Quarterly, Bd. 51, S. 169–204.

45) Yermack, David (1997): »Good Timing: CEO Stock Option Awards and Company News Announcements«, Journal of Finance, Bd. 52, S. 449–476.

46) Yermack, David (2006): »Flights of Fancy: Corporate Jets, CEO Perquisites, and Inferior Shareholder Returns,« Journal of Financial Economics, Bd. 80, S. 211–242.

47) Yermack, David (2006): »Golden Handshakes: Separation Pay for Retired and Dismissed CEOs«, Journal of Accounting and Economics, Bd. 41, S. 237–256.

48) Zingales, Luigi (2009): »The Future of Securities Regulation«, CEPR Discussion Paper 7110.

Kapitel 3

1) Adler, Moshe (2009): »Economics for the Rest of Us: Debunking the Science that Makes Live Dismal«, New Press.

2) Ashenfelter, Orley/Iurajda, Štěpán (2001): »Cross-country Comparisons of Wage Rates: The McWage Index«, Arbeitspapier.

3) Bhaskar, V./Manning, Alan/To, Ted (2002): »Oligopsony and Monopsonistic Competition in the Labor Markets«, Journal of Economic Perspectives, Bd. 16, S. 155–174.

3a) Blinder, Alan S./Canetti, Elies D./Lebow, David E./Rudd, Jeremy B. (1998): »Asking About Prices«, Russel Sage Foundation Publications.

4) Boutin, Xavier/Cestone, Giacinta/Fumagalli, Chiara/Pica, Giovanni/Serrano-Velarde, Nicolas (2009): »The Deep Pocket Effect of Internal Capital Markets«, CEPR Discussion Paper 7184.

5) Cohen, Avi J./Harcourt, G. C. (2003): »Whatever Happened to the Cambridge Capital Theory Controversies?« Journal of Economic Perspectives, Bd. 17, S. 199–214.

6) Fonseca, Gonzalo L. (2009): »Vilfredo Pareto«, New School of Economics. Web. 27 Sept. 2009. <http://homepage.newschool.edu.

7) Foster, Julia/Haltiwanger, John/Syverson, Chad (2010): »The Slow Growth of New Plants: Learning about Demand?«Arbeitspapier.

8) Goolsbee, Austan/Syverson, Chad (2008): »How Do Incumbents Respond to the Threat of Entry? Evidence from the Major Airlines«, Quarterly Journal of Economics, Bd. 123, S. 1611–1633.

9) Keen, Steve (2001/2008): »Debunking Economics: The Naked Emperor of the Social Sciences«, Zed Books; aktualisierte E-Book-Version 2008.

10) Keen, Steve/Standish, Russell (2006): »Profit Maximization, Industry Structure, and Competition: A Critique of Neoclassical Theory, Physica A, Bd. 370, S. 81–85.

11) Kirchgässner, Gebhard (2007): »On the Efficiency of a Public Insurance Monopoly: The Case of Housing Insurance in Switzerland«, in: Public Economics and Public Choice: Contributions in Honor of Charles B. Blankart, Hrsg. Baake, P./Borck, R., Springer.

12) Schmitz, James A., Jr. (2005): »What Determines Productivity? Lessons from the Dramatic Recovery of the U.S. and Canadian Iron Ore Industries Following Their Early 1980s Crisis«, Journal of Political Economy, Bd. 113, S. 582–625.

13) Syverson, Chad (2004): »Market Structure and Productivity: A Concrete Example«, Journal of Political Economy, Bd. 112, S. 1181–1222.

14) Syverson, Chad (2010): »What Determines Productivity?« NBER Working Paper 15712.

Kapitel 4

1) Acemoglu, Daron (2001): »Good Jobs versus Bad Jobs«, Journal of Labour Economics, Bd. 19, S. 1–21.
2) Acemoglu, Daron/Shimer, Robert (2000): »Productivity Gains from Unemployment Insurance«, European Economic Review, Bd. 44, S. 1195–1224.
3) Aghion, Philippe/Hermalin, Benjamin, F. (1990): »Legal Restrictions on Private Contracts Can Enhance Efficiency«, Journal of Law, Economics and Organization, Bd. 6, S. 381–409.
4) Akerlof, George A. (1982): »Labor Contracts as Partial Gift Exchange«, Quarterly Journal of Economics, Bd. 97, S. 543–569.
5) Alchian, Armen A./Demsetz Harold (1972): »Production, Information Costs, and Economic Organization«, American Economic Review, Bd. 62, S. 777–795.
6) Alesina, Alberto F./Algan, Yann/Cahuc, Pierre/Giuliano, Paola (2010) »Family Values and the Regulation of Labor«, NBER Working Paper 15747.
7) Arthur, Jeffrey, B. (1994): »Effects of Human Resource Systems on Manufacturing Performance and Turnover«, Academy of Management Journal, Bd. 37, S. 670–687.
8) Ashenfelter, Orley, C./Doran, Kirk B./Schaller, Bruce (2010): »A Shred of Credible Evidence on the Long Run Elasticity of Labor Supply«, NBER Working Paper 15746.
9) Autor, David H./Donohue III, John J./Schwab, Stewart J. (2006): »The Costs of Wrongful-Discharge Laws«, Review of Economics and Statistics, Bd. 88, S. 211–231.
10) Autor, David H./Murnane, Richard/Levy Frank (2002): »Upstairs Downstairs: Computers and Skills on Two Floors of a Large Bank«, Industrial and Labor Relations Review, Bd. 55, S. 432–447.
11) Bartling, Björn/Fehr, Ernst/Schmidt Klaus M. (2010): »Screening, Competition, and Job Design: Economic Origins of Good Jobs«, CEPR Discussion Paper 7658.
12) Becker, Gary S. (1957/71): »The Economics of Discrimination«, University of Chicago Press, Chicago.
13) Bewley, Truman, E. (1995): »A Depressed Labor Market as Explained by Participants«, American Economic Review, Bd. 85, S. 250–254.
14) Bewley, Truman, E. (1998): »Why Not Cut Pay?« Alfred Marshall Lecture, European Economic Review, Bd. 42, S. 459–490.
15) Bewley, Truman, E. (2004): »Fairness, Reciprocity and Wage Rigidity,« IZA Discussion Paper 1137.
16) Bhaskar, V./Manning, Alan/To, Ted (2002): »Oligopsony and Monopsonistic Competition in the Labor Markets«, Journal of Economic Perspectives, Bd. 16, S. 155–174.
17) Blanchard, Olivier (2006): »European Unemployment: The Evolution of Facts and Ideas«, Economic Policy, Bd. 21, S. 5–59.

18) Bolton, Gary E./Ockenfels Axel (2000): »ERC – A Theory of Equity, Reciprocity and Competition«, American Economic Review, Bd. 90, S. 166–193.

19) Bowles, Samuel (2009): »Did Warfare Among Ancestral Hunter-Gatherers Affect the Evolution of Human Social Behaviors?« Science, Bd. 324, S.1293–1298.

20) Bowles, Samuel/Gintis, Herbert (2006): »Social Preferences, Homo Economicus and Zoon Politicon«, Chapter 9 of 'Goodin, Robert E./Tilly, Charles (Hrsg.): »The Oxford Handbook of Contextual Political Analysis«, Oxford University Press.

21) Brown, Martin/Falk, Armin/Fehr, Ernst (2008): »Competition and Relational Contracts: The Role of Unemployment as a Disciplinary Device«, IZA Discussion Paper 3345.

22) Campbell, Carl M. III/Kamlani, Kunal S. (1997): »The Reasons for Wage Rigidity: Evidence From A Survey of Firms«, Quarterly Journal of Economics, Bd. 112, S. 759–789.

23) Card, David/Krueger, Alan, B. (1995): »Minimum Wages and Employment: A Case Study of the Fast-Food Industry in New Jersey and Pennsylvania,« American Economic Review, Bd. 84 (4), S. 772–793.

24) Card, David/Krueger, Alan, B. (2000): »Minimum Wages and Employment: A Case Study of the Fast-Food Industry in New Jersey and Pennsylvania: Reply«, American Economic Review, Bd. 90, S. 1397–1420.

25) Chau, Nancy (2009): »Sweatshop Equilibrium«, IZA Discussion Paper 4363.

26) Chetty, Ray (2008): »Moral Hazard vs. Liquidity and Optimal Unemployment Insurance«, Journal of Political Economy, Bd. 116, S. 173–234.

27) Doellgast, Virginia/Greer, Ian (2007): »Vertical Disintegration and the Disorganization of German Industrial Relations«, British Journal of Industrial Relations, Bd. 45, S. 5–76.

28) Draca, Mirko/Machin, Stephen/Van Reenen, John (erscheint demnächst): »Minimum Wages and Firm Profitability«, American Economic Journal: Applied Economics.

29) Dube, Arindrajit/Kaplan, Ethan (erscheint demnächst): »Does Outsourcing Reduce Wages in the Low-Wage-Service Occupations? Evidence from Janitors and Guards«, Industrial and Labor Relations Review.

30) Du Caju, Philip/Rycx, François/Tojerow Ilan (2009): »Inter-industry Wage Differentials – How Much Does Rent Sharing Matter?« ECB Working Paper 1103.

31) Farber, Henry S. (2005): »What Do We Know About Job Loss in the United States: Evidence from the Displaced Workers Survey, 1984–2004«, Federal Reserve Bank of Chicago Regional Review, S. 13–28.

32) Fehr, Ernst/Goette, Lorenz/Zehnder Christian (2009): »A Behavioral Account of the Labor Market: The Role of Fairness Concerns«, Annual Review of Economics, Bd. 1, S. 355–384.

33) Freeman, Richard B. (2007): »Labor Market Institutions around the World«, in Nick Bacon, Paul Blyton, Jack Fiorito and Edmund Heery (Hrsg.) »The Handbook of Industrial and Employment Relations«, Sage.

34) Harrison, Ann/Scorse, Jason (2010): »Multinationals and Anti-Sweatshop Activism«, American Economic Review, Bd. 100, S. 247–273.

35) Hauser, Frank/Schubert, Andreas/Aicher, Mona (2005): »Unternehmenskultur, Arbeitsqualität und Mitarbeiterengagement in den Unternehmen in Deutschland«, Abschlussbericht Forschungsprojekt Nr. 18/05, Bundesministerium für Arbeit und Soziales, im Internet verfügbar.

36) Heinrich, L. R. Boyd/Bowles, Samuel/Fehr, Ernst/Gintis, Herbert/McElreath, R. (2001): »Cooperation, Reciprocity and Punishment in Fifteen Small-scale Societies«, American Economic Review, Bd. 91, S. 73–78.

37) Holmes, Thomas, J./Snider, John Thornton (2009): »A Theory of Outsourcing and Wage Decline«, NBER Working Paper 14856.

38) Kaufman, Bruce E. (2007) »The Impossibility of a Perfectly Competitive Labor Market«, Cambridge Journal of Economics, Bd. 31, S. 775–87.

39) Kaufman, Bruce E. (2009): »Labor Law and Employment Regulation: Neoclassical and Institutional Perspectives«, in: Dau-Schmidt, Kenneth (Hrsg.): Elgar Encyclopaedia of Labor and Employment Law and Economics, Edward Elgar.

40) Keen, Steve (2001/2008): »Debunking Economics: The Naked Emperor of the Social Sciences«, London, Zed Books, verfügbar auch als leicht überarbeitetes E-Book 2008.

41) Krueger, Alan B./Mas, Alexandre (2004): »Strikes, Scabs and Tread Separations: Labor Strife and the Production of Defective Bridgestone/Firestone Tires«, Journal of Political Economy, Bd. 112, S. 253–289.

42) Kube Sebastian/Maréchal, Michael André/Puppe, Clemens (2008): »The Currency of Reciprocity«, Arbeitspapier.

43) Layard, Richard (2006): »HaSiness: Lessons from a New Science«, Penguin Books.

44) Lazear, Edward P./Shaw, Kathryn L. (2007): »Personnel Economics: The Economist's View of Human Resources«, Journal of Economic Perspectives, Bd. 21, S. 91–114.

45) Lee Darin/Rupp, Nicholas G. (2007): »Retracting a Gift: How Does Employee Effort Respond to Wage Reductions?« Journal of Labor Economics, Bd. 25, S. 725–61.

46) Levine, David I. (1991): »Just-Cause Employment Policies in the Presence of Worker Adverse Selection«, Journal of Labor Economics, Bd. 9, S. 294–305.

47) Metcalf, David (2007): »Why has the British Minimum Wage Had Little or No Impact on Employment?« CEP Discussion Paper 781.

48) Neumark, David/Waescher, William (2000): »Minimum Wages and Employment: A Case Study of the Fast-Food Industry in New Jersey and Pennsylvania: Comment«, American Economic Review, Bd. 90, S. 1362–1396.

49) OECD (1994/2004/2007/2008): OECD Employment Outlook, Paris.

50) Oreopoulos, Philip/Heisz, Andrew/Wachter von, Till (2006): »Short- and Long-Term Career Effects of Graduating in a Recession: Hysteresis and Heterogeneity in the Market for College Graduates«, NBER Working Paper, 12159.

51) Oyer, Paul (2006): »Initial Labor Market Conditions and Long-Term Outcomes for Economists«, Journal of Economic Perspectives, Bd. 20, S. 143–160.

52) Pfeffer, Jeffrey (2007): »Human Resources from an Organizational Behavior Perspective: Some Paradoxes Explained«, Journal of Economic Perspectives, Bd. 21, S. 115–134.

53) Pfeffer, Jeffrey/Sutton, Robert I. (2006): »Hard Facts, Dangerous Half-Truths And Total Nonsense: Profiting From Evidence-Based Management«, Mc Graw-Hill.

54) Piore, Michael J./Doeringer, Peter (1971): »Internal Labor Markets and Manpower Adjustment«, Heath and Company.

55) Prasch, Robert E. (1999): »American Economists in the Progressive Era on the Minimum Wage«, Journal of Economic Perspectives, Bd. 13, S. 221–230.

56) Rupert, Peter/Stancanelli, Elena/Wasmer, Etienne (erscheint demnächst): »Commuting, Wages and Bargaining Power«, Annales d'Economie et de Statistique.

57) Sachverständigenrat zur Begutachtung der gesamtwirtschaftlichen Entwicklung (2004/2005/2006): Jahresgutachten.

58) Schmitz, Patrick (2004): »Job Protection Laws and Agency Problems under Asymmetric Information«, European Economic Review, Bd. 48, S. 1027–1046.

59) Sonik, Sara/Hemenway, David (1998): »Is More Always Better? A Survey on Positional Concerns«, Journal of Economic Behavior and Organization, Bd. 37, S. 373–383.

60) Towers Perrin (2008): »Towers Perrin Global Workforce Study 2007-2008«, im Internet verfügbar.

61) Wachter, Till/Bender, Stefan (2006): »In the Right Place at the Wrong Time: The Role of Firms and Luck in Young Workers' Careers«, American Economic Review, Bd. 96, S. 1679–1705.

62) Von Wachter, Till/Bender, Stefan (2008): »Do Initial Conditions Persist Between Firms? An Analysis of Firm-Entry Cohort Effects and Job Losers using Matched Employer-Employee Data«, in S. Bender, J. Lane, K. Shaw, F. Andersson und T. von Wachter (Hrsg.)« The Analysis of Firms and Employees: Quantitative and Qualitative Approaches«, University of Chicago Press.

Kapitel 5

1) Adler, Moshe (2009): »Economics for the Rest of Us: Debunking the Science that Makes Life Dismal«, New Press.

2) Amadae, Sonja, M. (2003): »Rationalizing Capitalist Democracy: The Cold War Origins of Rational Choice Liberalism«, University of Chicago Press.

3) Arnsperger, Christian/Varoufakis, Yanis (2006): »What is Neoclassical Economics?« Post-Autistic Economics Review, No. 38, Artikel 1.

4) Barth, Erling/Moene, Karl O. (2009): »The Equality Multiplier«, NBER Working Paper 15076.

5) Benabou, Roland/Tirole Jean (2006): »Belief in a Just World and Redistributive Politics«, Quarterly Journal of Economics, Bd. 121, S. 699–746.

6) Bernstein, Michael A. (2001): »A Perilous Progress: Economists and Public Purpose in Twentieth Century America«, Princeton University Press.

7) Bowles, Samuel (2008): »Policies Designed for Self-Interested Citizens May Undermine ›The Moral Sentiments‹: Evidence from Economic Experiments«, Science, Bd. 320, S. 1605–1609.

8) Becker, Gary S. (1976): »The Economic Approach to Human Behavior«, University of Chicago Press.

9) Cadsby, Charles B./Maynes, Elizabeth (1998): »Choosing between a Socially Efficient and Free-riding Equilibrium: Nurses versus Economics and Business Students«, Journal of Economic Behavior and Organization, Bd. 37, S. 183–192.

10) Carter, John. R./Irons, Michael D. (1991): »Are Economists Different, and If So, Why?« Journal of Economic Perspectives, Bd. 5, S. 171–177.

11) Colander, David (2007): »Edgeworth's Hedonimeter and the Quest to Measure Utility«, Journal of Economic Perspectives, Bd. 21, S. 215–225.

12) Cooter, Robert/Rappoport, Peter (1984): »Were the Ordinalists Wrong About Welfare Economics?« Journal of Economic Literature, Bd. 22, S. 507–530.

13) Das, Jishnu/Qui-Toan Do (2009): »U.S and Them: The Geography of Academic Research«, World Bank Policy Research Paper 5152.

14) Ferraro, Fabrizio/Pfeffer, Jeffrey/Sutton, Robert I. (2005): »Economics Language and Assumptions: How Theories Can Become Self-fulfilling,« Academy of Management Review, Bd. 30, S. 8–24.

15) Fisher, Irving (1927): »A Statistical Method for Measuring ›Marginal Utility‹ and Testing the Justice of a Progressive Income Tax«, in: Jacob Hollander (Hrsg.): »Economic Essays Contributed in Honour of John Bates Clark«, Macmillan.

16) Fonseco, Goncalio (2010): »Vilfredo Pareto«, History of Econmic Thought Website.

17) Frank, Robert H./Gilovich, Thomas D./Regan, Dennis T. (1993): »Does Studying Economics Inhibit Cooperation?« Journal of Economic Perspectives, Bd. 7, S. 59-171.

18) Georgiadis, Andreas/Manning, Alan (2007): »Spend It Like Beckham? Inequality and Redistribution in the UK, 1983-2004«, CEP Discussion Paper 816.

19) Greenlees, John S./McClelland, Robert B. (2008): »Addressing Misconceptions about the Consumer Price Index«, Monthly Labor Review, August, S. 3–19.

20) Hartwig, Jochen (2006): »On Spurious Differences in Growth Performance and on the Misuse of National Accounts Data for Governance Purposes«, Review of International Political Economy, Bd. 13, S. 535–558.

21) Hartwig, Jochen (2008): »Productivity Growth in Service Industries: Are the Transatlantic Differences Measurement-Driven?« Review of income and Wealth, Series 54, S. 494–505.

22) Houseman, Susan (2007): »Outsourcing, Offshoring, and Productivity Measurement in U.S. Manufacturing«, International Labor Review, Bd. 146, S. 61–80.

23) Kay, Aaron C./Wheeler, S. Christian/Bargh, John A./Ross, Lee (2004): »Material Priming: The Influence of Mundane Physical Objects on Situational Construal and Competitive Behavior Choice«, Organizational Behavior and Human Decision Processes, Bd. 95, S. 83–96.

24) Liberman, Varda/Samuels, Steven/Ross, Lee (2004): »The Name of the Game: Predictive Power of Reputation vs. Situational Labels in Determining Prisoner's Dilemma Game Moves«, Personality and Social Psychology Bulletin, Bd. 30, S. 1175–1185.

25) Maxwell, Gerald/Ames, Ruth E. (1981): »Economists Free Ride, Does Anyone Else?« Journal of Public Economics, Bd. 15, S. 295–310.

26) McKeown, Timothy J. (2009): »How U.S. Decision-Makers Assessed Their Control of Multilateral Organizations, 1957–1982«, Review of International Organizations, Bd. 4, S. 269–291.

27) Michaud, Pierre-Carl/Goldman, Dina/Lakdawalla, Darius/Gailey Adam/Zheng, Yuhui (2009): »International Differences in Longevity and Health and Their Economic Consequences«, NBER Working Paper 15235.

28) Miller, Dale T./Ratner, Rebecca K. (1998): »The Disparity between the Actual and Assumed Power of Self-Interest«, Journal of Personality & Social Psychology, Bd. 74, S. 53–62.

29) Persky, Joseph (2000): »The Neoclassical Advent: American Economics at the Dawn of the 20th Century«, Journal of Economic Perspectives, Bd. 14, S. 95–108.

30) Robbins, Lionel (1981): »Economics and Political Economy.« The American Economic Review, Papers and Proceedings, Bd. 71, S. 1–10.

31) Saunder, Francis S. (1999): »Who Paid the Piper? The CIA and the Cultural Cold War«, Granta Books.

32) Schmitt, John/Zipperer, Ben (2006): »Is the US a Good Model for Reducing Social Exclusion in Europe?«, Post-autistic Economics Review, Bd. 40, Dezember, S. 1–17.

33) Scruggs, Lyle/Allan, James P. (2006): »The Material Consequences of Welfare States: Benefit Generosity and Absolute Poverty in 16 OECD Countries«, Comparative Political Studies, Bd. 39, S. 880–904.

34) Smeeding, Timothy M. (2005): »Public Policy, Economic Inequality, and Poverty: The United States in Comparative Perspective«, Social Science Quarterly, Bd. 86, S. 955–983.

35) UNICEF (2007): »Child Poverty in Perspective: An Overview of Child Well-being in Rich Countries«, Innocenti Report Card 7.

36) Ward, Michael (2004): »Quantifying the World: UN Ideas and Statistics«, Indiana University Press.

37) Weiner, Tim (2007): »Legacy of Ashes: The History of the CIA«, Doubleday.

Kapitel 6

1) Acemoglu, Daron/Cantoni, Davide/Johnson, Simon/Robinson, James A. (2009): »The Consequences of Radical Reform: The French Revolution«, CEPR Discussion Paper 7245.

2) Acemoglu, Daron/Johnson, Simon/Robinson, James A. (2005): »The Rise of Europe: Atlantic Trade, Institutional Change and Economic Growth«, American Economic Review, Bd. 95, S. 546-579.

3) Bombardini, Matilde/ Trebbi, Francesco (2008): »Votes or Money? Theory and Evidence from the US Congress«, Chicago GSB Research Paper 08-10.

4) Correia, Maria M. (2009): »Political Connections, SEC Enforcement and Accounting Quality«, Arbeitspapier.

5) Coughlin, P. (1992): »Probabilistic Voting Theory«, Cambridge University Press.

6) Edlin, Aaron/Gelman, Andrew/Kaplan, Noah (2007): »Voting as a Rational Choice: Why and How People Vote to Improve the Well-being of Others«, Rationality and Society, Bd. 19, S. 293–314.

7) Edlin, Aaron/Gelman, Andrew/Kaplan, Noah (2008): »Vote for Charity's Sake«, The Economists' Voice, www.bepress.com/ev.

8) Faccio, Mara (2006): »Politically Connected Firms«, American Economic Review, Bd. 96, S. 369–386.

9) Faccio, Mara/Masulis, Ronald W./McConnell, John J. (2006): »Political Connections and Corporate Bailouts«, Journal of Finance, Bd. 61, S. 2597–2635.

10) Farhi Emmanuel/Werning, Iván (erscheint demnächst): »The Political Economy of Nonlinear Capital Taxation«, Review of Economic Studies.

11) Häring, Norbert (1998): »Interjurisdictional Redistribution and Public Goods with Increasing Returns to Scale«, Public Choice, Bd. 95, S. 321–329.

12) Parsley, David C./Faccio, Mara (2009): »Sudden Deaths: Taking Stock of Geographic Ties«, Journal of Financial and Quantitative Analysis, Bd. 33, S. 683–718.

Register

W

Y

Z